2026 최신개정판

L⏻GIN

회계관리 1급
기출문제집

김영철 지음

도서출판
어울림
www.aubook.co.kr

머리말

회계는 기업의 언어입니다. 회계를 통해서 많은 이용자들이 정보를 제공받고 있습니다. 또한 회계의 자료를 가지고 기업의 경영성과에 대하여 기업은 사회적 책임을 집니다.

회계는 매우 논리적인 학문이고, 세법은 회계보다 상대적으로 비논리적이나, 세법이 달성하고자 목적이 있으므로 세법의 이면에 있는 법의 취지를 이해하셔야 합니다.

회계와 세법을 매우 잘하시려면
왜(WHY) 저렇게 처리할까? 계속 의문을 가지세요!!!
1. 회계는 이해하려고 노력하세요.
   (처음 접한 회계와 세법의 용어는 매우 생소할 수 있습니다.
   생소한 단어에 대해서 네이버나 DAUM의 검색을 통해서 이해하셔야 합니다.)
2. 세법은 법의 제정 취지를 이해하십시오.
3. 이해가 안되시면 동료들과 전문가에게 계속 질문하십시오.

국가공인 **회계관리1급**은 재무회계, 세무회계에 관한 지식을 갖추고 기업의 회계실무자 및 중간관리자로서 업무를 수행할 수 있는지 평가하는 자격시험입니다.

회계관리1급은 기업회계 2급 수준의 재무회계와 세무회계 3급 수준의 세무회계가 출제됩니다. 따라서 한국세무사회의 기업회계 2급, 세무회계 3급을 공부하시고 본서의 기출문제를 풀어보시면 쉽게 합격할 수 있을 것입니다.

회계와 세법은 여러분 자신과의 싸움입니다. 자신을 이기십시오!!!
마지막으로 이 책 출간을 마무리해 주신 도서출판 어울림 임직원에게 감사의 말을 드립니다.

2026년 1월
김 영 철

회계관리1급 시험 일정공고

1. 시험일자

연도	회차	원서접수	시험일	합격자발표	시험시간
2026	127회	01.06~01.13	01.31(토)	02.06	100분, 2과목 동시 시행
	128회	02.26~03.05	03.28(토)	04.03	
	129회	04.16~04.23	05.16(토)	05.22	
	130회	05.26~06.02	06.20(토)	06.26	
	131회	06.30~07.07	07.25(토)	07.31	
	132회	08.20~08.27	09.19(토)	09.29	
	133회	10.15~10.22	11.14(토)	11.20	
	134회	11.24.~12.01	12.19(토)	12.24	

☞ 시험일정과 시험변경사항은 www.samilexam.com을 참고하십시오.

2. 평가범위

과목	평가범위
재무회계 (일반기업회계기준)	회계의 기본개념, 재무상태표, 이익잉여금처분계산서, 자본변동표, 손익계산서, 현금흐름표 등
세무회계	조세총론, 법인세, 소득세, 원천징수 실무, 부가가치세 등

3. 합격자 결정기준 및 발표

① 응시자격 : 제한없음(신분증 미소지자는 응시할 수 없음)

② 응시료 : 50,000원

③ 시험방법 : 과목별 40문항 100점(객관식 4지선다형)

④ 합격기준 : **전과목 과목별 70점 이상(한 과목이라도 70점 미만이면 불합격)**

⑤ 합격발표 : www.samilexam.com

목 차

머리말 / 3

2026년 회계관리1급 시험 일정공고 / 4

• 기출문제 •

[로그인 시리즈]			
전기	당기	차기	차차기
20x0	**20x1**	20x2	20x3

118회 회계관리 1급

본 시험에서 "한국채택국제회계기준(K‑IFRS)을 적용한다"는 별도 언급이 없는 한 문제에 적용되는 회계기준과 계정과목은 일반기업회계기준을 따릅니다.

재무회계

✓ 특별한 언급이 없는 한 기업의 보고기간(회계기간)은 매년 1월 1일부터 12월 31일까지이다.
✓ 자료에서 제시한 것 외의 사항은 고려하지 않고 답한다. 예를 들어, 법인세에 대한 언급이 없으면 법인세효과는 고려하지 않는다.
✓ 별도 언급이 없는 한 문제에 적용되는 회계기준과 계정과목은 일반기업회계기준을 적용한다.

01. 다음 중 일반적으로 인정된 회계원칙에 관한 설명으로 옳지 않은 것은?

① 기업 외부의 이해관계자에게 공시되는 재무제표가 보다 공정하고 비교 가능한 회계정보를 전달하는 역할을 하기 위해서는 일반적으로 인정된 회계원칙(GAAP)이 필요하다.
② 일반적으로 인정된 회계원칙(GAAP)이란 거래나 사건을 측정하고 이를 재무제표에 보고하는 기준들을 의미한다.
③ 「주식회사등의 외부감사에 관한 법률」의 적용대상인 상장기업과 비상장기업은 예외없이 한국채택국제회계기준에 따라 회계처리를 수행해야 한다.
④ 한국채택국제회계기준은 원칙중심이며 연결재무제표가 주재무제표이다.

02. 다음 중 재무정보의 질적특성에 관한 설명으로 옳지 않은 것은?

① 재무정보의 질적특성이란 회계정보가 유용하기 위해 갖추어야 할 주요 속성을 말한다.
② 재무정보가 갖추어야 할 가장 중요한 특성은 목적적합성과 신뢰성이다.
③ 목적적합성 있는 정보는 의사결정에 차이를 가져올 수 있는 정보를 말한다.
④ 신뢰성의 구성요소는 예측가치와 피드백가치, 적시성이다.

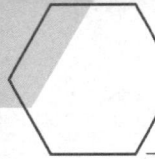

03. 다음 중 재무제표의 기본가정에 관한 설명으로 옳지 않은 것은?

① 재무제표의 작성에 있어 가장 기본이 되는 명제 또는 전제가 기본가정이며 기업실체, 계속기업 및 기간별 보고의 가정이 있다.

② 계속기업의 가정이란 기업실체는 그 목적과 의무를 이행하기에 충분할 정도로 장기간 존속한다고 가정하는 것을 말한다.

③ 계속기업을 가정하기 어려운 경우에는 재무제표를 작성하지 않는다.

④ 기간별 보고의 가정이란 기업실체의 존속기간을 일정한 기간 단위로 분할하여 각 기간별로 재무제표를 작성하는 것을 말한다.

04. ㈜삼일은 12월 말 결산법인으로 당 2분기 중간재무제표를 작성하려고 한다. 다음 중 중간재무제표에 관 한 설명으로 옳지 않은 것은?

① 재무상태표는 당 회계연도 6월 30일 현재를 기준으로 작성하고, 직전 회계연도 6월 30일 현재의 재무상태표와 비교표시한다.

② 손익계산서는 당 회계연도 4월 1일부터 6월 30일까지의 중간기간과 1월 1일부터 6월 30일까지의 누적중간기간을 대상으로 작성하고, 직전 회계연도의 동일기간을 대상으로 작성한 손익계산서와 비교 표시한다.

③ 현금흐름표는 당 회계연도 1월 1일부터 6월 30일까지의 누적중간기간을 대상으로 작성하고, 직전 회계연도의 동일기간을 대상으로 작성한 현금흐름표와 비교 표시한다.

④ 자본변동표는 당 회계연도 1월 1일부터 6월 30일까지의 누적중간기간을 대상으로 작성하고, 직전 회계연도의 동일기간을 대상으로 작성한 자본변동표와 비교표시한다.

05. 다음 중 재무상태표의 작성기준에 관한 설명으로 옳지 않은 것은?

① 재무상태표는 자산, 부채, 자본을 나타내는 정태적 보고서이다.

② 자산과 부채는 원칙적으로 상계하여 표시하지 않는다.

③ 재무상태표에 기재하는 자산과 부채는 유동성이 큰 항목부터 배열하는 것을 원칙으로 한다.

④ 자산, 부채, 자본은 1년 기준으로 하여 유동자산 또는 비유동자산, 유동부채 또는 비유동부채, 유동자본 또는 비유동자본으로 구분하는 것을 원칙으로 한다.

06. 다음은 ㈜삼일의 재무제표 정보 중 일부이다. 자료를 바탕으로 20X2년 중 자본변동 내역의 당기순이익을 계산하면 얼마인가(단, 아래사항을 제외한 다른 자본변동사항은 없다고 가정한다)?

	20X1년 12월 31일	20X2년 12월 31일
자산총계	190,000원	200,000원
부채총계	70,000원	40,000원
20X2년 중 자본변동 내역	당기순이익	?
	현금배당	10,000원

① 30,000원　　　② 40,000원　　　③ 50,000원　　　④ 60,000원

07. 다음 중 재무상태표상 현금및현금성자산에 관한 설명으로 옳지 않은 것은?

① 현금및현금성자산은 통화 및 타인발행수표 등 통화대용증권과 당좌예금·보통예금 및 현금성자산을 말한다.

② 현금에는 지폐, 주화 이외에도 타인발행당좌수표, 자기앞수표, 송금환, 우편환, 만기도래한 공사채이자표와 같이 일반 지급수단으로 쓰이는 대용증권이 포함된다.

③ 엽서, 우표, 부도수표, 부도어음 등은 현금및현금성자산으로 분류되지 않는다.

④ 현금성자산은 큰 거래비용 없이 현금으로 전환이 용이하고 이자율 변동에 따른 가치변동의 위험이 중요하지 않은 유가증권 및 단기금융상품으로써 보고기간종료일 기준 만기가 3개월 이내에 도래하는 것을 말한다.

08. 다음 중 은행계정조정표를 작성할 때 은행 측에서 조정해야 하는 사항은 무엇인가?

① 기발행 미지급수표　　　　　　　　② 부도어음 및 부도수표
③ 당좌차월이자 및 은행추심수수료　　④ 은행이 직접 수금한 외상매출금

09. 다음 중 외상매출금에 관한 설명으로 옳지 않은 것은?

① 외상매출금은 일반적 상거래에서 발생한 채권이라는 점에서 매출채권으로 보지만 어음상의 채권이 아니라는 점에서 받을어음과 구별된다.

② 외상매출금을 담보로 제공하고 자금을 융통하는 경우에는 외상매출금을 제거한다.

③ 외상매출금 양도의 실질이 매각거래에 해당하는 경우에는 일반적으로 양도시점에 매출채권처분손실이 발생한다.

④ 외상매출금 양도의 실질이 차입거래에 해당하는 경우에는 일반적으로 양도시점에 차입금과 이자비용 을 동시에 인식한다.

10. ㈜삼일의 20X1년 말 매출채권 잔액은 30,000,000원이고 20X1년 말 대손충당금 잔액은 500,000원
이다. 20X2년 중에 회수불능으로 판명되어 대손처리된 매출채권이 700,000원인 경우, 대손발생 시점
에 ㈜삼일이 수행해야 할 회계처리로 옳은 것은?

① (차) 매출채권   700,000원   (대) 대손상각비   700,000원

② (차) 대손충당금   500,000원   (대) 매출채권   700,000원

        대손상각비   200,000원

③ (차) 현금   500,000원   (대) 대손충당금   500,000원

④ (차) 대손충당금   500,000원   (대) 매출채권   500,000원

11. 다음 중 재고자산에 관한 설명으로 옳지 않은 것은?

① 재고자산이란 정상적인 영업과정에서 판매를 위하여 보유하거나 생산과정에 있는 자산 및 생
산 또는 서비스 제공과정에 투입될 자산을 말한다.

② 부동산매매업의 판매목적 부동산은 유형자산으로 분류한다.

③ 재료원가나 노무원가 중 비정상적으로 낭비된 부분은 재고자산의 원가에 포함할 수 없다.

④ 재고자산을 현재의 장소에 현재의 상태로 이르게 하는데 발생한 기타의 원가도 취득에 필요
한 부대비용으로 보고 재고자산의 취득원가에 포함된다.

12. ㈜삼일은 20X1년 12월 31일에 A 상품을 실사한 결과 회사 창고에 1,500개가 남아 있는 것을 확인하
였으며, 추가로 다음과 같은 사항을 파악하였다. 20X1년 12월 말 현재 ㈜삼일이 인식하여야 하는 재고
자산의 수량은 몇 개인가?

ㄱ. 선적지 인도조건으로 판매한 운송 중인 상품	100개
ㄴ. 도착지 인도조건으로 판매한 운송 중인 상품	70개
ㄷ. 선적지 인도조건으로 매입한 운송 중인 상품	150개
ㄹ. 도착지 인도조건으로 매입한 운송 중인 상품	130개

① 1,720 개   ② 1,730 개   ③ 1,820 개   ④ 1,850 개

13. 당기 중에 물가가 계속 상승하고 기말재고수량이 기초재고수량 이상이라고 가정할 때 선입선출법, 평균
법, 후입선출법에 의한 크기를 비교한 내용으로 옳은 것은?

① 기 말 재 고 자 산 : 선입선출법<평균법<후입선출법

② 매 출 원 가 : 선입선출법>평균법>후입선출법

③ 매 출 액 : 선입선출법>평균법>후일선출법

④ 당 기 순 이 익 : 선입선출법>평균법>후입선출법

14. 다음은 ㈜삼일의 20X1년 재고자산수불부이다. ㈜삼일이 재고자산을 이동평균법으로 평가하는 경우 ㈜삼일의 매출원가는 얼마인가(단, 재고자산감모손실과 평가손실은 발생하지 않았다)?

구분	수량	단가	금액
전기이월	3,000개	2,500원	7,500,000원
6월 5일 매입	2,000개	2,000원	4,000,000원
7월 30일 판매	3,500개		
8월 20일 매입	1,000개	2,000원	2,000,000원
9월 10일 판매	1,500개		

① 10,580,000원　　② 11,320,000원　　③ 12,450,000원　　④ 13,500,000원

15. 다음 중 재고자산의 회계처리에 관한 설명으로 옳은 것은?

① 물리적 손상, 장기체화, 진부화 등의 사유로 인해 재고자산의 취득원가가 시가보다 상승한 경우 저가법을 적용하여 재고자산의 취득원가를 재무상태표 금액으로 평가해야 한다.

② 재고자산을 저가법으로 평가하는 경우 생산과정에 투입될 원재료의 시가는 생산될 완제품의 현행대체원가로 한다.

③ 일반기업회계기준에서는 재고자산 평가를 위한 저가법 적용시 원칙적으로 항목별 기준을 적용하여 평가하도록 규정하고 있다.

④ 재고자산평가손실이 발생한 경우 평가손실액을 재고자산의 차감계정으로 표시하고 매출원가에서 차감한다.

16. 다음 중 유가증권의 분류에 관한 설명으로 옳지 않은 것은?

① 지분증권은 매도가능증권, 단기매매증권, 지분법적용투자주식으로 분류한다.

② 채무증권은 매도가능증권, 단기매매증권, 만기보유증권으로 분류한다.

③ 채무증권은 보유의도와 보유능력에 변화가 발생한 경우 재분류할 수 있지만, 지분증권은 재분류가 금지된다.

④ 유가증권이란 재산권을 나타내는 증권을 말하며, 지분증권과 채무증권으로 분류할 수 있다.

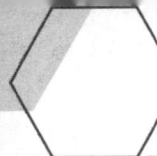

17. ㈜삼일은 20X1년 12월 1일 투자목적으로 ㈜서울의 주식 100주를 주당 10,000원에 취득하고 이를 매도가능증권으로 분류하였다. ㈜삼일은 20X3년 10월 1일에 ㈜서울의 주식 50주를 주당 12,000원에 처분하였다. ㈜서울 주식의 공정가치에 관한 정보가 다음과 같은 경우 ㈜삼일이 20X3년에 인식할 매도가능증권처분손익은 얼마인가?

> ㄱ. 20X1년 말 : 11,000원/주
> ㄴ. 20X2년 말 : 13,000원/주

① 처분이익 100,000원　　　　　　② 처분손실 100,000원

③ 처분이익 200,000원　　　　　　④ 처분손실 200,000원

18. ㈜삼일은 20X1년 1월 1일에 다음과 같은 조건의 사채를 취득하였으며 ㈜삼일은 이 사채를 만기까지 보유할 의도와 능력이 있다. ㈜삼일의 20X2년 12월 31일 재무상태표에 표시될 만기보유증권의 장부금액은 얼마인가?

> • 발행일 : 20X1년 1월 1일
> • 만기일 : 20X3년 12월 31일
> • 취득원가 : 922,687원(유효이자율 연 8%)
> • 액면금액 : 1,000,000원
> • 표시이자율 : 연 5%
> • 이자지급 : 매년 말 후급

① 938,222 원　　　② 951,222 원　　　③ 972,222 원　　　④ 993,222 원

19. 다음 중 유형자산의 회계처리에 관한 설명으로 옳지 않은 것은?

① 유형자산은 영업활동에 사용하기 위하여 보유하는 물리적 실체가 있는 자산으로서, 1년을 초과하여 사용할 것이 예상되는 자산을 말한다.

② 유형자산이 정상적으로 작동되는지 여부를 시험하는 과정에서 발생하는 원가는 발생 즉시 비용으로 인식한다.

③ 유형자산의 취득과 관련하여 공채를 불가피하게 매입한 경우 당해 공채의 현재가치와 취득금액의 차액은 유형자산의 취득원가에 포함한다.

④ 유형자산의 취득 후 지출한 비용이 당해 유형자산의 내용연수를 실질적으로 증가시키는 경우에는 지출액을 자산으로 계상한 후 감가상각을 통해 비용화 해야 한다.

20. ㈜삼일은 20X1년 1월 1일에 잔존가치 0원, 내용연수 5년인 기계장치를 500,000원에 구입하여 정액법으로 감가상각하기로 하였다. 20X1년 12월 31일 ㈜삼일은 해당 기계장치에 손상징후가 발생하여 회수가능액을 추정한 결과 순공정가치가 150,000원, 사용가치가 200,000원이었다. 20X2년 12월 31일에는 손상에서 회복되었다는 징후가 있었고 기계장치의 회수가능액은 350,000원으로 추정되었다. ㈜삼일이 20X2년 12월 31일에 인식할 손상차손환입은 얼마인가?

① 100,000원　　　　② 150,000원　　　　③ 200,000원　　　　④ 250,000원

21. ㈜삼일은 20X1년 1월 1일에 기계장치를 600,000원에 취득하였다. 기계장치의 내용연수는 5년이며 잔존가치 100,000원, 정액법으로 감가상각한다. ㈜삼일은 20X3년 10월 1일에 365,000원의 현금을 받고 기계장치를 처분하였다. ㈜삼일이 인식할 유형자산처분손익은 얼마인가(단, 감가상각비는 월할 상각한다)?

① 처분손실 10,000원　　　　　　② 처분이익 10,000원

③ 처분손실 40,000원　　　　　　④ 처분이익 40,000원

22. 다음 중 무형자산에 관한 설명으로 옳지 않은 것은?

① 내부적으로 창출된 영업권은 취득원가를 신뢰성 있게 측정할 수 없을 뿐만 아니라 기업이 통제하고 있는 식별가능한 자원도 아니므로 무형자산으로 인식하지 않는다.

② 무형자산을 창출하기 위한 내부 프로젝트를 연구단계와 개발단계로 구분할 수 없는 경우에는 그 프로젝트에서 발생한 지출은 모두 연구단계에서 발생한 것으로 본다.

③ 무형자산의 상각기간은 독점적·배타적인 권리를 부여하고 있는 관계 법령이나 계약에 정해진 경우를 제외하고는 20년을 초과할 수 없다.

④ 무형자산은 정액법으로만 상각할 수 있다.

23. ㈜삼일은 20X1년 설립된 제약회사로 20X1년에 지출한 금액은 다음과 같다. 20X1년 손익계산서상 비용으로 인식해야 할 금액은 얼마인가?

> ㄱ. 연구단계에서 발생한 지출 : 1,000,000원
>
> ㄴ. 개발단계에서 발생한 지출 : 1,000,000원(1,000,000원 중 600,000원은 무형자산 중 개발비 인식요건을 만족한다)
>
> ㄷ. 개발비의 사용가능한 시점은 20X2년 1월 1일이며, 내용연수는 5년, 잔존가치는 없다.

① 1,400,000원　　　② 1,500,000원　　　③ 1,600,000원　　　④ 1,700,000원

24. 다음 중 비유동자산에 관한 설명으로 옳지 않은 것은?

① 이연법인세자산은 유동자산으로 분류할 수 없고, 비유동자산으로만 분류한다.

② 장기매출채권이란 주된 영업활동에서 발생한 1년 이내 또는 정상적인 영업주기 이내에 회수가 어려운 채권을 말한다.

③ 장기성채권의 공정가치 평가에서 현재가치는 당해 채권으로 인하여 미래에 수취하게 될 총금액을 적정한 이자율로 할인한 금액이다.

④ 현재가치할인차금의 상각은 유효이자율법을 적용해야 한다.

25. 다음 중 부채 계정과목에 관한 설명으로 옳지 않은 것은?

① 선수수익은 입금된 영업외수익 중 차기 이후에 속하는 금액을 말한다.

② 예수금은 일반적 상거래 이외에서 발생한 일시적 제예수액을 말한다.

③ 미지급금은 발생된 비용으로 지급하지 아니한 비용을 말한다.

④ 유동성장기부채는 비유동부채 중 보고기간종료일로부터 1년 내에 상환될 것을 말한다.

26. ㈜삼일은 다음과 같은 조건으로 사채를 발행하였다. 다음 자료를 이용하여 ㈜삼일의 20X2년 손익계산서에 계상될 이자비용을 계산하면 얼마인가(단, 단수차이가 발생하는 경우 가장 근사치를 선택한다)?

> ㄱ. 액면금액 : 1,000,000원
> ㄴ. 발행금액 : 950,244원(20X1년 1월 1일 발행)
> ㄷ. 만 기 : 20X3년 12월 31일
> ㄹ. 액면이자율 : 연 8% (매년 말 지급)
> ㅁ. 유효이자율 : 연 10%
> ㅂ. ㈜삼일은 사채의 액면금액과 발행금액의 차이를 유효이자율법으로 상각하고 있다.

① 91,234원　　② 93,126원　　③ 94,123원　　④ 96,527원

27. 다음 중 사채에 관한 설명으로 옳지 않은 것은?

① 사채의 시장이자율이 액면이자율보다 높은 경우에는 할인발행된다.

② 사채가 액면발행된 경우에는 액면이자 지급액이 발생회사가 매년 인식할 이자비용이 된다.

③ 사채의 시장이자율이 액면이자율과 같은 경우에는 액면발행된다.

④ 사채발행비가 존재할 경우 동 사채발행비는 사채의 발행시점에 비용화된다.

28. 20X1년 초에 영업을 개시한 ㈜삼일은 제품 구입 후 12개월 이내에 발생하는 제조상의 결함이나 다른 명백한 결함에 따른 하자에 대하여 제품보증을 실시하고 있다. 20X1년에 판매된 제품에 대한 결함 발생 확률과 예상 수리비가 아래와 같고, 20X1년 중 당기 매출분에 대해 2,000,000원의 실제수리비가 발생하였다. 20X1년말 재무상태표에 표시될 제품보증충당부채는 얼마인가?

구분	결함발생 확률	예상 수리비
결함없음	75%	−
경미한 결함	20%	10,000,000원
중요한 결함	5%	50,000,000원

① 2,000,000원   ② 2,500,000원   ③ 3,500,000원   ④ 4,500,000원

29. 다음 중 퇴직급여제도에 관한 설명으로 옳지 않은 것은?

① 퇴직일시금 지급제도일 경우 당기 말 임직원 전원이 퇴직할 경우에 지급하여야 할 퇴직급여 전액을 퇴직급여충당부채로 설정해야 한다.

② 회사가 종업원의 수급권을 보장하는 퇴직보험에 가입한 경우 퇴직보험예치금은 투자자산의 과목으로 비유동자산에 별도 표시한다.

③ 확정급여형 퇴직연금제도에 가입한 경우 보고기간종료일 현재 종업원이 퇴직할 경우 지급하여야 할 퇴직일시금에 상당하는 금액을 측정하여 퇴직급여충당부채로 계상한다.

④ 확정기여형 퇴직연금제도에 가입한 경우 당해 회계기간에 대하여 회사가 납부하여야 할 부담금을 퇴직급여(비용)로 인식한다.

30. 다음은 ㈜삼일의 법인세 관련 내역이다. 20X1년 손익계산서에 계상될 ㈜삼일의 법인세비용은 얼마인가 (단, 중소기업회계처리특례는 고려하지 않는다)?

• 20X1년 당기법인세(법인세법상 당기에 납부할 법인세)	1,900,000원
• 20X0년 말 이연법인세부채 잔액	100,000원
• 20X1년 말 이연법인세자산 잔액	200,000원

① 1,600,000원   ② 1,700,000원   ③ 1,800,000원   ④ 1,900,000원

31. 다음 중 실질적으로 이익잉여금과 자본총액을 모두 감소시키는 이익잉여금의 처분유형에 해당하는 것은?

① 임의적립금 적립   ② 법정적립금 적립   ③ 현금배당   ④ 주식배당

32. 20X1년 초 ㈜삼일의 자본총액은 100,000원이었고, 20X1년 중에 다음과 같은 거래가 있었다. 20X1년 말 ㈜삼일의 자본총액은 얼마인가?

- 1월 10일 : 주당 액면금액 100원의 자기주식 100주를 주당 200원에 취득
- 7월 10일 : 주당 액면금액 100원의 보통주 100주를 주당 150원에 발행
- 12월 31일 : 당기순이익 40,000원 보고

① 115,000원　　　　② 125,000원　　　　③ 135,000원　　　　④ 145,000원

33. 손익계산서를 작성할 때 준거해야 하는 작성기준 중에서 구분계산의 원칙이 있다. 다음 중 이러한 구분계산의 원칙에 의할 경우 영업이익의 계산과정에 포함되는 항목으로 옳지 않은 것은?

① 이자비용　　　　② 매출원가　　　　③ 임차료　　　　④ 무형자산상각비

34. ㈜삼일의 장기도급공사의 내역은 다음과 같다. 총공사계약금액이 1,200,000원일 때, ㈜삼일이 20X2년에 인식해야 할 공사손익을 계산하면 얼마인가?(단, 공사진행률은 누적발생원가에 기초하여 산정한다)?

	20X1년	20X2년	20X3년
누적발생공사원가	360,000원	824,000원	1,050,000원
총공사예정원가	900,000원	1,030,000원	1,050,000원
공사대금청구액	350,C00원	350,000원	500,000원
공사대금회수액	280,C00원	300,000원	620,000원

① 공사손실 14,000원　　　　② 공사손실 16,000원
③ 공사이익 14,000원　　　　④ 공사이익 16,000원

35. 다음 중 수익에 관한 설명으로 옳지 않은 것은?

① 수익은 통상적인 경영활동에서 발생하는 경제적 효익의 총유입을 말하며, 자산의 증가 또는 부채의 감소로 나타난다.
② 수익은 제공한 재화나 용역의 공정가치로 측정한다.
③ 수익은 수익금액을 신뢰성 있게 측정할 수 있고, 경제적 효익의 유입가능성이 매우 높을 때 인식한다.
④ 수익은 기업에 귀속되는 경제적 효익의 유입만을 포함하므로 부가가치세와 같이 제 3 자를 대신하여 받는 금액이나, 대리관계에서 우임자를 대신하여 받는 금액 등은 수익으로 보지 아니한다.

36. 다음은 ㈜삼일의 주당이익 산정에 관한 자료이다. ㈜삼일의 주당이익을 계산하면 얼마인가(단, 주식수 산정 시 월할계산을 기준으로 한다)?

ㄱ. 기초 유통보통주식수	30,000주
ㄴ. 기중 보통주식수의 변동	
4월 1일 유상증자(시가발행임)	6,000주
7월 1일 자기주식의 취득	(8,000주)
ㄷ. 당기순이익	12,200,000원

① 300원　　　　　② 400원　　　　　③ 500원　　　　　④ 600원

37. 다음 중 손익계산서상 비용 또는 손실 항목에 포함되지 않는 것은?

① 감가상각비　　　② 자기주식처분손실　　　③ 단기매매증권처분손실　　　④ 외환차손

38. ㈜삼일은 당기 장부마감 전 오류사항을 발견하였다. 해당 오류를 수정할 경우 당기순이익에 미치는 영향이 다른 것은 무엇인가?

① 재고자산 과대계상　　　　　　　② 미수수익 과대계상
③ 미지급비용 과소계상　　　　　　④ 선급비용 과소계상

39. 다음의 항목은 기업에서 발생한 몇 가지 현금흐름 항목들이다. 영업활동으로 인한 순현금흐름을 계산하면 얼마인가?

가. 종업원과 관련하여 직접적으로 발생한 현금유출	100,000원
나. 배당금의 지급에 따른 현금유출	200,000원
다. 본사 건물의 취득에 따른 현금유출	200,000원
라. 차입금의 상환에 따른 현금유출	150,000원
마. 주식의 발행에 따른 현금유입	300,000원
바. 재화의 판매와 용역의 제공에 따른 현금유입	200,000원

① 100,000원　　　② 200,000원　　　③ 300,000원　　　④ 400,000원

40. 다음 중 재무활동 현금흐름으로 분류되는 항목의 예로 옳지 않은 것은?

① 주식 발행에 따른 현금유입

② 사채 발행에 따른 현금유입

③ 다른 기업의 지분상품 취득에 따른 현금유출

④ 배당금 지급에 따른 현금유출

세무회계

41. 다음 중 조세의 기본개념에 관한 설명으로 옳지 않은 것은?

① 과세표준이란 세법에 따라 직접적으로 세액산출의 기초가 되는 과세대상의 수량 또는 가액을 말한다.

② 국민은 세법규정에 근거하지 않은 세금에 대해서도 납부할 의무가 있다.

③ 국가 또는 지방자치단체가 국민에게 부과·징수하는 세금의 대상이 되는 소득·재산 등을 세원이라 한다.

④ 과세표준에 세율을 곱하여 산출된 금액을 산출세액이라고 한다.

42. 다음 중 국세부과의 원칙에 관한 설명으로 옳지 않은 것은?

① 실질과세의 원칙 : 국가는 국민에게 세금을 부과·징수하는 경우 거래의 형식보다 실질에 따라야 한다.

② 신의성실의 원칙 : 국민은 국가의 원활한 운영을 위하여 자신의 소득에 대한 세금을 성실하게 납부할 의무가 있으며 신의성실은 국민에게만 적용되는 원칙이다.

③ 근거과세의 원칙 : 납세자가 세법에 따라 장부를 갖추어 기록하고 있는 경우에는 해당 국세과세표준의 조사와 결정은 그 장부와 이에 관계되는 증거자료에 의하여야 한다.

④ 조세감면의 사후관리 : 세액을 감면 받은 후 사후관리 규정을 따르지 아니하면 국가는 감면을 취소하고 세액을 추징할 수 있다.

43. 다음 중 법인세법상 납세의무자와 법인세 과세대상 소득의 구분이 옳지 않은 것은?

① 영리내국법인 : 국내외원천의 모든 소득, 청산소득, 토지 등 양도소득, 미환류소득

② 영리외국법인 : 국내원천소득, 토지 등 양도소득

③ 비영리내국법인 : 국내원천소득 중 일정한 수익사업에서 발생한 소득, 토지 등 양도소득

④ 비영리외국법인 : 국내원천소득 중 수익사업소득, 토지 등 양도소득

44. 다음 중 법인세법상 손익의 귀속시기에 관한 설명으로 옳지 않은 것은?

① 금융회사의 이자수익(선수입이자 제외)은 약정에 의해 받기로 한 날을 원칙적인 귀속시기로 한다.

② 결산을 확정함에 있어서 이미 경과한 기간에 대응하는 임대료 상당액과 이에 대응하는 비용을 당해 사업연도의 수익과 손비로 계상한 경우 이미 경과한 기간에 대응하는 임대료 상당액과 비용은 이를 각각 당해 사업연도의 익금과 손금으로 한다.

③ 장기할부판매손익은 원칙적으로 해당 판매물의 인도일을 귀속시기로 한다.

④ 건설 · 제조 · 기타 용역의 제공으로 인한 익금과 손금은 작업진행률을 기준으로 하여 계산한 수익과 비용을 각각 해당 사업연도의 익금과 손금에 계상하는 것을 원칙으로 한다.

45. 다음 자료에 의할 경우 ㈜삼일의 법인세법상 익금금액은 얼마인가?

ㄱ. 주식발행초과금	1,000,000원
ㄴ. 유형자산의 양도금액	4,000,000원
ㄷ. 법인지방소득세의 환급액	1,000,000원
ㄹ. 자기주식처분으로 인한 자기주식의 양도금액	500,000원

① 2,000,000원   ② 2,500,000원   ③ 4,500,000원   ④ 5,500,000원

46. 다음 자료를 기초로 법인세법상 손금금액을 계산하면 얼마인가?

ㄱ. 특례기부금(한도 : 5,000,000원)	4,000,000원
ㄴ. 법인세비용	3,000,000원
ㄷ. 주식할인발행차금	10,000,000원
ㄹ. 판매한 제품에 대한 재료비	3,000,000원

① 7,000,000원   ② 10,000,000원   ③ 13,000,000원   ④ 20,000,000원

47. 다음 중 법인세법상 업무용승용차 관련비용에 관한 설명으로 옳지 않은 것은?

① 운수업에서 수익창출을 위해 직접적으로 사용하는 자동차는 업무용승용차에서 제외된다.

② 업무용승용차 관련 비용은 내국법인이 업무용승용차를 취득하거나 임차하여 해당 사업연도에 손금에 산입하거나 지출한 감가상각비, 임차료 등을 말하며, 자동차세, 통행료는 이에 해당하지 않는다.

③ 내국법인의 업무용승용차 관련비용 중 업무사용금액에 해당하지 않는 금액은 손금불산입한다.

④ 업무용승용차란 개별소비세 과세대상이 되는 승용자동차를 말한다.

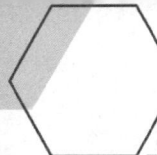

48. ㈜삼일은 결산서상 당기 취득한 재고자산의 금액을 시가로 평가하였으며, 평가로 인한 손익을 비용과 수익으로 계상하였다. 제24기(20x1년 1월 1일~20x1년 12월 31일)말 현재 취득원가와 시가는 다음과 같으며 법인세법상 재고자산의 평가방법이 저가법으로 신고된 경우, 재고자산에 대해 필요한 세무조정을 수행한다면 각 사업연도 소득금액이 어떻게 변하는가?

구분	취득원가	시가
반제품	20,000,000원	24,000,000원
제품	30,000,000원	29,000,000원

① 1,000,000원 증가
② 2,000,000원 증가
③ 2,000,000원 감소
④ 4,000,000원 감소

49. 다음 자료에 의할 경우 ㈜삼일의 제24기(20x1년 1월 1일~20x1년 12월 31일)에 감가상각방법으로 정액법과 정률법을 적용할 때의 감가상각범위액은 각각 얼마인가(다만, 법인세를 면제·감면받지 않았음)?

> 제22기 초에 취득가액 6,000,000원인 기계장치를 구입하였으며, 이 기계장치에 대한 자료는 다음과 같다.
> 가. 제23기 말 감가상각누계액 2,000,000원(상각부인액은 없음)
> 나. 내용연수 : 5년
> 다. 상각률 : 정액법 0.2, 정률법 0.451

	정액법	정률법
①	1,000,000원	1,353,000원
②	1,000,000원	1,804,000원
③	1,200,000원	1,353,000원
④	1,200,000원	1,804,000원

50. 다음 자료를 이용하여 중소기업인 ㈜삼일의 제24기(20x1년 1월 1일~20x1년 12월 31일) 기업업무 추진비에 관한 세무조정을 수행하고자 할 때 기업업무추진비 한도초과액은 얼마인가(단, 특수관계인에 대한 매출은 없으며 문화기업업무추진비나 전통시장에서 지출한 기업업무추진비는 없다)?

손익계산서
제24기 : 20x1년 1월 1일~20x1년 12월 31일

㈜삼일 (단위 : 원)

과 목	금 액
Ⅰ. 매출액	10,000,000,000
Ⅱ. 매출원가	2,000,000,000
Ⅲ. 매출총이익	8,000,000,000
Ⅳ. 판매비와관리비	7,500,000,000
Ⅴ. 영업이익	500,000,000
Ⅵ. 영업외수익	100,000,000
Ⅶ. 영업외비용	50,000,000
Ⅷ. 법인세비용차감전순이익	550,000,000

㈜삼일은 제조업을 영위하고 있으며, 판매비와 관리비에는 전액 신용카드를 사 용한 기업업무추진비가 1억원 포함되어 있다. 세법상 손금한도를 계산하기 위한 수입금액 기준적용률은 다음과 같다.

수 입 금 액	적 용 률
100억원 이하	0.3%
100억원 초과 500억원 이하	3천만원＋100억 초과분×0.2%
500억원 초과	1억 1천만원＋500억 초과분×0.03%

① 30,000,000원　② 32,000,000원　③ 34,000,000원　④ 40,100,000원

51. 다음 중 법인세법상 대손충당금에 대한 설명으로 옳지 않은 것은?

① 대손충당금의 손금산입은 신고조정사항이다.
② 대손충당금 설정대상 채권에는 매출채권, 대여금, 미수금 등 기업회계기준에 의한 대손충당 금 설정대상 채권이 해당된다.
③ 대손충당금 설정률은 1%와 법인의 대손실적률 중 큰 비율을 적용한다.
④ 대손충당금 기말잔액과 한도액을 비교하여, 한도초과액은 손금불산입(유보)으로 세무조정한다.

52. 다음 중 법인세법상 지급이자 손금불산입에 관한 설명으로 옳은 것은?

① 채권자불분명 사채이자는 전액 손금불산입하고 원천징수액을 포함한 전액을 대표자상여로 처분한다.

② 비실명 채권·증권의 이자는 전액 손금불산입 하고 원천징수액을 포함한 전액을 기타사외유출로 처분한다.

③ 건설중인 자산에 대한 건설자금이자를 비용으로 회계처리한 경우 손금불산입하여 유보로 소득처분한다.

④ 업무무관자산 등 관련이자는 전액 손금불산입하고 유보로 처분한다.

53. ㈜삼일은 특수관계인인 대표이사 김영희씨로부터 시가 12억원인 건물(취득가액 10억원)을 24억원에 매입하였다. ㈜삼일은 20 년 동안 동 건물을 감가상각하기로 하였고 당기 감가상각비로 1억 2천만원을 계상하였다. 이와 관련한 세무상 설명으로 옳지 않은 것은(단, 감가상각비 한도는 고려하지 않는다)?

① 김영희씨는 이 거래로 인하여 소득세를 추가로 부담하여야 한다.

② 특수관계인과의 거래를 통해 과다하게 지급한 12억원을 세무상 건물의 자산가액으로 인정할 수 없으므로 매입 시 12억원을 손금산입(△유보)으로 처분한다.

③ 위 거래를 통하여 김영희 씨가 얻은 양도차익 14억원을 익금산입하여 상여로 소득처분한다.

④ 당기에 계상한 감가상각비 1억 2천만원 중 6천만원은 손금불산입(유보)으로 처분한다.

54. 다음은 중소기업인 ㈜삼일의 제24기(20x1년 1월 1일~20x1년 12월 31일) 법인세신고를 위한 자료이다. 자료에 의하여 올바른 세무조정을 수행한 경우에 과세표준을 계산하면 얼마인가(단, 위 자료 이외에 각 사업연도 소득금액 계산에 영향을 미치는 항목은 없다)?

> ㄱ. 법인세비용차감전순이익 : 250,000,000원
>
> ㄴ. ㈜삼일은 유상증자를 통해 액면가액 5,000,000원인 주식을 10,000,000원에 발행하고 발행한 차액 5,000,000원을 영업외수익으로 계상하였다.
>
> ㄷ. ㈜삼일은 업무무관자산을 구입하고 관리비 5,000,000원을 판매비와 관리비로 계상하였다.
>
> ㄹ. 비과세소득 : 10,000,000원(영업외수익으로 계상됨)
>
> ㅁ. 이월결손금 : 법인세과세표준 계산시 공제되지 않은 이월결손금의 발생사업연도와 금액은 다음과 같다. 제20기 : 20,000,000원

① 220,000,000원   ② 230,000,000원

③ 240,000,000원   ④ 250,000,000원

55. 다음 자료를 기초로 ㈜삼일의 제24기(20x1년 1월 1일~20x1년 12월 31일) 법인세 산출세액을 계산 하면 얼마인가?

> ㄱ. 법인세비용차감전순이익 : 200,000,000원
> ㄴ. ㈜삼일은 대표이사에게 특별상여금 20,000,000원을 지급하고 비용으로 계상하였다. 정관에 따른 상여금의 지급기준은 10,000,000원이다.
> ㄷ. ㈜삼일은 대표이사의 동창회에 기부금 10,000,000원을 지급하고 비용으로 계상하였다.
> ㄹ. 제24기에 인식할 이월결손금, 비과세소득 및 소득공제는 없다.
> ㅁ. 법인세율 : 과세표준 2억원 이하는 10%, 2억원 초과 200억 이하 분은 20%로 가정한다.

① 20,000,000원   ② 24,000,000원   ③ 22,750,000원   ④ 23,130,000원

56. 다음 중 세법에 따른 조세감면을 적용받는 경우라도 과다한 조세감면은 조세형평에 어긋나므로 일정한 도의 세액은 납부하도록 하는 제도에 해당하는 것은?

① 수시부과제도
② 연결납세제도
③ 최저한세제도
④ 부당행위계산의 부인제도

57. 다음 중 우리나라의 소득세에 관한 설명으로 옳지 않은 것은?

① 법인과 달리 개인은 소득세법상 과세기간을 선택할 수 없다.
② 소득세는 거주자와 비거주자의 과세범위에 차이를 두고 있으며, 거주자에 해당하는지는 국적 이나 영주권으로 판단하지 않는다.
③ 납세의무자가 외국으로 이전하는 경우에는 1월 1일부터 출국일까지를 1과세기간으로 한다.
④ 거주자란 국내에 주소를 두거나 1과세기간 중 180일 이상의 거소를 둔 개인을 말한다.

58. 다음 중 소득세법상 과세방법에 관한 설명으로 옳지 않은 것은?

① 금융소득은 2천만원 이하인 경우 무조건 종합과세대상 금융소득을 제외하고는 분리과세한다.
② 종합과세는 원칙적으로 1년 동안 개인이 벌어들인 모든 소득(분리과세·분류과세 대상 소득 제외)을 합산하여 과세하는 방법이다.
③ 모든 분류과세대상 소득은 소득을 지급하는 자가 소득을 지급할 때 정해진 세금을 미리 징 수하여 대신 납부함으로써 납세의무가 종결하게 된다.
④ 분류과세는 각각의 소득을 합산하지 않고 원천에 따른 소득의 종류별로 별도로 과세하는 방 법이다.

59. 다음은 거주자의 금융소득 발생내역이다. 거주자의 20x1년 소득의 종류와 금융소득 과세대상금액으로 옳지 않은 것은?

- 김순희씨는 ㈜삼일에서 발행한 채권 20,000,000원을 2023년 1월 1일에 취득하였다. 동 채권 의 액면이자율은 10%이며, ㈜삼일은 20x1년 12월 31일 채권에 대한 이자를 지급하여 김순희씨는 액면이자율에 해당하는 금액을 수령하였다.
- 이철수씨는 친한 친구에게 자금 50,000,000원을 빌려주었고 그에 대해 이자 10,000,000원을 지급받았다. (이철수씨는 대금업을 영위하지 않는다.)
- 박영희씨는 2023년 3월부터 ㈜서울 주식 5,000,000원을 구입하여 투자를 시작하였고, 20x1년 3월에 현금배당 1,500,000원을 수령하였다.
- 김영수씨는 20x1년 7월에 자동차보험 가입 후 사고가 발생하여 보험금 1,500,000원을 수령하였다.

		소득의 종류	과세대상금액
①	김순희	이자소득	2,000,000원
②	이철수	이자소득	10,000,000원
③	박영희	배당소득	1,500,000원
④	김영수	배당소득	1,500,000원

60. 다음 자료에 의하여 거주자 김삼일씨(복식부기의무자가 아님)의 20x1년 사업소득금액을 계산하면 얼마 인가?

1. 손익계산서상 당기순이익	30,000,000원
2. 손익계산서상 당기순이익에 반영되어 있는 항목	
(1) 대표자급여	3,000,000원
(2) 업무용차량 처분이익	2,000,000원
(3) 이자수익(사업자금을 일시 예치하고 당기 수령함)	5,000,000원

① 25,000,000원   ② 26,000,000원   ③ 28,000,000원   ④ 33,000,000원

61. 김삼일씨의 20x1년 급여내역이 다음과 같을 때 총급여액을 계산하면 얼마인가(김삼일씨는 연중 계속 근무하였으며, 아래 사항 이외의 근로소득은 없다)?

> ㄱ. 급여 : 20,000,000원(급여에는 아래에 제시된 내역은 미포함)
> ㄴ. 상여 : 8,000,000원
> ㄷ. 식사 : 2,400,000원(월 200,000원에 해당하는 사내급식을 제공받은 내역)
> ㄹ. 자가운전보조금 : 3,000,000원(월 250,000원)
>   김삼일씨 소유차량을 업무수행에 이용하고 그에 소요된 실제비용을 지급받지 않음

① 28,000,000원   ② 28,600,000원   ③ 30,400,000원   ④ 31,000,000원

62. 거주자 김삼일씨의 20x1년 기타소득 관련 자료가 다음과 같은 경우 기타소득금액을 계산하면 얼마인가(단, 세부담 최소화를 가정한다)?

> | | |
> |---|---:|
> | ㄱ. 일시적인 인적용역을 제공하고 받은 대가 | 30,000,000원 |
> | ㄴ. 적정한 증빙자료에 의해 확인된 필요경비(실제필요경비) | 19,000,000원 |
> | ㄷ. 의제필요경비율 | 60% |

① 11,000,000원   ② 12,000,000원   ③ 18,000,000원   ④ 30,000,000원

63. 근로자 김삼일씨는 20x1년 1년동안 매월 40만원(비과세급여는 없음)씩 급여를 받고 있는 배우자가 기본공제 대상자에 해당되는지 여부에 대하여 상담을 의뢰하였다. 올바르게 상담한 내용에 해당하는 것은(단, 다른 소득은 존재하지 않는다)?

① 총급여액이 480만원이면 근로소득금액이 100만원을 초과하므로 기본공제대상에서 제외된다.
② 총급여액이 480만원이면 근로소득금액이 100만원을 초과하지만 기본공제대상이 된다.
③ 총급여액의 크기와 무관하게 소득이 조금이라도 있다면 기본공제대상에서 제외된다.
④ 배우자는 소득과 관계없이 기본공제대상이 된다.

64. 다음 중 소득세법상 퇴직소득에 관한 설명으로 옳지 않은 것은?

① 퇴직소득은 근로자가 퇴직으로 인하여 받게 되는 소득을 말한다.
② 소득세법이 정한 일정 한도를 초과하는 임원 퇴직금은 근로소득에 속한다.
③ 퇴직소득 중 근로의 제공에 따른 부상과 관련하여 받는 퇴직급여는 비과세한다.
④ 종업원이 임원이 된 경우에는 퇴직급여를 실제로 받지 않아도 퇴직으로 본다.

65. 다음 중 소득세법상 중간예납에 관한 설명으로 옳지 않은 것은?

① 소득세법상 사업소득이 있는 거주자는 중간예납 대상자에 해당한다.

② 중간예납세액이 50만원 미만일 경우 중간예납세액을 징수하지 아니한다.

③ 관할세무서장은 10월 1일부터 10월 15일까지의 기간내에 중간예납세액을 서면으로 알려야 하며, 납부기한은 10월 31일까지이다.

④ 중간예납세액은 직전 과세기간의 과세실적을 기준으로 직전 과세기간 납부세액의 1/2을 중간예납세액으로 결정하는 것을 원칙으로 한다.

66. 다음 중 소득세법상 연말정산에 관한 설명으로 옳지 않은 것은?

① 연말정산 결과 이미 원천징수납부한 세액이 연말정산에 따라 계산된 정확한 세액보다 많은 경우 환급이 발생한다.

② 일반적인 경우 회사는 다음해 2월분 급여를 지급하는 때에 연말정산을 하여야 한다.

③ 중도에 퇴직한 자의 연말정산 세액은 퇴직한 달의 급여를 지급하는 날이 속하는 월의 말일까지 납부해야 한다.

④ 근로소득 외 다른 소득이 없는 경우에는 종합소득세 확정신고를 할 필요없이 연말정산만 하면 된다.

67. 다음 중 소득세법상 원천징수에 관한 설명으로 옳지 않은 것은?

① 납세의무자의 입장에서 원천징수는 세금의 부담을 분산시키는 효과가 있다.

② 원천징수의무자는 납세의무자에게 원천징수세액을 차감한 금액을 지급하게 된다.

③ 세금을 실제로 부담하는 납세의무자와 이를 신고·납부하는 원천징수의무자는 일치하지 않는다.

④ 소득을 지급하는 자가 개인인 경우에는 소득을 지급받는 자가 법인인 때에도 소득세법에 따라 원천징수를 한다.

68. 다음 중 원천징수의 사례로 옳지 않은 것은?

① 복권당첨소득(기타소득) 1억원 지급 시 20%의 세율로 소득세 원천징수

② 개인사업자에게 의료·보건용역에 대한 대가(사업소득) 500만원 지급 시 3%의 세율로 소득세 원천징수

③ 개인주주에게 현금배당(배당소득) 5,000단원 지급 시 14%의 세율로 소득세 원천징수

④ 종업원에게 상여금(근로소득) 500만원 지급 시 2.7%의 세율로 소득세 원천징수

69. 다음 중 부가가치세법에 관한 설명으로 옳은 것은?

① 우리나라의 부가가치세 과세방법은 전단계세액공제법에 의하고 있다.

② 부가가치세는 납세의무자와 담세자가 동일하므로 직접세에 해당한다.

③ 현행 부가가치세는 소비지국과세원칙을 채택하고 있으므로 수출하는 재화에 대하여 면세가 적용된다.

④ 부가가치세는 납세의무자의 인적사정을 고려하는 인세이다.

70. 다음 중 부가가치세법에 관한 설명으로 옳지 않은 것은?

① 사업장별로 부가가치세를 과세하는 것을 원칙으로 하고 있다.

② 부가가치세는 납세의무자의 신고에 의하여 납세의무가 확정되는 신고납세제도를 채택하고 있다.

③ 비영리법인도 부가가치세법상 납세의무자가 될 수 있다.

④ 면세사업만을 영위하는 사업자는 부가가치세법에 의한 사업자등록을 해야한다.

71. 다음 중 부가가치세 과세대상에 관한 설명으로 옳은 것은?

① 주요 자재를 전혀 부담하지 않고 단순히 가공계약에 의하여 재화를 공급하는 경우에는 재화를 공급한 것으로 본다.

② 사업장별로 그 사업에 관한 모든 권리와 의무를 포괄적으로 승계시키는 사업의 포괄양도는 원칙적으로 재화의 공급으로 보지 않는다.

③ 수출신고가 수리된 물품으로서 선적된 물품을 국내에 반입하는 것은 재화의 수입에 해당하지 않는다.

④ 특수관계가 없는 자에게 사업용 부동산의 임대용역을 무상으로 공급하는 것은 용역의 공급으로 본다.

72. 다음 중 부가가치세법상 영세율에 관한 설명으로 옳지 않은 것은?

① 영세율이 적용되면 해당 거래단계에서 창출된 부가가치에 대해서 과세되지 않는 효과를 가져오며, 이전 단계에 대해서도 부가가치세가 과세되지 아니한다.

② 면세사업자는 면세포기 절차에 따라 영세율을 적용 받을 수 있다.

③ 부가가치세가 과세되지 않으므로 모든 영세율 거래에서 세금계산서 발급의무가 면제된다.

④ 세율이 0%이므로 부가가치세를 부담하지 않지만, 사업자등록과 같은 납세의무자로서의 의무는 이행해야 한다.

73. 다음 중 부가가치세가 면세되는 재화 또는 용역의 개수로 옳은 것은?

1. 수돗물	2. 국민주택의 공급
3. 연탄과 무연탄	4. 시내버스 운송용역
5. 신문광고용역	6. 도서(도서대여용역 포함) · 신문 · 잡지
7. 우등고속버스에 의한 여객운송용역	8. 주택과 이에 부수되는 토지의 임대용역

① 4 개   ② 5 개   ③ 6 개   ④ 7 개

74. 다음 자료를 바탕으로 제1기 예정신고기간(1월 1일~3월 31일)의 부가가치세 매출세액 과세표준 금액을 계산하면 얼마인가?

공급일자	공급가액 (부가가치세 미포함)	공급조건
1월 7일	10,000,000원	단기할부, 공급일부터 매월 2,000,000원씩 회수 조건
1월 28일	40,000,000원	장기할부, 공급일부터 매월 1,000,000원씩 회수 조건
2월 15일	30,000,000원	외상판매, 공급일부터 6개월 이후에 대가 지급
3월 1일	30,000,000원	완성도기준공급, 3월에 공급을 개시하였고 3월 한 달간의 진행률은 30%임. 계약에 따라 공급가액 중 진행률에 해당하는 금액을 매월 말에 지급받기로 함

① 48,000,000원   ② 52,000,000원   ③ 59,000,000원   ④ 81,000,000원

75. 다음은 부가가치세 과세사업을 영위하는 ㈜삼일의 제2기 예정신고기간(7월 1일~9월 30일)의 거래 내역이다. 제2기 예정신고기간의 과세표준을 계산하면 얼마인가(단, 주어진 금액은 부가가치세를 포함 하지 않은 금액이다)?

구 분	금 액
(1) 매출액	55,000,000원(아래 (2)와 (3)이 차감된 금액임)
(2) 매출할인액	2,000,000원
(3) 매출에누리액	3,000,000원
(4) 파손 반품액	2,000,000원(운송도중 파손된 제품으로 (1)의 매출액에 포함되어 있음)
(5) 외상매출금 연체이자	4,000,000원((1)의 매출액에 포함되어 있지 않음)

① 48,000,000원   ② 50,000,000원   ③ 52,000,000원   ④ 53,000,000원

76. 다음은 전자제품 제조업을 영위하는 ㈜삼일의 20x1년 제2기 예정신고기간의 매입세액에 대한 자료이다. ㈜삼일의 매입세액공제액은 얼마인가(제시된 거래에 대해서는 적법하게 세금계산서를 수취하였다)?

(1) 전자부품(원재료) 수입 관련 매입세액	20,000,000원
(2) 기계구입 관련 매입세액	7,000,000원
(3) 기업업무추진비 관련 매입세액	1,000,000원
(4) 개별소비세 과세대상 자동차의 유지비 관련 매입세액	2,000,000원

① 20,000,000원　　② 22,000,000원　　③ 27,000,000원　　④ 28,000,000원

77. 다음 중 일반과세자의 부가가치세 신고 · 납부 · 환급에 관한 설명으로 옳지 않은 것은?

① 조기환급은 수출을 지원하기 위한 것으로 영세율 적용대상 외에는 조기환급을 신청할 수 없다.

② 예정신고를 하는 때에 누락된 금액을 확정신고를 하는 때에 신고할 수 있다.

③ 일반환급의 경우 예정신고 시에는 환급세액이 발생하여도 이를 환급하지 아니한다.

④ 조기환급받고자 하는 사업자는 조기환급기간이 끝난 날부터 25일 이내에 영세율등 조기환급 신고를 해야 한다.

78. 다음 중 부가가치세법상 가산세에 대한 설명 중 옳지 않은 것은?

① 예정신고시 제출하지 아니한 매출처별세금계산서합계표를 확정신고시 제출하는 경우 가산세가 적용된다.

② 사업자가 아닌 자가 재화 또는 용역을 공급하지 아니하고 세금계산서를 발급하거나 재화 또는 용역을 공급받지 아니하고 세금계산서를 발급받은 경우는 사업자가 아니므로 가산세를 부과하지 않는다.

③ 제출한 매입처별세금계산서합계표의 기재사항 중 공급가액을 사실과 다르게 과다하게 기재하여 신고한 경우에는 매입처별세금계산서합계표 제출불성실가산세가 부과된다.

④ 발급한 세금계산서의 필요적 기재사항의 전부 또는 일부가 착오 또는 과실로 적혀 있지 않은 경우에는 세금계산서불성실가산세가 부과된다.

79. 다음 중 부가가치세법상 세금계산서에 관한 설명으로 옳은 것은?

① 전자세금계산서를 발급·전송한 사업자는 세금계산서 보관의무가 면제된다.

② 전자세금계산서 의무발급 사업자는 법인사업자와 직전 연도의 사업장별 재화 및 용역의 공급가액(면세공급가액 제외)의 합계액이 2 억원 이상인 개인사업자이다.

③ 전자세금계산서 의무발급대상이 아닌 사업자는 전자세금계산서를 발급할 수 없다.

④ 전자세금계산서 의무발급 사업자가 전자세금계산서를 발급하였을 때에는 전자세금계산서 발급일까지 전자세금계산서 발급명세를 국세청장에게 전송하여야 한다.

80. 다음 일반과세자 중 재화·용역의 공급시 영수증을 발급해야 하는 업종이 아닌 것은?

① 숙박업

② 목욕·이발·미용업

③ 입장권을 발행하여 영위하는 사업

④ 도매업

118회 답안 및 해설

재무회계

1	2	3	4	5	6	7	8	9	10
③	④	③	①	④	③	④	①	②	②
11	12	13	14	15	16	17	18	19	20
②	①	④	②	③	③	①	③	②	②
21	22	23	24	25	26	27	28	29	30
④	④	①	①	③	④	④	②	②	①
31	32	33	34	35	36	37	38	39	40
③	③	①	④	②	②	②	④	①	③

01. 상장기업은 한국채택국제회계기준을 의무적으로 적용하여야 재무제표를 작성해야 하지만, **비상장기업은 일반기업회계기준과 한국채택국제회계기준 중에서 선택 적용**할 수 있다.

02. 신뢰성의 구성요소는 **표현의 충실성, 중립성, 검증가능성**이다.

03. 기업실체를 청산시킬 의도나 상황이 존재하여 계속기업을 가정하기 어려운 경우에는 **계속기업을 가정한 회계처리방법과는 다른 방법이 적용되어야 하며, 이때 적용된 회계처리방법은 적절히 공시**되어야 한다.

04. 재무상태표는 당기 6월 30일 현재를 기준으로 작성하고, **전기 12월 31일 현재의 재무상태표와 비교** 표시한다.

05. 자산과 부채는 원칙적으로 1년 기준으로 하여 유동자산 또는 비유동자산, 유동부채 또는 비유동부채로 구분하는 것으로 한다. 그러나 **자본은 유동 또는 비유동으로 구분하지 않는다.**

06. 기초자본(120,000) + 당기순이익(??) − 현금배당(10,000) = 기말자본(160,000)
∴ 당기순이익 = 50,000원

07. 보고기간 종료일 기준이 아니라 **취득당시 만기(또는 상환일)가 3개월 이내에 도래하는 것**을 말한다.

08. 기업이 이미 수표를 발행하여 거래처에 지급했지만, **상대방이 아직 은행에 제출하지 않아 실제 인출되지 않은 수표를 기발행미지급수표**이다. 그러므로 은행측에서 조정해야 하는 사항이다.

09. 외상매출금을 담보로 제공하고 자금을 융통하는 경우에는 차입거래에 해당하고 차입금으로 계상한다.

10. 회수불능채권(700,000)을 대손처리시 설정된 대손충당금(500,000)을 먼저 제거하고, 나머지는 대손상각비(200,000)으로 회계처리한다.

11. 부동산매매업의 **판매목적부동산은 재고자산에 해당**한다.

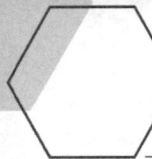

12. 재고자산 수량 = 창고 수량(1,500) + 도착지인도조건 판매수량(70) + 선적지인도조건 매입수량(150)

             = 1,720개

13. 자산과 이익은 비례관계이다.

물가상승시(2개 판매시)		선입선출법		평균법		후입선출법
구입순서 1.10원 2.20원 3.30원	매출액③	100원	=	100원	=	100원
	매출원가②	30원	<	40원	<	50원
	매출이익 (당기순이익)④	**70원**	>	60원	>	50원
	기말재고①	30원	>	20원	>	10원

14. 〈이동평균법〉

구입순서	수량	단가	금액	재고수량	재고금액	평균단가
기초	3,000	2,500	7,500,000	3,000	7,500,000	@2,500
구입(6.5)	2,000	2,000	4,000,000	5,000	11,500,000	@2,300
판매(7.30)	△3,500			1,500	3,450,000	**@2,300**
구입(8.20)	1,000	2,000	2,000,000	2,500	5,450,000	@2,180
판매(7.30)	△1,500			1,000	2,180,000	**@2,180**

매출원가 = 3,500개 × @2,300 + 1,500개 × @2,180 = 11,320,000원

15. ① 재고자산의 평가는 저가법을 적용하여 하락한 경우에만 평가를 한다.

   ② 원재료의 **현행대체원가는 현재 시점에서 동일한 원재료를 새로 구입하거나 대체하는데 드는 금액**을 말한다.

   ④ 재고자산평가손실은 재고자산의 차감계정으로 표시하고 **매출원가에 가산**한다.

16. 지분증권은 보고기간종료일마다 분류의 적정성을 재검토해야 하고, 만약 보고기간종료일 현재 분류의 적정성을 검토한 결과 투자자의 지분증권에 대한 보유의도와 보유능력에 대한 변화가 발생한 경우에는 지분증권의 분류를 변경할 수 있다.

17. 매도가능증권처분손익 = [처분가액(12,000) − 취득원가(10,000)] × 50주 = 100,000원(이익)

18. 〈만기보유증권〉

연도	유효이자(A) (BV×8%)	액면이자(B) (액면가액×5%)	할인차금상각 (A − B)	장부금액 (BV)
20x1. 1. 1				922,687
20x1.12.31	73,815	50,000	23,815	946,502
20x2.12.31	75,720	50,000	25,720	*972,222*

19. 유형자산이 **정상적으로 작동되는지 여부를 시험하는 과정에서 발생하는 원가를 시운전비**라 하는데 시운전비는 자산으로 처리한다.

20. x1 감가상각비 = 취득가액(500,000)÷내용연수(5년) = 100,000원/년

x1년 장부가액 = 취득가액(500,000) - 감가상각누계액(100,000) = 400,000원

회수가능액 = Max[순공정가치(150,000), 사용가치(200,000)] = 200,000원

x1 손상차손 = 회수가능액(200,000) - 장부가액(400,000) = △200,000원(손상차손)

x2 감가상각비 = 손상 후 장부가액(200,000)÷잔여내용연수(4년) = 50,000원/년

x2년 장부가액 = 손상후 장부가액(200,000) - 감가상각누계액(50,000) = 150,000원

〈손상되지 않았을 경우 장부금액〉

연도	감가상각비	감가상각누계액	장부금액
20x1.12.31.	100,000	100,000	400,000
20x2.12.31.	100,000	200,000	300,000

손상차손환입 한도 = Min[①회수가능액(350,000) ② 손상차손을 미인식전 기말장부금액(300,000)]
= 300,000원

x2 손상차손 환입 = 회수가능액(300,000) - 장부가액(150,000) = 150,000원(환입)

21. 20X3년 10월 1일 처분시점의 장부금액 = 600,000원 - (600,000원 - 100,000원)×33개월/60개월
= 325,000원

유형자산처분손익 = 처분금액(365,000) - 처분시점의 장부금액(325,000) = 40,000원(이익)

22. 무형자산의 상각방법은 자산의 경제적 효익의 소비 형태를 반영한 합리적인 방법이어야 하나, **합리적인 상각방법이 없는 경우에는 정액법을 사용**하여야 한다.

23. 20x1년 비용 = 연구단계(1,000,000)+자산인식 요건 미충족(1,000,000 - 600,000) = 1,400,000원

24. 일반기업회계기준은 **이연법인세 자산을 관련 항목에 따라 유동, 비유동으로 구분**한다.

25. **미지급금은 일반적 상거래 이외의 거래 등에서 발생한 채무**를 말하며, 미지급비용은 발생된 비용으로 지급하지 아니한 비용을 말한다.

26. 〈사채할인발행차금 상각표〉

연도	유효이자(A) (BV×10%)	액면이자(B) (액면가액×8%)	할인차금상각 (A-B)	장부금액 (BV)
20x1. 1. 1				950,244
20x1.12.31	95,024	80,000	15,024	965,268
20x2.12.31	*96,527*	80,000	16,527	981,795

27. 사채발행비는 비용처리하지 않고 사채발행기간동안 이자비용으로 처리한다. 따라서 사채발행비는 사채할증발행차금에서 차감하거나 사채할인발행차금에 가산하여야 한다.

28. 제품보증충당부채 = 수리비 추정액(10,000,000×20%+50,000,000×5%)
- 실제수리비(2,000,000) = 2,500,000원

29. 기업이 종업원의 수급권을 보장하는 퇴직보험에 가입한 경우 **퇴직보험예치금은 퇴직급여충당부채에서 차감하는 형식**으로 표시한다.

30. 법인세비용 = 당기법인세(1,900,000) - 이연법인세부채 감소액(100,000)
　　　　　 - 이연법인세자산 증가액(200,000) = 1,600,000원

31. 임의적립금 적립이나 법정적립금은 이익잉여금과 자본총액이 모두 불변이고, 주식배당은 이익잉여금은 감소하고 자본금으로 대체되므로 자본총액은 불변이다. 그러나 현금배당은 이익잉여금의 감소와 자본총액이 감소된다.

32. 20x1년 말 자본총액 = 20x1년 초 자본총액(100,000) - 자기주식 취득(100주×200)
　　　　　 + 유상증자(100주×150) + 당기순이익(40,000) = 135,000원

33. 이자비용은 영업외비용에 해당한다.

34. 〈건설공사〉

	20x1년	20x2년	20x3년
누적발생공사원가(A)	360,000	824,000	1,050,000
총공사예정원가(B)	900,000	1,030,000	1,050,000
누적진행률(A/B)	40%	80%	100%
총공사계약금액	1,200,000		
당기 누적계약수익(C)	480,000	960,000	1,200,000
당기 계약수익(E = C − D)	480,000	480,000	240,000
당기 계약원가(F)	360,000	464,000	226,000
당기 계약손익(E − F)	120,000	**16,000**	14,000

35. 수익은 재화의 판매 등에 대하여 **받았거나 또는 받을 대가의 공정가치로 측정**한다.

36. 〈유통보통주식수 변동〉

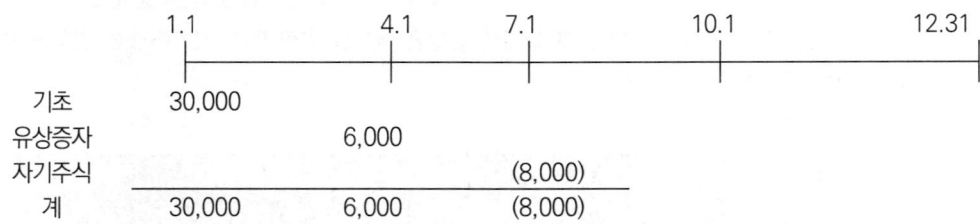

가중평균유통보통주식수 = 30,000×12/12 + 6,000×9/12 − 8,000×6/12 = 30,500주

기본주당이익 = 보통주 당기순이익(12,200,000) ÷ 가중평균유통보통주식(30,500) = 400원/주

37. 자기주식처분손실은 자본의 자본조정에 해당한다.

38. 재고자산 과대계상, 미수수익 과대계상, 미지급비용 과소계상을 수정시 당기순이익이 감소하지만, 선급비용 과소계상을 수정할 경우 당기순이익이 증가한다.

39. 영업활동으로 인한 순현금흐름 = 재화 판매 등의 현금유입(200,000)
　　　　　 - 종업원과 관련 현금유출(100,000) = 100,000원(유입)

　☞ 배당금 지급은 재무활동, 건물 취득은 투자활동, 차입금상환은 재무활동, 주식발행은 재무활동에 해당한다.

40. <u>다른 기업의 지분상품 취득에 따른 현금유출은 투자활동 현금흐름이고, 나머지는 재무활동에 해당한다.</u>

세무회계									

41	42	43	44	45	46	47	48	49	50
②	②	③	①	③	①	②	④	④	③
51	**52**	**53**	**54**	**55**	**56**	**57**	**58**	**59**	**60**
①	③	③	①	②	③	④	③	④	②
61	**62**	**63**	**64**	**65**	**66**	**67**	**68**	**69**	**70**
②	①	②	④	③	③	④	④	①	④
71	**72**	**73**	**74**	**75**	**76**	**77**	**78**	**79**	**80**
②	③	③	②	④	③	①	②	①	④

41. 국민은 법에 근거하지 않은 세금에 대해서는 납부할 의무가 없다.

42. 신의성실의 원칙은 과세관청인 국가와 납세자인 국민 모두에게 적용되는 원칙이다.

43. 비영리내국법인은 **국내뿐만 아니라 국외원천소득** 중 일정한 수익사업에서 발생한 소득과 토지 등 양도소득에 대해 법인세 납세의무가 있다.

44. **금융회사의 이자수익은 실제 수입된 날을 귀속시기**로 한다.

45. 익금금액 = 유형자산 양도금액(4,000,000) + 자기주식 양도금액(500,000) = 4,500,000원

46. 손금 = 특례기부금(4,000,000) + 판매한 제품의 재료비(3,000,000) = 7,000,000원

47. 업무승용차 관련 비용에는 자동차세, 통행료 등을 포함한다.

48. 제품은 저가법으로 평가(29,000,000)했으므로 별도 세무조정이 없으나, 반제품의 경우 시가 (24,000,000 제품과대평가)로 평가했으므로 반제품은 4,000,000원을 익금불산입해야 한다.

49. 정액법 = 취득가액(6,000,000) × 상각률(0.2) = 1,200,000원

정률법 = [취득가액(6,000,000) - 감가상각누계액(2,000,000)] × 상각률(0.451) = 1,804,000원

50. 시부인대상 기업업무추진비 = 100,000,000원(신용카드 사용분)

기업업무추진비 한도 = 중소기업(36,000,000) × 12/12 + 수입금액(10,000,000,000) × 0.3%
= 66,000,000원

한도초과액 = 기업업무추진비(100,000,000) - 한도(66,000,000) = 34,000,000원

51. 대손충당금의 손금산입은 결산조정사항이다.

52. ① 채권자불분명 사채이자의 원천징수액은 기타사외유출, 나머지는 대표자 상여로 처분한다.

② 비실명 채권·증권의 이자는 원천징수액은 기타사외유출로 나머지는 대표자 상여로 처분한다.

④ 업무무관자산 등 관련이자는 손금불산입하고 기타사외유출로 처분한다.

53. 고가매입 = 매입가액(24억) - 시가(12억) = 12억원(상여)

고가매입 금액(12억)에 대해서 손금산입(△유보)하고 감가상각비(1.2억)에 대하여 고가 매입분 중 50%(60,000,000)에 대해서 손금불산입한다.

54. 각사업연도소득금액 = 법인세비용차감전순이익(250,000,000) − 주식발행초과금(5,000,000)

   + 업무무관비용(5,000,000) = 250,000,000원

   과세표준 = 각사업연도소득금액(250,000,000) − 비과세소득(10,000,000) − 이월결손금(20,000,000)

   = 220,000,000원

55. 각사업연도 소득금액 = 순이익(200,000,000) + 임원상여한도초과(10,000,000)

   + 비지정기부금(10,000,000) = 220,000,000원(과세표준)

   산출세액 = 20,000,000 + (220,000,000 − 200,000,000) × 20% = 24,000,000원

56. 최저한세는 과도한 조세감면을 막고 일정 세금을 납부하기 위한 제도이다.

57. 거주자란 국내에 주소를 두거나 **계속하여(개정세법 26) 183일 이상의 거소를 둔 개인**을 말한다.

58. **원천징수함으로써 납세의무가 종결되는 소득은 분리과세소득**이고, 분류과세 소득은 원천징수로 납세의무가 종결되지 않는다.

59. 자동차보험에 가입하고 사고로 인해 수령하는 보험금은 소득세 과세대상이 아니다.

60. 사업소득금액 = 당기순이익(30,000,000) + 대표자급여(3,000,000) − 차량처분(2,000,000)

   − 이자수익(5,000,000) = 26,000,000원

   ☞ 대표자급여는 필요경비에 불산입이며, 복식부기의무자가 아닌 사업자의 유형자산(차량) 처분이익과 이자수익은 총수입금액에 불산입이다.

61. 총급여액 = 급여(20,000,000) + 상여(8,000,000) + 자가운전보조금(600,000) = 28.600.000원

   ☞ 현물식사는 전액 비과세이며, 자가운전보조금은 월 20만원까지 비과세이다.

62. Max[실제필요경비(19,000,000), 의제필요경비(30,000,000 × 60%)] = 19,000,000원

   기타소득금액 = 총수입금액(30,000,000) − 필요경비(19,000,000) = 11,000,000원

63. 배우자의 총급여(월 400,000 × 12개월) 4,800,000원

   배우자의 **총급여액이 500만원 이하이면 소득요건을 충족**하므로 기본공제대상이 된다.

64. 종업원이 임원으로 취임할 때 **실제로 퇴직급여를 지급한 경우에만 현실적인 퇴직**으로 인정된다.

65. 납세지 관할 세무서장은 중간예납세액을 납부하여야 할 거주자에게 11월 1일부터 11월 15일까지의 기간에 중간예납세액의 납부고지서를 발급하여야 하고 **납부기한은 11월 30일**이다.

66. 중도에 퇴직한자의 연말정산은 퇴직한 달의 급여를 지급시 하고 **연말정산세액은 다음달 10일까지 납부한다.**

67. **소득을 지급받는 자가 개인이면 소득세법**에 따라, 소득을 지급받는 자가 **법인이면 법인세법에 따라 원천징수**한다.

68. 근로소득(일반근로자)은 간이세액 조견표에 따라 원천징수한다.

69. ② 부가가치세는 납세의무자와 담세자가 다른 간접세이다.

   ③ 수출하는 재화에 대해서는 영세율을 적용한다.

   ④ 부가가치세는 납세자의 인적사항을 고려하지 않는 물세이다.

70. 면세사업만을 영위하는 사업자는 **법인세법이나 소득세법에 따른 사업자등록**을 해야 한다.

71. ① **주요 자재를 전혀 부담하지 않고 단순히 가공계약**에 의하여 재화를 공급하는 경우시 용역의 공급으로 본다.

③ 수출신고가 수리된 물품으로서 선적된 물품을 국내에 반입하는 것은 재화의 수입이다.

④ 특수관계가 없는 자에게 부동산임대용역을 무상 제공시 용역의 공급에서 제외된다.

72. 영세율이 적용되더라도 내국신용장 또는 구매확인서에 의한 수출재화에 대해서는 국내거래이므로 세금계산서를 발급해야 한다.

73. 수돗물, 국민주택의 공급, 도서(도서대여용역 포함)·신문·잡지, 연탄과 무연탄, 시내버스 운송용역, 주택과 이에 부수되는 토지의 임대는 면세되는 재화나 용역이다.

74. 과세표준 = 단기할부(10,000,000) + 장기할부(1,000,000 × 3개월) + 외상판매(30,000,000)
+ 완성도지급기준(30,000,000 × 30%) = 52,000,000원

75. 과세표준 = 매출액(55,000,000) − 반품액(2,000,000) = 53,000,000원

☞ **매출할인액과 매출에누리액, 파손반품액은 과세표준에 포함하지 않는다.**

76. 매입세액공제액 = 원재료(20,000,000) + 기계구입(7,000,000) = 27,000,000원

☞ **기업업무추진비와 개별소비세 과세대상 자동차의 유지비 관련 매입세액은 불공제대상이다.**

77. 조기환급은 사업설비를 신축, 증축하는 경우와 재무구조 개선계획을 이행하는 경우에 적용 받을 수 있다.

78. 사업자가 아니더라도 세금계산서를 부정하게 발급하거나 수취한 경우에는 가산세가 부과된다.

79. ② 전자세금계산서 의무발급사업자는 법인사업자와 **직전연도의 사업장별 과세공급가액과 면세공급가액이 8천만원 이상인 개인사업자**이다.

③ 전자세금계산서 의무발급대상이 아닌 사업자도 전자세금계산서를 발급할 수 있다.

④ 전자세금계산서를 발급시 **발급일의 다음날까지 전자세금계산서 발급명세**를 국세청장에게 전송해야 한다.

80. 도매업은 **사업자 대상으로 사업을 하므로 재화 공급시 세금계산서를 발급**해야 한다.

116회 회계관리 1급

재무회계

01. 다음 중 재무제표 정보의 특성과 한계에 관한 설명으로 옳지 않은 것은?

① 재무제표는 화폐단위로 측정된 정보를 주로 제공한다.
② 재무제표는 대부분 과거에 발생한 거래나 사건에 대한 정보를 나타낸다.
③ 재무제표는 추정에 의한 측정치를 포함하고 있다.
④ 재무제표는 특정 기업실체 뿐만 아니라 산업전반에 관한 정보를 제공한다.

02. 다음 중 관리회계에 관한 설명으로 옳은 것은?

① 관리회계는 일반적으로 인정된 회계원칙에 따른 재무제표를 통해 보고한다.
② 관리회계의 주된 목적은 경영자의 관리적 의사결정에 유용한 정보를 제공하는 것이다.
③ 관리회계는 법적 강제력이 있으나 재무회계는 법적 강제력이 없다.
④ 관리회계의 주된 목적은 외부 정보이용자의 경제적 의사결정에 유용한 정보를 제공하는 것이다.

03. 다음 재무정보의 질적특성 중 목적적합성의 구성요소를 모두 고른 것은?

> ㄱ. 피드백가치
> ㄴ. 표현의 충실성
> ㄷ. 검증가능성
> ㄹ. 예측가치

① ㄱ, ㄴ   ② ㄱ, ㄷ   ③ ㄱ, ㄹ   ④ ㄷ, ㄹ

04. 다음 중 자산의 측정속성에 관한 설명으로 옳지 않은 것은?

① 자산의 기업특유가치는 기업실체가 자산을 사용함에 따라 당해 기업실체의 입장에서 인식되는 현재의 가치를 의미한다.

② 자산의 공정가치는 유효이자율을 이용하여 당해 자산에 대한 현재의 금액으로 측정한 가치를 의미한다.

③ 자산의 취득원가는 자산을 취득하였을 때 그 대가로 지급한 현금, 현금등가액 또는 기타지급 수단의 공정가치를 의미한다.

④ 자산의 순실현가능가치는 제품이나 상품의 정상적인 영업과정에서의 추정 판매가격에서 제품을 완성하는데 소요되는 추가적인 원가와 판매비용의 추정액을 차감한 금액을 의미한다.

05. 다음 중 재무상태표의 작성기준에 관한 설명으로 옳지 않은 것은?

① 자산과 부채는 원칙적으로 상계하여 표시하지 않는다.

② 재무상태표에 기재하는 자산과 부채는 유동성이 낮은 항목부터 배열하는 것을 원칙으로 한다.

③ 자산과 부채는 1년 기준으로 하여 유동자산 또는 비유동자산, 유동부채 또는 비유동부채로 구분하는 것을 원칙으로 한다.

④ 재무상태표는 자산, 부채, 자본으로 구분하여 표시한다.

06. 재무상태표 작성기준에서는 자본거래에서 발생한 잉여금과 손익거래에서 발생한 잉여금을 구분하여 재무 상태표에 표시하도록 규정하고 있다. 다음 중 그 성격이 다른 하나는 무엇인가?

① 주식발행초과금　　② 자기주식처분이익　　③ 감자차익　　　　④ 유형자산처분이익

07. 다음은 자산에 속하는 계정들이다. 재무상태표에 당좌자산으로 계상될 항목을 모두 고르면?

ㄱ. 현금및현금성자산	ㄴ. 비　품
ㄷ. 단기대여금	ㄹ. 선급비용
ㅁ. 상　품	ㅂ. 제　품

① ㄱ, ㄴ　　　　　② ㄱ, ㄴ, ㄷ　　　　③ ㄱ, ㄷ, ㄹ　　　　④ ㄱ, ㄹ, ㅁ, ㅂ

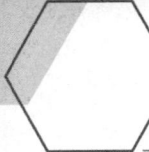

08. ㈜삼일은 ㈜용산에 5,000,000원의 상품을 공급하고 ㈜용산으로부터 동 금액의 선일자수표를 받았다. 이 거래에 대해 ㈜삼일이 수행해야 할 회계처리로 옳은 것은(단, ㈜삼일은 실지재고조사법을 적용한다)?

① (차) 받을어음   5,000,000원   (대) 매출   5,000,000원

② (차) 현금   5,000,000원   (대) 차입금   5,000,000원

③ (차) 현금   5,000,000원   (대) 받을어음   5,000,000원

④ (차) 외상매출금   5,000,000원   (대) 현금   5,000,000원

09. ㈜삼일의 대손충당금 기초잔액은 220,000원이며, 당기 중 대손상각비와 관련되어 발생한 거래는 다음과 같다. 매출채권 기말잔액의 1%를 기말 대손충당금으로 설정할 경우 손익계산서에 계상될 대손상각비는 얼마인가?

> ㄱ. 10월 31일에 매출채권 200,000원이 회수가 불가능하여 대손처리하였다.
> ㄴ. 기말 매출채권 잔액은 8,000,000원이다.

① 20,000원   ② 40,000원   ③ 55,000원   ④ 60,000원

10. ㈜삼일의 20X1년 12월 31일 현재 당좌예금 장부상 잔액은 3,400,000원이고, 은행의 ㈜삼일에 대한 당좌원장상 잔액은 3,070,000원이다. 다음 자료를 이용하여 20X1년 말 현재의 정확한 당좌예금 잔액을 구하면 얼마인가?

> ㄱ. 은행 측 미기입예금은 250,000원이다.
> ㄴ. 회사가 200,000원의 수표를 발행하면서 당좌예금 장부에는 120,000원으로 기장 처리했다.

① 3,070,000원   ② 3,220,000원   ③ 3,320,000원   ④ 3,400,000원

11. 다음 중 재고자산의 원가흐름에 대한 가정에 관한 설명으로 옳지 않은 것은(단, 저가법은 고려하지 않는다)?

① 후입선출법은 실제 물량의 흐름과 관계없이 매입한 순서대로 재고자산이 판매된다는 가정하에 기말재고액을 결정한다.

② 물가가 변동하게 되면 구입시점에 따라서 재고자산의 취득원가가 달라질 수 있다.

③ 구입한 재고 중 일부가 기말재고로 남아있는 경우 원가흐름의 가정을 사용할 수 있다.

④ 개별 재고자산별로 각각 구입한 가격을 기록해 두었다가 그 재고가 판매될 때 구입가격을 매출원가로 기록하는 방법을 개별법이라 한다.

12. 다음 중 재고자산의 저가법 평가에 관한 설명으로 옳지 않은 것은?

① 재고자산의 평가손실이 발생한 경우 평가손실금액을 매출원가에 가산한다.

② 재고자산의 평가손실금액은 재고자산의 차감계정으로 표시한다.

③ 평가손실을 초래했던 상황이 해소된 경우에도 평가손실을 환입할 수 없다.

④ 재고자산을 순실현가능가치로 감액하는 저가법은 원칙적으로 항목별로 적용한다.

13. 다음 중 실지재고조사법에 관한 설명으로 옳지 않은 것은?

① 실지재고조사법은 보고기간 말에 창고를 조사하여 기말 재고수량을 파악하는 방법이다.

② 실지재고조사법만을 사용하면 도난, 분실 등의 정확한 재고 부족의 원인을 판명할 수 없다는 단점이 있다.

③ 실지재고조사법을 사용하면 재고자산의 종류, 수량이 많을 경우 재고 출고시마다 이를 기록하는 번잡함이 있다.

④ 실지재고조사법만을 사용하면 연중에는 매출원가를 파악할 수 없다는 단점이 있다.

14. 다음은 ㈜삼일의 20X1년 7월의 상품매매에 관한 기록이다. 후입선출법으로 상품거래를 기록할 경우 20X1년 7월의 매출총이익은 얼마인가?

일자	내역	수량	매입단가	판매단가
7월 1일	전기이월	150개	100원	
7월 15일	현금매입	50개	140원	
7월 20일	현금매출	100개		210원
7월 25일	현금매입	100개	150원	
7월 28일	현금매출	100개		220원

① 15,000원　　② 16,000원　　③ 18,000원　　④ 20,000원

15. 재고자산 원가흐름에 대한 가정 중에서 매출원가 및 기말재고를 결산일의 현행가치와 가장 유사하게 평가할 수 있는 원가배분 방법의 조합은?

	매출원가	기말재고		매출원가	기말재고
①	후입선출법	선입선출법	③	후입선출법	후입선출법
②	선입선출법	선입선출법	④	선입선출법	후입선출법

16. 다음은 ㈜삼일의 20X1년 중 발생한 주식에 대한 거래내역이다.

> ㄱ. ㈜삼일은 20X1년 1월 1일 ㈜부산의 주식 25% 를 500,000원에 취득하여 유의적인 영향력을 획득하였다.
> ㄴ. 주식 취득 시 ㈜부산의 순자산장부금액은 2,000,000원이며, ㈜부산의 순자산장부금액은 순자산공정가치와 일치한다.
> ㄷ. 20X1년 중 ㈜삼일과 ㈜부산 간의 내부거래는 없다.

다음 중 상기 주식의 회계처리에 관한 설명으로 옳은 것은?

① ㈜부산이 당기순이익을 보고한 경우에는 ㈜삼일의 당기순이익은 감소한다.
② ㈜부산이 배당금 지급을 결의함과 동시에 지급할 경우 ㈜삼일이 보유하고 있는 ㈜부산에 대한 지분법적용투자주식의 장부금액은 증가한다.
③ ㈜부산이 당기순손실을 보고한 경우 ㈜삼일이 보유하고 있는 ㈜부산에 대한 지분법적용투자주식의 장부금액은 감소한다.
④ ㈜삼일은 ㈜부산에 대해 유의적인 영향력을 행사할 수 있으므로 공정가치법을 적용하여 투자주식을 평가해야 한다.

17. 다음 중 유가증권에 관한 설명으로 옳지 않은 것은?

① 매도가능증권은 최초인식시 공정가치로 측정하며, 취득과 직접 관련되는 거래원가는 당기손익으로 처리한다.
② 단기매매증권과 매도가능증권은 원칙적으로 보고기간말 현재의 공정가치로 평가한다.
③ 만기보유증권은 공정가치로 평가하지 않고 상각후원가로 평가한다.
④ 단기매매증권평가손익은 당기손익으로 처리한다.

18. ㈜삼일은 20X1년 10월 1일 ㈜용산의 주식 100주를 1,000,000원에 취득하여 단기매매증권으로 분류하였다. 20X1년 12월 31일이 주식의 공정가치는 700,000원이다. ㈜삼일이 20X2년 3월 31일 이 주식을 900,000원에 처분하였다면 관련 처분손익을 계산하면 얼마인가?

① 처분이익 100,000원
② 처분손실 100,000원
③ 처분이익 200,000원
④ 처분손실 200,000원

19. ㈜삼일은 20X1년 1월 1일에 다음과 같은 조건의 사채를 취득하였으며 ㈜삼일은 이 사채를 만기까지 보유할 의도와 능력이 있다. ㈜삼일이 20X2년 12월 31일에 이 사채와 관련하여 인식해야 하는 이자수익은 얼마인가(단, 단수차이가 발생하는 경우 가장 근사치를 선택한다)?

- 발행일 : 20X1년 1월 1일
- 액면금액 : 1,000,000원
- 만기일 : 20X3년 12월 31일
- 표시이자율 : 연 5%
- 취득원가 : 922,687원(유효이자율 연 8%)
- 이자지급 : 매년 말 후급

① 73,815 원　　② 75,720원　　③ 77,778 원　　④ 80,000원

20. ㈜삼일은 사용중이던 건물을 ㈜용산의 기계장치와 교환하였다. 이 교환거래와 관련하여 ㈜삼일은 공정가치의 차액 100,000원을 현금으로 지급하였다. 이 교환거래에서 ㈜삼일이 취득하는 기계장치의 취득원가는 얼마인가?

	건 물	기계장치
취득원가	2,000,000원	4,000,000원
감가상각누계액	(800,000원)	(3,120,000원)
공정가치	1,000,000원	1,100,000원

① 900,000원　　② 1,000,000원　　③ 1,100,000원　　④ 1,200,000원

21. 다음 중 정부보조금 회계처리에 관한 설명으로 옳지 않은 것은?

① 정부보조금으로 유형자산을 무상 또는 공정가치보다 낮은 대가로 취득한 경우 그 유형자산의 취득원가는 취득일의 공정가치로 한다.

② 정부보조금은 취득원가에서 차감하는 형식으로 표시하고 그 자산의 내용연수에 걸쳐 감가상각비와 상계한다.

③ 정부보조금으로 취득한 유형자산을 처분하는 경우 정부보조금 잔액을 제거하여 이익잉여금의 증가로 처리한다.

④ 수익관련 정부보조금을 사용하기 위하여 특정의 조건을 충족해야 하는 경우, 그 조건을 충족하기 전에 받은 수익관련 정부보조금은 선수수익으로 회계처리한다.

22. 다음의 지출항목 중 자본적 지출에 해당하지 않는 항목은?

① 미래에 수익력과 생산성을 증대시키는 지출

② 내용연수를 연장시키는 지출

③ 그 지출의 효과가 당해 연도에 그치지 않고 장래에 미치는 경우의 해당 지출

④ 유형자산의 원상을 회복하거나 능률을 유지하기 위한 지출

23. 다음 중 무형자산의 상각에 관한 설명으로 옳지 않은 것은?

① 무형자산의 상각대상금액은 그 자산의 추정내용연수 동안 체계적인 방법에 의하여 비용으로 배분된다.

② 무형자산의 상각기간은 독점적·배타적인 권리를 부여하고 있는 관계법령이나 계약에 정해진 경우를 제외하고는 20년을 초과할 수 없다.

③ 무형자산의 합리적인 상각방법을 정할 수 없는 경우에는 정률법을 사용한다.

④ 특별한 경우를 제외하고는, 무형자산의 잔존가치는 없는 것을 원칙으로 한다.

24. 장기연불조건의 매매거래, 장기금전대차거래 또는 이와 유사한 거래에서 발생하는 채권·채무로서 명목금액과 공정가치의 차이가 유의적인 경우에는 이를 공정가치로 평가한다. 이와 관련된 설명 중 옳지 않은 것은?

① 채권·채무의 명목상의 금액과 공정가치의 차액은 현재가치할인차금의 과목으로 하여 당해 채권·채무의 명목상의 금액에서 차감하는 형식으로 표시한다.

② 명목금액과 공정가치의 차이는 시간의 경과에 따라 이자비용 또는 이자수익으로 인식한다.

③ 현재가치할인차금은 채권·채무의 만기동안 매기 균등액을 상각한다.

④ 장기성 채권·채무의 현재가치에 적용하는 이자율은 원칙적으로 당해 거래의 유효이자율로 한다.

25. 다음 중 유동부채에 관한 설명으로 옳지 않은 것은?

① 정상적인 영업주기 내에 소멸할 것으로 예상되는 매입채무와 미지급비용 등은 유동부채로 분류한다.

② 미착상품의 경우 아직 운송 중에 있더라도 입고 이전시점에 매입채무를 인식해야 하는 경우가 있다.

③ 유동성장기부채란 기간이 경과함에 따라 비유동부채 중 보고기간종료일로부터 1년 내에 상환될 금액을 의미한다.

④ 장기차입금 중 보고기간종료일로부터 1년 내에 상환될 예정인 부분이라 하더라도 최초 차입금 발생 시점의 만기가 1년 이상이라면 기말결산시 비유동부채로 분류하여야 한다.

26. ㈜삼일은 20X1년 1월 1일에 액면금액 1,000,000원의 회사채를 발행하였다. 회사채의 표시이자율은 연 8%이며, 이자지급일은 매년 말일이고, 만기는 20X3년 12월 31일이다. 회사채 발행시 유효이자율이 연 12%라고 하면 ㈜삼일이 사채 발행시에 수령할 금액을 계산하면 얼마인가(단, 중소기업회계처리 특례는 고려하지 않으며, 단수차이가 발생하는 경우 근사치를 선택한다)?

현가계수	1년	2년	3년
이자율 연 12%	0.89286	0.79719	0.71178

① 832,497원 ② 903,926원 ③ 1,000,000원 ④ 1,080,000원

27. 다음 중 사채에 관한 설명으로 옳은 것은?

① 액면이자율이 유효이자율보다 높으면 할인발행된다.
② 할인발행되면 만기까지 매 회계기간 총이자비용이 액면이자지급액보다 많다.
③ 사채할인발행차금은 사채의 액면금액을 현재가치로 만들어주기 위해 설정하는 부채의 가산적인 평가계정이다.
④ 할증발행되면 만기까지 매 회계기간 말 사채의 장부금액이 증가한다.

28. 다음 중 퇴직연금제도의 회계처리에 관한 설명으로 옳지 않은 것은?

① 확정기여형 퇴직연금제도는 근로자가 받을 퇴직급여의 규모와 내용이 사전에 약정되는 제도이다.
② 확정기여형 퇴직연금제도에서는 가입자가 받을 퇴직급여가 운용실적에 따라 달라진다.
③ 확정기여형 퇴직연금제도에서는 회사가 금융기관에 정해진 부담금을 입금하는 것으로 회사의 의무가 소멸되는 것이다.
④ 확정급여형 퇴직연금제도에서 운용되는 자산은 기업이 직접 보유하고 있는 것으로 보아 회계처리한다.

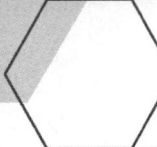

29. 충당부채는 일정한 요건을 모두 충족하였을 때 재무제표에 부채로 인식된다. 다음 중 충당부채로 인식하기 위한 요건에 해당하는 것을 모두 고른 것은?

> ㄱ. 과거 사건이나 거래의 결과로 현재의무가 존재해야 한다.
> ㄴ. 당해 의무를 이행하기 위하여 자원이 유출될 가능성이 매우 높아야 한다.
> ㄷ. 당해 의무로 인하여 기업에 발생할 손실금액이 확정되어야 한다.
> ㄹ. 그 의무의 이행에 소요되는 금액을 신뢰성 있게 추정할 수 있어야 한다.

① ㄱ, ㄴ　　　② ㄱ, ㄷ　　　③ ㄱ, ㄴ, ㄹ　　　④ ㄱ, ㄷ, ㄹ

30. 다음 중 이연법인세회계에 관한 설명으로 옳지 않은 것은?

① 이월결손금의 법인세효과는 실현가능성이 거의 확실할 때 인식하는 것이 원칙이다.
② 일시적차이는 자산·부채의 회계상 장부금액과 세무기준액에 차이가 존재하기 때문에 발생한다.
③ 이연법인세자산·부채는 일시적차이와 영구적차이의 구별 없이 모든 세무조정에 대하여 인식한다.
④ 이연법인세자산·부채는 일시적차이가 소멸되는 기간의 예상평균세율을 적용하여 측정한다.

31. 다음은 20X1년과 20X2년 말을 기준으로 작성되고 익년도 주주총회에서 확정된 ㈜삼일의 기말자본과 당기순이익이다. 20X2년 중 유상증자 700,000원과 현금배당(중간배당임) 이외의 자본변동사항이 없는 경우, 20X2년 중 ㈜삼일이 지급한 현금배당액은 얼마인가?

	20X1년	20X2년
기말자본	4,320,000원	5,000,000원
당기순이익	300,000원	570,000원

① 490,000원　　　② 590,000원　　　③ 600,000원　　　④ 620,000원

32. 다음 중 일반기업회계기준상 자기주식의 회계처리에 관한 설명으로 옳은 것은?

① 자기주식 취득시 자본잉여금은 감소하지만 자본총계는 변동하지 않는다.
② 자기주식 처분거래를 기록하는 시점에서 이익잉여금 총액의 증감은 발생하지 않는다.
③ 자기주식을 소각할 경우 자기주식의 취득원가와 최초 발행금액의 차이를 감자차손(영업외비용) 또는 감자차익(영업외수익)으로 분류한다.
④ 자기주식 취득시 취득금액을 자본잉여금 항목으로 회계처리한다.

33. 제조업을 영위하는 ㈜삼일의 당기 영업이익을 계산한 결과 7,500,000원이다. 다음 자료를 이용하여 법인세비용차감전순이익을 계산하면 얼마인가(단, 중단사업손익은 없는 것으로 가정한다)?

• 급여	1,500,000원	• 임대료	500,000원
• 무형자산상각비	200,000원	• 사채상환이익	400,000원
• 기부금	300,000원	• 복리후생비	200,000원
• 이자비용	100,000원	• 유형자산처분손실	200,000원

① 7,600,000원　　② 7,800,000원　　③ 8,000,000원　　④ 8,200,000원

34. ㈜삼일의 20X1년도 기말 수정분개 반영 전 법인세비용차감전순이익은 500,000원이고, 결산 시 추가로 반영할 사항은 다음과 같다. 발생주의에 기초하여 결산수정분개를 반영한 ㈜삼일의 20X1년 법인세비용 차감전순이익을 계산하면 얼마인가?

ㄱ. 미지급급여	15,000원	ㄴ. 미수이자	35,000원

① 465,000원　　② 480,000원　　③ 515,000원　　④ 520,000원

35. 다음 중 일반기업회계기준상 수익인식기준에 관한 설명으로 옳은 것은?

① 위탁매출은 수탁자에게 상품을 발송한 시점에서 수익을 인식한다.
② 이자수익은 이자를 수취하는 시점에 수익을 인식한다.
③ 용역의 제공으로 인한 수익은 용역제공거래의 성과를 신뢰성 있게 추정할 수 있는 경우 진행기준에 따라 인식한다.
④ 반품가능판매의 경우 반품 기간이 종료된 후에 수익을 인식한다.

36. ㈜삼일은 20X1년 중 문화센터와 관련한 건설공사를 수주하였다. 해당 공사와 관련된 내용이 다음과 같을 때 ㈜삼일의 20X1년 공사수익 계산시 적용한 총공사원가추정액을 계산하면 얼마인가(단, 진행률은 누적발생원가에 기초하여 산정한다)?

```
ㄱ. 건설기간 : 20X1년 1월 1일~20X3년 12월 31일
ㄴ. 총도급금액 : 50,000,000원
ㄷ. 20X1년 공사수익 : 10,000,000원
ㄹ. 20X1년 공사원가 : 7,000,000원
```

① 30,000,000원　　② 35,000,000원　　③ 40,000,000원　　④ 50,000,000원

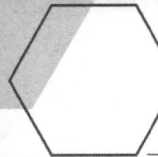

37. 다음 중 비용에 관한 설명으로 옳지 않은 것은?

① 복리후생비는 근로환경의 개선 및 근로의욕의 향상 등을 위하여 지출하는 노무비적인 성격을 갖는 비용이다.

② 원가성이 없는 재고자산감모손실은 매출원가로 인식한다.

③ 공과금은 그 발생원인에 따라 제조원가 또는 판매비와관리비에 계상된다.

④ 일반적 상거래에서 발생한 매출채권에 대한 대손상각비는 판매비와관리비로 처리한다.

38. ㈜삼일의 20X1년 1월 1일 유통보통주식수는 18,000주이며, 20X1년 4월 1일 유상증자를 통해 보통주 8,000주를 발행하였다. ㈜삼일의 20X1년 가중평균 유통보통주식수는 몇 주인가(단, 가중평균 유통보통주식수는 월할로 계산한다)?

① 18,000주   ② 20,000주   ③ 24,000주   ④ 26,000주

39. ㈜삼일의 수정전 현금흐름표상의 자료는 다음과 같다.

ㄱ. 영업활동현금흐름 500,000원 순유입	ㄴ. 투자활동현금흐름 100,000원 순유입
ㄷ. 재무활동현금흐름 200,000원 순유출	ㄹ. 기초의 현금및현금성자산 6,000,000원

㈜삼일은 회계감사 과정에서 당기 차량운반구(유형자산)의 취득가액 30,000원을 영업활동으로 인한 현금유출액으로 처리하였음이 밝혀졌다. 이러한 오류를 수정한 후의 현금흐름표에 관한 설명으로 옳은 것은?

① 영업활동현금흐름은 500,000원(순유입)으로 표시된다.

② 투자활동현금흐름은 130,000원(순유입)으로 표시된다.

③ 재무활동현금흐름은 170,000원(순유출)으로 표시된다.

④ 기말의 현금및현금성자산은 6,400,000원으로 표시된다.

40. ㈜삼일의 현금흐름표에서 (가)에 들어갈 내용 중 현금 유출과 관련된 항목으로 옳은 것은?

현금흐름표

㈜삼일　　　　　20X1년 1월 1일부터 12월 31일까지　　　　　(단위 : 원)

영업활동 현금흐름
　　1. 당기순이익
　　2. 현금 유출이 없는 비용의 가산
　　3. 현금 유입이 없는 수익의 차감
투자활동 현금흐름
　　　　(가)
재무활동 현금흐름

---

① 영업용 건물의 취득　　　　　　　② 차입금 상환
③ 주식의 발행　　　　　　　　　　④ 투자유가증권의 매각

세무회계

41. 다음 중 부과과세제도를 채택하고 있는 조세를 짝지은 것은?

ㄱ. 부가가치세　　ㄴ. 상속세　　ㄷ. 증여세　　ㄹ. 법인세　　ㅁ. 소득세

① ㄱ, ㄴ　　　　② ㄴ, ㄷ　　　　③ ㄱ, ㄷ　　　　④ ㄷ, ㅁ

42. 다음 중 국세부과의 원칙에 관한 설명으로 옳지 않은 것은?

① 국세부과의 원칙 중 신의성실의 원칙은 조세를 부과·징수하는 국가에 대하여만 적용되며, 조세를 신고·납부하는 국민에게는 적용되지 않는다.

② 국민에게 세금을 부과·징수하는 경우 거래의 형식보다 거래의 실질에 따라야 한다.

③ 납세의무자가 세법에 따라 장부를 갖추어 기록하고 있는 경우에는 해당 국세 과세표준의 조사와 결정은 그 장부와 이와 관계되는 증거자료에 의하여야 한다.

④ 장부의 기록내용이 사실과 다를 때에는 그 부분에 대해서만 정부가 조사한 사실에 따라 조사결정할 수 있다.

43. 다음 중 법인세법에 관한 설명으로 옳지 않은 것은?

① 비영리외국법인은 토지 등 양도소득에 대한 법인세 납세의무가 있다.

② 법령 또는 정관 등에 사업연도에 관한 규정이 없는 내국법인은 따로 사업연도를 정하여 관할 세무서 장에게 신고하여야 하나, 그 법인이 사업연도를 신고하지 아니한 경우에는 매년 1월 1일부터 12월 31일까지를 그 법인의 사업연도로 한다.

③ 지방자치단체가 수익사업을 영위하여 획득한 소득에 대해서는 법인세 납세의무가 없으나, 토지 등 양도소득에 대해서는 법인세 납세의무가 있다.

④ 비영리법인은 미환류소득에 대한 법인세의 납세의무가 없다.

44. 다음 중 법인세법상 손익의 귀속시기에 관한 설명으로 옳지 않은 것은?

① 금융기관인 법인이 수입하는 이자수익의 귀속시기 : 실제 수입된 날(선수입이자는 제외)

② 임대료 지급기간이 1년을 초과하는 경우로서 계약 등에 의하여 임대료 지급일이 정하여진 경우 임대손익의 귀속시기 : 지급약정일

③ 상품·제품 이외의 자산 판매손익의 귀속시기 : 해당 자산의 대금청산일, 소유권이전등기일(또는 등록일), 인도일 또는 사용수익일 중 가장 빠른 날

④ 상품·제품 판매손익의 귀속시기 : 상품·제품의 인도일

45. 다음 자료로 법인세법상 익금불산입금액의 합계액을 계산하면 얼마인가?

ㄱ. 법인지방소득세의 환급액	1,000,000원
ㄴ. 국세 과오납금 환급금에 대한 이자	2,000,000원
ㄷ. 주식발행초과금	4,000,000원
ㄹ. 자기주식의 양도금액	5,000,000원

① 3,000,000원　　② 4,000,000원　　③ 6,000,000원　　④ 7,000,000원

46. 다음 중 법인세법상 손금불산입항목을 모두 고른 것은?

ㄱ. 우리사주조합의 운영비	ㄴ. 벌과금
ㄷ. 잉여금의 처분을 손비로 계상한 금액	ㄹ. 임직원의 직장회식비

① ㄱ, ㄴ　　② ㄱ, ㄹ　　③ ㄴ, ㄷ　　④ ㄴ, ㄹ

47. 다음 자료로 법인세법상 손금으로 인정되는 금액의 합계액을 계산하면 얼마인가?

ㄱ. 징벌적 손해배상금 중 실제 발생한 손해를 초과하여 지급한 금액	3,000,000원
ㄴ. 직원에게 지급한 상여금한도초과액	1,000,000원
ㄷ. 대주주인 임원이 사용하는 사택의 유지관리비	4,000,000원
ㄹ. 업무무관경비	2,000,000원
ㅁ. 사용자부담 국민건강보험료	5,000,000원

① 5,000,000원 ② 6,000,000원 ③ 7,000,000원 ④ 9,000,000원

48. 다음 중 법인세법상 재고자산 및 유가증권의 평가에 관한 설명으로 옳지 않은 것은?

① 신설법인은 당해 법인의 설립일이 속하는 사업연도의 법인세 과세표준 신고기한까지 재고자산평가방법을 신고하여야 한다.
② 법인은 재고자산의 종류별로 또는 법인의 영업장별로 각각 다른 재고자산 평가방법을 적용할 수 있다.
③ 법인세법상 재고자산평가방법에는 원가법과 저가법이 있다.
④ 유가증권은 개별법(주식에 한함), 총평균법 또는 이동평균법 중 법인이 신고한 방법에 의해 평가한다.

49. ㈜삼일의 제24기 사업연도(20x1년 1월 1일~20x1년 12월 31일) 비품의 감가상각비에 대한 세무조정으로 옳은 것은?

(1) ㈜삼일은 제23기 초에 비품을 10,000,000원에 취득하였으며, 감가상각방법은 정액법, 내용연수는 5년(상각률 0.2)으로 신고하였다.
(2) 비품에 대한 감가상각비와 상각범위액은 다음과 같다.

구분	제23기 사업연도	제24기 사업연도
감가상각비 계상액	1,000,000원	2,700,000원
감가상각범위액	2,000,000원	2,000,000원
상각부인액(△시인부족액)	△1,000,000원	700,000원

① (손금불산입) 700,000원(유보)
② (손금산입) 700,000원(△유보)
③ (손금산입) 300,000원(△유보)
④ 세무조정 없음

50. ㈜삼일의 제24기 사업연도(20x1년 1월 1일~20x1년 12월 31일)의 기업업무추진비 한도액으로 옳은 것은?

> (1) ㈜삼일은 중소기업이며, 제24기 사업연도의 기업회계기준에 따른 매출액은 100억원(특수관계인에 대한 매출액은 없음)이다.
> (2) ㈜삼일의 기업업무추진비에는 문화기업업무추진비와 전통시장 기업업무추진비는 없다.
> (3) 수입금액 적용률은 다음과 같다.

수입금액	적용률
100억원 이하	0.3%
100억원 초과 500억원 이하	3천만원+100억원 초과분×0.2%
500억원 초과	1억 1천만원+500억원 초과분×0.03%

① 42,000,000원　　② 66,000,000원　　③ 72,000,000원　　④ 84,000,000원

51. 다음 중 대손 사유가 발생한 날이 속하는 사업연도의 손금으로 처리해야 하는 신고조정사항(강제조정사항)에 해당하지 않는 것은?

① 상법에 따른 소멸시효가 완성된 외상매출금
② 민사집행법에 따라 채무자의 재산에 대한 경매가 취소된 압류채권
③ 부도발생일부터 6개월 이상 지난 수표 또는 어음상의 채권 및 중소기업의 외상매출금(부도발생일 이전에 것에 한한다)
④ 「채무자 회생 및 파산에 관한 법률」에 의한 법원의 회생계획인가결정에 따라 회수불능으로 확정된 채권

52. 다음 중 법인세법상 지급이자에 관한 설명으로 옳지 않은 것은?

① 차입금에 대한 이자비용은 원칙적으로 손금으로 인정된다.
② 채권자가 불분명한 사채이자는 전액 손금불산입된다.
③ 비실명채권·증권의 이자는 전액 손금불산입된다.
④ 건설이 완료된 감가상각 자산에 대한 건설자금이자를 비용으로 회계처리한 경우 전액 손금불산입한다.

53. 다음은 ㈜삼일의 제24기(20x1년 1월 1일~20x1년 12월 31일)의 가지급금인정이자 계산과 관련한 자료이다. 다음 자료를 이용하여 ㈜삼일의 필요한 세무조정으로 옳은 것은(단, 세부담을 최소화 하도록 세무조정하며 1년은 366일로 한다)?

> ㄱ. 대표이사에 대한 가지급금적수 : 3,660,000,000원
> ㄴ. 당좌대출이자율 : 4.6%
>   (㈜삼일은 제23기부터 당좌대출이자율을 적용하였다)
> ㄷ. 가중평균차입이자율 : 5%
> ㄹ. 정기예금이자율 : 3.5%
> ㅁ. 무이자 대여임

① (익금산입) 가지급금인정이자 350,000원(상여)
② (익금산입) 가지급금인정이자 460,000원(상여)
③ (익금산입) 가지급금인정이자 500,000원(상여)
④ 세무조정 없음

54. 다음은 법인세 과세표준 계산시 이월결손금이 각 사업연도 소득금액에서 차감되기 위한 조건이다. 다음의 빈칸에 들어갈 숫자로 가장 옳은 것은?

> 가. 각 사업연도 개시일 전 (ㄱ)년(2020년 1월 1일 전에 개시하는 사업연도 발생분은 10년) 이내에 개시한 사업연도에 발생한 결손금이어야 한다.
> 나. 당기 이전까지 과세표준 계산시 차감되지 않은 이월결손금이어야 한다.
> 다. 이월결손금은 각 사업연도 소득금액의 (ㄴ)%(중소기업 등 법 소정기업은 각 사업연도소득금액의 100%) 를 한도로 공제한다.

	ㄱ	ㄴ
①	15	60
②	15	80
③	20	80
④	20	80

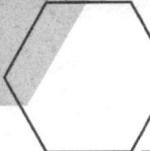

55. 다음 자료를 바탕으로 중소기업인 ㈜삼일의 제24기 사업연도(20x1년 1월 1일~20x1년 12월 31일) 법인세 산출세액을 계산하면 얼마인가?

> ㄱ. 각 사업연도 소득금액 : 400,000,000원
>
> ㄴ. 비과세소득 : 100,000,000원
>
> ㄷ. 제23기 발생 이월결손금 : 20,000,000원
>
> ㄹ. 소득공제 : 80,000,000원
>
> ㅁ. 법인세율은 과세표준 2억원 이하에 대해서는 10%, 2억원 초과 200억원 이하분에 대해서는 20%이다.

① 18,000,000원　② 20,000,000원　③ 22,000,000원　④ 24,000,000원

56. 다음 중 법인세 신고 및 납부와 관련된 설명으로 옳은 것은?

① 내국법인은 각 사업연도 소득에 대한 법인세를 사업연도 종료일이 속하는 달의 말일부터 4개월 이내에 신고하여야 한다.

② 외부감사대상 법인이 신고기한 연장을 신청하는 경우 3개월의 범위 내에서 연장을 허용한다.

③ 내국법인은 각 사업연도 소득금액이 없거나 결손금이 있는 경우에도 법인세 과세표준과 세액을 신고하여야 한다.

④ 법인세는 분납이 없으므로 금액의 크기에 관계없이 일시에 납부해야 한다.

57. 다음 중 소득세법상 과세기간에 관한 설명으로 옳지 않은 것은?

① 소득세법상 과세기간은 1월 1일부터 12월 31일까지 1년으로 한다.

② 거주자가 폐업한 경우 과세기간은 1월 1일부터 폐업일까지로 한다.

③ 거주자가 주소 또는 거소를 국외로 이전하여 비거주자가 되는 경우의 과세기간은 1월 1일부터 출국한 날까지로 한다.

④ 거주자가 사망한 경우 과세기간은 1월 1일부터 사망한 날까지로 한다.

58. 다음 중 소득세법과 관련된 설명으로 옳지 않은 것은?

① 소득세법은 순자산증가설을 원칙으로 하되 소득원천설을 일부 채택하고 있다.

② 소득세 확정신고는 과세표준과 세액을 확정하는 효력이 있다.

③ 비거주자는 국내원천소득에 대해서만 납세의무를 진다.

④ 거주자의 소득세 납세지는 그 주소지로 하되, 주소지가 없는 경우에는 그 거소지로 한다.

59. 다음은 20x1년 한 해 동안 각 거주자가 얻은 소득에 대해 나눈 대화 내용이다. 소득세법상 소득의 종류가 나머지와 다른 사람은 누구인가?

> 이철수 : 3년 전에 가입했던 저축성보험의 만기가 도래하여 보험금을 수령했는데, 납부했던 보험료보다 3,000,000원이나 더 받았어.
>
> 김영수 : 나는 공동사업의 출자공동사업자로 사업소득 중 손익분배비율에 해당하는 금액 400,000원이 발생했어.
>
> 이순희 : 그렇군. 나는 올해 초 ㈜서울에서 발행한 채권을 구입하고 액면이자율 5%에 해당하는 이자 500,000원을 수령했어.
>
> 김영희 : 아 그래? 나는 작년에 우연히 친구에게 20,000,000원을 대여해주었는데 올해 초에 친구가 24,000,000원을 갚았어. 아예 자금대여업이나 한번 해볼까?

① 이철수   ② 김영수   ③ 이순희   ④ 김영희

60. 다음 중 소득세법상 사업소득금액과 법인세법상 각 사업연도 소득금액의 차이에 관한 설명으로 옳지 않은 것은?

① 개인사업의 대표자에게 지급하는 급여는 필요경비로 인정되지 않지만, 법인의 대표자에게 지급하는 급여는 법인의 손금으로 인정된다.

② 사업자금을 일시 예치하여 발생하는 예금이자는 법인세법상 각 사업연도 소득금액에 포함되지 않지만 소득세법상 사업소득금액에는 포함된다.

③ 개인사업의 대표자는 퇴직급여충당금의 설정대상이 아니지만, 법인의 대표자는 퇴직급여충당금 설정대상이다.

④ 유형자산인 건물의 양도소득은 법인세법상 각 사업연도 소득금액에 포함되지만, 소득세법상 사업소득금액에는 포함되지 않는다.

61. 공장에서 근무하는 생산직 근로자인 김삼일 씨의 20x1년 급여내역은 다음과 같다. 김삼일 씨의 20x1년 총급여액을 계산하면 얼마인가?

> (1) 급   여 : 18,000,000원
> (2) 상여금 : 5,000,000원
> (3) 연장근로수당 : 3,000,000원(월정액급여와 직전 과세기간의 총급여액은 비과세요건을 충족함)
> (4) 식사대 : 3,600,000원(매월 30만원씩 지급받고 있으며 식사를 별도로 제공받고 있음)
> (5) 사택제공이익 : 1,200,000원

① 24,800,000원   ② 25,200,000원   ③ 27,200,000원   ④ 27,800,000원

62. 다음 중 소득세법상 기타소득에 포함되지 않는 것은?

① 사례금

② 복권당첨으로 수령한 금액

③ 연금계좌에서 연금형태로 인출(연금수령)하는 경우의 소득

④ 계약의 위약 또는 해약으로 수령한 위약금과 배상금

63. 다음은 거주자 도지현(여성)의 20x1년 종합소득공제 관련 자료이다. 도지현 씨가 공제받을 수 있는 인적공제액으로 옳은 것은?

구 분	나 이	소 득	비 고
본 인	30세	총급여액 45,000,000원	근로소득금액 33,000,000원임
부 친	70세	총급여액 6,000,000원	장애인
배우자	31세	소득 없음	
장 녀	5세	소득 없음	

① 4,500,000원 ② 6,000,000원 ③ 7,500,000원 ④ 9,000,000원

64. 다음 중 소득세법상 양도소득에 관한 설명으로 옳지 않은 것은?

① 개인이 사업적으로 부동산을 판매하여 발생한 소득은 양도소득에 해당하지 아니한다.

② 양도소득세의 과세대상이 되는 양도란 매도, 교환 등으로 인하여 그 자산이 유상으로 사실상 이전되는 것을 말한다.

③ 주권상장법인의 주식양도에 대해서는 장내거래는 대주주 소액주주에 관계없이 양도소득세를 과세하지 아니한다.

④ 양도시기는 원칙적으로 해당 자산의 대금을 청산한 날로 한다.

65. 다음 중 과세표준 확정신고 의무에 관한 설명으로 옳지 않은 것은?

	소득유형	신고의무
①	근로소득만 있는 자	연말정산으로 납세의무 종결 가능
②	퇴직소득만 있는 자	퇴직소득 확정신고 방법으로만 납세의무 종결 가능
③	연말정산대상이 아닌 사업소득만 있는 자	종합소득 확정신고의 방법으로만 납세의무 종결 가능
④	근로소득과 종합과세대상 기타소득만 있는 자	종합소득 확정신고의 방법으로만 납세의무 종결 가능

66. ㈜삼일의 근로자 이영희씨가 개인적 사유로 20x1년 9월 10일에 중도 퇴사하게 되었다. 퇴직하는 달의 급여는 20x1년 10월 10일에 지급하였다. 이영희씨에 대한 연말정산세액의 납부기한으로 옳은 것은?

① 20x1년 9월 10일   ② 20x1년 10월 10일

③ 20x1년 11월 10일   ④ 20x1년 12월 10일

67. 일반적으로 소득이 발생하면 소득의 지급자가 원천징수를 하게 된다. 다음 소득 중 거주자에게 지급할 때 원천징수를 하지 않는 소득으로 옳은 것은?

① 양도소득   ② 이자소득   ③ 배당소득   ④ 근로소득

68. ㈜삼일의 일용근로자인 김철수씨가 일당으로 500,000원을 지급받은 경우 ㈜삼일이 원천징수하여야 할 소득세를 계산하면 얼마인가?

① 9,450원   ② 11,550원   ③ 12,600원   ④ 21,000원

69. 다음 중 부가가치세법에 관한 설명으로 옳지 않은 것은?

① 부가가치세는 소비를 과세대상으로 하는 일반소비세이다.

② 매출액에서 매입액을 공제한 방식으로 납부(환급)세액을 계산하는 전단계거래액공제법을 채택하고 있다.

③ 납세의무자와 담세자가 일치하지 않을 것으로 예정된 간접세이다.

④ 제조·도매·소매 등 거래의 각 단계에서 과세하는 다단계거래세이다.

70. 다음 중 부가가치세의 납세의무자와 관련된 설명으로 옳지 않은 것은?

① 다른 사람에게 고용되어 있는 종업원은 사업자에 해당하지 아니한다.

② 재화·용역의 공급에 대한 부가가치세의 납세의무자는 사업자이며, 사업자가 아닌 자는 납세의무를 부담하지 않는다.

③ 부가가치세법상 사업자란 사업목적이 영리이든 비영리이든 관계없이 '사업상 독립적으로 재화나 용역을 공급하는 자'를 말한다.

④ 부가가치세 과세사업자는 면세대상 재화·용역을 공급하는 경우에도 부가가치세가 과세된다.

71. 다음 중 부가가치세 과세대상에 해당하지 않는 것은?

① 현물출자를 위한 재화의 인도

② 조세물납을 위한 재화의 인도

③ 가공계약에 의한 재화의 인도

④ 재화의 인수 대가로 다른 재화를 인도한 교환거래

72. 다음 중 영세율에 관한 설명으로 옳지 않은 것은?

① 영세율이란 재화 또는 용역의 공급에 대하여 "0"의 세율을 적용하는 것을 말한다.

② 면세사업자가 면세재화를 수출하는 경우 영세율을 적용받기 위해서는 면세포기를 하여야 한다.

③ 내국신용장으로 재화를 공급하는 경우에는 영세율이 적용된다.

④ 사업자가 재화를 수출해서 영세율이 적용되는 경우에도 매입세액을 공제받지 못한다.

73. 다음 보기 중 부가가치세가 면세되는 재화·용역의 공급은 모두 몇 개인가?

ㄱ. 혈액	ㄴ. 도서열람용역
ㄷ. 미용목적 성형수술	ㄹ. 토지의 공급
ㅁ. 수돗물	ㅂ. 우등고속버스에 의한 여객운송용역

① 2 개 ② 3 개 ③ 4 개 ④ 5 개

74. ㈜삼일이 상가를 다음과 같은 조건으로 임대한 경우 20x1년 제2기 예정신고기간(20x1년 7월 1일~20x1년 9월 30일)의 과세표준으로 옳은 것은?

ㄱ. 임대기간 : 20x1년 7월 1일~20x3년 6월 30일
ㄴ. 임 대 료 : 20x1년 7월부터 매월 말일에 1,000,000원씩 받기로 함
ㄷ. 임대보증금 : 366,000,000원
ㄹ. 정기예금이자율 : 3.5%
ㅁ. 간주임대료 20x1년 제2기 예정신고기간의 일수는 92일, 1년은 366일로 할 것

① 6,220,000원 ② 7,250,000원 ③ 9,250,000원 ④ 27,220,000원

75. 다음은 과세사업을 영위하는 ㈜삼일의 20x1년 제2기 예정신고기간(20x1년 7월 1일~20x1년 9월 30일)의 거래내역이다. ㈜삼일의 20x1년 제2기 예정신고기간의 부가가치세 과세표준은 얼마인가?

> ㄱ. 매출액 : 90,000,000원(매출에누리 2,000,000원과 매출할인 1,000,000원이 차감된 금액임)
> ㄴ. 위의 매출액 중 반품액 3,000,000원
> ㄷ. 거래처에 배송 중에 교통사고로 파손된 제품 4,000,000원(시가 6,000,000원)

① 83,000,000원 ② 87,000,000원 ③ 89,000,000원 ④ 90,000,000원

76. 일반과세자 ㈜삼일의 20x1년 제2기 예정신고기간(20x1년 7월 1일 ~ 20x1년 9월 30일) 세금계산서 수취내역이다. 20x1년 제2기 예정신고기간의 매입세액공제액으로 옳은 것은?

일 자	내 역	공급가액	부가가치세
7.10	기계장치 구입	90,000,000원	9,000,000원
7.14	거래처 기업업무추진물품 구입	4,000,000원	400,000원
8.19	생산직 직원들의 작업화 구입	2,000,000원	200,000원
9. 5	토지 조성을 위한 자본적지출	1,000,000원	100,000원
9.30	원재료 구입	30,000,000원	3,000,000원

① 3,200,000원 ② 3,600,000원 ③ 12,000,000원 ④ 12,200,000원

77. 다음 중 일반과세자의 부가가치세 신고 · 납부 · 환급에 관한 설명으로 옳지 않은 것은?

① 대손세액공제는 예정신고시 또는 확정신고시 매출세액에서 공제할 수 있다.
② 예정신고를 하는 때에 누락된 금액을 확정신고를 하는 때에 신고할 수 있다.
③ 일반환급의 경우 예정신고 시에는 환급세액이 발생하여도 이를 환급하지 아니한다.
④ 수출을 지원하기 위하여 영세율 적용대상인 때에는 조기환급 할 수 있다.

78. 다음 중 부가가치세법상 가산세에 관한 설명으로 옳지 않은 것은?

① 세금계산서의 발급시기가 지난 후 해당 재화 또는 용역의 공급시기가 속하는 과세기간에 대한 확정신고기한까지 세금계산서를 발급받아 매입세액공제를 받은 경우에는 가산세가 부과된다.
② 사업자가 아닌 자가 재화 또는 용역을 공급하지 아니하고 세금계산서를 발급한 경우에는 가산세가 부과된다.
③ 예정신고를 할 때 제출하지 못한 매출처별세금계산서합계표를 해당 예정신고기간이 속하는 과세기간에 확정신고를 할 때 제출하는 경우에는 가산세가 부과된다.
④ 예정신고를 할 때 제출하지 못한 매입처별세금계산서합계표를 해당 예정신고기간이 속하는 과세기간에 확정신고를 할 때 제출하는 경우에는 가산세가 부과된다.

79. 다음 중 세금계산서의 필요적 기재사항인 것은?

① 단가와 수량   ② 공급연월일
③ 공급하는 자의 주소   ④ 공급받는 자의 등록번호

80. 다음 중 수정세금계산서 발급사유에 해당하지 않는 것은?

① 공급가액을 과다기재한 경우
② 작성연월일을 잘못 기재한 경우
③ 부가가치세 과세대상을 면세대상으로 잘못 판단하여 계산서를 발급한 경우
④ 영세율 대상을 10% 세율로 잘못 기재한 경우

116회 답안 및 해설

재무회계									
1	2	3	4	5	6	7	8	9	10
④	②	③	②	②	④	③	①	④	③
11	12	13	14	15	16	17	18	19	20
①	③	③	②	①	③	①	③	②	③
21	22	23	24	25	26	27	28	29	30
③	④	③	③	③	③	②	①	③	③
31	32	33	34	35	36	37	38	39	40
②	②	②	④	③	②	②	③	④	①

01. **재무제표는 특정기업실체에 관한 정보를 제공**하며, 산업 또는 경제 전반에 관한 정보를 제공하지는 않는다.

02. ① 재무회계에 대한 설명이다.

③ 재무회계는 법적 강제력이 있고, 관리회계는 법적 강제력이 없다.

④ 관리회계의 주된 목적은 **내부 정보이용자의 경제적 의사결정에 유용한 정보**를 제공하는 것이다.

03. 목적적합성의 구성요소는 **예측가치, 피드백가치, 적시성**이다.

04. 상각후원가(금액)에 대한 설명이다.

05. 자산과 부채는 유동성이 큰 항목부터 배열(유동성배열법)하는 것을 원칙으로 한다.

06. 유형자산처분이익은 손익거래에서 발생한 영업외수익이고, 주식발행초과금, 자기주식처분이익, 감자차익은 자본거래에서 발생한 자본잉여금에 해당한다.

07. 비품은 유형자산, 상품·제품은 재고자산에 해당한다.

08. 선일자수표는 **실질적으로 만기도래 전 약속어음에 해당**한다. 따라서 매출채권(받을어음)으로 처리한다.

09.

대손충당금			
대손	200,000	기초	220,000
기말(8,000,000×1%)	80,000	*대손상각비(설정?)*	*60,000*
계	280,000	계	280,000

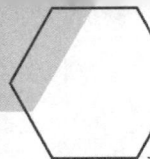

10. 〈은행 계정조정표〉

구분	회사측 잔액	은행측 잔액
1. 수정전 잔액	3,400,000	3,070,000
① 미기입예금		250,000
② 회사측오류	(80,000)	
2. 수정후 잔액	3,320,000	3,320,000

11. 선입선출법은 실제 물량의 흐름과 관계없이 매입한 순서대로 재고자산이 판매된다는 가정 하에 기말 재고액을 결정하는 방법이다.

12. 평가손실을 초래했던 상황이 해소되어 **재고자산가액이 상승시 평가손실환입(한도 당초 재고자산 장부가액)이 가능**하다.

13. 실지재고조사법을 사용하면 기말에 재고조사를 함으로써 매출원가를 산출하므로 계산이 용이하다.

14. 〈후입선출법〉

구입순서	수량	단가	금액	계산
기초	150	100	15,000	· 매출액 = 100 × @210 + 100 × @220 = 43,000원
구입(7.15)	50	140	7,000	· 매출원가 = 100 × @150 + 50 × @140 + 50 × @100 = 27,000원
구입(7.25)	100	150	15,000	· 매출손익 = 매출액(43,000) - 매출원가(27,000) = 16,000원

15. 최근에 구입한 것이 기말재고를 구성하는 것은 선입선출법이고, 최근에 구입한 것이 매출원가를 구성하는 것은 후입선출법이다.

16. ① 피투자회사가 당기순이익을 보고한 경우에는 투자회사의 지분율 만큼 당기순이익이 증가한다.

② 투자회사가 피투자회사에게 배당금을 지급결의시 피투자회사의 지분법적용투자주식금액은 감소한다.

④ 투자회사가 피투자회사에게 유의적인 영향력을 행사하는 경우 지분법을 적용하여 투자주식을 평가해야 한다.

17. 매도가능증권은 **취득시 거래원가는 취득부대비용으로 취득가액에 가산**한다.

18. 처분손익 = 양도금액(900,000) - 직전 보고기간말 장부금액(700,000) = 200,000원(이익)

19. 〈상각표〉

연도	유효이자(A) (BV × 8%)	액면이자(B) (액면가액 × 5%)	할인차금상각 (A - B)	장부금액 (BV)
20x1. 1. 1				922,687
20x1.12.31	73,815	50,000	23,815	946,502
20x2.12.31	*75,720*	50,000	25,720	972,222

20. 취득원가(이종자산 교환) = 제공한 자산의 공정가치(1,000,000) + 현금지급액(100,000)

    = 1,100,000원

21. 정부보조금으로 취득한 유형자산을 처분하는 경우에는 정부보조금 잔액을 당해 자산의 처분손익에서 가감하여 처리한다.

22. 유형자산의 원상을 회복하거나 능률을 유지하기 위한 지출은 수익적 지출에 해당한다.

23. **무형자산의 합리적인 상각방법을 정할 수 없는 경우에는 정액법을 사용**한다.

24. 현재가치할인차금은 **유효이자율법에 따라 상각 또는 환입**한다.

25. 보고기간종료일로부터 1년 내에 상환될 예정인 장기차입금은 결산 시 유동부채로 분류하여야 한다.

26. 사채의 발행금액 = 액면가액(1,000,000) × 0.71178 + 액면이자(80,000) ×

    연금현가계수(0.89286 + 0.79719 + 0.71178) = 903,926원

27. ① 액면이자율 > 유효이자율 → 할증발행

    ③ 사채할인발행차금은 사채의 차감적인 평가계정이다.

    ④ 할증발행되면 사채의 장부금액은 매년 감소한다.

28. 근로자가 받을 퇴직급여의 규모와 내용이 사전에 약정되는 제도는 확정급여제도이다.

29. 충당부채는 손실금액이 확정될 필요가 없다.

30. 자산 · 부채의 장부금액과 세무상 금액의 차이인 **일시적 차이에 대하여 이연법인세를 인식**한다.

31. 기초자본(4,320,000) + 당기순이익(570,000) + 유상증자(700,000) - 현금배당(A)

    = 기말자본(5,000,000)

    ∴ 현금배당(A) = 590,000원

32. ① 자기주식(자본조정 차변)을 취득하면 자본총계는 감소한다.

    ③ 감자차손은 자본조정이고 감자차익은 자본잉여금으로 분류한다.

    ④ 자기주식 취득시 취득금액은 자본조정에 해당한다.

33. 법인세비용차감전순이익 = 영업이익(7,500,000) + 임대료(500,000) + 사채상환이익(400,000)

    - 기부금(300,000) - 이자비용(100,000) - 유형자산처분손실(200,000)

    = 7,800,000원

34. 수정 후 법인세비용차감전순이익 = 수정 전 법인세비용차감전순이익(500,000)

    - 미지급급여(15,000) + 미수이자(35,000) = 520,000원

35. ① 위탁매출은 수탁자가 해당 재화를 판매한 시점에 수익을 인식한다.

    ② **이자수익은 유효이자율을 적용**하여 발생기준에 따라 수익을 인식한다.

    ④ 반품조건부판매는 반품 예상액을 합리적으로 추정할 수 있는 경우 **제품의 인도시점에서 반품추정액(부채)을 제외한 금액을 수익**으로 인식한다.

36. 20x1년 공사진행률 = 공사수익(10,000,000) ÷ 총도급금액(50,000,000) = 20%

    총공사원가추정액 = 공사원가(7,000,000) ÷ 공사진행률(20%) = 35,000,000원

37. 원가성이 없는 **재고자산감모손실(비정상 감모손실)은 영업외비용으로 처리**한다.

38. 〈유통보통주식수 변동〉

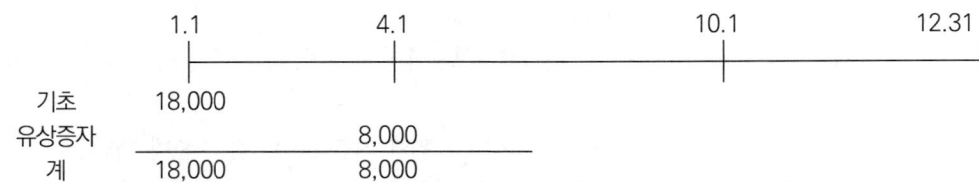

	1.1	4.1	10.1	12.31
기초	18,000			
유상증자		8,000		
계	18,000	8,000		

가중평균유통보통주식수 = 18,000×12/12 + 8,000×9/12 = 24,000주

39. 영업활동 현금흐름 = 순유입(500,000) + 수정 투자활동(30,000) = 530,000원

투자활동 현금흐름 = 순유입(100,000) - 수정 투자활동(30,000) = 70,000원

현금성자산(기말) = 기초현금성자산(6,000,000) + 영업활동(530,000) + 투자활동(70,000)

- 재무활동(200,000) = 6,400,000원

40. ① 영업용건물의 취득은 투자활동으로 현금유출이 발생한다.

② 차입금 상환은 재무활동으로 인한 현금유출이 발생한다.

③ 주식의 발행은 재무활동으로 인한 현금유입이 발생한다.

④ 투자유가증권의 매각은 투자활동으로 인한 현금유입이 발생한다.

세무회계									
41	42	43	44	45	46	47	48	49	50
②	①	③	②	④	③	②	④	①	②
51	52	53	54	55	56	57	58	59	60
③	④	②	②	②	③	②	①	②	②
61	62	63	64	65	66	67	68	69	70
③	③	①	③	②	③	①	①	②	④
71	72	73	74	75	76	77	78	79	80
②	④	③	①	②	④	①	④	④	③

41. 상속세와 증여세는 **정부부과과세제도**를 채택하고 있다.

42. 신의성실의 원칙(신의칙)은 조세법 관계에서도 **국가(과세관청)와 납세자(국민) 모두에게 적용되는 쌍방적 원칙**이다.

43. 국가와 지방자치단체는 비과세법인이므로 토지 등 양도소득에 대한 법인세의 납세의무도 없다.

44. 임대료 지급기간이 1년을 초과하는 경우 발생주의를 특례로 수용하여 기간경과분 임대료 상당액과 비용은 당해 사업연도의 익금과 손금으로 한다.

45. 익금불산입 = 법인지방소득세의 환급액(1,000,000) + 과오납금 환급금 이자(2,000,000)

+ 주식발행초과금(4,000,000) = 7,000,000원

46. 벌과금과 잉여금의 처분을 손비로 계상한 금액은 손금불산입 항목이다.

47. 손금 = 직원상여금한도초과액(1,000,000) + 사용자부담 국민건강보험료(5,000,000) = 6,000,000원

48. 주식은 개별법을 인정하지 않고 **채권에만 개별법을 인정**한다.

49. 24기의 시인부족액은 소멸되고, 25기의 상각부인액(700,000)은 손금불산입(유보)한다.

50. 기업업무추진비 한도액 = 기본(36,000,000) + 수입금액(30,000,000) = 66,000,000원
- 기본한도액 = 36,000,000(중소기업) × 12/12 = 36,000,000원
- 수입금액 기준 = 수입금액(100억) × 0.3% = 30,000,000원

54. 부도발생일로부터 **6개월 이상 지난 수표 또는 어음상의 채권 및 중소기업의 외상매출금은 결산조정**사항이다.

52. 건설이 완료된 후의 이자비용을 비용으로 처리 시 **즉시상각의제(감가상각비 의제) 규정이 적용**된다.

53. 인정이자 = 가지급금적수(3,660,000,000) × 당좌대출이자율(4.6%) × 1/366 = 460,000원(상여)

54. 이월결손금은 **15년 이내 개시한 사업연도에서 발생한 결손금을 공제**하고 일반기업의 **각 사업연도 소득금액의 80%를 한도로 공제**한다.

55.
- 과세표준 = 각 사업연도 소득금액(400,000,000) – 이월결손금(20,000,000)
  – 비과세(100,000,000) – 소득공제(80,000,000) = 200,000,000원
- 산출세액 = 과세표준(200,000,000) × 세율(10%) = 20,000,000원

56. ① 법인세를 사업연도 **종료일이 속하는 달의 말일부터 3개월이내에 신고**하여야 한다.
② 외부감사대상 법인이 신고기한 연장을 신청하는 경우 **1개월의 범위에서 연장을 허용**한다.
④ 법인세는 **납부세액이 1천만원을 초과하는 경우 분납**할 수 있다.

57. 거주자가 폐업한 경우 **과세기간은 1월 1일부터 12월 31일까지(원칙 1년)**이다.

58. 소득세법은 원칙적으로 소득원천설을 채택하고 있으며 순자산증가설(기타·퇴직·양도소득 등)을 일부 채택하고 있다.

59. 출자공동사업자의 사업소득 분배금(손익분배비율)은 배당소득이고, 나머지는 이자소득에 해당한다.

60. 법인이 사업자금을 일시 예치하여 발생하는 예금이자는 각 사업연도 소득금액에는 포함되고, 개인일 경우 이자소득에 해당하므로 사업소득금액에는 포함되지 아니한다.

61. 총급여액 = 급여(18,000,000) + 상여금(5,000,000) + 연장근로수당(3,000,000 – 2,400,000)
  + 식사대(3,600,000) = 27,200,000원

☞ 생산직 근로자의 연장근로수당은 연 240만원을 한도로 비과세하고, 식사대는 식사를 제공하므로 과세하고, 임직원의 사택제공이익은 비과세한다.

62. 연금계좌에서 **연금형태로 인출하는 경우의 소득은 연금소득**이다.

63.

관계	요 건		기본 공제	추가 공제	판 단
	연령	소득			
본인(여성)	–	–	○		종합소득금액 3천만원 초과자로 부녀자공제 대상에서 제외
부친(70)	○	×	부		총급여액 5백만원 초과자
배우자	–	○	○		
장녀(5)	○	○	○		

・ **기본공제(3명) = 1,500,000 × 3 = 4,500,000원**

64. 주권상장주식을 장내에서 양도하는 경우 **대주주는 양도소득세 과세대상**이다.

65. 퇴직소득은 **퇴직한 날의 원천징수로 납세의무가 종결**된다.

66. 퇴직자가 퇴직하는 달의 근로소득을 지급(10월)할 때 연말정산하여 그 다음 달 10일(11월 10일)까지 연말정산세액을 납부하여야 한다.

67. **양도소득은 원천징수대상이 아니다.**

68. 원천징수세액(일용근로) = [일당(500,000) − 비과세(150,000)] × 6% × (1 − 55%) = 9,450원

69. 우리나라 부가가치세는 전단계세액공제법을 채택하고 있다.

70. 부가가치세 과세업자라도 **면세재화・용역을 공급하는 경우에는 납세의무가 없다.**

71. 조세의 물납은 부가가치세 과세대상이 아니다.

72. 영세율이 적용시 사업자가 매입하여 부담한 매입세액을 공제받는다.

73. 혈액, 도서열람용역, 토지의 공급, 수돗물은 면세대상이다.

74. 과세표준 = 월 임대료(1,000,000 × 3) + 간주임대료(366,000,000 × 3.5% × 92/366) = 6,220,000원

75. 과세표준 = 매출액(90,000,000) − 반품액(3,000,000) = 87,000,000원

    ☞ **배송 중 파손된 제품은 과세대상이 아니다.**

76. 매입세액공제액 = 기계장치(9,000,000) + 작업화(200,000) + 원재료(3,000,000) = 12,200,000원

    ☞ **거래처 기업업무추진물품 구입 매입세액과 토지 조성을 위한 자본적지출 관련 매입세액은 불공제대상이다.**

77. 대손세액공제는 **확정신고 시에만 매출세액에서 공제**할 수 있다.

78. 예정신고시 제출해야 할 **매입처별세금계산서합계표를 확정신고시 제출하는 경우에는 가산세가 부과되지 아니한다.**

79. **공급받는 자의 등록번호는 필요적 기재사항**이다.

80. 계산서를 발급한 후 계산서에 대하여 수정세금계산서를 발급할 수 없다.

115회 회계관리 1급

재무회계

01. 다음 중 손익계산서에 관한 설명으로 옳지 않은 것은?

① 포괄이익이란 기업실체가 일정기간 동안 소유주와의 자본거래를 포함한 모든 거래나 사건에서 인식한 자본의 변동을 말한다.

② 수익이란 기업실체의 경영활동 결과 발생하는 자산의 유입 또는 부채의 감소이다.

③ 비용이란 기업실체의 경영활동 결과 발생하는 자산의 유출이나 사용 또는 부채의 증가이다.

④ 손익계산서는 일정기간 동안 기업실체의 경영성과에 대한 정보를 제공한다.

02. 다음 중 재무제표의 측정에 관한 설명으로 옳지 않은 것은?

① 기업실체가 자산을 사용함에 따라 당해 기업실체의 입장에서 인식되는 현재의 가치를 기업특유가치라고 한다.

② 독립된 당사자간의 현행 거래에서 자산이 매각 또는 구입되거나 부채가 결제 또는 이전될 수 있는 교환가치를 공정가치라 한다.

③ 유효이자율을 이용하여 당해 자산이나 부채를 현재의 금액으로 측정한 가치를 상각후금액이라 한다.

④ 정상적인 영업과정의 추정 판매가격에서 제품을 완성하는 데 소요되는 추가적인 원가와 판매비용의 추정액을 가산한 금액을 순실현가능가치라 한다.

03. 다음 중 자산에 관한 설명으로 옳지 않은 것은?

① 자산은 미래의 거래나 사건의 결과로 기업이 소유하고 있는 미래에 경제적 효익을 창출할 것으로 기대되는 자원이다.

② 대부분의 경우 법적 권리와 결부되어 있으나 소유권 등의 법적 권리가 자산성 유무를 결정함에 있어 최종적 기준은 아니다.

③ 일반적으로 물리적 형태를 가지고 있지만 물리적 형태가 자산의 본질적인 특성은 아니다.

④ 현금유출과 자산의 취득은 밀접하게 관련되어 있으나 양자가 반드시 일치하는 것은 아니다.

04. 다음 중 재무제표의 기본가정에 관한 설명으로 옳은 것을 모두 고르면?

ㄱ. 재무제표는 일정한 가정 하에서 작성되며, 그러한 기본가정으로는 기업실체, 계속기업 및 기간별 보고가 있다.

ㄴ. 기업실체 개념은 법적 실체와는 구별되는 개념이다.

ㄷ. 기업실체의 중요한 경영활동이 축소되거나 기업실체를 청산시킬 의도나 상황이 존재하여 계속기업을 가정하기 어려운 경우에는 재무제표를 작성할 수 없다.

ㄹ. 기간별 보고의 가정이란 기업실체의 존속기간을 일정한 기간 단위로 분할하여 각 기간별로 재무제표를 작성하는 것을 말한다.

① ㄱ, ㄴ　　　　　② ㄱ, ㄹ　　　　　③ ㄱ, ㄴ, ㄷ　　　　　④ ㄱ, ㄴ, ㄹ

05. 다음 중 재무상태표의 특징에 관한 설명으로 옳지 않은 것은?

① 재무상태표는 기업의 자산과 구성내역에 대한 정보를 제공한다.

② 재무상태표는 기업의 자본구조에 대한 정보를 제공한다.

③ 재무상태표를 현금흐름표와 같이 사용하면 자산의 수익률에 관한 정보를 제공할 수 있다.

④ 재무상태표의 모든 항목이 공정가치로 평가되는 것은 아니다.

06. 다음 중 재무상태표의 작성기준에 관한 설명으로 옳지 않은 것은?

① 재무상태표는 자산·부채 및 자본으로 구분하고 자산은 유동자산 및 비유동자산으로, 부채는 유동부채 및 비유동부채로, 자본은 자본금·자본잉여금·자본조정·기타포괄손익누계액·이익잉여금으로 각각 구분한다.

② 자산과 부채는 원칙적으로 상계하여 표시하지 않는다.

③ 재고자산·매출채권 및 매입채무 등 운전자본과 관련된 항목들에 대하여는 실현 또는 결제될 때까지의 기간이 1년을 초과할 경우 정상적인 영업주기 내에 실현 혹은 결제되리라 예상되는 부분에 대해서도 비유동항목으로 분류한다.

④ 재무상태표에 기재하는 자산과 부채는 유동성이 큰 항목부터 배열하는 것을 원칙으로 한다.

07. 다음 중 당좌자산 항목으로만 올바르게 짝지어진 것은?

ㄱ. 선급금	ㄴ. 선급비용
ㄷ. 미수수익	ㄹ. 재고자산
ㅁ. 선수수익	

① ㄱ, ㄴ, ㄷ   ② ㄱ, ㄴ, ㄹ   ③ ㄴ, ㄷ, ㅁ   ④ ㄴ, ㄷ, ㄹ, ㅁ

08. 다음 중 현금및현금성자산으로 분류될 수 없는 항목은?

① 자기앞수표

② 수입인지

③ 환매채(3개월 이내의 환매조건)

④ 취득당시 만기가 3개월 이내에 도래하는 채권

09. 다음 중 외상매출금의 양도에 관한 설명으로 옳지 않은 것은?

① 외상매출금을 양도한 후에도 양도인이 효율적인 통제권을 계속 행사할 수 있는 경우에는 차입거래로 회계처리한다.

② 외상매출금의 양도는 그 경제적 실질에 따라 매각거래와 차입거래로 구분할 수 있다.

③ 외상매출금의 양도란 외상매출금을 회수기일 전에 금융기관 등에 매각하고 자금을 조달하는 것을 말한다.

④ 외상매출금의 양도 후 양수자에게 상환청구권이 있다면 매각거래로 회계처리할 수 없다.

10. 제과업을 영위하는 ㈜삼일은 ㈜용산과 20X1년 11월 1일 본사사옥 임대차 계약을 맺고 3개월분의 임차료 12,000,000원을 선지급하고, 차변에 임차료로 회계처리하였다. ㈜삼일의 회계연도가 매년 1월 1일부터 12월 31일까지라면 20X1년 12월 31일에 ㈜삼일이 수행해야 할 회계처리로 옳은 것은?

① (차) 선급비용	4,000,000원	(대) 임차료	4,000,000원
② (차) 선급금	4,000,000원	(대) 임차료	4,000,000원
③ (차) 임차료	8,000,000원	(대) 선급비용	8,000,000원
④ (차) 임차료	12,000,000원	(대) 현금	12,000,000원

11. 다음 중 재고자산에 관한 설명으로 옳지 않은 것은?

① 재고자산이란 정상적인 영업과정에서 판매를 위하여 보유중인 자산을 말한다.

② 정상적인 영업과정에서 판매를 위하여 생산중인 자산도 재고자산에 포함된다.

③ 추가 생산단계에 투입하기 전에 보관이 필요한 경우에 발생한 보관비용은 재고자산의 취득원가에 포함하지 아니한다.

④ 재고자산을 현재의 장소에 현재의 상태로 이르게 하는데 발생한 기타의 원가도 취득에 필요한 부대비용으로 보고 재고자산의 취득원가에 포함된다.

12. 다음 중 기말재고자산에 포함될 항목으로만 올바르게 짝지어진 것은?

> ㄱ. 시용판매를 위하여 고객에게 제공된 상품 중 매입의사가 표시되지 않은 부분
> ㄴ. 위탁판매목적으로 반출된 상품 중 수탁자가 현재 보관중인 부분
> ㄷ. 장기할부조건으로 판매한 상품
> ㄹ. 선적지인도조건으로 판매한 운송중인 상품
> ㅁ. 선적지인도조건으로 매입한 운송중인 상품

① ㄱ, ㄴ   ② ㄱ, ㄴ, ㄷ   ③ ㄱ, ㄴ, ㅁ   ④ ㄱ, ㄴ, ㄹ, ㅁ

13. ㈜삼일은 소매재고법을 사용하고 있다. 선입선출소매재고법을 적용하여 추정한 기말재고자산(원가)은 얼마인가?

	원 가	매 가
기초재고	20,000원	40,000원
당기매입	30,000원	60,000원
매출액		70,000원

① 10,000원   ② 15,000원   ③ 20,000원   ④ 30,000원

14. 다음 중 재고자산평가방법에 관한 설명으로 옳지 않은 것은?

① 시가의 회복으로 발생한 재고자산평가손실환입은 영업외수익으로 인식한다.

② 비정상적으로 발생한 재고자산감모손실은 영업외비용으로 처리한다.

③ 저가법을 적용할 경우 항목별기준을 원칙으로 하되, 재고항목들이 서로 유사하거나 관련되어 있는 경우에는 조별기준도 허용한다.

④ 재고자산의 평가는 원칙적으로 취득원가주의를 적용한다.

15. 다음은 ㈜삼일의 재고자산과 관련된 자료이다. 이동평균법에 의해 재고단가를 결정하는 경우 기말 현재 재고자산 금액은 얼마인가(단, 기말시점에 계속기록법에 의한 재고수량과 실지재고조사법에 의한 재고 수량은 일치함)?

일자별 현황	수 량	매 입 단 가	금 액
기초 재고	200개	20원	4,000원
3. 5 매입	300개	22원	6,600원
4. 8 판매	(150개)	–	–
6.28 매입	400개	23원	9,200원
9. 2 판매	(150개)	–	–
9.27 매입	100개	22원	2,200원

① 10,800원 ② 11,000원 ③ 14,196원 ④ 15,496원

16. ㈜삼일의 결산일은 12월 31일이며, 20X1년 1월 1일 장기투자목적으로 ㈜부산의 주식 100주를 500,000원에 취득하고 이를 매도가능증권으로 분류하였다. ㈜삼일은 20X2년 6월 1일에 이중 50주를 320,000원에 처분하였다. ㈜부산 주식의 공정가치에 관한 정보가 다음과 같은 경우 20X2년말 ㈜삼일의 재무상태표에 ㈜부산의 주식과 관련하여 표시될 매도가능증권평가이익은 얼마인가?

ㄱ. 20X1년 초 : 5,000원/주   ㄴ. 20X1년 말 : 6,500원/주

ㄷ. 20X2년 말 : 7,000원/주

① 50,000원 ② 70,000원 ③ 75,000원 ④ 100,000원

17. 다음은 ㈜삼일의 보유 주식에 대한 거래내역이다.

ㄱ. ㈜삼일은 20X1년 1월 1일 ㈜용산의 주식 30%를 3,000,000원에 취득하였다.

ㄴ. 주식 취득시 ㈜용산의 순자산장부금액은 10,000,000원으로 이는 공정가치와 일치한다.

ㄷ. ㈜용산의 20X1년 당기순이익은 1,000,000원이다.

ㄹ. ㈜용산은 20X1년 중 총 300,000원의 배당금을 결의 및 지급하였고, ㈜삼일은 이중 90,000원을 수취하였다.

ㅁ. 상기 거래를 제외하고 다른 거래는 없다고 가정한다.

㈜삼일의 20X1년 말 재무상태표에 표시될 지분법적용투자주식의 장부금액은 얼마인가?

① 2,910,000원 ② 3,000,000원 ③ 3,210,000원 ④ 3,300,000원

18. ㈜삼일은 20X1년 7월 1일에 단기매매 목적으로 ㈜용산의 주식 100주를 주당 8,000원에 취득하고 단기 매매증권으로 분류하였다. ㈜삼일은 20X1년 10월 1일에 이 중 60주를 주당 9,000원에 처분하였으며, 20X1년말 현재 남아있는 주식의 주당 공정가치는 7,500원이다. ㈜용산의 주식과 관련한 회계처리가 ㈜ 삼일의 20X1년 손익계산서의 이익에 미치는 영향은 얼마인가?

① 10,000원 이익 증가

② 20,000원 이익 증가

③ 40,000원 이익 증가

④ 60,000원 이익 증가

19. ㈜삼일은 20X1년 1월 1일에 발행된 다음과 같은 조건의 채무증권을 동 일자에 최초 발행금액인 95,000,000원에 취득하였으며, 해당 채무증권을 만기보유증권으로 분류하였다. 이 채무증권에 대하여 ㈜삼일이 만기까지 인식할 총 이자수익은 얼마인가?

ㄱ. 액면금액 : 100,000,000원
ㄴ. 만기일 : 20X4년 12월 31일
ㄷ. 이자지급조건 : 매년 말 후급
ㄹ. 표시이자율 : 연 5%

① 25,000,000원　　② 25,500,000원　　③ 28,000,000원　　④ 27,500,000원

20. 다음 중 채무증권의 재분류에 관한 설명으로 옳지 않은 것은?

① 원칙적으로 단기매매증권은 다른 범주로 재분류할 수 없으며, 다른 범주의 유가증권의 경우에도 단기매매증권으로 재분류할 수 없다.

② 매도가능증권은 만기보유증권으로 재분류할 수 있으나, 만기보유증권은 매도가능증권으로 재분류할 수 없다.

③ 매도가능증권을 만기보유증권으로 재분류하는 경우에는 재분류를 위한 평가시점까지 발생한 매도가능증권의 미실현보유손익 잔액은 계속 기타포괄손익누계액으로 처리하고, 그 금액은 만기까지의 잔여기간에 걸쳐 유효이자율법을 적용하여 상각하고 각 기간의 이자수익에 가감한다.

④ 드문 상황에서 단기매매증권을 매도가능증권이나 만기보유증권으로 재분류하는 경우에는 재분류일 현재의 공정가치를 새로운 취득원가로 본다. 이 경우에 재분류일까지의 미실현보유손익은 당기손익으로 인식한다.

21. 다음 중 유형자산의 감가상각에 관한 설명으로 옳지 않은 것은?

① 동일한 내용연수 하에서는 정률법에 따라 감가상각하였을 경우, 정액법에 비하여 유형자산 취득 초기의 당기순이익과 유형자산의 장부금액이 크게 표시된다.

② 정액법으로 감가상각을 하는 경우 감가상각비로 계상되는 금액은 내용연수에 걸쳐 균등하게 인식된다.

③ 정률법을 적용하는 경우에는 취득원가에서 감가상각누계액을 차감한 금액에 매년 동일한 상각률을 곱한 금액을 감가상각비로 계상한다.

④ 감가상각방법은 매기 계속하여 적용하고, 정당한 사유없이 변경하지 않는다.

22. ㈜삼일은 자동차부품을 제조하여 판매하고 있다. 부품생산에 사용하고 있는 기계장치의 장부금액은 9,000,000원이다. 그러나 자동차모형의 변경으로 부품에 대한 수요가 급감하여 생산규모의 대폭적인 감소가 예상된다. 수요 감소로 인하여 기계장치의 순공정가치는 4,000,000원, 사용가치는 3,500,000원으로 감소하였다. ㈜삼일이 기계장치에 대한 손상차손으로 계상할 금액은 얼마인가?

① 4,500,000원　　② 5,000,000원　　③ 5,500,000원　　④ 6,000,000원

23. ㈜삼일은 20X1년에 설립된 벤처회사로 20X1년에 지출한 금액은 다음과 같다. 다음 자료를 이용하여 20X1년의 손익계산서상 비용으로 인식해야 할 금액을 계산하면 얼마인가?

- 연구단계(20X1년 1월 1일~20X1년 3월 31일)에서 발생한 지출 : 400,000원
- 개발단계(20X1년 4월 1일~20X1년 6월 30일)에서 발생한 지출 : 800,000원(전액 자산인식요건 을 충족한다)
- 개발비의 사용가능한 시점은 20X1년 7월 1일이며, 내용연수는 4년, 상각방법은 정액법, 잔존가치 는 없다.

① 400,000원　　② 450,000원　　③ 500,000원　　④ 900,000원

24. ㈜삼일은 20X1년 1월 1일 업무용 토지의 일부를 계약금 1,000,000원(매각시점에 수취함)과 향후 3년 간 매년말 2,000,000원씩 받기로 하고 매각하였다. 이 거래의 유효이자율은 연 10%이며 3년에 걸쳐 받게 될 미수금은 매각 시점에서 공정가치로 평가하여 기록하였다. 20X1년 12월 31일 매각대금의 수령 직후 미수금의 장부금액은 얼마인가(단, 3년 10%의 연금현가계수는 2.4868이다)?

① 1,818,056 원　　② 3,126,880원　　③ 3,470,960원　　④ 4,000,000원

25. 다음 중 유동부채 및 유동부채를 구성하는 항목들에 관한 설명으로 옳지 않은 것은?

① 미지급금은 일반적 상거래 이외의 거래나 계약관계 등에서 발생한 채무를 말한다.

② 미지급비용은 발생된 비용으로 지급하지 아니한 비용을 말한다.

③ 예수금은 일반적 상거래 이외에서 발생한 일시적 제예수액을 말한다.

④ 선수수익은 주된 영업수익에 관한 선수금액이지만, 선수금은 영업외수익에 관한 선수금액이라는 점 에서 차이가 있다.

26. 사채 발행시 인식한 사채발행차금은 유효이자율법에 따라 상각 또는 환입한다. 사채를 할인발행한 경우와 할증발행한 경우, 사채할인(할증)발행차금의 상각액(환입액)은 기간의 경과에 따라 각각 어떻게 변동하는가?

	할증발행한 경우	할인발행한 경우
①	감소	증가
②	증가	감소
③	감소	감소
④	증가	증가

27. 다음 자료를 이용하여 ㈜삼일의 20X2년 손익계산서에 계상될 사채상환손익을 계산하면 얼마인가(단, 단 수차이가 발생하는 경우 가장 근사치를 선택한다)?

> ㄱ. 액면금액　: 1,000,000원
> ㄴ. 발행금액　: 950,244원(20X1년 1월 1일 발행)
> ㄷ. 만 기　　: 20X3년 12월 31일
> ㄹ. 액면이자율 : 연　8% (매년 말 지급)
> ㅁ. 유효이자율 : 연 10%
> ㅂ. 사채발행자인 ㈜삼일은 동 사채를 20X2년 12월 31일에 액면이자 지급 후 970,000원에 상환하였다. ㈜삼일은 사채의 액면금액과 발행금액의 차이를 유효이자율법으로 상각하고 있다.

① 상환손실　4,732원　　　　　　② 상환이익　4,732원

③ 상환손실　11,795원　　　　　④ 상환이익　11,795원

28. 다음 중 충당부채의 측정에 관한 설명으로 옳지 않은 것은?

① 충당부채의 명목금액과 현재가치의 차이가 중요한 경우에는 의무를 이행하기 위하여 예상되는 지출액의 현재가치로 측정한다.

② 충당부채를 발생시킨 사건과 밀접하게 관련된 자산의 처분차익이 예상되는 경우, 당해 처분차익은 충당부채 금액 측정시 고려하여야 한다.

③ 기업이 의무이행을 위하여 지급한 금액을 제3자가 직접 지급하기로 하는 경우, 제3자가 변제할 것이 확실한 경우에 한하여 그 금액을 자산으로 인식하되, 인식되는 자산의 금액은 관련 충당부채의 금액을 초과할 수 없다.

④ 충당부채로 인식하는 금액은 현재의무의 이행에 소요되는 지출에 대한 보고기간종료일 현재의 최선 추정치이며, 동 추정치와 관련된 사건과 상황에 대한 불확실성이 있는 경우 이를 고려하여 추정한다.

29. 전자제품을 판매하는 ㈜삼일은 판매한 제품에서 발생하는 결함에 대하여 판매 후 3년간 무상으로 수리해 주고 있다. 과거의 경험에 비추어 볼 때 제품 판매와 관련한 보증비용은 매출액의 5%만큼 발생할 것으로 예상된다. 다음은 ㈜삼일의 20X1년과 20X2년의 매출액과 실제 발생한 제품보증비용이다. 이를 참고로 하여 20X2년 말 재무상태표에 계상되어야 할 제품보증충당부채 금액을 계산하면 얼마인가(단, 20X1년 초 제품보증충당부채 장부금액은 0원이다)?

구 분	20X1년	20X2년
매 출 액	300,000원	600,000원
제품보증비발생액 20X1년 매출분 20X2 년 매출분	5,000원 –	8,000원 3,000원

① 29,000원   ② 31,000원   ③ 40,000원   ④ 45,000원

30. ㈜삼일은 20X1년에 영업을 개시하였다. ㈜삼일의 20X1년 과세소득과 관련된 다음 자료를 이용하여 20X1년의 법인세비용을 계산하면 얼마인가(단, ㈜삼일은 이연법인세회계를 적용한다)?

ㄱ. 법인세비용차감전순이익	10,000,000원
ㄴ. 가산조정	
감가상각비한도초과액	1,500,000원
ㄷ. 과세표준	11,500,000원
ㄹ. 세율(가정)	20%

[추가자료]

– 법인세율의 변동은 발생하지 않을 것으로 예상되며, 20X1년부터 ㈜삼일의 연도별 법인세비용 차감전순이익은 10,000,000원으로 동일하게 발생할 것으로 예상된다.

① 1,500,000원　　　② 1,800,000원　　　③ 2,000,000원　　　④ 2,300,000원

31. 자본조정과 기타포괄손익누계액의 각 계정들에는 자본의 부가계정과 자본의 차감계정이 있다. 다음 중 자본의 차감계정에 해당하지 않는 것은?

① 주식할인발행차금　　　　　　　　② 미교부주식배당금
③ 매도가능증권평가손실　　　　　　④ 자기주식

32. 다음 중 실질적으로 자본금과 자본총액을 모두 증가시키는 거래는 무엇인가?

① 현금배당　　　② 주식배당　　　③ 무상증자　　　④ 유상증자

33. 기업의 순이익을 보고하는 이론적인 방법에는 당기업적주의와 포괄주의가 있다. 다음 중 포괄주의의 이론적 근거로 옳지 않은 것은?

① 회계실체가 존속하는 동안의 매기간 순이익의 합계액은 존속기간 전체를 한 기간이라고 보고 계산한 순이익금액과 일치하여야 한다.

② 비경상적이고 비반복적인 항목도 순이익 항목임에는 틀림이 없고, 회계실체의 장기적인 이익 창출능력을 반영하는 것이므로 손익계산서에 보고해야 한다.

③ 많은 정보이용자들은 경상적 항목과 비경상적 항목을 구별하는데 익숙하지 못하므로, 비경상적인 항목들이 손익계산서에 포함되면 정보이용자들은 혼란에 빠질 수 있다.

④ 비경상적 항목인지 아닌지를 임의로 판단하게 되면, 의문시되는 항목의 처리방법이 회계실체마다 다르게 될 것이고 결과적으로 이익조작의 여지를 제공하게 된다.

34. 다음은 유통업을 영위하는 ㈜삼일의 20X1년 손익계산서와 관련된 자료이다. 20X1년 ㈜삼일의 영업이익을 계산할 때, 차감하여야 하는 항목을 모두 고른 것은(단, 급여와 감가상각비는 판매비와관리비에 해당한다)?

ㄱ. 임차료	ㄴ. 매출원가
ㄷ. 급여	ㄹ. 사채상환손실
ㅁ. 유형자산처분손실	ㅂ. 감가상각비
ㅅ. 기부금	ㅇ. 이자비용

① ㄱ, ㄴ, ㄷ, ㅂ   ② ㄱ, ㄷ, ㅁ, ㅇ

③ ㄴ, ㄷ, ㄹ, ㅁ   ④ ㄷ, ㄹ, ㅂ, ㅇ

35. 다음 중 수익인식기준에 관한 설명으로 옳은 것은?

① 위탁매출은 위탁자가 수탁자에게 해당 상품을 인도한 시점에 수익을 인식한다.

② 상품권의 판매만으로 수익이 실현되었다고 볼 수 없으므로, 상품권이 발행된 후에 상품의 판매나 용역이 제공되는 시점에서 수익을 인식한다.

③ 배당금수익은 배당금을 실제로 수취하는 시점에 인식한다.

④ 반품조건부판매는 반품 예상액을 합리적으로 추정할 수 있는 경우 제품의 인도시점에서 판매금액 전액을 수익으로 인식한다.

36. ㈜삼일은 20X1년 10월 1일 ㈜서울에 기계장치를 10,000,000원(설치용역수수료 포함)에 판매하면서 정상작동이 가능한 상태로 설치해주기로 하였다. 단, 기계장치에 대한 설치용역은 부수적으로 제공되지 않고, 설치용역에 대한 수수료는 400,000원이며 20X1년 12월 31일 현재 설치용역은 50%의 진행률을 나타내고 있다. ㈜삼일이 20X1년에 인식하는 수익을 계산하면 얼마인가?

① 9,800,000원   ② 9,900,000원   ③ 10,000,000원   ④ 10,100,000원

37. 다음 중 주당이익에 관한 설명으로 옳지 않은 것은?

① 주식 1주당 발생한 이익을 의미한다.

② 주가수익률(PER) 산출의 기초자료가 된다.

③ 유통보통주식수가 증가하면 주당이익이 증가한다.

④ 보통주당기순이익 산정시 손익계산서상의 당기순이익에서 우선주배당금을 차감한다.

38. 기업회계기준에서는 화폐성 외화자산·부채에 대해 기말현재의 환율로 환산하도록 규정하고 있다. 다음 중 기말 결산시 외화환산이 필요한 화폐성 외화자산·부채를 모두 고른 것은?

ㄱ. 차입금	ㄴ. 매출채권
ㄷ. 재고자산	ㄹ. 매입채무

① ㄱ, ㄴ   ② ㄱ, ㄴ, ㄷ   ③ ㄱ, ㄴ, ㄹ   ④ ㄴ, ㄷ, ㄹ

39. 다음 중 현금흐름표에 관한 설명으로 옳지 않은 것은?

① 투자활동현금흐름은 유형자산이나 투자자산 등의 취득 및 처분과 관련하여 발생된 현금의 유출입을 표시한다.

② 영업활동현금흐름은 기업의 주요 수익창출활동 등에서 발생한 현금흐름을 표시한다.

③ 재무활동현금흐름은 자금의 차입과 상환 등과 관련하여 발생된 현금의 유출입을 표시한다.

④ 현금흐름표는 기간 간의 관계를 보여줌으로써 장기현금흐름의 전망을 평가하는데 완전한 정보를 제공한다.

40. 다음 중 현금의 유입과 유출이 없는 거래가 아닌 것은?

① 유형자산의 연불구입

② 현물출자로 인한 유형자산 취득

③ 사채의 상환

④ 무상증자

세무회계

41. 사용용도가 지정되어 있는 조세를 목적세라고 한다. 다음 중 목적세에 해당하는 조세를 모두 고르면?

> ㄱ. 교육세   ㄴ. 상속세
> ㄷ. 법인세   ㄹ. 농어촌특별세
> ㅁ. 부가가치세

① ㄱ, ㄴ   ② ㄱ, ㄹ   ③ ㄴ, ㄹ   ④ ㄷ, ㅁ

42. 다음 중 국세부과의 원칙에 관한 설명으로 옳지 않은 것은?

① 정부가 납세자의 국세를 감면한 후에는 그 감면의 취지를 성취하거나 국가정책을 수행하기 위하여 필요하다고 인정하면 세법이 정하는 바에 따라 감면세액에 상당하는 자금 또는 자산의 운용범위를 정할 수 있다.

② 신의성실의 원칙은 조세를 납부하는 국민뿐만 아니라 조세를 부과·징수하는 국가에게도 적용된다.

③ 국세는 원칙적으로 납세의무자가 장부를 갖추어 기록하고 있는 경우에는 장부내용에 근거하여 부과·징수하여야 한다.

④ 국가는 국민에게 세금을 부과·징수하는 경우 거래의 실질보다 거래의 형식에 따라야 한다.

43. 다음 중 법인종류별 납세의무의 범위에 관한 설명으로 옳은 것은?

① 외국영리법인의 경우 국내·외원천소득에 대하여 과세한다.

② 외국의 국가와 지방자치단체에 대해서는 법인세를 부과하지 않는다.

③ 비영리법인의 경우 청산소득 및 토지 등 양도소득에 대하여 과세한다.

④ 내국비영리법인의 경우 국내·외원천소득 중 수익사업에서 발생한 소득에 대하여 과세한다.

44. 다음 중 법인세법상 손익의 귀속시기에 관한 설명으로 옳지 않은 것은?

① 법인이 수행하는 계약기간 1년 이상의 건설공사 : 진행기준

② 제조업을 영위하는 법인이 국내 은행에 예치한 정기예금의 이자 : 이미 경과한 기간에 대한 이자는 해당 사업연도의 익금으로 함

③ 유형자산인 토지의 양도손익 : 대금청산일, 소유권이전등기일, 인도일, 사용수익일 중 가장 빠른 날

④ 임대료 지급기간이 1년을 초과하는 임대손익 : 이미 경과한 기간에 대응하는 임대료 상당액과 비용은 이를 각각 당해 사업연도의 익금과 손금으로 함

45. ㈜삼일은 20x1년 7월 1일에 자기주식(취득가액 4,000,000원으로 취득시 자산으로 계상함)을 5,000,000원에 처분하고 다음과 같이 회계처리하였다. 이 경우 ㈜삼일의 세무조정으로 옳은 것은?

(차) 현　　　금	5,000,000원	(대) 자기주식(자산)	4,000,000원
		자기주식처분이익(자본잉여금)	1,000,000원

① (익금산입) 자기주식처분이익　　　1,000,000원 (기타)

② (익금산입) 자기주식처분이익　　　1,000,000원 (유보)

③ (익금불산입) 자기주식처분이익　　　1,000,000원 (기타)

④ (익금불산입) 자기주식처분이익　　　1,000,000원 (△유보)

46. 다음 중 법인세법상 손금항목을 모두 고른 것은?

ㄱ. 임원에게 급여지급기준을 초과하여 지급한 상여금	ㄴ. 주식할인발행차금
ㄷ. 양도한 유형자산의 장부가액	ㄹ. 벌과금
ㅁ. 판매한 제품의 원료의 매입가액	

① ㄱ, ㄴ　　　　② ㄱ, ㄹ　　　　③ ㄷ, ㅁ　　　　④ ㄴ, ㄹ

47. 법인세법에서는 조세정책적인 목적 등으로 일정한 한도까지만 손금으로 인정하고 이를 초과하는 금액은 손금으로 인정하지 않는 항목들을 규정하고 있다. 다음 중 이에 해당하지 않는 것은?

① 사용자부담 고용보험료　　　　② 일반기부금

③ 임원에게 지급한 퇴직급여　　　　④ 특례기부금

48. 다음 중 법인세법상 재고자산의 평가방법에 관한 설명으로 옳지 않은 것은?

① 재고자산평가방법상 원가법에는 개별법, 선입선출법, 총평균법, 이동평균법, 매출가격환원법만 있으므로 후입선출법은 세법상 적법한 평가방법으로 인정되지 아니한다.

② 저가법이란 재고자산을 원가법과 시가로 평가한 가액 중 낮은 가액으로 평가하는 방법을 말한다.

③ 신설법인은 법인의 설립일이 속하는 사업연도의 과세표준 신고기한 내에 재고자산의 평가방법을 신고하여야 한다.

④ 재고자산평가방법을 변경하고자 하는 법인은 변경할 재고자산평가방법을 적용하고자 하는 사업연도 종료일 이전 3개월 이내에 변경신고를 하여야 한다.

49. ㈜삼일의 제24기 사업연도(20x1년 1월 1일~20x1년 12월 31일)의 비품의 감가상각비에 대한 세무조정으로 옳은 것은?

> (1) ㈜삼일은 제23기 초에 비품을 10,000,000원에 취득하였으며, 감가상각방법은 정액법, 내용연수는 5년(상각률 0.2)으로 신고하였다.
>
> (2) 제23기와 제24기 사업연도의 비품에 대한 감가상각비 계상액과 상각범위액은 다음과 같다.
>
> | 구분 | 제23기 사업연도 | 제24기 사업연도 |
> |---|---|---|
> | 감가상각비 계상액 | 3,000,000원 | 1,300,000원 |
> | 감가상각 범위액 | 2,000,000원 | 2,000,000원 |
> | 상각부인액(△시인부족액) | 1,000,000원 | △ 700,000원 |
>
> (3) 제23기 사업연도에 대한 세무조정은 적법하게 하였다.

① (손금산입)   700,000원(△유보)

② (손금산입)   300,000원(△유보)

③ (손금불산입) 700,000원(기타)

④ 세무조정 없음

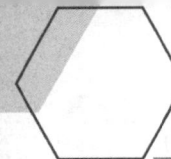

50. ㈜삼일의 제24기 사업연도(20x1년 1월 1일~20x1년 6월 30일)의 기업업무추진비 한도액으로 옳은 것은?

(1) ㈜삼일은 중소기업에 해당하지 않으며, 제24기 사업연도의 기업회계기준에 따른 매출액은 500억 원(특수관계인에 대한 매출액은 없음)이다.
(2) ㈜삼일의 기업업무추진비에는 문화기업업무추진비와 전통시장기업업무추진비는 없다.
(3) 수입금액 적용률은 다음과 같다.

수입금액	적용률
100억원 이하	0.3%
100억원 초과 500억원 이하	3천만원+100억원 초과분×0.2%
500억원 초과	1억 1천만원+500억원 초과분×0.03%

(4) ㈜삼일은 사업연도를 12월말에서 6월말로 변경하였다. 이에 따라 제24기 사업연도는 종전의 사업연도 개시일(20x1년 1월 1일)부터 변경된 사업연도 개시일 전날(20x1년 6월 30일)까지 6개월이 되었다.

① 116,000,000원　　② 122,000,000원　　③ 128,000,000원　　④ 146,000,000원

51. 다음은 제조업을 영위하는 ㈜삼일의 대손충당금 관련 자료이다. 이 자료를 이용하여 ㈜삼일의 대손충당금 한도초과액을 계산하면 얼마인가?

(1) 당기말 대손충당금 설정대상 채권가액 : 300,000,000원
(2) 대손실적률 : 0.5%
(3) 대손충당금 계정의 내역

대손충당금

매출채권	1,000,000원*	기초잔액	2,000,000원
기말잔액	4,000,000원	당기설정액	3,000,000원
계	5,000,000원	계	5,000,000원

* 대손요건을 충족함

① 1,000,000원　　② 1,200,000원　　③ 1,500,000원　　④ 한도초과액 없음

52. 다음 중 법인세법상 지급이자 손금불산입에 관한 설명으로 옳지 않은 것은?

① 채권자가 불분명한 사채의 이자는 손금불산입하여 원천징수세액은 기타사외유출로, 잔액은 상여로 소득처분한다.

② 완성된 상각대상자산에 대한 건설자금이자를 이자비용으로 회계처리한 경우에는 이를 감가상 각한 것으로 보아 감가상각시부인 대상에 포함한다.

③ 건설중인 상각대상자산에 대한 건설자금이자를 이자비용으로 회계처리한 경우에는 손금불산 입하고 유보로 소득처분한다.

④ 업무무관자산 등 관련 이자는 손금불산입하고 유보로 소득처분한다.

53. ㈜삼일은 일반거래처에 30,000,000원에 판매하는 제품을 모기업(지분율 70%)인 ㈜용산에게 10,000,000원에 판매하였다. 이 경우 ㈜삼일이 수행할 세무조정으로 옳은 것은?

① (익금산입) 부당행위계산부인 10,000,000원(기타사외유출)

② (익금산입) 부당행위계산부인 20,000,000원(기타사외유출)

③ (손금산입) 부당행위계산부인 10,000,000원(배당)

④ (손금산입) 부당행위계산부인 20,000,000원(배당)

54. 다음은 중소기업인 ㈜삼일의 제24기(20x1년 1월 1일~20x1년 12월 31일) 현재 이월결손금에 대한 자료이다. 결손금 및 이월결손금과 관련된 설명으로 옳지 않은 것은?

> ㄱ. 제20기 사업연도의 세무상 이월결손금 : 4,000,000원
> ㄴ. 제24기 각사업연도소득금액 : 5,000,000원

① 결손금이란 사업연도의 손금총액이 익금총액보다 큰 경우 그 차액을 말하며, 이월결손금이란 그 다음 사업연도로 이월된 결손금을 말한다.

② 중소기업은 이월결손금을 각 사업연도 소득금액의 95% 를 한도로 공제한다.

③ 각 사업연도 개시일 전 15년(2020.1.1. 전에 개시하는 사업연도 발생분 10년) 이내에 개시한 사업연도에서 발생한 결손금이 공제대상이다.

④ 과세표준을 계산할 때 이월결손금은 비과세소득이나 소득공제보다 먼저 공제한다.

55. 다음 자료로 ㈜삼일(중소기업임)의 제24기(20x1년 1월 1일~20x1년 12월 31일) 법인세 산출세 액을 계산하면 얼마인가?

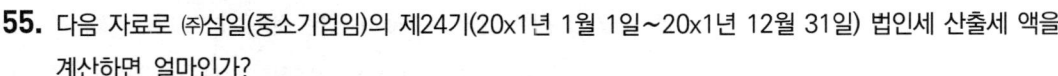

> ㄱ. 각 사업연도 소득금액 : 300,000,000원
> ㄴ. 공제가능 이월결손금 : 20,000,000원
> ㄷ. 소득공제 : 10,000,000원
> ㄹ. 세액공제 : 5,000,000원
> ㅁ. 세율 : 과세표준 2억원 초과 200억원 이하인 경우 → 20,000,000원+2억원을 초과하는 금액의 20%

① 26,300,000원   ② 28,300,000원   ③ 34,000,000원   ④ 32,300,000원

56. 다음 중 세법에 따른 조세감면을 적용받는 경우라도 과다한 조세감면은 조세형평에 어긋나므로 일정한 도의 세액은 납부하도록 하는 제도에 해당하는 것은?

① 수시부과제도   ② 연결납세제도
③ 최저한세제도   ④ 부당행위계산의 부인제도

57. 다음 중 소득세에 관한 설명으로 옳지 않은 것은?

① 세대의 세금부담능력에 따라 과세하기 위하여 세대별 소득을 합산하여 과세한다.
② 열거주의 과세방식(단, 이자소득·배당소득은 유형별 포괄주의)을 따르고 있다.
③ 납세자와 담세자가 같을 것으로 예정된 조세이므로 직접세에 해당한다.
④ 일정금액까지는 낮은 세율을 적용하고, 일정금액을 초과하는 금액은 높은 세율을 적용하는 초과누진세율을 채택하고 있다.

58. 다음 중 소득세법상 납세의무자와 관련된 설명으로 옳지 않은 것은?

① 거주자란 국내에 주소를 두거나 계속하여 183 일 이상의 거소를 둔 개인을 말한다.
② 거주자 여부를 판정할 때는 국적이나 영주권 취득 등을 고려하지 아니한다.
③ 거주자가 아닌 개인을 비거주자라 하며, 우리나라 과세당국은 비거주자에 대하여는 국내원천 소득에 대한 과세권이 있다.
④ 대한민국 국민인 내국법인의 임직원이 국외사업장에 파견된 경우 그 임직원은 비거주자로 본다.

59. 다음 중 소득세법상 배당소득이 아닌 것은?

① 내국법인으로 보는 신탁재산으로부터 받는 분배금

② 출자공동사업자의 손익분배비율에 해당하는 금액

③ 비영업대금의 이익

④ 집합투자기구로부터의 이익

60. 다음 중 사업소득과 각 사업연도 소득에 관한 설명으로 옳지 않은 것은?

① 소득세법은 원칙적으로 소득원천설에 의하여 과세하나, 법인세법은 순자산증가설에 의하여 과세한다.

② 소득세법에 따르면 개인사업의 대표자는 퇴직급여충당금의 설정대상에 해당하지 아니한다.

③ 법인세법에 따르면 법인의 대표자에게 지급하는 보수는 법인의 손금에 해당한다.

④ 개인사업자가 사업상의 운영자금을 일시 예금하여 발생한 이자는 사업소득에 해당한다.

61. 공장에서 근무하는 생산직 근로자인 김삼일 씨의 20x1년의 급여내역은 다음과 같다. 김삼일 씨의 20x1년 총급여액을 계산하면 얼마인가?

> (1) 급 여 : 18,000,000원
> (2) 상여금 : 3,000,000원
> (3) 연장근로수당 : 4,000,000원
> (월정액급여와 직전 과세기간의 총급여액은 비과세요건을 충족함)
> (4) 식사대 : 3,600,000원(매월 30만원씩 지급받고 있으며 식사는 제공받지 않고 있음)
> (5) 사택제공이익 : 1,200,000원

① 23,800,000원　② 25,000,000원　③ 26,200,000원　④ 27,400,000원

62. 다음 중 소득세법상 소득구분으로 옳지 않은 것은?

① 연금계좌에 납입시 세액공제받은 금액을 연금형태로 지급받는 경우 : 연금소득

② 계약의 위약 또는 해약으로 인하여 받는 위약금 : 기타소득

③ 복권당첨소득 : 기타소득

④ 이연퇴직소득을 연금수령한 소득 : 퇴직소득

63. 다음은 거주자 현소희(여성)의 20x1년 종합소득공제 관련 자료이다. 현소희 씨가 공제받을 수 있는 인적공제액으로 옳은 것은?

구 분	나 이	소 득	비 고
본 인	30세	총급여액 45,000,000원	근로소득금액 33,000,000원임
부 친	71세	총급여액 5,000,000원	장애인
배우자	29세	소득 없음	
장 녀	3세	소득 없음	

① 6,000,000원　　② 7,500,000원　　③ 8,500,000원　　④ 9,000,000원

64. 다음 중 소득세법상 양도소득의 범위에 포함되지 않는 것은?

① 아파트당첨권을 양도한 경우
② 상가 건물과 함께 영업권을 양도한 경우
③ 국공채를 양도한 경우
④ 골프회원권을 양도한 경우

65. 종합소득금액이 있는 거주자는 종합소득과세표준을 다음연도 5월 1일부터 5월 31일까지 신고해야 한다. 다음 중 과세표준확정신고를 반드시 해야 하는 거주자는 누구인가(단, 거주자는 제시된 소득 외의 다른 소득은 없으며, 원천징수 및 연말정산은 적법하게 되었다)?

① 로또복권에 당첨되어 세금을 공제하고 10 억원을 수령한 한재수씨
② 일용근로소득이 있는 김일용씨
③ 해당 과세기간 중 퇴사한 뒤 미용실을 개업하여 사업소득이 발생한 김파마씨
④ 분리과세대상 배당소득을 수령한 신주식씨

66. 20x1년 7월 5일에 퇴직한 김삼일씨의 급여를 20x1년 8월 13일에 지급한 경우 김삼일씨의 연말정산세액의 납부기한으로 옳은 것은?

① 20x1년 9월 5일　　　　　② 20x1년 9월 10일
③ 20x1년 10월 5일　　　　　④ 20x1년 10월 10일

67. 다음 중 근로소득에 대한 연말정산과 관련된 설명으로 옳지 않은 것은?

① 근로소득만 있는 사람은 연말정산으로 납세의무가 종결된다.

② 원천징수의무자는 연말정산한 다음 달 10일까지 법정서류를 관할세무서장에게 제출해야 한다.

③ 일반적인 경우 회사는 다음 해 1월분 급여를 지급하는 때에 연말정산을 하여야 한다.

④ 의사 등의 처방에 따라 의료기기를 직접 구입한 경우 해당 지출액은 의료비세액공제를 받을 수 있다.

68. 다음 중 일반적인 근로자에 대한 연말정산 절차와 계산방법으로 옳지 않은 것은?

	연말정산 절차	계산 방법
①	총급여액 계산	근로자가 1년간 받은 총급여액을 계산
②	근로소득금액 계산	소득세법에 따른 근로소득공제액과 표준소득공제를 총급여액에서 차감하여 근로소득금액을 계산
③	종합소득과세표준 계산	종합소득금액에서 인적공제, 특별소득공제 및 조세특례 제한법상 소득공제를 차감하여 과세표준을 계산
④	산출세액 계산	종합소득과세표준에 소득세 기본세율을 곱하여 산출세액 계산

69. 다음 중 부가가치세의 일반적인 특징에 관한 설명으로 옳지 않은 것은?

① 부가가치세는 소비를 대상으로 하는 일반소비세이다.

② 부가가치세는 납세의무자의 인적사정을 고려하는 인세이다.

③ 영세율 대상이 아닌 경우 부가가치세의 세율은 10%이다.

④ 부가가치세는 사업자가 납세의무를 지나 조세부담이 전가되어 최종소비자에게 귀착될 것으로 예정된 간접세이다.

70. 다음의 거래에서 ㈜용산과 ㈜종로가 창출한 총부가가치를 계산하면 얼마인가?

> ㈜용산은 원재료를 10,000원에 구입하여 제품을 생산한 후 20,000원에 ㈜종로에게 판매하고, ㈜종로는 이 제품을 30,000원에 김삼일에게 판매하였다.

① 10,000원　　② 20,000원　　③ 30,000원　　④ 40,000원

71. 다음 중 부가가치세의 과세대상에 해당하는 것은?

① 어음 · 수표와 같은 화폐대용증권을 공급한 경우

② 특수관계인에 대한 세무자문용역을 무상공급한 경우

③ 주식 · 채권과 같은 유가증권을 공급한 경우

④ 열병합발전소에서 열을 공급한 경우

72. 다음 중 부가가치세 영세율과 면세제도에 관한 설명으로 옳은 것은?

① 부가가치세 면세제도는 부가가치세의 소비지국과세원칙을 구현하기 위한 것이다.

② 부가가치세 영세율 제도는 역진성을 완화하기 위한 것이다.

③ 부가가치세 면세사업자는 매입세액을 공제받을 수 없다.

④ 부가가치세 영세율 제도는 수출에 대해서만 0%의 세율을 적용하므로 부분면세제도이다.

73. 다음 보기 중 부가가치세가 면제되는 재화 · 용역의 공급은 모두 몇 개인가?

ㄱ. 수돗물의 공급
ㄴ. 연탄의 공급
ㄷ. 고속철도에 의한 여객운송용역
ㄹ. 주택임대용역
ㅁ. 토지의 공급
ㅂ. 자동차운전학원의 교육용역

① 3 개   ② 4 개   ③ 5 개   ④ 6 개

74. 다음은 과세사업을 영위하는 ㈜삼일의 20x1년 1월 1일부터 3월 31일까지의 공급내역이다. 다음 중 20x1년 제1기 예정신고기간의 부가가치세 매출세액으로 옳은 것은?

공급일자	공급가액 (부가가치세 미포함)	내 역
20x1년 1월 7일	1,200,000원	제품 외상판매금액으로 판매대금회수는 4월 예정
20x1년 2월 15일	6,000,000원	제품을 20개월 할부로 판매하고 2월부터 매월 300,000원씩 회수하기로 함
20x1년 3월 29일	3,000,000원	제품의 현금판매금액임

① 360,000원 ② 480,000원 ③ 900,000원 ④ 1,020,000원

75. 다음은 과세사업자인 ㈜삼일의 20x1년 제2기 예정신고기간(20x1년 7월 1일 ～ 20x1년 9월 30일)의 거래내역이다. ㈜삼일의 20x1년 제2기 예정신고기간의 부가가치세 과세표준은 얼마인가?

(1) 매출액 : 100,000,000원
　(매출에누리 2,000,000원과 매출할인 1,000,000원이 차감되지 않은 금액임)
(2) 매출처의 외상매출금 지급지연으로 받은 연체이자 3,000,000원
(3) 거래처에 배송 중에 교통사고로 파손된 제품 4,000,000원(시가 6,000,000원)

① 97,000,000원 ② 100,000,000원 ③ 103,000,000원 ④ 104,000,000원

76. 일반과세자 ㈜삼일의 20x1년 제2기 예정신고기간(20x1년 7월 1일 ～ 20x1년 9월 30일) 세금계산서 수취내역이다. 20x1년 제2기 예정신고기간의 매입세액공제액으로 옳은 것은?

일 자	내 역	공급가액	부가가치세
7월 10일	원재료 구입	100,000,000원	10,000,000원
7월 12일	거래처 접대용 물품 구입	2,000,000원	200,000원
8월 15일	생산직 직원들의 작업복 구입	4,000,000원	400,000원
9월 10일	영업부에서 사용할 개별소비세 과세대상 자동차(정원 5인승 승용차, 배기량 2,000씨씨) 구입	30,000,000원	3,000,000원

① 10,000,000원 ② 10,400,000원 ③ 13,000,000원 ④ 13,600,000원

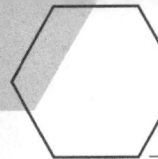

77. 다음 중 부가가치세 신고와 납부에 관한 설명으로 옳지 않은 것은?

① 사업자는 원칙적으로 각 예정신고기간 또는 과세기간의 말일로부터 20일 이내에 부가가치세를 신고하고 세액을 자진납부하여야 한다.

② 예정신고누락분과 가산세가 있을 경우 확정신고시 추가하여 신고한다.

③ 사업자가 폐업한 경우에도 별도의 부가가치세 신고절차가 필요하다.

④ 대손세액공제는 확정신고시 적용하므로 예정신고시에는 적용할 수 없다.

78. 다음 중 부가가치세 관련 가산세에 관한 설명으로 옳지 않은 것은?

① 미등록가산세는 과세사업자가 사업자등록을 신청하지 않은 경우 부과하는 가산세이다.

② 예정신고시 제출하여야 할 매출처별세금계산서합계표를 확정신고시 제출하던 지연제출가산세를 적용한다.

③ 부가가치세에 적용가능한 가산세는 부가가치세법에서만 규정하고 있다.

④ 과소신고·초과환급신고가산세와 납부지연가산세는 중복하여 적용될 수 있다.

79. 다음 중 세금계산서의 필요적 기재사항이 아닌 것은?

① 공급하는 사업자의 등록번호와 성명 또는 명칭

② 공급받는 자의 등록번호

③ 공급품목, 단가 및 수량

④ 공급가액과 부가가치세액

80. 다음 중 부가가치세법상 세금계산서 발급의무가 면제되는 항목으로 옳지 않은 것은?

① 직수출하는 재화

② 택시운송사업자가 운송용역을 공급한 경우

③ 내국신용장에 의한 수출재화

④ 목욕업을 영위하는 사업자가 목욕용역을 공급한 경우

115회 답안 및 해설

				재무회계					
1	2	3	4	5	6	7	8	9	10
①	④	①	④	③	③	①	②	④	①
11	12	13	14	15	16	17	18	19	20
③	③	②	①	④	④	③	③	①	②
21	22	23	24	25	26	27	28	29	30
①	②	③	③	④	④	④	②	①	③
31	32	33	34	35	36	37	38	39	40
②	④	③	①	②	①	③	③	④	③

01. 포괄이익이란 **주주와의 자본거래를 제외한 모든 거래나 사건으로 인해 자본이 변동된 총합**을 의미한다.

02. 순실현가능가치는 **예상 판매가격에서 판매비용과 추가 완성원가를 뺀 금액**을 말한다.

03. 자산은 미래가 아니라 **과거의 거래나 사건의 결과로서** 미래에 경제적 효익을 창출할 것으로 기대되는 자원이다.

04. 재무제표는 계속기업의 가정 하에 작성한다. 청산 가정이 존재하는 상황에서 계속기업을 가정하기 어려운 경우에는 청산 가정에 의한 방법이 적용되어야 하며, 이때 적용된 회계처리 방법은 공시하여야 한다.

05. 자산의 수익률은 **재무상태표와 손익계산서를 이용하여 산출**한다.

06. 1년을 초과하더라도 **정상적인 영업주기 내에 실현 혹은 결제되리라 예상되는 부분에 대해서는 유동항목으로 분류**한다.

07. 선급금, 선급비용, 미수수익이 당좌자산에 해당하고, 선수수익은 유동부채, 재고자산은 유동자산에 해당한다.

08. 수입인지는 행정서비스 이용시 수수료 등을 말한다. 따라서 수수료비용으로 회계처리한다.

09. 매각거래와 차입거래를 구분시 **상환청구권이 있는지의 여부와는 관련이 없다.**

10. 선급비용 = 1년 임차료(12,000,000) × 1개월(익년도 1.1~1.31)/3개월 = 4,000,000원

11. 재료나 제품을 다음 생산 단계로 넘기기 전에 꼭 보관해야 하는 경우, 그 보관비용은 재고자산의 취득원가에 포함하고, 그 이외 일반적인 보관비용은 비용처리한다..

12. 장기할부조건으로 판매한 상품은 판매시점에 판매자의 재고자산에서 제외하고, 선적지인도조건으로 판매한 운송중인 상품은 **선적시점에 매출을 인식하므로 재고자산에서 제외**한다.

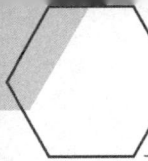

13.

상 품(매가)			
기초상품	40,000	매출원가	70,000
순매입액	60,000	**기말상품**	**30,000**
계	100,000	계	100,000

원가율 = 당기매입원가(30,000) ÷ 당기매입매가(60,000) = 50%

기말재고자산(원가) = 기말재고자산매가(30,000) × 원가율(50%) = 15,000원

14. 저가법의 적용에 따른 평가손실에 대해서 시가 회복시 **최초의 장부금액까지만 환입이 가능하고, 환입액은 매출원가에서 차감**한다.

15. 〈이동평균법〉

구입순서	수량	단가	금액	재고수량	재고금액	평균단가
기초	200	20	4,000	200	4,000	@20
매입(3.5)	300	22	6,600	500	10,600	@21.2
판매(4.8)	△150			350	7,420	@21.2
매입(8.20)	400	23	9,200	750	16,620	@22.16
판매(9.2)	△150			600	13,296	@22.16
매입(9.27)	100	22	2,200	700	_15,496_	

16. 〈매도가능증권〉

	취득가액(50주)	공정가액	평가이익	평가손실
전기	250,000	325,000(50주×6,500)	75,000	
당기		350,000(50주×7,000)	25,000	
계			_100,000_	

17. 지분법적용투자주식 장부금액 = 취득가액(3,000,000) + [당기순이익(1,000,000) – 배당금(300,000)] × 지분율(30%) = 3,210,000원

18. 처분손익 = 처분가액(60주×9,000) – 취득가액(60주×8,000) = 60,000원(이익)

평가손익 = 공정가액(40주×7,500) – 취득가액(40주×8,000) = △20,000원(손실)

20x1년 이익에 미치는 영향 40,000원 증가

19. 총이자수익 = 환입액[액면가액(100,000,000) – 취득가액(95,000,000)] + 액면이자(1억×5%)×4년 = 25,000,000원

20. 매도가능증권은 만기보유증권으로 재분류가능하고, 만기보유증권도 매도가능증권으로 재분류가능하다.

21. 정률법(감가상각비) 〉 정액법(감가상각비) 이므로 이익과 **장부금액(취득가액 – 감가상각누계액)은 반대로 표시**된다.

22. 회수가능액 = MAX[순공정가치(4,000,000), 사용가치(3,500,000)] = 4,000,000원

손상차손 = 손상차손 인식 전 장부금액(9,000,000) – 회수가능액(4,000,000) = 5,000,000원

23. 개발비 상각비 = 개발비(800,000)÷4년×6/12 = 100,000원

비용 인식 금액 = 연구비(400,000)+개발비 상각액(100,000) = 500,000원

24. x1년 초 미수금 = 할부금(2,000,000)×2.4868 = 4,973,600원

연도	유효이자(A) (BV×10%)	할부금	상각액	장부금액 (BV)
20x1. 1. 1				4,973,600
20x1.12.31	497,360	2,000,000	1,502,640	*3,470,960*

25. 선수금은 주된 영업수익에 관한 선수금액이고, 선수수익은 영업외수익에 관한 선수금액이다.

26. 사채를 할인발행 또는 할증발행한 경우 **상각액(환입액)은 매년 증가**한다.

27.

연도	유효이자(A) (BV×10%)	액면이자(B) (액면가액×8%)	할인차금상각 (A−B)	장부금액 (BV)
20x1. 1. 1				950,244
20x1.12.31	95,024	80,000	15,024	965,268
20x2.12.31	96,527	80,000	16,527	981,795

상환손익 = 상환금액(970,000) − 장부금액(981,795) = △11,795원(이익)

28. 충당부채와 관련된 자산 처분시 이익이 날 것 같더라도, 그 이익은 충당부채 금액 계산에 포함하지 않는다.

29.

제품충당부채(x1~x2)

지출	16,000	기초		0
기말	**29,000**	제품보증비(900,000×5%)	45,000	
계	45,000	계	45,000	

30. 당기법인세 = 과세표준(11,500,000)×법인세율(20%) = 2,300,000원

이연법인세자산 = 감가상각비한도초과(1,500,000)×20% = 300,000원

법인세비용 = 당기법인세(2,300,000) − 이연법인자산 증가액(300,000) = 2,000,000원

31. 미교부주식배당금은 주식배당 결의시점에 자본인 대변에 기록되는 항목이다.

32. ① 현금배당 : 자본금은 불변, 자본총액은 감소한다.

② 주식배당 : 자본금은 증가, 자본총액은 불변이다.

③ 무상증자 : 자본금은 증가, 자본총액은 불변이다.

33. 당기업적주의는 당기 실적만 명확히 보여주자는 입장이고, 그래서 비경상적 항목은 따로 구분하거나 제외한다.

34. 사채상환손실 유형자산처분손실, 기부금, 이자비용은 영업외비용에 해당한다.

35. ① 위탁매출은 수탁자가 해당 재화를 판매한 시점에 수익을 인식한다.

③ 배당금수익은 **배당금을 받을 권리와 금액이 확정되는 시점에 인식**한다.

④ 반품조건부판매는 **반품 예상액을 합리적으로 추정이 가능**시 제품의 인도시점에서 **반품추정액은 부채로 인식하고 차액은 수익으로 인식**한다.

36. 20x1년 수익 = 재화판매수익(10,000,000 - 400,000) + 설치용역수익(400,000 × 50%)

= 9,800,000원

37. 유통보통주식수는 주당이익 계산시 분모에 해당하므로 증가시 주당이익이 감소한다.

38. 재고자산은 비화폐성항목이므로 기말결산시 외화환산을 하지 않는다.

39. 현금흐름표는 한 시점의 현금 흐름만 보여주기 때문에, 장기적인 현금 흐름을 예측하기엔 정보가 부족하다.

40. 사채의 상환은 현금의 유출이 발생한다.

세무회계

41	42	43	44	45	46	47	48	49	50
②	④	④	②	①	③	①	①	①	①
51	52	53	54	55	56	57	58	59	60
①	④	②	②	③	③	①	④	③	④
61	62	63	64	65	66	67	68	69	70
①	④	④	③	③	②	③	②	②	②
71	72	73	74	75	76	77	78	79	80
④	③	②	②	①	②	①	③	③	③

41. 교육세와 농어촌특별세는 목적세로서 특정한 목적에만 쓰도록 용도가 제한된 세금이다.

42. 국가는 세금을 부과·징수하는 경우 거래의 형식보다 거래의 실질에 따라야 징수하여야 한다.

43. ① **외국영리법인은 국내원천소득에 한하여 과세**한다.

② **외국의 국가와 지방자치단체는 비영리외국법인**이므로 국내원천소득에 대하여 법인세를 부과한다.

③ 비영리법인의 경우 청산소득에 대한 법인세를 과세하지 아니한다.

44. 제조업을 영위하는 법인이 **국내 은행에 예치한 정기예금의 이자는 실제 받은 날을 수입시기**로 한다. 따라서 기간 경과분에 대한 이자는 익금에서 제외한다.

45. 자기주식처분이익은 익금항목이고, 자본으로 계상하였으므로 소득처분은 기타로 한다.

46. 양도한 유형자산의 장부가액과 판매한 제품의 원료의 매입가액은 손금항목이고, 임원에게 급여지급 기준 초과 상여금과 주식할인발행차금, 벌과금은 손금불산입항목이다.

47. 사용자 부담 고용보험료는 전액 손금으로 인정된다.

48. **재고자산의 평가방법상 원가법에는 후입선출법도 인정**된다.

49. 제24기의 상각부인액 1,000,000원에 대해서 제25기 **시인부족액 700,000원은 손금산입**한다.

50. 기업업무추진비 한도액 = 기본(6,000,000) + 수입금액(110,000,000) = 116,000,000원

    (1) 기본한도액 = 일반기업(12,000,000) × 6개월/12개월(사업연도가 6개월) = 6,000,000원

    (2) 수입금액별한도 = 30,000,000 + (500억 - 100억) × 0.2% = 110,000,000원

51. (1) 대손충당금 한도액 = 대손충당금 설정대상 채권잔액(3억) × Max[1%, 0.5%] = 3,000,000원

    (2) 한도초과액 = 대손충당금 기말잔액(4,000,000) - 한도(3,000,000) = 1,000,000원

52. 업무무관자산 등 관련이자는 손금불산입하여 **기타사외유출로 처분**한다.

53. 시가(30,000,000) - 판매가격(10,000,000) = 20,000,000원(시가 대비 66% → 중요함)

    부당행위계산 부인 대상일 경우 익금산입하고 기타사외유출로 소득처분한다.

54. 중소기업은 **이월결손금을 각사업연도 소득금액의 100%를 한도로 공제**한다.

55. 과세표준 = 각사업연도 소득금액(300,000,000) - 이월결손금(20,000,000) - 소득공제(10,000,000)

    = 270,000,000원

    산출세액 = 20,000,000원 + (270,000,000원 - 200,000,000원) × 20% = 34,000,000원

56. 최저한세는 최소한으로 내야 하는 세금을 말한다.

57. 소득세는 개인단위로 과세하고, 세대별 소득을 합산하지 아니한다.

58. 내국법인의 **국외사업장에 파견된 임직원은 거주자로 간주**한다.

59. 비영업대금의 이익은 금융업이나 대부업을 하지 않는 거주자가 일시적으로 돈을 빌려주고 받는 이자 등이므로 이자소득에 해당한다.

60. 개인사업자가 사업상의 운영자금을 일시 예금하여 발생한 이자는 이자소득에 해당한다.

61. 총급여액 = 급여(18,000,000) + 상여금(3,000,000) + 연장근로수당(4,000,000 - 2,400,000)

    식사대[(300,000 - 200,000) × 12] = 23,800,000원

    ☞ 생산직근로자의연장근로수당 등은 연 240만원이 비과세하고, 식사는 미제공이므로 월 20만원을 비과세한다.

      종업원이 제공받는 사택제공이익은 복리후생적 성질의 급여로 비과세한다.

62. 이연퇴직소득을 인출한 경우에는 **연금수령시 연금소득, 일시로 수령시 퇴직소득**으로 본다.

63.

관계	요 건		기본 공제	추가 공제	판 단
	연령	소득			
본인(여성)	-	-	○		종합소득금액 3천만원 초과자(부녀자공제 적용 불가)
부친(71)	○	○	○	경로, 장애	총급여액 5백만원 이하자
배우자	-	○	○		
장녀(3)	○	○	○		

  • 기본공제(4명) = 1,500,000 × 4명 = 6,000,000원   • 경로우대공제(1명) = 1,000,000원

  • 장애인공제(1명) = 2,000,000원

64. 국공채의 양도소득은 일반적으로 이자소득으로 본다.

65. 사업소득이 있는 경우 종합소득 과세표준 확정신고를 하여야 한다.

66. 퇴직자가 퇴직하는 달의 **근로소득을 지급(8.13)할 때 연말정산**하여 그 다음 달 10일(9.10)까지 연말정산세액을 **납부**하여야 한다.

67. 일반적인 경우 회사는 **다음 연도 2월분 급여 지급시 연말정산**을 하여야 한다.

68. 근로소득금액 = 총급여액 − 근로소득공제

69. 부가가치세는 납세의무자의 인적사항을 고려하지 않는 물세이다.

70. ㈜용산의 부가가치 = 매출액(20,000) − 매입액(10,000) = 10,000원

    ㈜종로의 부가가치 = 매출액(30,000) − 매입액(20,000) = 10,000원

    총부가가치 = 용산의 부가가치(10,000) + 종로의 부가가치(10,000) = 20,000원

71. 열을 공급하는 경우에는 부가가치세 과세대상이다.

72. ① 부가가치세 면세제도의 **주요목적은 역진성을 완화하기 위한 것**이다.

    ② 부가가치세 영세율 제도는 **소비지국과세원칙을 구현하기 위한 것**이다.

    ④ 부가가치세 영세율제도는 완전면세제도이다.

73. 수돗물의 공급, 연탄의 공급, 주택임대용역, 토지의 공급은 부가가치세 면세대상이다.

74. 과세표준 = 외상판매액(1,200,000) + 장기할부판매액(600,000) + 제품판매액(3,000,000)

    = 4,800,000원

    매출세액 = 과세표준(4,800,000) × 세율(10%) = 480,000원

75. 과세표준 = 매출액(100,000,000 − 2,000,000 − 1,000,000) = 97,000,000원

    ☞ 배송중 파손된 제품과 연체이자는 부가가치세 과세대상에서 제외된다.

76. 매입세액 = 원재료(10,000,000) + 작업복(400,000) = 10,400,000원

    ☞ 거래처 접대용 물품 구입액과 개별소비세 과세대상 승용차 구입액은 매입세액불공제대상이다.

77. 부가가치세 예정신고와 확정신고는 **예정신고기간 또는 과세기간의 말일부터 25일 이내**에 하여야 한다.

78. 부가가치세 관련 가산세는 부가가치세법하고 국세기본법에서도 규정하고 있다.

79. 공급품목, 당가 및 수량은 세금계산서 임의적 기재사항이다.

80. **내국신용장에 의하여 공급하는 재화는 국내거래**이므로 영세율세금계산서 발급대상이다.

113회 회계관리 1급

재무회계

01. 다음 중 재무회계와 관리회계에 관한 설명으로 옳지 않은 것은?

① 재무회계는 일반적으로 인정된 회계원칙에 따른 재무제표를 통해 보고한다.

② 관리회계의 주된 목적은 경영자의 관리적 의사결정에 유용한 정보를 제공하는 것이다.

③ 재무회계는 법적 강제력이 있으나 관리회계는 법적 강제력이 없다.

④ 관리회계의 주된 목적은 외부 정보이용자의 경제적 의사결정에 유용한 정보를 제공하는 것이다.

02. 다음의 회계처리에서 강조하고 있는 재무정보의 질적특성으로 옳은 것은?

> • 단기매매증권과 매도가능증권에 대하여 공정가치로 표시한다.
> • 유형자산에 대하여 재평가모형을 적용한다.
> • 화폐성외화자산 또는 부채에 대하여 기말환율을 적용하여 표시한다.

① 목적적합성 ② 신뢰성 ③ 비교가능성 ④ 중요성

03. 다음 자료에 관한 설명으로 옳지 않은 것은?

> 재무제표를 이해하는데 필요한 추가적인 정보를 기술한 것으로서 본 재무제표의 일부이다.

① 재무제표의 본문과 별도로 작성한다.

② 추가적 설명이 필요하거나 동일한 내용으로 둘이상의 계정과목에 대하여 설명하는 경우에 사용된다.

③ 재무제표 이용자에게 유용한 회계정보를 제공하는 데 있어서 필수적인 것은 아니다.

④ 현대 기업회계는 해당사항에 대한 공시를 강화하는 추세이다.

04. 다음 중 재무제표 기본요소의 인식과 측정에 관한 설명으로 옳지 않은 것은?

① 기업실체가 현재의 의무를 미래에 이행할 때 경제적 효익이 유출될 가능성이 매우 높고 그 금액을 신뢰성 있게 측정할 수 있다면 이러한 의무는 재무상태표에 자산으로 인식한다.

② 인식이란 거래나 사건의 경제적 효과를 자산, 부채, 수익, 비용 등으로 재무제표에 표시하는 것을 말한다.

③ 자산을 취득하였을 때 그 대가로 지급한 현금, 현금등가액 또는 기타지급수단의 공정가치를 취득원가라고 말한다.

④ 측정이란 재무제표의 기본요소에 대해 그 화폐금액을 결정하는 것을 말한다.

05. 다음 중 재무상태표의 구성요소인 자산과 부채에 관한 설명으로 옳지 않은 것은?

① 일반적으로 현금유출과 자산의 취득은 밀접하게 관련되어 있으나, 양자가 반드시 일치하는 것은 아니다.

② 부채는 기업실체가 현재 시점에서 부담하는 경제적 의무이다.

③ 자산은 반드시 물리적 형태를 가지고 있어야 한다.

④ 미래의 일정 시점에서 자산을 취득한다는 결정이나 단순한 약정은 현재의 의무가 아니므로 부채가 아니다.

06. 다음 자료에서 설명하는 재무상태표 작성기준으로 가장 옳은 것은?

> ㄱ. 현금및현금성자산, 매출채권 등을 유형자산, 무형자산보다 먼저 표시한다.
> ㄴ. 단기차입금, 매입채무 등을 사채, 장기차입금보다 먼저 표시한다.

① 구분표시　　　② 총액표시　　　③ 유동성배열법　　　④ 잉여금의 구분표시

07. ㈜삼일의 20X1년 말 회계자료를 바탕으로 현금및현금성자산을 계산하면 얼마인가?

• 타인발행당좌수표	10,000원
• 만기도래한 공채이자표	5,000원
• 보고기간종료일 현재 만기가 1개월 남은 채권(취득당시 만기는 3개월임)	25,000원
• 취득 당시 상환일까지의 기간이 6개월인 상환우선주	13,000원
• 3개월 이내 환매조건의 환매채	4,000원

① 15,000원　　　② 40,000원　　　③ 44,000원　　　④ 57,000원

08. 다음 중 유가증권에 관한 설명으로 옳지 않은 것은?

① 단기매매증권은 주로 단기간 내의 매매차익을 목적으로 취득한 유가증권이다.

② 보고기간종료일로부터 1년 내에 만기가 도래하거나 매도 등에 의하여 처분할 것이 거의 확실하더라도 매도가능증권으로 분류된 경우 장기투자자산으로 표시한다.

③ 지분증권이란 회사, 조합 또는 기금 등의 순자산에 대한 소유지분에 관련된 권리를 표시하는 유가증권을 의미한다.

④ 채무증권이란 발행자에 대하여 금전을 청구할 수 있는 권리를 표시하는 유가증권을 의미한다.

09. 다음은 ㈜삼일의 매출채권 및 대손충당금에 관한 자료이다. 당기 손익계산서에 계상할 대손상각비를 계 산하면 얼마인가?

• 전기 말 대손충당금 잔액	150,000원
• 당기 말 대손충당금 잔액	180,000원
• 당기 대손발생액(매출채권 제각)	90,000원
• 당기 중 대손충당금 환입은 없다.	

① 100,000원   ② 120,000원   ③ 130,000원   ④ 180,000원

10. 다음 중 받을어음의 회계처리에 관한 설명으로 옳지 않은 것은?

① 기업이 상품을 매출하고 그 대가로 어음을 수취한 경우에는 일반적으로 받을어음으로 기록한다.

② 기업이 상품을 매출하고 그 대가로 선일자수표를 받은 경우에는 받을어음계정으로 처리하는 것이 일반적이다.

③ 일반적으로 받을어음을 금융기관 등에서 할인하는 거래에 대해서는 해당 금융자산의 미래 경제적 효익에 대한 양수인의 통제권에 특정한 제약이 없는 한 차입거래로 회계처리한다.

④ 받을어음의 배서양도시에는 받을어음의 할인 시와 동일하게 매각거래 또는 차입거래로 회계처리한다.

11. 다음 중 재고자산에 관한 설명으로 옳지 않은 것은?

① 부동산매매업의 판매목적 부동산은 판매목적이라 하더라도 토지 또는 건물과 같은 부동산의 경우 유형자산으로 분류하여야 한다.

② 재고자산의 수량결정방법은 일반적으로 계속기록법과 실지재고조사법에 의한다.

③ 재고자산의 제조원가는 보고기간 말까지 제조과정에서 발생한 직접재료원가, 직접노무원가, 제조와 관련된 변동 및 고정제조원가의 체계적인 배부액을 포함한다.

④ 재고자산에는 상품, 제품, 재공품, 원재료 등이 포함된다.

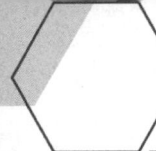

12. 다음 중 재고자산의 취득원가에 관한 설명으로 옳은 것은?

① 재고자산 판매를 위해 지급할 것으로 예상되는 판매수수료를 상품 취득원가에 가산하였다.

② 상품 취득시 받은 할인금액과 리베이트 금액을 상품 취득원가에 가산하였다.

③ 성격이 상이한 재고자산을 일괄하여 구입한 경우에는 총 매입원가를 각 재고자산의 공정가치 비율에 따라 배분하여야 한다.

④ 상품을 수입하면서 수입관세와 매입운임을 상품 취득원가에 포함하지 않고, 비용으로 인식하였다.

13. 물가가 상승하는 경우에 순이익을 적게 표시하고 법인세의 이연효과를 가져오게 하는 재고자산의 평가 방법으로 옳은 것은?

① 개별법   ② 선입선출법   ③ 이동평균법   ④ 후입선출법

14. ㈜삼일은 20X1년 결산시 보유중인 재고자산 중 원재료에 대한 재고자산평가손실 2,000,000원 및 제품에 대한 재고자산평가손실 6,000,000원을 반영하기로 하였다. ㈜삼일이 수행할 결산수정분개로 옳은 것은?

① (차) 재고자산평가손실   2,000,000원   (대) 재고자산   2,000,000원
      (영업외비용)

② (차) 재고자산평가손실   8,000,000원   (대) 재고자산평가손실충당금 8,000,000원
      (매출원가)

③ (차) 재고자산평가손실   6,000,000원   (대) 재고자산평가손실충당금 6,000,000원
      (매출원가)

④ (차) 재고자산평가손실   2,000,000원   (대) 재고자산   8,000,000원
      (매출원가)
      재고자산평가손실   6,000,000원
      (영업외비용)

15. 단일 제품을 제조 및 판매하는 ㈜삼일의 결산조정 전 장부상 매출원가는 1,000,000원(100개 × 10,000 원/개)이다. 기말 재고자산의 실사결과 다음과 같은 사실이 확인되었다. 실사 결과를 반영한 후의 매출 원가를 계산하면 얼마인가?

- 수량부족 : 10개
- 가격 하락 : 진부화로 인해 개당 9,000원에 판매될 것으로 예상된다.
- 수량부족 중 40%는 비정상적인 사유로 인한 것임이 확인되었으며, 판매비용은 없다고 가정한다.

① 1,100,000원   ② 1,130,000원   ③ 1,150,000원   ④ 1,190,000원

16. 다음은 기업이 유가증권 취득시 재무상태표상 계정분류를 결정하기 위한 의사결정도이다. 다음 중 (A)~(D)에 들어갈 계정과목으로 옳은 것은?

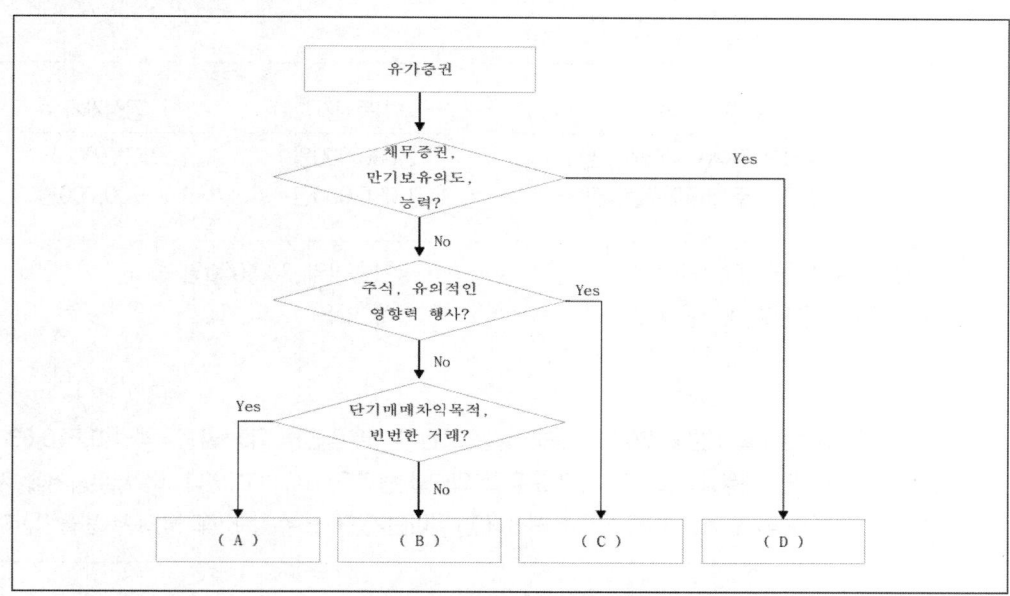

	(A)	(B)	(C)	(D)
①	단기매매증권	매도가능증권	만기보유증권	지분법적용투자주식
②	단기매매증권	지분법적용투자주식	만기보유증권	매도가능증권
③	단기매매증권	매도가능증권	지분법적용투자주식	만기보유증권
④	매도가능증권	단기매매증권	지분법적용투자주식	만기보유증권

17. 다음 자료에서 ㈜삼일의 유가증권 거래와 관련하여 20X1년 손익계산서상 당기순이익에 미치는 영향은 얼마인가?

〈20X1년 12월 1일〉
단기매매목적으로 ㈜용산의 주식 100주를 주당 10,000원에 취득하였으며, 취득과 직접 관련되는 거래원가는 주당 1,000원이 발생하였다.
〈20X1년 12월 15일〉
㈜용산의 주식 50주를 주당 13,000원에 처분하다.
〈20X1년 12월 31일〉
㈜용산 주식의 공정가치는 주당 15,000원이다.
*㈜용산의 주식은 매수와 매도가 적극적이고 빈번하게 이루어지고 있다.

① 100,000원　　② 200,000원　　③ 300,000원　　④ 400,000원

18. 20X1년 12월 31일 현재 ㈜삼일이 20X1년 중 취득하여 보유하고 있는 ㈜남산과 ㈜용산 주식의 공정가치가 다음과 같은 경우 동 유가증권에 대한 평가가 ㈜삼일의 20X1년 당기순이익에 미치는 영향은 얼마인가?

종 목	취득원가	공정가치
㈜남산 주식(단기매매증권)	2,000,000원	2,500,000원
㈜용산 주식(매도가능증권)	1,000,000원	700,000원

① 당기순이익 500,000원 증가　　　　② 당기순이익 200,000원 증가
③ 당기순이익 300,000원 감소　　　　④ 영향 없음

19. ㈜삼일은 20X1년 1월 1일에 발행된 다음과 같은 조건의 채무증권을 최초 발행금액인 9,519,634원에 취득하였으며 해당 채무증권을 만기까지 보유할 의도와 능력을 보유하고 있다. 이 채무증권에 대하여 ㈜삼일이 20X2년에 인식할 이자수익을 계산하면 얼마인가(단, 소수점 첫째자리에서 반올림한다)?

- 액면금액　　　：　　　10,000,000원
- 만 기 일　　　：　　　20X3년 12월 31일
- 이자지급조건　：　　　매년 말 후급
- 표시이자율　　：　　　연 10%
- 유효이자율　　：　　　연 12%

① 951,963원　　　② 989,437원　　　③ 1,159,439원　　　④ 1,324,438원

20. 다음은 ㈜삼일의 보유 주식에 대한 거래내역이다.

ㄱ. ㈜삼일은 20X1년 1월 1일 ㈜용산의 주식 30%를 3,000,000원에 취득하였다.
ㄴ. 주식 취득시 ㈜용산의 순자산장부금액은 10,000,000원으로 이는 공정가치와 일치한다.
ㄷ. ㈜용산의 20X1년 당기순이익은 100,000원이다.
ㄹ. 상기 거래를 제외하고 다른 거래는 없다고 가정한다.

㈜삼일의 20X1년 보고기간종료일의 지분법적용투자주식의 장부가액은 얼마인가?

① 3,000,000원　　　② 3,030,000원　　　③ 3,090,000원　　　④ 3,100,000원

21. ㈜서울은 20X1년 중 토지를 1,000,000원에 취득하고 20X1년 12월 31일에 재평가를 실시하여 토지의 장부금액을 200,000원만큼 증가시켰다. 해당 토지를 20X2년 중 공정가치 1,100,000원에 매각하였다면 토지처분과 관련하여 처분손익으로 인식할 금액은 얼마인가?

① 처분손실 200,000원

② 처분손실 100,000원

③ 처분이익 100,000원

④ 처분이익 200,000원

22. 다음 중 유형자산의 감가상각에 관한 설명으로 옳지 않은 것은?

① 동일한 내용연수 하에서는 정률법에 따라 감가상각하였을 경우, 정액법에 비하여 유형자산 취득 초기의 당기순이익과 유형자산의 장부금액이 적게 표시된다.

② 정률법으로 감가상각을 하는 경우 감가상각비로 계상되는 금액은 내용연수에 걸쳐 균등하게 인식된다.

③ 정률법을 적용하는 경우에는 취득원가에서 감가상각누계액을 차감한 금액에 매년 동일한 상각률을 곱한 금액을 감가상각비로 계상한다.

④ 감가상각방법은 매기 계속하여 적용하고, 정당한 사유없이 변경하지 않는다.

23. ㈜삼일은 20X1년 설립된 제약회사로 20X1년에 지출한 금액은 다음과 같다. 20X1년 손익계산서상 비용으로 인식해야 할 금액은 얼마인가?

> ㄱ. 연구단계에서 발생한 지출 : 1,000,000원
>
> ㄴ. 개발단계에서 발생한 지출 : 1,000,000원(1,000,000원 중 600,000원은 무형자산 중 개발비 인식요건을 만족한다.)
>
> ㄷ. 개발비의 사용가능한 시점은 20X1년 10월 1일이며, 내용연수는 5년, 잔존가치는 없다.

① 1,000,000원　　② 1,400,000원　　③ 1,430,000원　　④ 1,520,000원

24. 다음 중 비유동자산에 관한 설명으로 옳지 않은 것은?

① 이연법인세자산은 유동자산으로 분류되는 부분을 제외하고 기타비유동자산으로 분류한다.

② 장기매출채권이란 주된 영업활동에서 발생한 1년 이내 또는 정상적인 영업주기 이내에 회수가 어려운 채권을 말한다.

③ 영업보증금은 영업목적을 위하여 제공한 거래보증금, 입찰보증금, 하자보증금을 말한다.

④ 장기선급비용은 계속적 용역공급계약을 체결하고 선지급한 비용 중 1년 이후에 비용으로 되는 것을 말하는 것으로 보고기간 말에 공정가치로 평가하여야 한다.

25. ㈜삼일은 20X1년 손익계산서에 이자비용 180,000원을 보고하였으나, 실제 현금으로 지급된 이자는 160,000원이다. 20X1년 말 미지급이자가 30,000원이라면 ㈜삼일의 20X1년 초 재무상태표에 기재되어 있는 미지급이자는 얼마인가?

① 0원   ② 10,000원   ③ 20,000원   ④ 40,000원

26. 다음은 ㈜삼일의 사채 관련 정보이다. ㈜삼일이 발행일 현재의 공정가치로 사채를 발행하였다면 20X1년 초 사채의 발행금액을 계산하면 얼마인가?

> ㄱ. 사채발행일 : 20X1년 1월 1일
> ㄴ. 액면금액 : 1,000,000원
> ㄷ. 표시이자율 : 연 12%(매년 말 지급)
> ㄹ. 만기 : 20X3년 12월 31일(3년 만기)
> ㅁ. 시장이자율(20X1년 1월 1일) : 14%
> ㅂ. 시장이자율 14%에 대한 3년 현가계수는 0.6749이고, 연금현가계수는 2.3216이다. 모든 금액은 소수점 이하 첫째자리에서 반올림한다.

① 917,864원   ② 953,492원   ③ 1,000,000원   ④ 1,034,900원

27. 다음 중 사채를 할인발행한 경우 유효이자율법에 의한 할인액 상각표에 관한 설명으로 옳은 것은?

① 총 이자비용은 매년 동일하다.
② 현금지급이자는 매년 증가한다.
③ 할인액상각액은 매년 증가한다.
④ 사채의 장부가액(기말부채)은 매년 동일하다.

28. 다음 중 충당부채에 관한 설명으로 올바르지 않은 것은?

① 사용기간 종료 후 원상복구 의무가 있는 오염원 배출 시설물을 취득한 경우에는 복구원가를 추정하여 충당부채로 인식한다.
② 새로운 법률이 제정되어 공장에 공해여과장치를 설치하도록 규정한 경우 공해여과장치 설치비에 대하여는 충당부채로 인식하지 않는다.
③ 재고자산 확정구매계약을 함으로써 손실을 부담하게 될 경우에는 관련된 현재의무를 충당부채로 인식한다.
④ 구조조정에 관한 의제의무로서 보고기간 말 이전에 부서 폐쇄계획에 관하여 의사소통과 이행에 착수한 경우 그 부서의 폐쇄원가 등은 충당부채로 인식하지 않는다.

29. 다음은 상품매매업을 영위하는 ㈜삼일의 20X1년 퇴직급여와 관련된 자료이다. 20X1년에 ㈜삼일이 손익 계산서에 인식할 퇴직급여는 얼마인가?

구분	20X0년	20X1년
12월 말 퇴직급여충당부채 잔액	500,000원	700,000원
현금으로 지급된 퇴직금	0원	100,000원

① 100,000원　　② 200,000원　　③ 300,000원　　④ 600,000원

30. 다음은 ㈜삼일의 법인세 관련 내역이다. 20X1년 손익계산서에 계상될 ㈜삼일의 법인세비용은 얼마인가 (단, 중소기업회계처리특례는 고려하지 않는다)?

- 20X1년 당기법인세(법인세법상 당기에 납부할 법인세)　　2,000,000원
- 20X0년 말 이연법인세자산 잔액　　0원
- 20X1년 말 이연법인세자산 잔액　　300,000원

① 1,500,000원　　② 1,700,000원　　③ 1,800,000원　　④ 2,000,000원

31. 다음 기사를 읽고 물음에 답하시오.

> ### ㈜삼일전자, 유례없는 1조 규모 유상증자 실시
>
> ㈜삼일전자가 3일 이사회를 열어 주주배정 후 실권주 일반 공모 방식으로 약 1조원 규모의 유상증자를 실시하기로 결정했다.
> 이번 유상증자로 발행되는 신주 수는 1,900만주로 증자비율은 11.7%다. 할인율 20%를 적용했으며, 예정 발행가는 주당 5만 5천 9백원이다. 이번 유상증자의 목적은 주력 사업의 경쟁력 강화를 위한 투자 재원을 안정적으로 선 확보하기 위함이다.

㈜삼일전자의 주당 액면금액이 5,000원이라고 가정할 때, 상기 거래가 재무상태표의 자본항목에 미치는 영향을 올바르게 표시한 것은?

	자본금	자본잉여금	이익잉여금
①	증가	감소	불변
②	감소	불변	증가
③	증가	증가	불변
④	감소	불변	감소

32. 다음 중 기업회계기준상 결손금 처리 순서로 옳은 것은?

ㄱ. 자본잉여금이입액		ㄴ. 이익준비금이입액	
ㄷ. 임의적립금이입액		ㄹ. 기타법정적립금이입액	

① ㄱ-ㄴ-ㄷ-ㄹ   ② ㄱ-ㄴ-ㄹ-ㄷ

③ ㄷ-ㄹ-ㄴ-ㄱ   ④ ㄷ-ㄹ-ㄱ-ㄴ

33. 다음에서 설명하고 있는 손익계산서 작성기준으로 옳은 것은?

> 고객으로부터 현금을 수취한 시점에서 그 금액을 수익으로 인식하고 현금을 지출한 시점에서 그 금액을 비용으로 인식하는 경우 수익과 비용에 대한 정확한 기간손익이 이루어지지 않는 단점을 극복하기 위한 작성기준

① 포괄주의   ② 총액주의   ③ 구분계산의 원칙   ④ 발생주의

34. ㈜삼일의 결산수정전 당기순이익이 1,000,000원이었다. 결산정리사항이 다음과 같을 때 ㈜삼일의 정확한 당기순이익은 얼마인가?

ㄱ. 미지급급여	50,000원
ㄴ. 미수수수료	20,000원

① 930,000원   ② 970,000원   ③ 1,050,000원   ④ 1,070,000원

35. 다음 중 수익인식에 관한 설명으로 옳지 않은 것은?

① 소프트웨어 개발회사인 ㈜부산은 ㈜대구로부터 급여처리시스템에 관한 소프트웨어 개발을 주문받았다. ㈜부산은 소프트웨어 개발대가로 수취하는 수수료를 진행기준에 따라 수익으로 인식한다.

② 구두를 제조하는 ㈜광주는 현금을 수령하고 상품권을 판매하지만 수익은 고객이 상품권으로 구두를 구입하는 시점에 인식한다.

③ 제품공급자로부터 받은 제품을 인터넷 상에서 중개판매하고 수수료만을 수취하는 전자쇼핑몰을 운영하는 ㈜서울은 제품의 거래가액 전체를 수익으로 인식한다.

④ 방송사인 ㈜제주는 의류회사인 ㈜울산과 지면광고계약을 맺고 광고수수료를 받았다. ㈜제주는 동 광고수수료를 신문에 광고가 게재되어 독자에게 전달될 때 수익으로 인식한다.

36. 다음은 20X1년 1월에 사업을 개시하여 위탁판매방식 및 시용판매방식으로 영업을 하는 ㈜삼일의 20X1년의 거래내역이다. 다음 중에서 ㈜삼일이 매출을 인식하여야 할 시점은 언제인가?

- 1월 1일 : ㈜삼일은 ㈜용산에 판매를 위탁하기 위하여 상품 10개를 적송하였다.
- 4월 1일 : ㈜용산은 상품 10개를 ㈜마포에 시용판매 하였다.
- 7월 1일 : ㈜마포는 시용품 10개에 대하여 ㈜용산에 매입의사를 표시하였다.
- 9월 1일 : ㈜용산은 판매한 상품에 대한 대금에서 판매수수료를 차감한 금액을 ㈜삼일에 송금하였다.

① 1월 1일   ② 4월 1일   ③ 7월 1일   ④ 9월 1일

37. 다음은 ㈜삼일의 20X1년 매출 및 매출채권과 관련된 자료이다. 20X1년 손익계산서에 계상된 매출액을 계산하면 얼마인가(단, 모든 거래는 외상으로 이루어지며, 매출에누리와 매출할인 및 매출환입은 없는 것으로 가정한다)?

ㄱ. 20X1년 1월 1일 매출채권 잔액	25,000,000원
ㄴ. 20X1년 중 현금회수액	75,000,000원
ㄷ. 20X1년 12월 31일 매출채권 잔액	15,000,000원

① 35,000,000원   ② 65,000,000원   ③ 75,000,000원   ④ 85,000,000원

38. 다음 중 손익계산서에서 확인가능한 계정과목으로 옳은 것은?

① 자기주식처분이익   ② 감자차익   ③ 주식할인발행차금   ④ 사채상환이익

39. 다음 중 재무활동으로 인한 현금유입을 창출하는 거래에 해당하는 것은?

① 보통주 발행을 통한 유상증자   ② 매출채권의 회수
③ 공장건물의 취득   ④ 은행차입금의 상환

40. 다음 자료를 참고하여 ㈜삼일의 영업활동 현금흐름을 계산하면 얼마인가?

가. 재화의 판매와 용역의 제공에 따른 현금유입	60,000원
나. 종업원과 관련하여 직접적으로 발생한 현금유출	10,000원
다. 배당금 지급에 따른 현금유출	20,000원

① 30,000원 유입   ② 40,000원 유입   ③ 50,000원 유입   ④ 60,000원 유입

세무회계

41. 조세를 실제로 부담하는 자와 조세를 납부하는 자가 동일한지 여부에 따라 직접세와 간접세로 구분할 수 있다. 다음 중 성격이 다른 하나는 무엇인가?

① 주세   ② 부가가치세   ③ 소득세   ④ 개별소비세

42. 다음은 국세청 인터넷 상담사례 내용이다.

> Q : 김삼일이라는 사람이 실제 사업을 하면서, 처남인 박삼이의 명의로 사업자등록을 한 경우, 해당 사업에서 발생한 소득은 누구의 것인가요?
>
> A : 김삼일이라는 사람이 실제 사업을 하면서, 처남인 박삼이의 명의로 사업자등록을 한 경우, 해당 사업에서 발생한 소득은 김삼일의 소득으로 간주하고 김삼일에게 세금을 부과·징수하도록 규정하고 있습니다. 감사합니다.

다음 국세부과의 원칙 중 위의 인터넷 상담사례 내용과 가장 관계 깊은 것은 무엇인가?

① 근거과세의 원칙   ② 실질과세의 원칙
③ 신의성실의 원칙   ④ 조세감면 후 사후관리

43. 다음 중 법인세법에 관한 설명으로 옳은 것은?

① 영리외국법인은 국내외원천소득에 대한 법인세 납세의무가 있다.
② 외국법인이란 외국의 법률에 따라 설립된 법인을 말한다.
③ 영리외국법인은 청산소득에 대한 법인세 납세의무가 있다.
④ 법령 또는 정관에 사업연도에 대한 규정이 없는 내국법인이 사업연도를 신고하지 아니하는 경우에는 매년 1월 1일부터 12월 31일까지를 그 법인의 사업연도로 한다.

44. 다음 중 법인세법상 자산의 장기할부판매에 관한 설명으로 옳은 것은?

① 장기할부판매의 손익귀속시기는 해당 자산의 인도일을 원칙으로 한다.
② 장기할부판매란 자산이 인도된 후 최소 3회 이상 분할하여 판매대금을 수입하는 것을 말한다.
③ 법인의 결산서에 해당 사업연도에 회수하였거나 회수할 금액과 이에 대응하는 비용을 각각 수익과 비용으로 계상한 경우에도 인정하지 않는다.
④ 중소기업이 결산서상 인도기준으로 손익을 인식하였다면 신고조정을 통해 회수기준으로 익금과 손금에 산입할 수 없다.

45. 다음 자료에 의할 경우 ㈜삼일의 법인세법상 익금금액은 얼마인가?

ㄱ. 주식발행초과금	5,000,000원
ㄴ. 유형자산의 양도금액	3,000,000원
ㄷ. 법인세 환급액	2,000,000원
ㄹ. 자기주식소각으로 인한 감자차익	1,000,000원
ㅁ. 주주로부터 현금 수증으로 인한 자산수증이익	500,000원
ㅂ. 자기주식처분으로 인한 자기주식의 양도금액	500,000원

① 3,800,000원   ② 4,000,000원   ③ 4,500,000원   ④ 5,500,000원

46. 다음은 ㈜삼일의 제24기 손익계산서의 일부이다. 다음 중 ㈜삼일의 제24기 법인세 세무조정에 관한 설명으로 옳지 않은 것은?

손익계산서
제24기 : 20x1 년 1월 1일~20x1 년 12월 31일

㈜삼일   (단위 : 원)

Ⅰ. 매출액	100,000,000
Ⅱ. 매출원가[*1]	68,000,000
Ⅲ. 매출총이익	32,000,000
…	…
Ⅵ. 영업외비용	6,400,000
1. 벌과금	350,000
2. 단기매매증권평가손실[*2]	900,000
3. 잡손실[*3]	800,000
…	…

*1 파손으로 인한 재고자산평가손실 5,000,000원이 포함된 금액
*2 단기매매증권평가손실은 보유하고 있는 상장주식의 주가하락으로 인한 것으로 주식발행법인에는 부도 등의 사유는 없다.
*3 대표이사의 소유주택이 파손되어 수리한 비용 600,000원이 포함된 금액

① 재고자산평가손실은 세무조정이 발생하지 않는다.
② 벌과금은 손금불산입으로 세무조정한다.
③ 단기매매증권평가손실은 세무조정이 발생하지 않는다.
④ 잡손실 중 600,000원은 업무무관경비이므로 손금불산입으로 세무조정한다.

47. ㈜삼일이 임원 및 직원에게 지급한 상여금은 다음과 같다. 손금불산입으로 세무조정해야 하는 금액의 합계는 얼마인가?

> ㄱ. 임원 상여금 지급액 : 100,000,000원(임원 상여지급 기준은 없음)
> ㄴ. 직원 상여금 지급액 : 50,000,000원(직원 상여지급 기준은 없음)

① 세무조정 금액 없음　　　　　　　　　② 50,000,000원

③ 100,000,000원　　　　　　　　　　　④ 150,000,000원

48. ㈜삼일은 결산서상 당기 취득한 재고자산의 금액을 시가로 평가하였으며, 평가로 인한 손익을 비용과 수익으로 계상하였다. 제24기(20x1년 1월 1일~20x1년 12월 31일)말 현재 취득원가와 시가는 다음과 같으며 법인세법상 재고자산의 평가방법이 저가법으로 신고된 경우, 재고자산에 대해 필요한 세무조정을 수행한다면 각 사업연도 소득금액이 어떻게 변하는가?

구분	취득원가	시가
원재료	15,000,000원	14,000,000원
제품	20,000,000원	22,000,000원

① 영향없음　　　　　　　　　　　　　② 1,000,000원 증가

③ 1,000,000원 감소　　　　　　　　　④ 2,000,000원 감소

49. 다음 중 법인세법상 유·무형자산의 감가상각에 관한 설명으로 옳지 않은 것은?

① 감가상각비는 원칙적으로 장부상 비용으로 계상한 경우에 상각범위액 내의 금액을 손금으로 인정한다.

② 법인세법상 감가상각은 회계기준의 적용을 존중하고 있으므로 법인세법의 규정과 맞지 않더라도 회계기준을 그대로 인정한다.

③ 법인세법은 잔존가액을 획일적으로 0'으로 규정하고 있다.

④ 법인은 감가상각자산의 내용연수를 결정할 때, 기준내용연수에 기준내용연수의 25%를 가감한 범위 내에서 감가상각자산의 내용연수를 선택할 수 있다.

50. 다음 자료를 이용하여 ㈜삼일의 제24기(20x1년 1월 1일~20x1년 12월 31일) 기업업무추진비에 관한 세무조정을 수행하고자 할 때 기업업무추진비 손금산입한도액은 얼마인가(단, 특수관계인에 대한 매출은 없으며 문화기업업무추진비나 전통시장에서 지출한 업무추진비는 없다)?

손익계산서
제24기 : 20x1년 1월 1일 – 20x1년 12월 31일

㈜삼일 (단위 : 원)

과　　목	금　　액
Ⅰ. 매출액	10,000,000,000
Ⅱ. 매출원가	2,000,000,000
Ⅲ. 매출총이익	8,000,000,000
Ⅳ. 판매비와관리비	7,500,000,000
Ⅴ. 영업이익	500,000,000
Ⅵ. 영업외수익	100,000,000
Ⅶ. 영업외비용	50,000,000
Ⅷ. 법인세비용차감전순이익	550,000,000

㈜삼일은 제조업을 영위하고 중소기업이 아니며, 세법상 손금한도를 계산하기 위한 수입금액 기준적용률은 다음과 같다.

수 입 금 액	적 용 률
100억원 이하	0.3%
100억원 초과 500억원 이하	3천만원＋100억 초과분×0.2%
500억원 초과	1억 1천만원＋500억 초과분×0.03%

① 30,000,000원　　② 36,000,000원　　③ 42,000,000원　　④ 48,100,000원

51. 다음 중 법인세법상 대손충당금에 관한 설명으로 옳지 않은 것은?

① 대손충당금은 법인이 보유하고 있는 채권의 회수가 불가능하게 될 가능성에 대비하여 설정하는 충당금으로 대손충당금을 손금으로 계상한 경우에는 전액 인정이 된다.

② 대손충당금의 손금산입은 결산조정사항이다.

③ 대손충당금 설정대상 채권에는 매출채권, 대여금, 미수금 등 기업회계기준에 의한 대손충당금 설정대상 채권이 해당된다.

④ 대손충당금 설정률은 1%와 법인의 대손실적률 중 큰 비율을 적용한다.

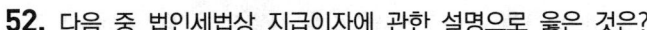

52. 다음 중 법인세법상 지급이자에 관한 설명으로 옳은 것은?

① 차입금에 대한 이자비용은 원칙적으로 손금으로 인정되지 않는다.

② 채권자가 불분명한 이자비용은 이자비용의 50%만 손금으로 인정된다.

③ 비실명채권 · 증권의 이자는 전액 손금으로 인정된다.

④ 건설중인 자산에 대한 이자를 비용으로 회계처리한 경우 손금불산입한다.

53. 다음 중 법인세법상 부당행위계산의 부인에 관한 설명으로 옳은 것은?

① 특수관계인에 해당하는 법인에 대한 가지급금인정이자는 익금산입하고 상여로 소득처분한다.

② 특수관계에 있는 법인으로부터 자산을 저가로 매입한 경우 시가와 매입가액의 차이금액을 익금산입한다.

③ 법인세법상 특수관계인에는 해당 법인의 출자자(소액주주 제외), 임원 및 계열회사 등이 있다.

④ 특수관계인이 아닌 자와의 거래로 법인의 조세부담이 부당하게 감소되는 경우 부당행위계산 부인 규정을 적용할 수 있다.

54. 다음 중 법인세 과세표준의 계산에 관한 설명으로 옳지 않은 것은?

① 법인세 과세표준 계산시 차감되는 이월결손금은 각 사업연도 개시일 전 15년(단, 2020년 1월 1일전에 개시하는 사업연도 발생분은 10년) 이내에 개시한 사업연도에서 발생한 결손금이어야 한다.

② 중소기업인 법인의 이월결손금은 당해 사업연도 소득금액 범위 내에서 전액 공제받을 수 있다.

③ 이월결손금이란 법인의 이전 사업연도에 발생되어 해당 사업연도로 이월된 결손금을 말한다.

④ 과세표준을 계산함에 있어서 공제받지 못한 비과세소득은 다음 사업연도에 이월하여 공제된다.

55. 법인세 결산을 담당하고 있는 김대리는 제24기 사업연도 법인세를 (I)과 같이 계산하였다. 김대리의 법인세 결산결과를 검토한 최과장은 (II) 자료가 누락된 것을 발견하여 산출세액을 수정하였다. 다음 중 최과장이 수정한 후의 산출세액은 얼마인가(단, 회사는 중소기업이 아니다)?

(I) 김대리가 계산한 산출세액	
– 과세표준	70,000,000원
– 세율	10%(가정)
– 산출세액	6,300,000원
(II) 최과장이 발견한 누락 자료	
– 기업업무추진비 한도초과액	20,000,000원
– 감가상각비 한도초과액	10,000,000원

① 8,000,000원 ② 9,000,000원 ③ 10,000,000원 ④ 11,000,000원

56. 다음 중 차감납부할세액 계산 시 공제되는 기납부세액이 아닌 것은?

① 재해손실세액공제   ② 수시부과세액

③ 중간예납세액   ④ 원천징수된 세액

57. 다음 중 소득세에 관한 설명으로 옳지 않은 것은?

① 개인의 세금부담능력에 따라 과세되는 조세이다.

② 열거주의 과세방식(단, 이자소득·배당소득은 유형별 포괄주의)을 따르고 있다.

③ 납세자와 담세자가 다른 간접세이다.

④ 누진세율이 적용된다.

58. 다음 중 종합과세와 분류과세에 관한 설명으로 옳지 않은 것은?

① 이자소득, 배당소득은 무조건 종합과세대상을 제외하고 4천만원 이하인 경우 분리과세한다.

② 종합과세는 원칙적으로 1년 동안 개인이 벌어들인 모든 소득(분리과세·분류과세 대상 소득 제외)을 합산하여 과세하는 방법이다.

③ 분류과세는 각각의 소득을 합산하지 않고 원천에 따른 소득의 종류별로 별도로 과세하는 방법이다.

④ 퇴직소득과 양도소득은 장기간에 걸쳐 형성된 소득이 일정 시점에 실현되는 것으로 분류과세를 적용한다.

59. 다음 중 이자소득에 관한 설명으로 옳지 않은 것은?

① 보통예금에 대한 이자소득의 수입시기는 원칙적으로 실제 이자를 지급받는 날이 된다.

② 무기명 채권에 대한 이자소득의 수입시기는 실제로 지급받은 날이다.

③ 해약으로 인하여 예금이자를 지급받는 경우에는 해약일에 이자를 수입한 것으로 본다.

④ 기명채권에 대한 이자소득의 수입시기는 실제로 지급받은 날이다.

60. 다음 자료에 의하여 소득세법상 사업소득 총수입금액을 계산하면 얼마인가?

> 1. 총매출액 : 55,000,000원
>   (부가가치세 예수금 5,000,000원이 포함되고 매출에누리액과 매출환입액이 차감되지 않은 금액임)
> 2. 매출에누리액 : 2,000,000원
> 3. 매출환입액 : 1,000,000원
> 4. 국세과오납금에 대한 환급금 이자 : 1,000,000원

① 47,000,000원　　② 50,000,000원　　③ 53,000,000원　　④ 55,000,000원

61. 다음 자료에 의하여 김상규씨의 20x1년도 근로소득금액을 계산하면 얼마인가?

> ㄱ. 총급여내역
>   - 매 월 급 여 : 2,000,000원(식사대, 차량유지비 제외)
>   - 연 간 상 여 : 2,500,000원(실제로 지급받은 상여금)
>   - 매 월 식 사 대 : 200,000원(식사를 제공받지 아니함)
>   - 매월차량유지비 : 150,000원(김상규씨 소유 차량을 본인이 직접 운전하여 회사의 업무수행에
>   이용하고 실제여비 대신 회사의 지급기준에 따라 받고있음)
> ㄴ. 김상규씨는 20x1년 3월 1일에 신규로 입사하여 20x1년 12월 31일 현재 재직하고 있으며, 상
>   기사항 이외의 근로소득은 없다.
> ㄷ. 근로소득공제
>
> | 총급여액 | 근로소득공제액 |
> |---|---|
> | 1,500만원 초과 4,500만원 이하 | 750만원 + 1,500만원 초과액 × 15% |
> | 4,500만원 초과 1억원 이하 | 1,200만원 + 4,500만원 초과액 × 5% |
> | 1억원 초과 | 1,475만원 + 1억원 초과액 × 2% |

① 13,875,000원　　② 14,425,000원　　③ 16,875,000원　　④ 22,500,000원

62. 다음 중 기타소득에 관한 설명으로 옳지 않은 것은?

① 기타소득금액은 기타소득의 총수입금액에서 필요경비를 공제한 금액을 의미한다.

② 일시적인 문예창작소득으로 수령한 기타소득은 총수입금액의 60%와 실제필요경비 중 큰 금액을 필요경비로 인정받을 수 있다.

③ 순위경쟁하는 대회에서 입상자가 받은 상금은 총수입금액의 80%와 실제필요경비 중 큰 금액을 필요경비로 인정받을 수 있다.

④ 복권당첨소득과 기타소득금액의 합계액이 300만원 이하인 경우에는 무조건 분리과세를 적용한다.

63. 다음 자료에 의하여 근로소득이 있는 거주자 김삼일씨의 20x1년도 보험료공제대상 금액은 얼마인가(소득공제와 세액공제 모두 포함)?

> ㄱ. 국민건강보험료　　　　800,000원 (회사부담 400,000원 포함)
> ㄴ. 고용보험료　　　　　1,000,000원 (회사부담 500,000원 포함)
> ㄷ. 장기저축성보험료　　　600,000원
> ㄹ. 기본공제대상자인 아들(장애인, 소득 없음)을 위하여 지출한 장애인 전용 보장성보험료
> 　　1,000,000원

① 1,800,000원　　　② 1,900,000원　　　③ 2,500,000원　　　④ 3,400,000원

64. 다음 중 양도소득세 과세대상 자산으로 옳지 않은 것은?

① 부동산 권리와 함께 양도하는 영업권
② 회원권 등 특정시설물 이용권
③ 사용하던 승용차
④ 신탁수익권

65. 다음 중 소득세의 신고 · 납부에 관한 설명으로 옳지 않은 것은?

① 중간예납세액이 50만원 미만일 경우에는 중간예납세액을 징수하지 아니한다.
② 정당한 사유없이 휴 · 폐업신고를 하지 않고 장기간 휴업 또는 폐업상태에 있는 등 조세포탈의 우려가 있다고 인정되는 경우에는 수시부과할 수 있다.
③ 6,000만원의 국내 배당소득이 있는 거주자는 배당소득 수령시에 원천징수세액을 부담하고, 종합소득확정신고시 다른 소득과 합하여 종합소득신고를 하여야 한다.
④ 모든 거주자는 중간예납의무가 있다.

66. ㈜삼일의 근로자 이영희씨가 개인적 사유로 20x1년 9월 20일에 중도 퇴사하게 되었다. 퇴직자의 급여는 20x1년 10월 10일에 지급한 경우 중도 퇴사자의 연말정산 시기로 옳은 것은?

① 20x1년　9월 20일　　　　　　② 20x1년　9월 30일
③ 20x1년 10월 10일　　　　　　④ 20x1년 12월 31일

67. 다음 중 원천징수에 관한 설명으로 옳지 않은 것은?

① 원천징수로 납세의무가 종결되는지의 여부에 따라 완납적원천징수와 예납적원천징수로 나눈다.

② 원천징수제도는 과세당국은 조세수입을 조기에 확보할 수 있는 장점이 있고 납세의무자는 조세부담을 분산시킬 수 있는 장점이 있다.

③ 양도소득은 원천징수 대상에 해당한다.

④ 원천징수의무자는 원칙적으로 원천징수한 세액을 그 징수일이 속하는 달의 다음달 10일까지 국세징수법에 의한 납부서와 함께 원천징수 관할세무서 등에 납부하여야 한다.

68. 주권상장법인인 ㈜삼일은 결산이익과 관련된 배당으로 소액주주인 김철수씨에게 20,000,000원을 지급하려고 한다. 이때 주권상장법인인 ㈜삼일이 원천징수할 세액(개인지방소득세 포함)은 얼마인가?

① 2,800,000원 　　② 3,080,000원 　　③ 4,000,000원 　　④ 4,400,000원

69. 다음은 부가가치세 세율 인상과 관련된 최근 신문기사 내용이다. 다음 중 부가가치세 세율 인상의 효과로 옳지 않은 것은?

증세 해법 뭐가 있나.. 부가세 인상론 솔솔.

(중략) 간접세인 부가가치세 등을 올리자는 주장도 있다. 부가가치세율(현재 10%)을 1% 포인트 더 올리면 연간 5조~7조원 가량을 추가로 확보할 수 있다. 한국재정학회가 주최한 조세관련학회 연합학술대회에서는 "부가가치세율을 중장기적으로 15%로 올려야 한다"라는 주장도 제기되었다. 현행 10%에 복지재정 몫으로 2% 포인트, 통일재원 마련을 위해 3% 포인트를 인상해야 한다는 것이다. (후략)

---

① 최종소비자가 부담하는 재화의 가격이 인상될 것이다.

② 최종소비자가 부담하는 수입재화의 가격에는 영향이 없을 것이다.

③ 외국의 소비자가 부담하는 수출재화의 가격에는 큰 영향을 주지 않을 것이다.

④ 부가가치세의 역진성이 심화될 것이다.

70. 다음 중 부가가치세법상 사업자에 관한 설명으로 옳지 않은 것은?

① 사업자는 부가가치세 면세사업자와 부가가치세 과세사업자로 나뉜다.

② 과세사업자라 하더라도 면세대상 재화 또는 용역을 공급하는 경우에는 부가가치세가 면제된다.

③ 과세사업자는 거래규모와 업종에 따라 일반과세자와 간이과세자로 구분된다.

④ 면세사업자라도 사업자등록, 세금계산서 발급, 과세표준 신고 등의 부가가치세법상 제반 의무를 이행해야 한다.

71. 다음 중 부가가치세법상 공급시기에 관한 설명으로 옳은 것은?

① 현금판매, 외상판매의 경우 재화가 인도되거나 이용가능하게 되는 때를 공급시기로 하며, 단기할부판매의 경우 대가의 각 부분을 받기로 한 때를 공급시기로 한다.

② 사업자가 재화 또는 용역의 공급시기가 되기 전에 대가의 전부 또는 일부를 받고, 그 받은 대가에 대하여 세금계산서를 발급하면 그 세금계산서를 발급하는 때를 공급시기로 본다.

③ 완성도기준지급 또는 중간지급조건부로 재화를 공급하는 경우에는 예정신고기간 또는 과세기간의 종료일을 공급시기로 한다.

④ 부동산임대용역에 대한 간주임대료 및 선·후불임대료의 경우 대가의 각 부분을 받기로 한 때를 공급시기로 한다.

72. 다음 중 부가가치세법상 영세율 제도에 관한 설명으로 옳지 않은 것은?

① 영세율 제도는 부가가치세의 납세의무가 면제되는 완전면세제도에 해당하여 사업자등록을 선택적으로 신청할 수 있다.

② 영세율 제도는 국제적 이중과세를 방지하는 목적으로 도입되었다.

③ 영세율 제도는 국제거래의 경우 재화와 용역의 소비지국에서 과세되도록 수출자의 과세표준에 영의 세율로 과세한다.

④ 영세율 제도의 도입으로 수출국의 입장에서는 수출경쟁력을 확보하는 결과를 얻게 한다.

73. 다음 중 부가가치세법상 면세제도에 관한 설명으로 옳지 않은 것은?

① 부가가치세법상 면세제도는 면세 거래의 부가가치세를 면세하고 그 이전단계에서 창출된 부가가치까지 면세하는 완전면세제도에 해당한다.

② 면세사업자는 면세사업을 위해 매입한 재화나 용역에 대한 매입세액은 공제받지 못한다.

③ 면세제도는 주로 기초 생필품 또는 국민후생용역과 관련하여 최종소비자의 세부담을 줄이기 위하여 도입되었다.

④ 부가가치세법에서는 요건을 만족하는 경우에 제한적으로 면세를 포기할 수 있도록 한다.

74. 다음은 ㈜삼일의 기계장치 판매와 관련된 내용이다. 20x1년도 제2기 예정신고기간(20x1년 7월 1일~ 20x1년 9월 30일)의 부가가치세 과세표준은 얼마인가?

> 기계장치는 7월 15일에 할부로 판매하였으며, 총 할부대금 60,000,000원은 7월 15일부터 다음과 같이 회수하기로 하였다.
> -20x1년 7월 15일 : 10,000,000원
> -20x1년 8월 15일 : 10,000,000원
> -20x1년 9월 15일 : 10,000,000원
> -20x1년 10월 15일 : 10,000,000원
> -20x1년 11월 15일 : 10,000,000원
> -20x1년 12월 15일 : 10,000,000원

① 0원　　② 30,000,000원　　③ 40,000,000원　　④ 60,000,000원

75. 다음은 ㈜삼일의 20x1년 제2기 확정신고기간의 공급내역이다. 20x1년 제2기 확정신고기간의 부가가치세 과세표준을 계산하면 얼마인가?

구분	내역	비고
국내판매	33,000,000원 (부가가치세 포함)	세금계산서 발행분
	20,000,000원 (부가가치세 미포함)	신용카드매출전표 발행분
수출분	40,000,000원 (부가가치세 미포함)	내국신용장에 의한 공급분
	10,000,000원 (부가가치세 미포함)	해외 직수출분

① 50,000,000원　　② 60,000,000원　　③ 90,000,000원　　④ 100,000,000원

76. ㈜삼일의 20x1년 제1기 예정신고기간의 매입과 관련된 내역이 다음과 같을 때, 부가가치세 매입세액공제액은 얼마인가(공장부지 매입을 제외한 거래에 대하여는 적법하게 세금계산서를 발급받았으며, 매입액에는 부가가치세가 포함되어 있지 않다)?

ㄱ. 과세대상 원재료 매입	30,000,000원
ㄴ. 공장부지 매입	60,000,000원
ㄷ. 영업부 백차장이 법인카드로 지출한 기업업무추진비	400,000원
ㄹ. 토지정지비	30,000,000원

① 3,000,000원　　② 6,000,000원　　③ 9,000,000원　　④ 9,400,000원

77. ㈜삼일의 다음 거래내역을 부가가치세신고서에 기록할 때 (A)에 기록될 금액은 얼마인가?

구　　　　분	금　　액
세금계산서 발행 국내매출액(VAT 미포함)	10,000,000원
신용카드매출전표 발행 국내매출액(VAT 포함)	22,000,000원
영수증 발행 국내매출액(VAT 포함)	5,500,000원
구매확인서에 의한 공급분(Local 수출분)	20,000,000원
직수출분	30,000,000원

		구　　　　　　분		금　액	세　　율	세　　액
과세표준및매출세액	과세	세 금 계 산 서 발 급 분	(1)		10/100	
		매 입 자 발 행 세 금 계 산 서	(2)		10/100	
		신 용 카 드 · 현 금 영 수 증 발 행 분	(3)		10/100	
		기 타 (정 규 영 수 증 외 매 출 분)	(4)			
	영세율	세 금 계 산 서 발 급 분	(5)	(A)	0/100	
		기 　 　 　 　 　 　 타	(6)		0/100	
	예 정 신 고 누 락 손 세 액 가 분		(7)			
	대 　 손 　 세 　 액 　 가 　 감		(8)			
	합 　 　 　 　 　 　 　 　 　 계		(9)			

① 10,000,000원　　② 20,000,000원　　③ 30,000,000원　　④ 50,000,000원

78. 다음 중 부가가치세법상 가산세에 관한 설명으로 옳지 않은 것은?

① 사업자등록을 하지 않은 경우 미등록가산세가 부과된다.

② 예정신고시 제출하지 않은 매출처별세금계산서합계표를 확정신고시 제출한 경우 가산세가 부과된다.

③ 세금계산서 발급시기가 지난 후 해당 재화용역의 공급시기가 속하는 과세기간에 대한 확정신고 기한까지 세금계산서를 발급한 경우에는 세금계산서 불성실 가산세가 부과되지 않는다.

④ 예정신고시 제출하여야할 매입처별세금계산서합계표를 확정신고시 제출하더라도 가산세가 부과되지 않는다.

79. 다음 중 수정세금계산서를 교부할 수 없는 경우는?

① 작성연월일을 착오로 잘못 기재한 경우

② 공급한 재화 또는 용역이 반품 또는 환입된 경우

③ 재화 공급 후에 계약금이 변경된 경우

④ 과세를 면세로 잘못 알고 계산서를 교부한 경우

80. 다음 중 전자세금계산서에 관한 설명으로 옳지 않은 것은?

① 전자세금계산서를 작성하는 경우에도 필요적 기재사항은 모두 기재하여야 한다.

② 전자세금계산서를 발행하는 경우에는 해당 세금계산서에 대한 보관의무가 면제된다.

③ 전자세금계산서의 발급명세를 국세청장에게 전송한 경우에도 세금계산서합계표 명세를 제출하여야 한다.

④ 전자세금계산서제도는 발급의무사업자가 부가가치세법이 정하는 전자적 방법으로 세금계산서를 발급하고 발급일의 다음 날까지 전자세금계산서 발급명세를 국세청장에게 전송하는 제도이다.

113회 답안 및 해설

				재무회계					
1	2	3	4	5	6	7	8	9	10
④	①	③	①	③	③	③	②	②	③
11	12	13	14	15	16	17	18	19	20
①	③	④	②	③	③	③	①	③	②
21	22	23	24	25	26	27	28	29	30
③	②	③	④	②	②	③	④	③	②
31	32	33	34	35	36	37	38	39	40
③	③	④	②	③	③	②	④	①	③

01. 관리회계의 주된 목적은 **내부 정보이용자의 경제적 의사결정에 유용한 정보**를 제공하는 것이다.

02. **자산·부채에 대해서 공정가치로 표시하는 것은 목적적합성을 강조**한 것이다.

03. 주석에 대한 설명으로 재무제표의 종류에 해당한다.

04. 경제적 효익이 유출될 가능성이 매우 높고 그 금액을 신뢰성 있게 측정할 수 있다면 이러한 의무는 **재무상태표에 부채로 인식**한다.

05. **무형자산의 경우 형태가 없어도 자산에 해당**한다.

06. 유동성이 큰 항목부터 배열하는 것은 유동성배열법이라 한다.

07. 취득 당시 3개월 이내의 채권은 현금성자산으로 분류한다.

현금및현금성자산 = 타인발행당좌수표(10,000) + 만기도래한 공채이자표(5,000)

+ 취득당시 만기 3개월 이내 채권(25,000) + 3개월 이내 환매조건의

환매체(4,000) = 44,000원

08. 보고기간종료일로부터 **1년 내에 만기가 도래 또는 매도 등에 의하여 처분할 것이 거의 확실한 매도가능증권은 유동자산**으로 분류한다.

09.

대손충당금			
대손	90,000	기초	150,000
기말	180,000	*대손상각비(설정?)*	*120,000*
계	270,000	계	270,000

10. 양수인이 **통제권에 특정한 제약이 없는 경우 매각거래로 처리**한다.

11. 부동산 매매업의 **판매목적으로 보유하는 부동산은 재고자산으로 분류**한다.

12. ① 재고자산을 판매시 지급한 판매수수료는 발생기간의 판매비로 인식한다.

② 상품 취득시 받은 **할인금액, 리베이트 금액은 매입가액에서 차감**한다.

④ 상품을 수입시 발생한 수입관세와 매입운임은 상품의 취득원가에 포함한다.

13. 자산과 이익은 비례관계이다. 물가가 상승하는 시(10→20→30) 후입선출법의 재고자산은 가장 오래 전에 구입한 금액인 10원이 되므로 이익이 가장 적게 표시된다.

14. 재고자산평가손실이 발생시 재고자산의 차감계정인 재고자산평가손실충당금으로 처리하고 매출원가에 가산한다.

15. 정상감모손실(매출원가) = 감모(10개)×60%×취득가액(10,000) = 60,000원

평가손실 = 수량(90개)×단가하락(1,000) = 90,000원

매출원가 = 장부상매출원가(1,000,000)+정상 감모손실(60,000)+재고자산평가손실(90,000)

= 1,150,000원

16. 단기매매차익 목적의 경우 단기매매증권이고, 유의적인 영향력을 목적으로 취득하는 주식은 지분법 적용투자주식으로, 만기가 확정된 채무증권으로서 상환금액이 확정되었거나 확정이 가능한 채무증 권을 만기까지 보유할 의도와 능력이 있는 경우에는 만기보유증권으로 분류하고, 이외는 매도가능증 권으로 분류한다.

17. 단기매매증권 처분손익 = [처분가액(13,000) - 취득가액(10,000)]×50주 = 150,000(이익)

단기매매증권 평가손익 = [공정가액(15,000) - 취득가액(10,000)]×50주 = 250,000(이익)

당기손익 = 처분이익(150,000)+평가이익(250,000) - 수수료비용(100주×1,000) = 300,000원

18. 단기매매증권 평가손익 = 공정가액(2,500,000) - 취득가액(2,000,000) = 500,000원(이익 증가)

19. 〈상각표〉

연도	유효이자(A) (BV×12%)	액면이자(B) (액면가액×10%)	할인차금상각 (A–B)	장부금액 (BV)
20x1. 1. 1				9,519,634
20x1.12.31	1,142,356	1,000,000	142,356	9,661,990
20x1.12.31	*1,159,439*	1,000,000	159,439	9,821,429

20. 20x1년 말 지분법적용투자주식의 장부가액

= 취득가액(3,000,000)+당기순이익(100,000)×지분율(30%) = 3,030,000원

21. 토지의 처분손익(재평가모형) = 양도금액(1,100,000) - 취득원가(1,000,000) = 100,000원(이익)

22. 정률법은 장부가액에 상각율을 곱하여 상각비를 계산하는데, 초기에 감가상각비가 많이 계상된다.

23. 무형자산 상각비 = 취득가액(600,000)÷5년×3개월/12개월 = 30,000원

비용 = 연구비(1,000,000)+개발단계 연구비(400,000)+상각비(30,000) = 1,430,000원

24. 장기선급비용은 공정가치 평가의 대상에서 제외된다.

25.

미지급이자

현금	160,000	*기초*	*10,000*
기말	30,000	비용	180,000
계	190,000	계	190,000

26. 사채의 발행가액 = 액면가액(1,000,000)×0.6749+액면이자(120,000)×2.3216=953,492원

27. 〈할인발행〉

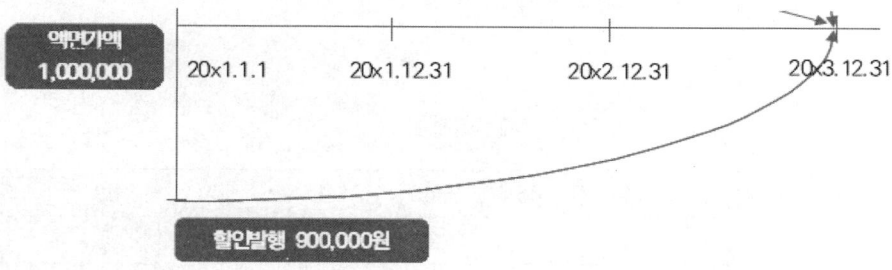

① 총이자비용은 매년 증가한다.

② 현금지급이자는 액면가액×표시이자율이므로 매년 동일하다.

④ 사채의 장부가액은 매년 증가한다.

28. <u>보고기간 말 이전에 기업이 구조조정을 이행할 것이라는 정당한 기대</u>를 가지기 때문에 <u>그 부서의 폐쇄</u>
<u>원가 등은 충당부채로 인식</u>한다.

29.

퇴직급여충당부채

지급	100,000	기초	500,000
기말	700,000	*퇴직급여*	*300,000*
계	800,000	계	800,000

30. 법인세비용 = 당기법인세(2,000,000) – 이연법인세자산 증가액(300,000) = 1,700,000원

31. 유상증자시 자본금은 증가하고, 할증발행시 자본잉여금이 증가하지만, 이익잉여금은 불변이다.

32. 결손금 처리 순서(임의적립금이입액→기타법정적립금이입액→이익준비금이입액→자본잉여금이입액)

33. 발생주의는 기간손익의 적정성을 위하여 수익과 비용을 인식한다.

34. 정확한 당기 순이익 = 수정전 당기순이익(1,000,000) – 미지급급여(50,000)+미수수수료(20,000)
= 970,000원

35. 인터넷상에서 중개판매시 수수료만을 수익으로 인식해야 한다.

36. 위탁판매와 시용판매는 구매자가 매입표시를 한 날(7월 1일)에 수익을 인식한다.

37.

매출채권

기초잔액	25,000,000	회수액	75,000,000
매출(발생액 ?)	65,000,000	기말잔액	15,000,000
계	90,000,000	계	90,000,000

38. 자기주식처분이익과 감자차익은 자본잉여금, 주식할인발행차금은 자본조정이기 때문에 재무상태표
에서 확인된다.

39. ② 매출채권 감소 : 영업활동으로 인한 현금유입

③ 공장건물 취득 : 투자활동으로 인한 현금유출

④ 은행차입금 상환 : 재무활동으로 인한 현금유출

40. 영업활동 현금흐름 = 재화의 판매 등에 따른 현금유입(60,000)

－ 종업원과 관련하여 직접적으로 발생한 현금유출(10,000) = 50,000원 유입

세무회계

41	42	43	44	45	46	47	48	49	50
③	②	④	①	②	③	③	④	②	③
51	52	53	54	55	56	57	58	59	60
①	④	③	④	③	①	③	①	④	①
61	62	63	64	65	66	67	68	69	70
①	④	②	③	④	③	③	②	②	④
71	72	73	74	75	76	77	78	79	80
②	①	①	④	④	①	②	③	④	③

41. 소득세는 직접세, 주세, 부가가치세, 개별소비서는 간접세이다.

42. 실질과세의 원칙은 **형식과 실질이 다른 경우에는 실질에 따라 과세하여야 한다는 원칙**이다.

43. ① 영리외국법인은 **국내원천소득에 대해서만 법인세 납세의무**가 있다.

② 외국법인이란 **본점 소재지 등이 외국에 있는 것**을 말한다.

③ 영리법인은 청산소득에 대한 법인세 납세의무가 없다.

44. ② 장기할부판매란 자산이 인도된 후 최소 **2회 이상 분할하여 판매대금을 수입하는 것**을 말한다.

③ 법인이 결산서에 회수기일도래기준으로 회계처리한 경우 특례를 수용한다.

④ 중소기업이 결산서상 인도기준으로 손익을 인식하였다면 신고조정을 통해 회수기일도래기준으로 익금과 손금에 산입할 수 있다.

45. 익금 = 유형자산의 양도금액(3,000,000) + 자산수증이익(500,000) + 자기주식의 양도금액(500,000)

= 4,000,000원

46. **단기매매증권의 평가손익은 세무상 불인정**되므로 평가손실의 경우 손금불산입 처리한다.

47. 임원상여금 급여규정이 없으면 전액(1억원) 손금불산입하고, 직원 상여금 초과액은 손금사항이므로 별도 세무조정은 없다.

48. 세무상 저가법은 인정되므로 취득원가와 시가 중 낮은 금액을 평가액으로 하는 방법이다.

구분	결산서(시가)	세법(저가법)	세무조정
원재료	14,000,000원	14,000,000원	－
제품	22,000,000원	20,000,000원	익금불산입 2,000,000원

따라서 각 사업연도 소득금액이 2,000,000원 감소한다.

49. 법인세법은 감가상각에 대해 별도 규정을 두고 있으므로 **원칙적으로 법인세법에 따라 감가상각**을 해야 한다.

50. 기업업무추진비 손금한도액 : (1)+(2) = 42,000,000원

    (1) 기본한도액 = 일반기업(12,000,000)×12/12 = 12,000,000원

    (2) 수입금액기준 : 수입금액(100억)×적용률(0.3%) = 30,000,000원

51. 대손충당금을 손비로 계상한 경우에는 대손충당금 한도액의 범위에서 손금이 인정된다.

52. ① 차입금에 대한 이자비용은 원칙적인 손금사항이다.

    ② 채권자가 불분명한 이자비용은 전액 손금불산입한다.

    ③ 비실명채권·증권의 이자는 전액 손금불산입한다.

53. ① 가지급금인정이자(법인)는 익금산입하고 기타사외유출로 소득 처분한다.

    ② **특수관계에 있는 개인으로부터 자산을 저가로 매입시 시가와 매입가액의 차이금액을 익금**으로 보지 아니한다.

    ④ 특수관계인이 아닌 자와의 거래는 부당행위계산의 부인규정이 적용되지 않는다.

54. 비과세소득과 소득공제는 다음 사업연도로 이월되지 않는다.

55. 수정후 과세표준 = 수정전(70,000,000)+기업업무추진비(20,000,000)+감가상각비(10,000,000)

    = 100,000,000원

    수정후 산출세액 = 수정후과세표준(100,000,000)×10% = 10,000,000원

56. 기납부세액에는 **수시부과세액, 중간예납세액, 원천징수세액**이 있다.

57. 소득세는 납세자와 담세자가 동일한 직접세이다.

58. 금융소득은 무조건 종합과세대상을 제외하고 **원칙적으로 2천만원 이하인 경우 분리과세**한다.

59. 기명채권의 이자에 대한 **이자소득의 수입시기는 약정에 의한 이자지급일**이다.

60. 사업소득 총수입금액 = 총매출액(55,000,000 - 5,000,000) - 에누리(2,000,000) - 환입(1,000,000)

    = 47,000,000원

61. 총급여액 = 급여(2,000,000×10)+상여(2,500,000) = 22,500,000원

    근로소득공제 = 7,500,000원+(22,500,000원 - 15,000,000원)×15% = 8,625,000원

    근로소득금액 = 총급여액(22,500,000) - 근로소득공제(8,625,000) = 13,875,000원

62. **복권당첨소득은 전액 무조건 분리과세**한다.

63. 보험료 공제대상금액 = 국민건강보험료(400,000)+고용보험료(500,000)

    +장애인 전용보장성보험료(1,000,000) = 1,900,000원

64. 승용차는 양도소득세 과세대상에서 제외된다.

65. **사업소득이 있는 거주자만 중간예납의무**를 진다.

66. 퇴직자는 **퇴직하는 달의 근로소득을 지급할 때(10월 10일)에 연말정산**을 한다.

67. 거주자의 양도소득은 원천징수 대상이 아니다.

68. 원천징수할 세액 = 배당소득(20,000,000)×원천징수세율(14%)×1.1(지방소득세 포함)

    = 3,080,000원

69. 부가가치세 세율 인상은 재화의 가격도 상승하므로 **최종소비자가 부담하는 (수입)재화의 가격이 상승** 하게 된다.

70. 면세사업자는 부가가치세법상 사업자가 아니므로 부가가치세법상 제반 의무가 없다.

71. ① 단기할부판매의 경우도 재화가 인도되거나 이용가능하게 되는 때를 공급시기로 한다.

    ③ 완성도기준지급 또는 중간지급조건부로 재화를 공급하는 경우에는 대가의 각 부분을 받기로 한 때를 공급시기로 한다.

    ④ 부동산임대용역에 대한 간주임대료 및 선·후불임대료의 경우 예정신고기간 또는 과세기간의 만료일을 공급시기로 한다.

72. 영세율 사업자도 부가가치세법상 사업등록 의무가 있다.

73. 면세는 부분면세제도이고, 영세율이 완전면세제도이다.

74. 단기할부판매이므로 인도일을 공급시기(7월 15일)로 하고, 공급한 재화의 총가액 60,000,000원을 과세표준으로 한다.

75. 과세표준 = 국내판매(30,000,000) + 신용카드(20,000,000) + 내국신용장(40,000,000)
    + 직수출(10,000,000) = 100,000,000원

76. 매입세액 공제액 = 과세대상 원재료 매입액(30,000,000) × 10% = 3,000,000원
    공장부지는 면세, 기업업무추진비와 토지정지비는 매입세액불공제대상이다.

77. 영세율 중 구매확인서(20,000,000)나 내국신용장에 의한 공급은 세금계산서 발급의무가 있다.

78. 세금계산서를 발급시기가 지난 후 확정신고 기한까지 발급하는 경우 세금계산서 **지연발급가산세 부 과대상이다.**

79. **계산서를 교부한 경우에는 수정세금계산서 발급대상이 아니다.**

80. 전자세금계산서의 발급명세를 전송한 경우에는 세금계산서 합계표 제출의무가 면제된다.

110회 회계관리 1급

재무회계

01. 다음 중 국제회계기준의 특징에 관한 설명으로 옳은 것은?

① 규칙중심의 회계기준이다.

② 별도재무제표를 기본재무제표로 한다.

③ 정보이용자를 보호하기 위해 공시를 강화하고 있다.

④ 역사적원가 측정기준의 적용을 확대하고 있다.

02. 다음 중 회계정보의 질적특성에 관한 설명으로 옳지 않은 것은?

① 주요 질적특성으로는 목적적합성과 신뢰성이 있다.

② 회계정보의 질적특성이란 회계정보가 유용하기 위해 갖추어야 할 주요 속성을 말한다.

③ 회계정보의 질적특성은 서로 상충될 수 있다.

④ 포괄적인 제약조건으로 정보 작성에 따른 비용이 관련 효익보다 커야 한다.

03. 다음 중 재무제표의 기본가정에 관한 설명으로 옳은 것을 모두 고르면?

> ㄱ. 재무제표는 일정한 가정 하에서 작성되며, 그러한 기본가정으로는 기업실체, 계속기업 및 기간별 보고가 있다.
> ㄴ. 기업실체 개념은 경제적 실체와는 구별되는 개념으로서 법적실체와 동일한 개념이다.
> ㄷ. 기업실체의 중요한 경영활동이 축소되거나 기업실체를 청산시킬 의도나 상황이 존재하여 계속기업을 가정하기 어려운 경우에는 재무제표를 작성할 수 없다.
> ㄹ. 기간별 보고의 가정이란 기업실체의 존속기간을 일정한 기간 단위로 분할하여 각 기간별로 재무제표를 작성하는 것을 말한다.

① ㄱ, ㄴ   ② ㄱ, ㄹ   ③ ㄱ, ㄴ, ㄷ   ④ ㄱ, ㄴ, ㄹ

04. 다음 중 중간재무제표에 관한 설명으로 옳지 않은 것은?

① 중간재무제표는 1회계연도보다 짧은 기간을 대상으로 작성하는 재무제표이다.

② 중간재무제표는 연차재무제표와 동일한 양식으로 작성함을 원칙으로 한다.

③ 손익계산서는 중간기간과 누적중간기간을 직전 회계연도의 동일기간과 비교하는 형식으로 작성된다.

④ 재무상태표는 중간보고기간 말과 직전 회계연도의 동일보고기간 말을 비교하는 형식으로 작성된다.

05. 재무상태표 작성기준에서는 자본거래에서 발생한 잉여금과 손익거래에서 발생한 잉여금을 구분하여 재무상태표에 표시하도록 규정하고 있다. 다음 중 그 성격이 다른 하나는 무엇인가?

① 단기매매증권처분이익   ② 감가상각비

③ 감자차익   ④ 유형자산처분이익

06. 다음 중 재무상태표의 작성기준에 관한 설명으로 옳지 않은 것은?

① 자산과 부채는 원칙적으로 상계하여 표시하지 않는다.

② 재무상태표에 기재하는 자산과 부채는 유동성이 큰 항목부터 배열하는 것을 원칙으로 한다.

③ 자산과 부채는 1년 기준으로 하여 유동자산 또는 비유동자산, 유동부채 또는 비유동부채로 구분하는 것을 원칙으로 한다.

④ 재무상태표는 자산, 부채, 자본을 나타내는 동태적 보고서이다.

07. 다음 중 현금및현금성자산으로 분류될 수 있는 항목으로 옳지 않은 것은?

① 선일자수표

② 만기가 도래한 공사채이자표

③ 환매채(3개월 이내의 환매조건)

④ 취득당시 만기가 3개월 이내에 도래하는 채권

08. 다음 중 유가증권 결산에 관한 설명으로 옳지 않은 것은?

① 유가증권을 항상 기업 외부에 위탁 보관하여야 하는 것은 아니다.

② 유가증권 결산시 유가증권을 직접 실사해야 한다.

③ 유가증권 실사시에는 금액, 수량, 증권번호, 발행회사명 등을 확인하여야 한다.

④ 유가증권의 실사는 해당증권의 존재 여부에 대한 확인이 주목적이므로 금융기관에 위탁보관하고 있는 유가증권에 대해서는 잔고증명서를 징구하여 기말 평가액을 확인할 필요가 없다.

09. 다음은 ㈜삼일의 매출채권 및 대손충당금과 관련된 자료이다. ㈜삼일이 기말 매출채권 잔액에 대손추정률을 곱하여 대손충당금을 설정하는 경우, 20X2년 말 ㈜삼일이 매출채권 잔액에 적용한 대손추정률은 얼마인가?

ㄱ. 20X1년 말 현재 대손충당금 잔액	15,000,000원
ㄴ. 20X2년 중 대손확정액	7,000,000원
ㄷ. 20X2년 손익계산서상 대손상각비	4,000,000원
ㄹ. 20X2년 말 현재 매출채권 잔액	1,000,000,000원

① 0.7% ② 1.2% ③ 1.5% ④ 2.0%

10. ㈜삼일은 20X1년 10월 1일에 다른 기업의 건물을 1년간 임차하여 사용하기로 하고 1년치 임차료 6,000,000원을 선급하면서, 동 금액 전액을 선급임차료로 처리하였다. 12월 말 결산법인인 ㈜삼일이 20X1년 12월 31일에 필요한 분개로 옳은 것은(단, 기간은 월할로 계산한다)?

① (차) 임차료비용　　　1,500,000원　　(대) 선급임차료　　　1,500,000원

② (차) 선급임차료　　　4,500,000원　　(대) 임차료비용　　　4,500,000원

③ (차) 건　물　　　　　6,000,000원　　(대) 미지급임차료　　6,000,000원

④ (차) 선　급　금　　　6,000,000원　　(대) 임차료비용　　　6,000,000원

11. 다음 중 기말재고자산에 포함될 항목으로만 짝지어진 것은?

> ㄱ. 시용판매를 위하여 고객에게 제공된 상품 중 매입의사가 표시되지 않은 부분
> ㄴ. 위탁판매목적으로 반출된 상품 중 수탁자가 현재 보관중인 부분
> ㄷ. 장기할부조건으로 판매한 상품
> ㄹ. 선적지인도조건으로 판매한 운송중인 상품
> ㅁ. 도착지인도조건으로 매입한 운송중인 상품

① ㄱ, ㄴ　　　② ㄱ, ㄴ, ㄷ　　　③ ㄱ, ㄴ, ㅁ　　　④ ㄱ, ㄴ, ㄹ, ㅁ

12. 다음 중 재고자산의 실지재고조사법에 관한 설명으로 옳지 않은 것은?

① 보고기간 말에 재고자산에 대한 실사를 하여야 한다.

② 기중에는 매출원가를 파악할 수 없다.

③ 도난, 분실 등에 의한 재고자산의 감소량을 파악할 수 있다.

④ 재고자산의 출고 시점에는 출고된 재고자산의 수량과 금액을 파악할 수 없다.

13. 다음은 20X1년 1월 ㈜삼일의 재고와 관련된 자료이다. 후입선출법에 의해 재고단가를 결정하는 경우 1월 말 현재 재고금액을 계산하면 얼마인가(단, 재고자산평가손실과 감모손실은 발생하지 않았다)?

일자별 현황	수 량	매 입 단 가	금 액
월초 재고	300개	20원	6,000원
1. 3 매입	200개	22원	4,400원
1. 6 판매	(400개)	–	–
월말 재고	?	?	?

① 2,000원　　② 2,100원　　③ 2,200원　　④ 2,300원

14. ㈜삼일의 20X1년 말 재고자산에 대한 취득원가와 순실현가능가치는 다음과 같으며, 각 상품 항목은 서로 유사하거나 관련되어 있지 않다. ㈜삼일의 20X1년 말 재무상태표상 재고자산의 장부금액을 계산하면 얼마인가?

상품 항목	취득원가	순실현가능가치
상품 1	30,000원	40,000원
상품 2	40,000원	30,000원
상품 3	70,000원	60,000원
합계	140,000원	130,000원

① 100,000원　　② 110,000원　　③ 120,000원　　④ 130,000원

15. ㈜삼일은 20X1년 12월 재고창고에 화재가 발생하였다. 재고와 관련한 매출, 매입 내용이 다음과 같을 경우 화재로 인하여 소실된 것으로 추정되는 재고자산 금액을 계산하면 얼마인가?

ㄱ. 기초재고자산	1,000,000원
ㄴ. 당기매입액	4,000,000원
ㄷ. 매출액	5,000,000원
ㄹ. 매출총이익률	30%
ㅁ. 20X1년 말 실사에 의해 확인된 화재를 피한 재고자산	500,000원

① 500,000원　　　② 600,000원　　　③ 900,000원　　　④ 1,000,000원

16. 다음 중 장기금융상품에 관한 설명으로 옳지 않은 것은?

① 장기금융상품이란 비유동자산에 속하지 아니하는 금융상품을 말한다.

② 장기금융상품 중 만기가 1년 이내에 도래하는 장기금융상품은 단기금융상품으로 계정대체하여야 한다.

③ 장기금융상품에 대하여는 사용이 제한되어 있을 경우 주석으로 공시하여야 한다.

④ 장기금융상품은 실무적으로 단기금융상품계정에서 일괄처리한 후 결산시점에서 만기가 1년 이상인 금융상품을 분리하여 장기금융상품(투자자산)으로 대체할 수 있다.

17. 다음 자료에서 설명하는 유가증권으로 옳은 것을 보기에서 고른 것은?

발행자에 대하여 금전을 청구할 수 있는 권리를 표시하는 유가증권 및 이와 유사한 유가증권

───────〈 보 기 〉───────

ㄱ. 국채	ㄴ. 보통주
ㄷ. 신주인수권부사채	ㄹ. 수익증권

① ㄱ, ㄴ　　　② ㄴ, ㄷ　　　③ ㄱ, ㄷ　　　④ ㄷ, ㄹ

18. 다음 자료를 바탕으로 ㈜삼일이 ㈜용산의 주식에 대하여 20X1년 말 인식할 매도가능증권 손상차손 금액을 계산하면 얼마인가?

> ㈜삼일은 20X0년 1월 1일에 ㈜용산의 주식(매도가능증권)을 3,000,000원에 취득하였고, 20X0년 말 해당 주식의 공정가치는 4,000,000원이었다. 20X1년 중 ㈜용산은 거래은행으로부터 계좌거래정지처분을 당하게 되었으며, 20X1년 말 당해 주식의 회수가능금액은 900,000원으로 평가되었다.

① 1,500,000원 ② 1,900,000원 ③ 2,100,000원 ④ 3,100,000원

19. 다음 중 지분법에 따른 구체적인 회계처리 절차에 관한 설명으로 옳지 않은 것은?

① 지분법 적용대상 투자주식 취득시 : 취득시점에서 차변에 취득원가로 지분법적용투자주식으로 회계처리한다.
② 피투자기업이 당기순이익 보고시 : 당기순이익 중 지분금액 비율만큼 차변에 지분법적용투자주식의 장부금액을 감소시킨다.
③ 피투자기업이 당기순손실 보고시 : 당기순손실 중 지분금액 비율만큼 차변에 지분법손실로 인식한다.
④ 피투자기업이 배당금 지급을 결의시 : 배당예정 금액을 차변에 미수금 처리하고, 동 금액만큼 대변에 지분법적용투자주식의 장부금액을 감소시킨다.

20. 다음 중 지분증권의 재분류에 관한 설명으로 옳지 않은 것은?

① 원칙적으로 단기매매증권은 다른 범주로 재분류할 수 없고, 다른 범주의 유가증권의 경우에도 단기매매증권으로 재분류할 수 없다.
② 드문 상황에서 예외적으로 더 이상 단기간 내의 매매차익을 목적으로 보유하지 않는 단기매매증권은 매도가능증권으로 분류할 수 있다.
③ 단기매매증권을 매도가능증권으로 재분류하는 경우에는 재분류일 현재의 공정가치를 새로운 취득원가로 보며, 재분류일까지의 미실현보유손익은 당기손익으로 인식한다.
④ 매도가능증권은 지분법피투자기업에 대한 유의적인 영향력을 얻은 시점에 지분법적용투자주식으로 재분류하며, 지분법적용투자주식은 유의적인 영향력을 상실한 시점에 단기매매증권으로 재분류한다.

21. 다음 중 자산의 취득원가에 산입할 수 있는 자본화대상 차입원가에 해당하지 않는´것은?

① 사채할인발행차금상각액

② 특정차입금으로부터 발생한 차입원가 중 동 기간 동안 특정차입금의 일시적 운용으로 생긴 이자수익에 해당하는 금액

③ 사채에 대한 이자비용

④ 장·단기차입금에 대한 이자비용

22. 다음 중 유형자산에 관한 설명으로 옳은 것은?

① 재평가모형이란 취득일 이후 재평가일의 공정가치로 해당 자산금액을 수정하고, 당해 공정가치에서 재평가일 이후의 감가상각누계액과 손상차손누계액을 차감한 금액을 장부금액으로 공시하는 방법을 말한다.

② 재평가의 빈도는 재평가되는 유형자산의 공정가치 변동과 관계없이 매 보고기간 말에 수행해야 한다.

③ 유형자산별로 선택적 재평가를 하거나 재무제표에서 서로 다른 기준일의 평가금액이 혼재된 재무보고를 하는 것을 방지하기 위하여 모든 유형자산은 분류에 관계없이 동시에 재평가한다.

④ 자산의 장부금액이 재평가로 인하여 감소된 경우에 그 감소액은 기타포괄손실로 인식한다.

23. ㈜삼일은 당기 개발단계의 지출 중 무형자산 인식조건을 충족하지 못하는 경상개발비 항목을 내용연수 5년의 무형자산인 개발비로 잘못 분류하였다. 재무제표에 미치는 영향으로 옳은 것은?

① 무형자산 과소계상

② 당기 이익 과대계상

③ 당기 자본 과소계상

④ 차기 이익 과대계상

24. 다음 중 비유동자산에 관한 설명으로 옳지 않은 것은?

① 이연법인세자산은 비유동자산에 포함되지 않는다.

② 장기매출채권이란 주된 영업활동에서 발생한 1년 이내 또는 정상적인 영업주기 이내에 회수가 어려운 채권을 말한다.

③ 영업보증금은 영업목적을 위하여 제공한 거래보증금, 입찰보증금, 하자보증금을 말한다.

④ 장기선급비용은 계속적 용역공급계약을 체결하고 선지급한 비용 중 1년 이후에 비용으로 되는 것을 말한다.

25. 다음 중 부채 계정과목에 관한 설명으로 옳지 않은 것은?

① 선수금은 수주공사, 수주품 및 기타 일반적 상거래에서 발생한 선수액을 말한다.

② 유동성장기부채는 비유동부채로 분류한다.

③ 선수수익은 영업외수익에 관련된 선수금액으로 선수이자 등이 있다.

④ 예수금은 일반적 상거래 이외에서 발생한 일시적 제예수액을 말한다.

26. ㈜삼일은 20X2년 12월 31일 표시이자를 지급한 직후에 사채 A(액면금액 200,000원, 표시이자율 연 5%, 매년 말 이자지급)를 조기상환하였다. 상환금액은 177,600원이고 상환시점에 사채상환이익 5,000원을 인식하였다. 20X1년 말 표시이자 지급 직후 사채 A의 장부금액이 180,000원일 경우, 사채 A의 유효이자율로 옳은 것은?

① 연 5% ② 연 6% ③ 연 7% ④ 연 8%

27. 다음 중 장기차입금의 회계처리에 관한 설명으로 옳지 않은 것은?

① 장기차입금은 금전소비대차계약에 의한 차입금 중 보고기간종료일로부터 1년 이후에 상환되는 차입금을 말한다.

② 분할상환 조건인 장기차입금은 상환기일별로 구분하여 회수기일이 1년 이내에 해당하는 부분은 별도로 관리하여야 하지만, 동 부분을 유동성장기부채로 대체할 필요는 없다.

③ 장기금전대차거래에서 발행한 장기차입금의 명목금액과 현재가치의 차이가 유의적인 경우에는 현재가치로 평가한다.

④ 장기차입금의 차입처별 차입액, 차입용도, 이자율, 상환방법 등은 주석으로 기재하여야 한다.

28. 다음 중 충당부채의 인식요건에 관한 설명으로 옳지 않은 것은?

① 기업이 과거 사건이나 거래를 전적으로 통제할 수 없다.

② 당해 의무의 이행에 소요되는 금액을 신뢰성 있게 추정할 수 있다.

③ 당해 의무를 이행하기 위하여 자원이 유출될 가능성이 매우 높다.

④ 과거 사건이나 거래의 결과로 현재의무가 존재한다.

29. ㈜삼일은 20X1년 초부터 판매한 제품에서 발생하는 결함을 2년간 무상으로 수리해 주기로 하였다. 보증비용이 매출액의 10%로 추정되는 경우, 20X1년 말 재무상태표에 제품보증충당부채로 계상되어야 할 금액을 계산하면 얼마인가?

> ㄱ. 20X1년 매출액 : 200억원
> ㄴ. 20X1년 중 당기 매출분에 대해 13억원의 제품보증비가 발생함

① 6억원   ② 7억원   ③ 10억원   ④ 13억원

30. 다음 중 이연법인세회계에 관한 설명으로 옳은 것은?

① 이월결손금은 미래 법인세부담을 감소시키게 되므로 실현가능성과 관계없이 이연법인세자산으로 계상한다.

② 일시적차이는 자산·부채의 회계상 장부금액과 세무기준액에 차이가 존재하기 때문에 발생한다.

③ 이연법인세자산·부채는 일시적차이와 영구적차이의 구별 없이 모든 세무조정에 대하여 인식한다.

④ 이연법인세자산·부채는 발생하는 시기에 인식하는 것이므로 항상 발생시기의 세율을 적용하여 측정한다.

31. 다음 중 기타포괄손익누계액으로 분류되는 것으로 옳은 것은?

① 이익준비금   ② 자기주식
③ 주식할인발행차금   ④ 매도가능증권평가이익

32. 다음 중 현금배당과 주식배당이 자본총액에 미치는 영향을 바르게 표시한 것은?

	현금배당	주식배당
①	증가	영향없음
②	감소	감소
③	감소	영향없음
④	영향없음	영향없음

33. 다음 중 손익계산서상 영업손익의 계산과정에서 차감되는 항목이 아닌 것은?

① 유형자산처분손실   ② 본사임차료
③ 복리후생비   ④ 기업업무추진비

34. 다음 중 순이익보고방법인 포괄주의와 당기업적주의에 관한 설명으로 옳지 않은 것은?

① 당기업적주의에서는 경상적이고 반복적인 손익항목만을 손익계산서에 포함시킨다.

② 포괄주의에서는 당기순이익을 구성하는 모든 항목들을 손익계산서에 포함시킨다.

③ 포괄주의에서는 비경상적·비반복적인 항목도 장기적 이익창출에 영향을 미친다고 판단한다.

④ 우리나라의 경우 포괄주의보다는 당기업적주의에 입각하여 손익계산서를 작성하도록 규정하고 있다.

35. 다음 중 수익인식기준에 관한 설명으로 옳은 것은?

① 위탁매출은 수탁자에게 상품을 발송한 시점에 수익을 인식한다.

② 제품공급자로부터 받은 제품을 인터넷상에서 중개판매 하거나 경매하고 수수료만을 수취하는 전자쇼핑몰 운영회사는 관련 수수료만을 수익으로 인식한다.

③ 상품권판매는 상품권을 판매한 시점에 수익을 인식한다.

④ 반품조건부판매는 반품 예상액을 합리적으로 추정할 수 있는 경우 제품의 인도시점에 판매금액 전액을 수익으로 인식한다.

36. ㈜삼일은 20X1년 10월 1일 ㈜서울에 기계장치를 10,000,000원에 판매하면서 정상작동이 가능한 상태로 설치해주기로 하였다. 단, 기계장치에 대한 설치용역은 부수적으로 제공되지 않고, 설치용역에 대한 수수료는 400,000원이며 20X1년 12월 31일 현재 설치용역은 75%의 진행률을 나타내고 있다. ㈜삼일이 20X1년에 인식하는 수익을 계산하면 얼마인가?

① 9,800,000원　　② 9,900,000원　　③ 10,000,000원　　④ 10,100,000원

37. 판매비와관리비란 상품과 용역의 판매활동 또는 기업의 관리와 유지에서 발생하는 비용으로 매출원가에 속하지 아니하는 모든 영업비용을 말한다. 다음 중 판매비와관리비에 속하는 항목으로 옳지 않은 것은?

① 유형자산의 감가상각비　　　　　　② 임직원에 대한 복리후생비

③ 주력상품에 대한 광고선전비　　　　④ 단기차입금에서 발생한 이자비용

38. 다음 ㈜삼일의 자료를 이용하여 기본주당이익을 계산하면 얼마인가(단, 가중평균유통보통주식수는 월할 계산한다)?

가. 당기순이익	1,000,000원
나. 우선주배당금	88,000원
다. 기초 발행보통주(기말까지 추가 발행 없음)	2,000주
라. 자기주식 취득(10월 1일 취득하여 기말까지 보유)	400주

① 380원   ② 480원   ③ 500원   ④ 544원

39. 다음은 ㈜삼일의 현금흐름표에서 발췌한 자료이다. 기말 현금및현금성자산을 계산하면 얼마인가?

가. 영업활동 현금흐름	100,000원 유입
나. 투자활동 현금흐름	30,000원 유출
다. 재무활동 현금흐름	20,000원 유출
라. 기초 현금및현금성자산	40,000원

① 70,000원   ② 80,000원   ③ 90,000원   ④ 100,000원

40. 다음 중 현금의 유입과 유출이 없는 거래가 아닌 것은?

① 유형자산의 연불구입   ② 현물출자로 인한 유형자산 취득
③ 전환사채의 전환   ④ 유상감자

세무회계

41. 다음 중 조세의 분류기준과 그 내용으로 옳지 않은 것은?

① 조세의 사용용도가 특정하게 지정되었는지에 따른 분류 : 목적세, 보통세

② 납세의무자의 인적사항이 고려되는지 여부에 따른 분류 : 인세, 물세

③ 과세물건의 측정 단위에 따른 분류 : 종가세, 종량세

④ 과세의 주체가 누구인지에 따른 분류 : 독립세, 부가세

42. 다음 중 가산세에 관한 설명으로 옳지 않은 것은?

① 부가가치세를 초과환급 받은 경우에는 가산세가 부과되지 않는다.

② 역외거래에서 발생한 부정행위로 인한 무신고는 60% 가산세율이 적용된다.

③ 소득세를 과소신고한 경우(부정행위로 인한 과소신고 제외) 과소신고 납부세액의 10%가 부과된다.

④ 법인세를 신고하지 않은 경우 무신고 가산서가 부과된다.

43. 다음 자료에서 설명하고 있는 법인세법상 서류는 무엇인가?

> 1. "기초잔액"에는 전기말 현재의 세무계산상 유보소득을 기입한다.
> 2. "당기 중 감소"에는 전기말 현재의 유보금액 중 당해 사업연도 중에 손금가산 등으로 감소된 금액을 기입한다.
> 3. "당기 중 증가"에는 당해 사업연도 세무계산상 익금가산유보로 처분된 금액을 기입하고 손금가산 유보분은 △표시를 기입한다.
> 4. "기말잔액"에는 기초잔액에서 "당기 중 증감" 금액을 차가감한 금액으로 차기로 이월될 세무계산상 유보소득을 기입한다.

① 자본금과 적립금조정명세서(갑)

② 자본금과 적립금조정명세서(을)

③ 법인세 소득금액조정합계표

④ 법인세 과세표준 및 세액조정계산서

44. 제조업을 영위하는 ㈜삼일의 제11기(20x1년 1월 1일~20x1년 12월 31일) 손익계산서에는 이자수익이 30,000,000원 계상되어 있다. 해당 이자수익에는 전기에 국내은행에서 가입한 3년 만기 정기예금이자에 대한 해당사업연도의 기간경과분 미수이자 5,000,000원이 포함되어 있다. 이 경우 당기에 필요한 세무조정으로 옳은 것은?

① (익금불산입) 이자수익 30,000,000원 (△유보)

② (익금불산입) 이자수익 25,000,000원 (△유보)

③ (익금불산입) 이자수익 5,000,000원 (△유보)

④ 세무조정 없음

45. 다음 중 익금 및 익금불산입에 관한 설명으로 옳지 않은 것은?

① 익금불산입으로 규정하고 있는 것을 제외하고 원칙적으로 법인의 순자산을 증가시키는 거래는 익금에 해당한다.

② 기업회계기준에 따라 감자차익을 장부에 자본잉여금으로 계상하는 경우 세무조정은 불필요하다.

③ 자산수증이익 중 이월결손금의 보전에 충당된 금액은 익금불산입으로 세무조정한다.

④ 법인이 타인으로부터 현금을 수증받으면서 자산수증이익을 장부에 영업외수익으로 계상한 경우 익금산입으로 세무조정한다.

46. 다음은 법인이 임원 또는 사용인을 위하여 지출한 복리후생비를 나열한 것이다. 손금에 해당하는 항목의 합계액을 계산하면 얼마인가?

1. 직장어린이집운영비	1,000,000원
2. 파견근로자를 위한 직장회식비	1,800,000원
3. 소액주주인 임원에 대한 사택유지비	2,000,000원
4. 국민건강보험료(사용자부담분)	700,000원

① 2,800,000원　　② 3,000,000원　　③ 3,500,000원　　④ 5,500,000원

47. 다음 중 법인세법상 업무용승용차 관련비용에 관한 설명으로 옳은 것은?

① 운수업 등에서 수익창출을 위해 직접적으로 사용하는 자동차도 업무용승용차에 포함된다.

② 업무용승용차 관련 비용은 내국법인이 업무용승용차를 취득하거나 임차하여 해당 사업연도에 손금에 산입하거나 지출한 감가상각비, 임차료 등을 말하며, 자동차세, 통행료는 이에 해당하지 않는다.

③ 내국법인의 업무용승용차 관련비용 중 업무사용금액에 해당하지 않는 금액은 손금불산입한다.

④ 개별소비세 과세대상이 되는 승용자동차는 업무용승용차에서 제외한다.

48. 다음 자료에 따라 ㈜서울의 제13기 세무조정으로 옳은 것은(단, ㈜서울은 자본시장과 금융투자법에 관한 법률에 따른 투자회사가 아니다)?

---

(1) ㈜서울은 단기적 매매차익목적으로 주권상장법인인 ㈜용산의 주식을 보유하고 있는데, 그 취득가액은 5,000,000원(취득 부대비용은 제외)이며 제11기 말 현재의 종가는 4,000,000원이다. ㈜서울은 그 평가손실을 인식하여 다음과 같이 회계처리하였다.

    (차) 단기매매증권평가손실　　1,000,000원　　(대) 단기매매증권　　　　　　1,000,000원

(2) 제12기 말 현재 ㈜용산의 주식의 종가가 8,000,000원으로 회복되었으므로, ㈜서울은 다음과 같이 회계처리하였다.

    (차) 단기매매증권　　　　　　4,000,000원　　(대) 단기매매증권평가이익　　4,000,000원

(3) ㈜서울은 제13기 중에 ㈜용산의 주식을 10,000,000원에 처분하고 다음과 같이 회계처리하였다.

    (차) 현금　　　　　　　　　10,000,000원　　(대) 단기매매증권　　　　　　8,000,000원

    　　　　　　　　　　　　　　　　　　　　　　　단기매매증권처분이익　　2,000,000원

---

① (익금산입)　　단기매매증권　　　1,000,000원 (유보)

② (손금산입)　　단기매매증권　　　2,000,000원 (△유보)

③ (익금산입)　　단기매매증권　　　3,000,000원 (유보)

④ (익금불산입)　단기매매증권　　　4,000,000원 (△유보)

49. 다음 자료에 의할 경우 ㈜삼일의 제23기(20x1년 1월 1일~20x1년 12월 31일)에 감가상각방법으로 정액법과 정률법을 적용할 때의 감가상각범위액은 각각 얼마인가(다만, 법인세를 면제·감면받지 않았음)?

제21기 초에 취득가액 5,000,000원인 기계장치를 구입하였으며, 이 기계장치에 대한 자료는 다음과 같다.

가. 제22기 말 감가상각누계액 2,000,000원(상각부인액은 없음)

나. 내용연수 : 5년

다. 상각률 : 정액법 0.2, 정률법 0.451

	정액법	정률법
①	1,000,000원	1,353,000원
②	1,000,000원	2,706,000원
③	1,200,000원	1,353,000원
④	1,200,000원	2,706,000원

50. 다음 자료를 이용하여 ㈜삼일의 제23기(20x1년 1월 1일~20x1년 12월 31일) 기업업무추진비에 대한 세무조정을 수행하고자 할 때 기업업무추진비 손금산입한도액을 계산하면 얼마인가?

> ㄱ. 매출액 : 300억원(특수관계인에 대한 매출은 100억원이 포함되어 있다.)
> ㄴ. 문화기업업무추진비 지출액은 없다.
> ㄷ. ㈜삼일은 제조업을 영위하고 있으나 중소기업이 아니며, 세법상 손금한도를 계산하기 위한 수입
> 금액 기준적용률은 다음과 같다.
>
> | 수 입 금 액 | 적 용 률 |
> | --- | --- |
> | 100억원 이하 | 0.3% |
> | 100억원 초과 500억원 이하 | 3천만원+100억원 초과분×0.2% |
> | 500억원 초과 | 1억 1천만원+500억원 초과분×0.03% |

① 52,000,000원 ② 62,000,000원 ③ 64,000,000원 ④ 74,000,000원

51. 다음은 제조업을 영위하는 ㈜삼일의 대손충당금 관련 자료이다. 이 자료를 이용하여 ㈜삼일의 대손충당금 한도초과액을 계산하면 얼마인가?

> (1) 대손충당금 설정대상 채권가액 : 200,000,000원
> (2) 대손실적률 : 0.8%
> (3) 대손충당금 계정의 증감내역
>   가. 기초잔액 : 2,000,000원
>   나. 당기감소액 : 1,000,000원
>   다. 당기추가설정액 : 3,000,000원
>   라. 기말잔액 : 4,000,000원

① 2,000,000원 ② 2,400,000원 ③ 3,000,000원 ④ 3,400,000원

52. 다음 중 법인세법상 지급이자 손금불산입 규정에 관한 설명으로 옳지 않은 것은?

① 법인의 차입금에 대한 이자비용은 일반적으로 전액 손금으로 인정되나, 일정한 요건을 충족하는 이자비용은 손금불산입된다.

② 건설중인 유형자산에 대한 건설자금이자는 취득부대비용이므로 법인이 장부상 비용으로 계상한 경우 손금불산입된다.

③ 채권자불분명 사채이자에 대해서는 지급이자 손금불산입 규정이 적용되며, 원천징수액과 이자지급액이 모두 대표자상여로 소득처분된다.

④ 업무무관자산을 취득, 보유하고 있는 법인의 경우 업무무관자산에 관련된 이자비용은 손금불산입된다.

53. 다음 중 법인세법상 부당행위계산부인이 적용되지 않는 경우로 옳은 것은?

① 대표이사에게 업무와 관련없이 1억원을 무이자 조건으로 대여한 경우

② 법인의 대표이사로부터 시가 12억원인 건물을 20억원에 매입한 경우

③ 특수관계기업인 거래처에 시가가 1,000만원인 상품을 600만원에 판매한 경우

④ 특수관계 개인으로부터 시가 5억원인 유가증권을 3억원에 저가매입한 경우

54. 다음은 ㈜삼일의 제23기(20x1년 1월 1일~20x1년 12월 31일) 법인세신고를 위한 자료이다. 올바른 세무조정을 수행할 경우 각 사업연도 소득금액을 계산하면 얼마인가?

> ㄱ. 법인세비용차감전순이익 : 200,000,000원
> ㄴ. ㈜삼일은 특별한 사유 없이 대표이사에게 회사 정관에 기재된 상여금 지급기준보다 5,000,000원 을 초과하여 상여금을 지급하였다.
> ㄷ. ㈜삼일은 비실명채권·증권이자 1,000,000원을 이자비용으로 계상하였다.
> ㄹ. 비과세소득 : 1,000,000원

① 200,000,000원　　② 201,000,000원　　③ 205,000,000원　　④ 206,000,000원

55. 다음은 제조업을 영위하는 ㈜삼일의 제10기(20x1년 1월 1일~20x1년 6월 30일) 법인세 산출세액 계산과 관련된 자료이다. 이 자료를 이용하여 ㈜삼일의 제10기 법인세 산출세액을 계산하면 얼마인가?

> (1) 법인세 과세표준 : 150,000,000원
> (2) 법인세율(가정)
> 　　가. 과세표준 2억원 이하 : 과세표준×10%
> 　　나. 과세표준 2억원 초과 200억원 이하 : 2천만원 + (과세표준 – 2억원)×20%

① 13,500,000원　　② 20,000,000원　　③ 27,000,000원　　④ 37,000,000원

56. 다음 중 세법에 따른 조세감면을 적용받는 경우라도 과다한 조세감면은 조세형평에 어긋나므로 일정한 도의 세액은 납부하도록 하는 제도에 해당하는 것은?

① 유동화전문회사 등에 대한 소득공제

② 연결납세제도

③ 최저한세

④ 기업미환류소득세제

57. 다음은 역외탈세에 관한 신문기사 내용의 일부이다. 다음 중 아래 신문기사의 내용과 관련 있는 것은 무엇인가?

> 한국에 살면서 홍콩에 있는 기업체를 운영하는 사람에 대한 소득세는 한국과 홍콩 중 어느 국가에서 신고납부 하여야 하는 걸까? 한국과 홍콩 두 곳에서 모두 소득세를 거둔다면 도저히 기업을 유지할 수 없을 것이다.
> 이 때문에 각국은 이러한 이중과세를 피하기 위해 조세조약을 맺고 이 중 누가 세금을 거둘지를 미리 정한다. 현재 세계적인 추세는 세금납부자의 거주지, 즉 위의 경우에는 한국에서 세금을 내야 한다는 쪽으로 가닥이 잡히고 있다.
> 그런데, 여기에는 허점이 있다. '거주지'에 대해 전 세계적으로 통용되는 기준이 없는 데다 모호하다는 점이다. 역외 탈세혐의자들은 이런 법체계의 허점을 악용, 국내 체류일수를 조작하고 영주권 등을 동원해 한국에 살지 않는다고 주장할 가능성이 높다. 대신, 이들은 세율이 낮은 국가인 홍콩 등에 살고 있다고 항변할 것이다.

① 모든 거주자가 중간예납 대상자는 아니며, 사업소득이 있는 거주자만이 중간예납 의무를 진다.

② 거주자는 국내에서 벌어들인 소득뿐만 아니라 외국에서 벌어들인 소득에 대하여도 납세의무를 진다.

③ 종합소득이 있는 거주자는 종합소득공제가 가능하다.

④ 해당 과세기간에 종합소득금액 및 퇴직소득금액이 있는 거주자는 원칙적으로 과세표준 확정신고를 해야 한다.

58. 다음 중 소득세의 종합과세, 분류과세 및 분리과세에 관한 설명으로 옳지 않은 것은?

① 종합과세는 1년 동안 개인이 벌어들인 모든 소득을 합산하여 과세하는 방법이다.

② 퇴직소득과 양도소득은 장기간에 걸쳐 형성된 소득이 일정 시점에 실현되는 것으로, 분류과세를 적용한다.

③ 기타소득금액 합계액이 300만원 이하인 경우에는 원천징수되었는지에 관계없이 거주자가 종합과세와 분류과세 중 과세방법을 선택할 수 있다.

④ 분류과세는 각각의 소득을 합산하지 않고, 원천에 따른 소득의 종류별로 별도의 세율로 과세하는 방법이다.

59. 다음은 거주자 김삼일씨의 소득자료이다. 이를 토대로 과세대상 이자소득금액을 계산하면 얼마인가(단, 종합과세, 분리과세 여부는 고려하지 않는다)?

• 정기예금이자	2,000,000원
• 단기저축성보험의 보험차익	5,000,000원
• 집합투자기구로부터의 이익	10,000,000원
• 무기명주식의 이익배당	3,000,000원
• 비영업대금의 이익(단, 김삼일씨는 영업적으로 자금을 대여하지 않음)	16,000,000원

① 7,000,000원　　② 17,000,000원　　③ 23,000,000원　　④ 33,000,000원

60. 다음 중 소득세법상 사업소득에 관한 설명으로 옳지 않은 것은?

① 타인에게 고용되어 일을 하고 받는 대가는 사업소득에 해당하지 아니한다.
② 사업소득금액은 사업소득 총수입금액에서 필요경비를 차감하여 계산한다.
③ 사업소득에는 비영리활동도 포함한다.
④ 소득세법상 개인사업의 대표자는 퇴직급여충당금의 설정대상이 아니다.

61. 다음 근로소득과 관련한 대화에서 이대리의 마지막 질문에 대한 김대리의 답변으로 옳지 않은 것은?

> 김대리 : 아, 피곤해. 어제 밤에 급여 중에서 식대, 차량유지비, 양육비 등을 확인하고 나눠서 입력하느라 한숨도 못 잤어.
> 이대리 : 그래? 고생이 많구나. 우리 회사는 각종 수당을 전부 합산해서 신고하니까 편한데.
> 김대리 : 뭐? 그럼 안되지! 각종 비과세 항목들을 구분해서 신고하지 않으면 세금을 더 많이 내게 되잖아.
> 이대리 : 정말? 그럼 그런 비과세 항목에는 어떤 것들이 있는거야?

① 장기근속의 대가로 지급하는 특별공로금은 근로소득으로 과세하지 않아.
② 생산직근로자가 받는 야간근로수당 중에서도 연 240만원까지 비과세되는 부분이 있어.
③ 일직 숙직료 중 실비변상정도의 지급액은 비과세에 속해.
④ 식사와 그 밖의 음식물을 제공받지 않는 근로자가 받는 식사대는 월 20만원까지 비과세지.

62. 다음은 거주자 김삼일의 20x1년 소득자료이다. 기타소득으로 과세될 금액의 합계액은 얼마인가(단, 모든 소득은 국내에서 발생한 것이며 다른 사항은 고려하지 않는다)?

• 계약의 위약으로 인해 받는 위약금	3,000,000원
• 상표권의 양도로 인한 대가	5,000,000원
• 복권당첨으로 수령한 금액	2,000,000원
• 토지매각대금	8,000,000원
• 은행예금이자	5,000,000원

① 8,000,000원   ② 10,000,000원   ③ 18,000,000원   ④ 23,000,000원

63. 다음은 거주자 김삼일씨의 종합소득공제 대상자에 관한 설명이다. 인적공제금액을 계산하면 얼마인가(인적공제가 가능한 경우 모두 김삼일씨의 공제대상자에 포함한다)?

관계	이름	내용
본인	김삼일(여성)	36세의 근로소득자이며, 연간 근로소득금액은 4,000만원임
배우자	신용산(남성)	36세의 근로소득자이며, 연간 근로소득금액은 1,200만원임
아들	김감사	21세의 장애인이며, 단기간 근로를 통해 연간 450만원의 총급여액이 있음
딸	김택스	17세의 고등학생이며, 연간 종합소득 없음
의붓딸	김용역	14세의 장애인이며, 연간 종합소득 없음

① 4,500,000원   ② 6,000,000원   ③ 8,000,000원   ④ 10,000,000원

64. 다음 중 소득세법상 퇴직소득과 근로소득에 관한 설명으로 옳지 않은 것은?

① 현실적인 퇴직으로 인하여 퇴직금지급규정에 의해 실제로 지급받는 금액이 퇴직소득에 해당한다.

② 법인의 퇴직급여규정이 정관 등에 규정되지 않은 경우, 임원에게 지급한 퇴직급여는 전액 근로소득으로 구분한다.

③ 법인의 퇴직급여규정이 정관에 규정된 경우, 임원에게 지급한 퇴직급여 중 정관에 규정한 금액을 초과하여 지급하는 금액은 근로소득으로 구분한다.

④ 퇴직소득 중 근로의 제공에 따른 부상, 질병 또는 사망과 관련하여 받는 퇴직급여는 비과세한다.

65. 다음 중 소득세법상 중간예납에 관한 설명으로 옳지 않은 것은?

① 소득세법상 모든 거주자는 중간예납 대상자에 해당한다.

② 중간예납세액이 50만원 미만일 경우 중간예납세액을 징수하지 아니한다.

③ 관할세무서장은 11월 1일부터 11월 15일까지의 기간내에 중간예납세액을 서면으로 알려야 하며, 납부기한은 11월 30일까지이다.

④ 중간예납세액은 직전 과세기간의 과세실적을 기준으로 직전 과세기간 납부세액의 1/2을 중간예납세액으로 결정하는 것을 원칙으로 한다.

66. 다음 중 소득세법상 연말정산에 관한 설명으로 옳지 않은 것은?

① 사업소득만 있는 개인은 연말정산으로 납세의무를 종결하는 것이 원칙이다.

② 일반적인 경우 회사는 다음해 2월분 급여를 지급하는 때에 연말정산을 하여야 한다.

③ 중도에 퇴직한 자의 연말정산은 퇴직한 달의 급여를 지급하는 때에 한다.

④ 근로소득 외 다른 소득이 없는 경우에는 종합소득세 확정신고를 할 필요없이 연말정산만 하면 된다.

67. 다음 중 근로소득의 원천징수에 관한 설명으로 옳지 않은 것은?

① 근로소득을 지급하는 원천징수의무자는 해당 과세기간의 다음 연도 2월 말일까지 원천징수영수증을 근로소득자에게 발급하여야 한다.

② 근로소득세는 매월 지급되는 급여액에 대해 간이세액표를 적용하여 원천징수하도록 하고 있다.

③ 지급대상기간이 없는 상여는 그 상여금을 지급받은 연도의 1월 1일부터 지급일이 속하는 달까지를 지급대상기간으로 하여 지급대상기간이 있는 상여의 계산식에 의해 산출된 금액을 원천징수세액으로 한다.

④ 일용직근로자는 일급여액에서 150,000원을 공제한 금액과 원천징수세율 6%에서 근로소득공제 55%를 적용한 금액 중 큰 금액을 원천징수하여야 한다.

68. 서비스업을 영위하고 있는 ㈜삼일은 직원의 교육을 위하여 외부강사를 초빙하였고 교육훈련비로 1,000,000원을 지급하려고 한다. 이 때 기타소득금액에 적용되는 소득세법상 원천징수세율로 옳은 것은?

① 10%   ② 14%   ③ 20%   ④ 25%

69. 다음 중 부가가치세의 특징으로 옳지 않은 것은?

① 납세의무자와 담세자가 일치하지 않는 간접세이다.

② 납세의무자의 인적 사정을 고려하지 않는 물세이다.

③ 제조·도매 거래단계에서는 과세하지 않고, 소매 거래단계에서만 과세하는 소매세이다.

④ 소비를 과세대상으로 하는 일반소비세이다.

70. 다음 중 부가가치세법상의 사업자등록에 관한 설명으로 옳지 않은 것은?

① 사업자등록 신청은 사업개시일부터 20일 이내에 하여야 한다.

② 사업장을 임차한 경우에는 사업자등록 신청시 임대차계약서 사본을 첨부하여야 한다.

③ 신규로 사업(면세사업 제외)을 개시하는 사람은 원칙적으로 사업장마다 사업자등록을 하여야 한다.

④ 면세사업만을 운영하는 경우에는 부가가치세법상의 사업자등록과 법인세법, 소득세법상의 사업자등록 중 선택하여 사업자등록 신청을 할 수 있다.

71. 다음 중 사업자등록 정정신고 사유에 해당하지 않는 것은?

① 상호를 변경하는 때

② 상속으로 인하여 사업자의 명의가 변경되는 때

③ 공동사업자의 구성원 또는 출자지분이 변경되는 때

④ 사업자등록 신청자가 사업을 사실상 시작하지 않을 것이라고 인정될 때

72. 다음 중 부가가치세의 과세대상에 해당하는 것으로 옳은 것은?

① 어음·수표와 같은 화폐대용증권의 공급

② 특수관계인에 대한 사업용 부동산의 무상 임대

③ 주식·채권과 같은 유가증권의 공급

④ 수탁자가 변경되어 새로운 수탁자에게 신탁재산을 이전하는 경우

73. 다음 중 영세율과 면세제도를 비교한 내용으로 옳지 않은 것은?

구분	영세율	면세
① 기본취지	소비지국 과세원칙 구현	부가가치세 역진성 완화
② 적용대상	수출하는 재화 등 특정 거래	기초 생활필수품 등 특정 재화·용역
③ 면세정도	부분면세제도	완전면세제도
④ 매입세액	공제 매입세액 공제 가능	매입세액 공제 불가능

74. 다음 중 부가가치세법상 면세대상 거래에 관한 설명으로 옳지 않은 것은?

① 주택과 이에 부수되는 토지의 임대는 면세대상이다.
② 신문사의 광고는 면세대상이다.
③ 일반버스 여객운송용역은 면세대상이다.
④ 정부의 인허가를 받은 학교, 학원 등이 제공하는 교육용역은 면세대상이다.

75. ㈜삼일의 다음 자료를 이용하여 20x1년 제1기 예정신고기간의 부가가치세 과세표준을 계산하면 얼마인가?

구 분	기 간	금 액	비 고
상품 매출액	1월 1일~3월 31일 4월 1일~6월 30일	20,000,000원 24,000,000원	매출에누리액 포함
매출에누리액	3월 1일~3월 31일	2,000,000원	
부동산 임대료수입	1월 1일~12월 31일	24,000,000원	

① 10,000,000원　② 14,000,000원　③ 18,000,000원　④ 24,000,000원

76. 다음 중 부가가치세법상 과세표준에 포함되는 것은?

① 재화나 용역을 공급할 때 그 품질이나 수량, 인도조건 또는 공급대가의 결제방법이나 그 밖의 공급조건에 따라 통상의 대가에서 일정액을 직접 깎아 주는 금액
② 재화 또는 용역을 공급한 후 그 공급가액에 대한 할인액
③ 대가의 일부로 받는 운송보험료·산재보험료·운송비·포장비·보험료·하역비
④ 재화 또는 용역의 공급과 직접 관련되지 아니하는 국고보조금과 공공보조금

77. ㈜삼일의 20x1년 제2기 예정신고기간의 매입과 관련된 내역이 다음과 같을 때, 부가가치세 매입세액공제액은 얼마인가(특별한 언급이 없는 한 적격증빙을 구비하였으며, 매입액에는 부가가치세가 포함되어 있지 않다)?

ㄱ. 과세대상 원재료 매입	50,000,000원
ㄴ. 공장부지 매입(취득세 500,000원 포함)	30,000,000원
ㄷ. 영업부 백차장이 법인카드로 지출한 기업업무추진비	4,000,000원

① 5,000,000원   ② 7,500,000원   ③ 8,000,000원   ④ 8,400,000원

78. 다음은 기계 제조업을 영위하는 ㈜삼일의 20x1년 제1기 확정신고를 위한 매출 관련 자료이다. ㈜삼일의 20x1년 제1기 부가가치세 확정신고서상 과세표준란의 (ㄱ), (ㄴ), (ㄷ), (ㄹ)에 들어갈 금액으로 올바르게 짝지어진 것은(단, 수출분은 적절한 증빙을 수령하였다)?

구 분				금 액	세 율	세 액
과세표준및매출세액	과세	세금계산서 발급분	(1)	(ㄱ)		
		매입자발행 세금계산서	(2)			
		신용카드·현금영수증 발행분	(3)	(ㄴ)		
		기타(정규영수증 외 매출분)	(4)			
	영세율	세금계산서 발급분	(5)	(ㄷ)		
		기타	(6)	(ㄹ)		
	예 정 신 고 누 락 분		(7)			
	대 손 세 액 가 감		(8)			
	합 계		(9)			

구 분	금 액
세금계산서 발행 국내매출액(VAT 미포함)	22,000,000원
신용카드매출전표 발행분(VAT 포함)	16,500,000원
현금영수증 발행(VAT 포함)	1,100,000원
내국신용장에 의한 공급분(Local 수출분)	15,000,000원
직수출분	30,000,000원

	(ㄱ)	(ㄴ)	(ㄷ)	(ㄹ)
①	20,000,000원	16,000,000원	15,000,000원	30,000,000원
②	20,000,000원	16,000,000원	30,000,000원	15,000,000원
③	35,000,000원	1,000,000원	15,000,000원	30,000,000원
④	35,000,000원	1,000,000원	30,000,000원	15,000,000원

79. 다음 중 수정세금계산서(수정수입세금계산서 포함)의 발급이 불가능한 경우는?

① 과세표준에 포함되지 아니하는 부가가치세를 과세표준에 포함하여 세금계산서를 발행한 경우
② 공급대가에 포함된 관세환급금이 공급시기 이후에 확정되는 경우
③ 과세를 면세로 잘못 알고 계산서를 발급한 경우
④ 세관장의 결정전에 수입자가 수정신고를 하는 경우

80. 다음 중 세금계산서 또는 매입자발행세금계산서와 관련된 내용으로 옳지 않은 것은?

① 매입자발행세금계산서는 건당 공급대가가 50만원 이상인 경우로서 거래일로부터 6개월 이내에 신청인의 관할 세무서장에게 거래사실의 확인을 신청하여야 한다.
② 세금계산서는 일반거래에서 송장의 역할이나 외상거래의 청구서 역할도 한다.
③ 직전연도의 공급대가 합계액이 4,800만원을 초과하는 간이과세자도 세금계산서를 발급하여야 한다.
④ 사업자는 원칙적으로 제품, 상품을 판매할 때마다 세금계산서를 발급하여야 한다.

110회 답안 및 해설

재무회계

1	2	3	4	5	6	7	8	9	10
3	4	2	4	3	4	1	4	2	1
11	12	13	14	15	16	17	18	19	20
1	3	1	3	4	1	3	3	2	4
21	22	23	24	25	26	27	28	29	30
2	1	2	1	2	3	2	1	2	2
31	32	33	34	35	36	37	38	39	40
4	3	1	4	2	2	4	2	3	4

01. ① 원칙중심 ② 연결재무제표 ④ 공정가치 적용 확대

02. 정보 제공 및 이용에 소요될 사회적 비용이 그에 따른 사회적 효익을 초과한다면 그러한 정보 제공은 정당화 될 수 없다.

03. (ㄴ) 법적 형식보다 경제적 실질을 중시한다.

(ㄷ) 기업실체를 청산시킬 의도나 상황이 존재하여 계속 기업을 가정하기 어려운 경우에는 **계속기업을 가정한 회계처리방법과는 다른 방법이 적용**되어야 한다.

04. **재무상태표는 당해 중간보고기간말(당기 9월말)과 직전 연차기간보고말(전기 12월말)을 비교**한다.

05. 감자차익은 자본거래에서 발생한 잉여금이고 나머지는 손익거래(영업외손익)에서 발생한 잉여금이 된다.

06. 재무상태표는 정태적 보고서이다.

07. 선일자수표는 경제적 실질에 따라 채권으로 분류된다.

08. 기말 평가액을 확인해야 기말평가를 할 수 있다.

09. 추정대손율 = 기말대손충당금(12,000,000) ÷ 매출채권잔액(10억) = 1.2%

대손충당금(20x2)

대손	7,000,000	기초	15,000,000
기말	**12,000,000**	대손상각비(설정)	4,000,000
계	19,000,000	계	19,000,000

10. 당기 임차료 = 1년 임차료(6,000,000) ÷ 12개월 × 3개월 = 1,500,000원

12. **실지재고조사법과 계속기록법을 병행하여야** 도난 등의 부족원인을 파악할 수 있다.

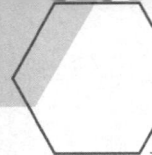

13. 기말재고자산(후입선출법) = 재고수량(100개)×@20(기초단가) = 2,000원

14. 재고자산은 저가법으로 평가한다. 따라서 하락한 상품에 대해서 순실현가능가치로 평가한다.

재고자산 = 상품1(30,000)+상품2(30,000)+상품3(60,000) = 120,000원

15. 매출원가 = 매출액(5,000,000)×[1 - 매출총이익률(30%)] = 3,500,000원

재고자산

기초재고	1,000,000	매출원가	3,500,000
매입액	4,000,000	**기말재고**	**1,500,000**
계	5,000,000	계	5,000,000

소실된 재고자산 = 실사금액(500,000) – 장부상재고(1,500,000) = △1,000,000원

16. 장기금융상품은 **유동자산에 속하지 아니하는 금융상품**을 말한다.

17. 신주인수권부 사채는 **신주를 발행하는 경우 우선적으로 주식을 인수할 수 있는 권리**를 부여한 사채를 말하고, 수익증권은 투자신탁으로 모집된 자금을 증권회사가 신탁회사에 맡기고 수익을 취득할 권리가 표시되어 있는 증권을 말한다. **국채와 신주인수권부사채가 채무증권으로 유가증권(금전청구)에 해당**합니다.

18. **손상차손(매도가능증권) = 회수가능액(900,000) – 취득가액(3,000,000) = △2,100,000원**

19. 당기순이익의 경우 지분법 적용투자주식의 장부금액을 증가시킨다.

20. 유의적인 영향력을 상실한 시점에 보유목적(일반적으로 매도가능증권)에 따라 다시 분류한다.

21. 특정차입금의 일시적 운용으로 생긴 이자수익은 차입원가에서 차감한다.

22. ② **재평가는 장부금액이 공정가치와 중요하게 차이가 나는 경우 수행**한다.

③ **해당 자산이 포함되는 유형자산 분류 전체를 재평가**한다.

④ **재평가손실은 당기비용**으로 한다.

23. 자산(개발비)의 과대계상이므로 이익의 과대계상이 된다.

24. 이연법인세자산(이연법인세부채)은 **관련된 자산항목 또는 부채항목의 재무상태표상 분류에 따라 재무상태표에 유동자산(유동부채) 또는 기타비유동자산(기타비유동부채)으로 분류**한다.

25. 유동성장기부채는 유동부채에 해당한다.

26. 상환이익(5,000) = 장부가액(??) – 상환금액(177,600)   ∴ 처분시 장부가액 = 182,600원

유효이자 = 액면이자(10,000)+상각금액(182,600 – 180,000) = 12,600원

유효이자율 = 유효이자(12,600)÷장부금액(180,000) = 7%

27. 1년이내 상환예정시 유동성장기부채(유동부채)로 분류한다.

28. 충당부채도 부채이므로 부채의 조건을 충족해야 한다.

부채는 ① **과거 거래나 사건의 결과**로서 ② 현재 기업이 부담하고 ③ 그 이행에 대하여 회사의 경제적 가치의 유출이 예상되는 의무이다.

29. 제품보증충당부채 = 매출액(200억)×추정율(10%) – 발생액(13억) = 7억원

30. ① 이연법인세 자산은 미래기간의 과세소득이 충분할 경우에만 인식하여야 한다.

③ 이연법인세 자산·부채에 대해서 일시적 차이만 인식한다.

④ 이연법인세 자산·부채에 대해서 해당 자산이 회수되거나 부채가 상환될 기간에 적용될 것으로 예상되는 세율을 적용하여 측정하여야 한다.

32. 현금배당 : (차) 미처분이익잉여금　　　　XX　　(대) 현금　　　　　　XX → 자본감소

　　　주식배당 : (차) 미처분이익잉여금　　　　XX　　(대) 자본금　　　　　XX → 자본불변(영향없음)

33. 유형자산처분손실은 영업외비용이다.

34. 손익계산서 작성시 **당기순손익에 기타포괄손익을 가감하여 산출한 포괄손익의 내용을 주석으로 기재하게 되었으므로**, 포괄주의에 의한 순이익도 보고하게 되어 있다.

　☞ 포괄손익(주의)은 일정 기간 동안 주주와의 자본거래를 제외한 모든 거래나 사건에서 인식한 자본의 변동을 말한다. 포괄손익을 보고하는 목적은 주주와의 자본거래를 제외한 인식된 거래와 기타 경제적 사건으로 인하여 발생한 모든 순자산의 변동을 측정하기 위한 것인데, 이러한 순자산의 변동 중 **일부는 손익계산서에 표시되고 일부는 재무상태표의 자본의 별도구성항목으로 표시**된다. 당기업적주의는 전통적인 손익계산서로 작성하는 것을 의미한다.

35. ① 위탁매출은 수탁자가 판매시 수익으로 인식한다.

③ 상품권으로 재화 등을 교환시 수익으로 인식한다.

④ **반품예상액을 제외한 금액을 수익으로 인식**한다.

36. 수익 = 제품판매가(10,000,000 - 400,000) + 설치용역(400,000) × 75% = 9,900,000원

37. 단기차입금에 대한 이자비용은 영업외비용에 해당한다.

38. 유통보통주식수 변동

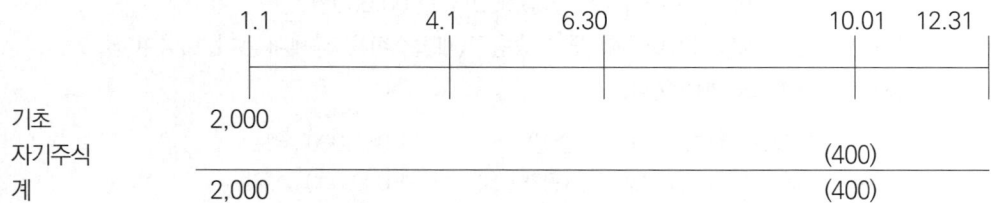

∴ 유통보통주식수(월할계산) = 2,000주 × 12/12 - 400주 × 3/12 = 1,900주

보통주 순이익 = 당기순이익(1,000,000) - 우선주 배당금(88,000) = 912,000원

주당순이익 = 보통주 순이익(912,000) ÷ 가중평균유통보통주식수(1,900주) = 480원/주

39. 기말현금성자산 = 기초(40,000) + 영업활동(100,000) - 투자활동(30,000) - 재무활동(20,000)
　　　= 90,000원

40.

①	(차) 유형자산	××	(대) 장기미지급금	××
②	(차) 유형자산	××	(대) 자본금	××
③	(차) 전환사채	××	(대) 자본금	××
④	(차) 자본금	××	(대) 현금	××

세무회계

41	42	43	44	45	46	47	48	49	50
4	1	2	3	4	4	3	3	1	3
51	52	53	54	55	56	57	58	59	60
1	3	4	4	2	3	2	3	3	3
61	62	63	64	65	66	67	68	69	70
1	2	4	2	1	1	4	3	3	4
71	72	73	74	75	76	77	78	79	80
4	2	3	2	4	3	1	1	3	1

41. 독립세, 부가세는 독립된 세원을 가지고 있는지에 여부에 따른 구분이다.

42. 초과환급시 신고불성실(초과환급)가산세가 적용된다.

43. 자본금과 적립금조정명세서(을)는 유보를 관리하는 서식이다.

44. 법인세법상 이자수익의 손익귀속시기는 소득세법에 따른 **이자소득의 수입시기(실제로 받은 날 또는 받기로 한 날)**가 되므로, 미수이자 계상시 익금불산입 처리한다.

45. **자산수증이익은 익금항목이므로 영업외수익으로 계상한 경우 별도 세무조정은 없다.**

46. 손금 = 어린이집운영(1,000,000)+직장회식비(1,800,000)+소액주주인 사택유지비(2,000,000)
+국민건강보험료 사용자부담분(700,000) = 5,500,000원

47. ①④ 부가치세법상 매입세액불공제 대상 승용차(개별소비세 과세대상)가 대상이다.
② 자동차세, 통행료도 해당한다.

48.
11기	〈손금불산입〉 단기매매증권(평가손실)	1,000,000 (유보)
12기	〈손금산입〉 전기 단기매매증권(평가손실)	1,000,000 (△유보)
	〈익금불산입〉 단기매매증권(평가이익)	3,000,000 (△유보)
13기	〈익금산입〉 단기매매증권	3,000,000 (유보) ← 유보추인

49. 상각 범위액(정액법) = 취득가액(5,000,000)×상각률(0.2) = 1,000,000원
상각 범위액(정률법) = [취득가액(5,000,000) – 감가상각누계액(2,000,000)]×상각률(0.451)
= 1,353,000원

50. 기업업무추진비 한도(ⓐ+ⓑ) = 64,000,000원
ⓐ 기본(일반기업)한도 = 12,000,000원
ⓑ 수입금액 한도 = 100억×0.3%+100억×0.2%×100억×0.2%×10% = 52,000,000원

51. 대손충당금 한도액 = 세무상 기말 채권(2억)×대손실적율[Max(0.8%,1%)] = 2,000,000원
회사설정액(기말잔액) = 4,000,000원
대손충당금한도초과 = 설정액(4,000,000) – 한도(2,000,000) = 2,000,000원

52. 원천징수세액은 기타사외유출로 처분한다.

53. 부당행위 부인 규정 적용대상은 **저가양도 고가양수가 대상**이다.

54. 각사업연도소득금액 = 법인세비용차감전순이익(2억) + 대표이사 상여초과(5,000,000)
+ 비실명채권이자(1,000,000) = 206,000,000원

55. 〖6개월간의 산출세액〗

과세표준(6개월)	150,000,000	
1년 환산 과세표준	300,000,000	150,000,000×2
1년 환산 산출세액	40,000,000	20,000,000 + 1억×20%
6개월 환산 산출세액	**20,000,000**	40,000,000÷12개월×6개월

58. 원천징수되지 아니한 기타소득(뇌물)이 있을 경우 무조건 종합과세한다.

59. 이자소득금액 = 정기예금(2,000,000) + 단기저축성보험차익(5,000,000) +
비영업업대금의 이익(16,000,000) = 23,000,000원

60. 소득세법에 규정된 사업에서 발생한 소득을 과세 대상으로 한다. 그리고 이와 유사한 소득으로서 **영리를 목적으로 자기의 계산과 책임 하에 계속·반복적으로 행하는 활동**(포괄주의)에서 발생하는 소득을 대상으로 한다.

61. 특별공로금은 근로의 대가이므로 근로소득으로 과세한다.

62. 기타소득 = 위약금(3,000,000) + 상표권양도(5,000,000) + 복권당첨금(2,000,000) = 10,000,000원
토지매각대금은 양도소득, 은행예금이자는 이자소득으로 과세한다.

63. 〈인적공제금액〉

관계	요 건		공제	추가	판 단
	연령	소득			
본인	–	–	○		종합소득금액 3천만원 초과자
배우자	–	×	부		총급여액 5백만원 초과자
아들(21)	×	○	○	장애	총급여액 5백만원 이하자, 장애인은 연령요건을 따지지 않음.
딸 1(17)	○	○	○		
딸 2(14)	○	○	○	장애	의붓딸도 공제 대상

기본공제 = 1,500,000×4명 = 6,000,000원 장애인공제 = 2,000,000×2명 = 4,000,000원
인적공제합계 = 기본공제(6,000,000) + 장애인공제(4,000,000) = 10,000,000원

64. 법인세법상 한도 내에서는 퇴직소득으로 인정하고, **초과분은 근로소득**으로 본다.

65. 사업소득자에 대해서 중간예납의무가 있다.

66. 사업소득만 있는 경우 종합소득신고 의무가 있다.

67. 원천징수세액(일용근로자) = [일급여액 − 150,000원] × 6% − 근로소득세액공제(산출세액×55%)

69. 부가가치세는 단계마다 과세하는 다단계 거래세이다.

70. 면세사업자는 법인세법, 소득세법 상의 사업자이다.

71. ④은 등록거부사유이다.

73. 영세율은 완전면세, 면세는 부분면세제도이다.

75. 과세표준(1기 예정) = 상가매출(20,000,000) − 에누리(2,000,000) + 부동산임대(6,000,000 − 3개월)

= 24,000,000원

77. 매입세액공제액 = 원재료매입(5,000,000)

공자부지(토지) 매입은 면세이고, **기업업무추진비는 매입세액 불공제 대상**이다.

78. ㉠ 과세 세금계산서 발급분㉠ = 세금계산서 발행(20,000,000)

㉡ 과세 신용카드 등 = 신용카드(15,000,000) + 현금영수증(1,000,000) = 16,000,000원

㉢ 영세 세금계산서 발급분 = 내국신용장(15,000,000)

㉣ 영세 기타 = 직수출(30,000,000)

79. 면세를 과세로 잘못 알고 세금계산서를 발급한 경우가 수정세금계산서 발급사유가 된다.

80. 매입자 발행 세금계산서는 사업자가 재화 또는 용역을 공급하고 거래시기에 세금계산서를 발급하지 않는 경우(**거래건당 공급대가가 5만원 이상인 거래**) 그 재화 또는 용역을 공급받은 자는 관할세무서장의 확인을 받아 **과세기간의 종료일부터 1년 이내 발급 신청**할 수 있다.

108회 회계관리 1급

재무회계

01. 다음 중 국제회계기준의 특징에 관한 설명으로 옳은 것은?

① 상세하고 구체적인 회계처리 방법을 제시하는 규정중심의 회계기준이다.

② 별도재무제표가 기본재무제표이며, 경제적 실질에 따라 지배회사와 종속회사의 재무제표를 결합하여 보고하는 연결재무제표를 보조재무제표로 제시한다.

③ 자산 및 부채의 측정에 있어 역사적원가의 적용이 확대되었다.

④ 회계정보의 이용자를 보호하기 위해 공시를 강화하고 있다.

02. 다음 재무정보의 질적특성 중 신뢰성의 구성요소로 옳은 것은?

ㄱ. 적시성	ㄴ. 표현의 충실성	ㄷ. 검증가능성	ㄹ. 예측가치

① ㄱ, ㄴ 　　② ㄴ, ㄷ 　　③ ㄱ, ㄷ 　　④ ㄷ, ㄹ

03. 다음과 같은 특징을 가지고 있는 재무제표로 옳은 것은?

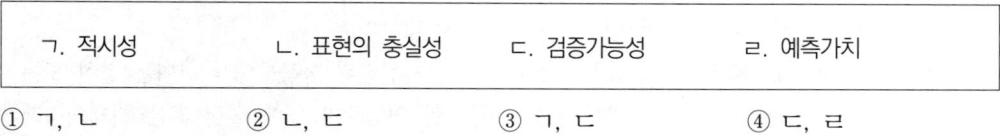

- 소유주의 출자내역에 관한 정보와 현금배당에 관한 정보 그리고 보유하고 있는 매도가능증권 및 토지 등의 가치변동에 관한 정보 등을 보여준다.
- 자본금, 자본잉여금, 자본조정, 기타포괄손익누계액, 이익잉여금 등의 기초 및 기말잔액과 변동사항을 표시한다.

① 재무상태표 　　② 현금흐름표 　　③ 손익계산서 　　④ 자본변동표

04. 다음 중 자산에 관한 설명으로 옳지 않은 것은?

① 자산은 과거의 거래나 사건의 결과로써 현재 기업실체에 의해 지배되고 미래에 경제적 효익을 창출할 것으로 기대되는 자원이다.

② 일반적으로 현금유출과 자산의 취득은 밀접하게 관련되어 있기 때문에 양자가 반드시 일치한다.

③ 자산은 1년을 기준으로 하여 유동자산 또는 비유동자산으로 구분하는 것을 원칙으로 한다.

④ 일반적으로 물리적 형태를 가지고 있지만 믈리적 형태가 자산의 본질적인 특성은 아니다.

05. 다음 중 재무상태표의 구성요소에 관한 설명으로 옳지 않은 것은?

① 부채는 과거의 거래나 사건의 결과로 현재 기업실체가 부담하고 있고 미래에 자원의 유출 또는 사용이 예상되는 의무를 말한다.

② 일반적으로 부채의 액면금액은 확정되어 있지만, 측정에 추정을 요하는 경우도 있다.

③ 소유권 등의 법적권리가 자산성 유무를 결정하는 최종적 기준에 해당한다.

④ 미래의 일정 시점에서 자산을 취득한다는 결정이나 단순한 약정은 현재의 의무가 아니다.

06. 다음 중 재무상태표의 작성기준에 관한 설명으로 옳지 않은 것은?

① 재무상태표는 자산·부채 및 자본으로 구분하고 자산은 유동자산 및 비유등자산으로, 부채는 유동부채 및 비유동부채로, 자본은 자본금·자본잉여금·자본조정·기타포괄손익누계액·이익잉여금으로 각각 구분한다.

② 자산과 부채는 원칙적으로 상계하여 표시하지 않는다.

③ 재고자산·매출채권 및 매입채무 등 운전자본과 관련된 항목들에 대하여는 실현 또는 결제될 때까지의 기간이 1년을 초과할 경우 정상적인 영업주기 내에 실현 혹은 결제되리라 예상되는 부분에 대해서도 비유동항목으로 분류한다.

④ 재무상태표에 기재하는 자산과 부채는 유동성이 큰 항목부터 배열하는 것을 원칙으로 한다.

07. 다음 중 재무상태표상 현금및현금성자산에 관한 설명으로 옳지 않은 것은?

① 현금및현금성자산은 통화 및 타인발행수표 등 통화대용증권과 당좌예금·보통예금 및 현금성자산을 말한다.

② 현금에는 지폐, 주화 이외에도 타인발행당좌수표, 자기앞수표, 차용증서, 수입인지, 선일자수표와 같이 일반 지급수단으로 쓰이는 대용증권이 포함된다.

③ 엽서, 우표, 부도수표, 부도어음 등은 현금및현금성자산으로 분류되지 않는다.

④ 현금성자산은 큰 거래비용 없이 현금으로 전환이 용이하고 이자율 변동에 따른 가치변동의 위험이 중요하지 않은 유가증권 및 단기금융상품으로써 취득당시 만기가 3개월 이내에 도래하는 것을 말한다.

08. 다음 중 외상매출금의 양도에 관한 설명으로 옳지 않은 것은?

① 외상매출금을 양도한 후에도 효율적인 통제권을 계속 행사할 수 있는 경우에는 차입거래로 회계처리한다.

② 외상매출금의 양도는 경제적 실질에 따라 매각거래와 차입거래로 구분할 수 있다.

③ 외상매출금의 양도란 외상매출금을 회수기일 전에 금융기관 등에 매각하고 자금을 조달하는 것을 말한다.

④ 외상매출금의 양도 후 양수자에게 상환청구권이 있는지 여부로 매각거래와 차입거래를 구분한다.

09. ㈜삼일의 당기 중 매출채권, 대손충당금 및 대손상각비와 관련하여 발생한 거래는 다음과 같다. ㈜삼일의 손익계산서에 계상될 대손상각비를 계산하면 얼마인가?

> ㄱ. 대손충당금 기초잔액은 200,000원이다.
> ㄴ. 7월 31일에 매출채권 100,000원이 회수가 불가능하여 대손처리하였다.
> ㄷ. 기말 매출채권 잔액(대손충당금 차감전)은 20,000,000원이다.
> ㄹ. ㈜삼일은 매출채권 기말잔액(대손충당금 차감전)의 1% 를 대손충당금으로 설정하고 있다.

① 50,000원   ② 100,000원   ③ 200,000원   ④ 250,000원

10. ㈜삼일의 20X1년 결산일 회계처리시 나타날 수 있는 결산 분개로 옳은 것은?

> 20X1년 4월 1일 : ㈜삼일은 ㈜서울에 1년 후 상환 조건으로 현금 1,000,000원(이자율 : 연 12%)을 대여하였다. 단, 이자는 1년 후 원금과 함께 20X2년 4월 1일에 받기로 하였다.

① (차) 이자수익	30,000원	(대) 미수수익	30,000원
② (차) 미수수익	90,000원	(대) 이자수익	90,000원
③ (차) 단기대여금	30,000원	(대) 이자수익	30,000원
④ (차) 미수수익	90,000원	(대) 단기대여금	90,000원

11. 다음 중 재고자산에 관한 설명으로 옳지 않은 것은?

① 재고자산이란 정상적인 영업과정에서 판매를 위하여 보유중인 자산을 말한다.

② 정상적인 영업과정에서 판매를 위하여 생산중인 자산도 재고자산에 포함된다.

③ 재료원가나 노무원가 중 비정상적으로 낭비된 부분도 취득에 필요한 부대비용으로 보고 재고자산의 취득원가에 포함된다.

④ 재고자산을 현재의 장소에 현재의 상태로 이르게 하는데 발생한 기타의 원가도 취득에 필요한 부대비용으로 보고 재고자산의 취득원가에 포함된다.

12. 다음 중 판매자의 기말 재고자산에 포함되지 않는 것은?

① 고객에게 인도된 할부판매상품

② 매입자에게 인도되었으나, 아직 매입의사 표시가 없는 시송품

③ 목적지 인도조건으로 판매된 운송중인 상품

④ 수탁자가 점유하고 있는 위탁자의 적송품

13. 다음은 ㈜삼일의 재고자산에 관한 자료이다. 선입선출법에 의해 재고자산을 평가하는 경우 1월 말 재고자산금액을 계산하면 얼마인가?(단, 월말시점에 장부상 재고수량과 실제 재고수량은 일치하고 있음)

날짜	적요	수량	단가	금액
1월 1일	월초재고	100개	20원	2,000원
1월 10일	매입	150개	22원	3,300원
1월 15일	매출	200개		
1월 25일	매입	80개	23원	1,840원
1월 31일	월말재고	130개		

① 2,940원 ② 3,160원 ③ 4,140원 ④ 4,320원

14. 다음 중 재고자산의 수량결정에 관한 설명으로 옳지 않은 것은?

① 재고자산의 금액은 재고자산의 수량에 재고자산의 원가를 곱하여 결정된다.

② 계속기록법은 재고자산을 종류별로 나누어 입고·출고시마다 계속 기록함으로써 잔액이 산출되도록 하는 방법이다.

③ 실지재고조사법을 사용하면 도난, 분실 등에 의한 감소량이 당기의 출고량에 포함되어 재고부족의 원인을 파악하기 힘들다.

④ 계속기록법과 실지재고조사법 중 하나의 방법을 선택하여야 하며, 두 방법을 병행 적용할 수 없다.

15. 당기 중에 영업을 개시한 ㈜삼일은 A상품만을 판매하고 있다. A상품은 단위당 300원에 취득하였으며, 기말 장부상 수량은 450개이다. 또한 A상품의 기말 재고실사 수량은 400개이고 단위당 시가는 270원으로 파악되었다. A상품에 대해 저가법을 적용하는 경우 재고자산평가손실을 계산하면 얼마인가?(단, 재고자산의 판매비용은 발생하지 않는다고 가정한다)

① 10,000원 ② 12,000원 ③ 15,000원 ④ 27,000원

16. 다음 중 장기금융상품에 관한 설명으로 옳지 않은 것은?

① 장기금융상품이란 유동자산에 속하지 아니하는 금융상품을 말한다.

② 장기금융상품 중 만기가 1년 이내에 도래하는 장기금융상품은 단기금융상품으로 계정대체하여야 한다.

③ 장기금융상품은 실무적으로 계정면에서는 단기금융상품계정에서 일괄처리한 후 결산시점에서 만기가 1년 이상인 금융상품은 분리하여 장기금융상품으로 대체할 수 있다.

④ 사용이 제한되어 있는 장기금융상품의 경우 만기가 1년 이내에 도래하더라도 단기금융상품으로 계정대체하지 않는다.

17. 다음 중 유가증권의 분류에 관한 설명으로 옳지 않은 것은?

① 채무증권은 매도가능증권, 단기매매증권, 만기보유증권으로 분류한다.

② 채무증권을 만기까지 보유할 의도로 취득하였으며, 실제 만기까지 보유할 능력이 있는 경우에는 만기보유증권으로 분류한다.

③ 지분증권은 매도가능증권, 단기매매증권, 지분법적용투자주식으로 분류한다.

④ 지분증권중 매도가능증권은 재무상태표에서 유동자산으로만 분류한다.

18. ㈜서울은 20X2년 1월 1일에 ㈜강남의 주식 150주를 장기투자목적으로 6,000,000원에 취득하여 매도가능증권으로 분류하였다. 20X2년 12월 31일 이 주식의 공정가치는 6,500,000원이다. ㈜서울이 20X3년 6월 21일에 ㈜강남의 주식 150주를 5,500,000원에 모두 처분하였다면 20X3년에 인식할 관련 처분손익은 얼마인가?

① 처분손익 0원   ② 처분이익 500,000원

③ 처분손실 500,000원   ④ 처분손실 1,000,000원

19. ㈜삼일은 20X1년 초에 만기보유 목적으로 액면금액 100,000원 (액면이자율 연 8%, 만기 3년, 매년 말 이자지급 조건)의 회사채를 95,026원 (유효이자율 연 10%)에 취득하여 만기보유증권으로 분류하였다. 동 회사채의 20X1년 말 공정가치는 97,000원이었으며, ㈜삼일은 부득이한 사정으로 이 회사채를 20X2년 초에 94,000원에 매각하였다. 20X2년 초 처분손익을 계산하면 얼마인가?(단, 소수점 첫째자리에서 반올림한다)

① 처분이익 527원   ② 처분이익 1,583원

③ 처분손실 2,529원   ④ 처분손익 0원

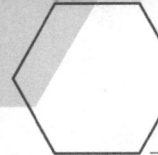

20. 다음 중 지분법 회계처리에 관한 설명으로 옳지 않은 것은?

① 투자기업이 피투자기업에 대한 유의적인 영향력을 행사할 수 있는 경우 당해 지분증권은 지분법을 적용하여 평가한다.

② 유사한 상황에서 발생한 동일한 거래나 사건에 대하여 피투자기업의 회계정책을 투자기업의 회계정책으로 일치하도록 적절히 수정하여 지분법을 적용한다.

③ 투자기업이 직접 또는 종속회사를 통하여 간접으로 피투자기업의 의결권 있는 주식의 20% 이상을 보유하고 있다면 명백한 반증이 있는 경우를 제외하고는 유의적인 영향력이 있는 것으로 본다.

④ 투자기업과 피투자기업의 보고기간 종료일이 다를 경우 반드시 투자기업의 보고기간 종료일을 기준으로 작성된 피투자기업의 신뢰성 있는 재무제표를 사용하여 적용한다.

21. 다음 중 일반기업회계기준상 유형자산 계정과목에 관한 설명으로 옳은 것은?

① 유형자산간의 교환은 일종의 매매거래이므로 이에 대한 유형자산처분손익을 항상 인식하여야 한다.

② 유형자산의 취득 후에 추가적인 지출이 발생한 경우 지출의 효과가 장기간에 걸쳐 나타나는 것으로서 유형자산의 내용연수가 증가하거나 가치가 증대되는 지출은 수익적 지출로 처리한다.

③ 유형자산 감가상각의 내용연수와 잔존가치는 세법의 규정에 따라 정해야 한다.

④ 감가상각방법에는 정액법, 정률법, 생산량비례법 등이 있다.

22. ㈜삼일은 20X1년 1월 1일에 취득원가 5,000,000원, 잔존가치 500,000원, 내용연수 5년인 유형자산을 취득하고 정률법으로 감가상각하고 있다. ㈜삼일이 20X2년에 감가상각비로 계상할 금액을 계산하면 얼마인가?(단, 상각률은 0.451이라고 가정한다)

① 987,565원   ② 1,237,995원   ③ 1,533,993원   ④ 2,255,000원

23. 회사의 R&D 지출액은 연구단계에서 발생한 지출과 개발단계에서 발생한 지출으로 구분할 수 있다. 다음 중 개발단계에 속하는 활동으로 옳지 않은 것은?

① 생산 전 또는 사용 전의 시작품과 모형을 설계, 제작 및 시험하는 활동

② 새로운 기술과 관련된 공구, 금형, 주형 등을 설계하는 활동

③ 연구결과 또는 기타 지식을 탐색, 평가, 최종 선택 및 응용하는 활동

④ 상업적 생산목적이 아닌 소규모의 시험공장을 설계, 건설 및 가동하는 활동

24. 다음 중 손익계산서상 장기연불거래에서 발생한 매출액의 공시금액으로 옳은 것은?(단, 중소기업 회계처리 특례를 적용하지 않는다고 가정한다)

① 미래에 수취할 명목금액의 단순합계
② 미래에 수취할 명목금액을 공정가치로 평가한 금액
③ 판매한 상품의 대체원가
④ 당기에 현금으로 회수한 금액

25. 재무상태표의 구성항목 중 부채는 1년 및 정상적인 영업주기 기준으로 유동 및 비유동부채로 구분하는 것을 원칙으로 한다. 다음의 계정과목 중 성격이 다른 것은 무엇인가?

① 장기차입금　　　② 매입채무　　　③ 미지급비용　　　④ 선수수익

26. 사채 발행시 인식한 사채발행차금은 유효이자율법에 따라 상각 또는 환입한다. 사채를 할인발행한 경우와 할증발행한 경우의 이자비용은 기간의 경과에 따라 각각 어떻게 변동하는가?

	할증발행한 경우	할인발행한 경우		할증발행한 경우	할인발행한 경우
①	감소	증가	②	증가	감소
③	감소	감소	④	증가	증가

27. ㈜삼일은 20X1년 1월 1일 액면금액 1,000,000원, 액면이자율 연 10%(매년 말 이자지급), 만기 3년인 회사채를 951,963원에 발행하였다. 발행 당시 유효이자율은 연 12%이었으며, 사채할인발행차금에 대하여 유효이자율법으로 상각하고 있다. ㈜삼일의 20X2년 이자비용을 계산하면 얼마인가?(단, 소수점 첫째자리에서 반올림한다)

① 113,913원　　　② 114,236원　　　③ 115,944원　　　④ 117,857원

28. 다음 중 ㈜삼일의 충당부채에 관한 회계처리로 옳지 않은 것은?

① ㈜삼일은 현재의무의 이행에 소요되는 지출에 대하여 보고기간종료일 현재 최선의 추정치를 산출하여 충당부채로 계상하였다.
② ㈜삼일은 충당부채를 발생시킨 사건과 밀접하게 관련된 자산의 처분차익이 예상되는 경우에 당해 처분차익을 충당부채 금액을 측정할 때 고려하였다.
③ ㈜삼일은 충당부채의 명목금액과 현재가치의 차이가 중요하여 예상 지출액의 현재가치로 충당부채를 평가하였다.
④ ㈜삼일은 미래의 예상 영업손실에 대해서는 충당부채를 계상하지 않았다.

29. 다음은 ㈜삼일의 퇴직급여와 관련된 회계정보이다. 20X1년에 ㈜삼일이 손익계산서에 인식할 퇴직급여를 계산하면 얼마인가?(단, 퇴직급여는 판매비와관리비에 해당한다)

구 분	20X0년	20X1년
12월말 퇴직급여충당부채 잔액	100,000원	140,000원
기중 현금으로 지급된 퇴직금	40,000원	30,000원

① 70,000원   ② 80,000원   ③ 90,000원   ④ 100,000원

30. 다음은 20X1년 초에 설립된 ㈜삼일의 법인세 관련 자료이다. 20X1년 말 재무상태표에 계상될 이연법인세자산 또는 이연법인세부채를 계산하면 얼마인가?(단, 이연법인세자산 또는 이연법인세부채의 인식조건은 충족된다)

- 20X1년 법인세비용차감전순이익이 40,000원이다.
- 세무조정 결과 회계이익과 과세소득의 차이로 인해 발생한 가산할 일시적 차이는 10,000원이고, 기업업무추진비(접대비) 한도초과액은 5,000원이다.
- 20X1년 법인세율은 20%이며, 20X2년 이후 법인세율은 30%이다.

① 이연법인세자산 2,000원   ② 이연법인세자산 3,000원

③ 이연법인세부채 2,000원   ④ 이연법인세부채 3,000원

31. 다음 중 재무상태표상 기타포괄손익누계액에 영향을 미치는 항목들로 올바르게 짝지어진 것은?

ㄱ. 매도가능증권평가손익	ㄴ. 매도가능증권처분손익
ㄷ. 유형자산 감가상각비	ㄹ. 유형자산 재평가잉여금

① ㄱ, ㄴ   ② ㄱ, ㄷ   ③ ㄱ, ㄹ   ④ ㄴ, ㄷ

32. 다음 중 자본에 관한 설명으로 옳지 않은 것은?

① 자기주식 취득시 취득금액을 자본조정 항목으로 회계처리한다.

② 주식을 액면금액 이하로 발행한 경우 억면금액에 미달하는 금액은 주식할인발행차금으로 회계처리한다.

③ 무상증자를 할 경우 자본총계는 증가하지만 자본금은 변동하지 않는다.

④ 자본잉여금은 이익잉여금과는 달리 자본거래에서 발생하므로 손익계산서를 거치지 않고 자본계정에 직접 가감된다.

33. 다음은 유통업을 영위하는 ㈜삼일의 20X1년 손익계산서와 관련된 자료이다. 20X1년 ㈜삼일의 영업이익을 계산하면 얼마인가?(급여와 감가상각비는 판매비와관리비에 해당한다)

매출액	9,500,000원	매출원가	6,500,000원
급여	900,000원	매출채권대손상각비	50,000원
감가상각비	80,000원	유형자산처분이익	80,000원
기부금	40,000원	이자비용	60,000원

① 1,850,000원   ② 1,930,000원   ③ 1,970,000원   ④ 2,040,000원

34. 다음 중 손익을 매출총손익, 영업손익, 법인세비용차감전계속사업손익, 중단사업손익 및 당기순손익으로 표시하는 것은 손익계산서 작성원칙 중 어디에 해당하는가?

① 구분계산의 원칙
② 총액주의
③ 발생주의
④ 수익비용대응의 원칙

35. 다음 중 수익인식기준에 관한 설명으로 옳지 않은 것은?

① 배당금수익은 배당금을 받을 권리와 금액이 확정되는 시점에 인식한다.
② 장기할부판매의 수익은 판매시점에 인식하는데, 이는 할부판매라 하더라도 수익창출의 결정적 사건이 인도시점에 발생했기 때문이다.
③ 성격과 가치가 유사한 재화나 용역간의 교환은 수익을 인식시키는 거래로 보지 않는다.
④ 반품조건부판매는 반품예상액을 합리적으로 추정할 수 있는 경우 제품의 인도시점에 판매금액 전액을 수익으로 인식한다.

36. ㈜삼일의 장기도급공사의 내역은 다음과 같다. 총공사계약금액이 1,200,000원일 때, ㈜삼일이 20X2년에 인식해야 할 공사손익을 계산하면 얼마인가?(단, 공사진행률은 누적발생원가에 기초하여 산정한다)

	20X1년	20X2년	20X3년
누적발생공사원가	360,000원	721,000원	1,050,000원
총공사예정원가	900,000원	1,030,000원	1,050,000원
공사대금청구액	350,000원	350,000원	300,000원
공사대금회수액	280,000원	300,000원	420,000원

① 공사손실 1,000원
② 공사손실 3,000원
③ 공사이익 1,000원
④ 공사이익 3,000원

37. 다음 중 외화환산손익에 관한 설명으로 옳지 않은 것은?

① 외화자산의 경우 발생시점보다 기말의 환율이 상승하게 되면 외화환산손실이 발생한다.

② 외화자산·부채는 화폐성과 비화폐성으로 구분되고 각각의 경우 적용하는 환율이 다르다.

③ 화폐성 외화자산·부채란 화폐가치의 변동에 영향을 받지 않는 외화자산·부채를 의미하며 마감환율로 환산한다.

④ 화폐성 외화자산에는 현금, 예금, 매출채권 등이 있다.

38. 다음 중 주당이익에 관한 설명으로 옳지 않은 것은?

① 주식 1주당 발생한 이익을 의미한다.

② 주가수익률(PER) 산출의 기초자료가 된다.

③ 유통보통주식수가 증가하면 주당이익이 증가한다.

④ 당기순이익이 증가하면 주당이익이 증가한다.

39. 다음은 ㈜삼일의 현금흐름표에서 발췌한 자료이다. 기말 현금및현금성자산을 계산하면 얼마인가?

> 가. 영업활동 현금흐름 100,000원 유입　　나. 투자활동 현금흐름　　30,000원 유출
> 다. 재무활동 현금흐름　20,000원 유출　　라. 기초 현금및현금성자산 30,000원

① 70,000원　　　　② 80,000원　　　　③ 90,000원　　　　④ 100,000원

40. 다음 자료를 참고하여 ㈜삼일의 영업활동 현금흐름을 계산하면 얼마인가?

> 가. 재화의 판매와 용역의 제공에 따른 현금유입 50,000원
> 나. 종업원과 관련하여 직접적으로 발생한 현금유출 10,000원
> 다. 배당금 지급에 따른 현금유출 20,000원

① 20,000원 유입　　　　　　　② 30,000원 유입

③ 40,000원 유입　　　　　　　④ 50,000원 유입

세무회계

41. 다음은 여러가지 기준에 따른 조세의 분류 중 일부를 예시한 것이다.

기 준	조 세
조세를 부과하는 주체에 따른 분류	국세, 지방세
조세를 부담하는 자와 납부하는 자가 동일한지 여부에 따른 분류	직접세, 간접세
납세의무자의 인적사항이 고려되는지 여부에 따른 분류	인세, 물세

다음 중 아래 그림의 A에 해당하는 조세만으로 묶인 것으로 옳은 것은?

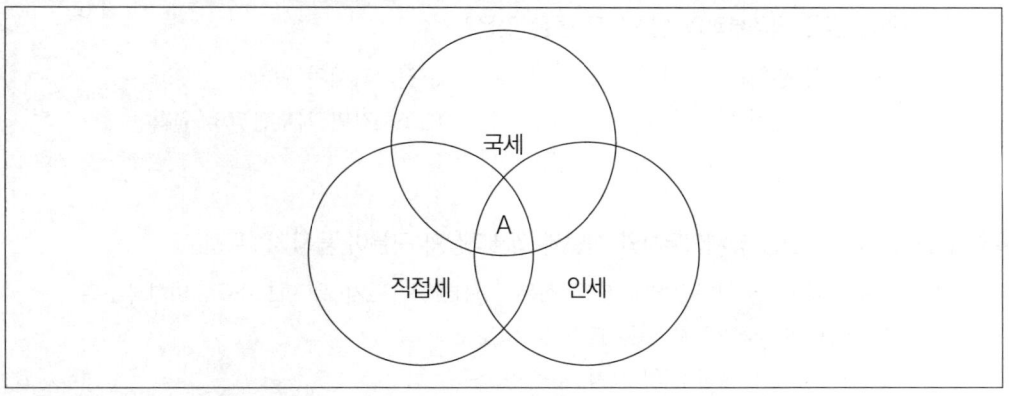

ㄱ. 법인세	ㄴ. 소득세	ㄷ. 부가가치세
ㄹ. 상속세	ㅁ. 증여세	ㅂ. 자동차세
ㅅ. 재산세		

① ㄱ, ㄴ, ㄷ   ② ㄱ, ㄹ, ㅁ   ③ ㄱ, ㄴ, ㄹ, ㅁ   ④ ㄱ, ㄹ, ㅁ, ㅅ

42. ㈜삼일의 김삼일 부장은 신문을 읽던 중 다음과 같은 기사를 발견하였다.

> **앞으로는 경제자유구역에 입주하는 국내기업도 일정요건을 갖춘 경우 외국인 투자기업과 같이 조세감면을 받게 될 것으로 보인다.**
>
> (중략)
>
> 정부가 경제자유구역에 입주하는 기업의 세제 및 자금지원 대상을 '외국인투자기업 및 대통령령으로 정하는 기업'으로 확대한 것이다.
>
> 이에 따라 경제자유구역에 진출하는 국내기업에 대해서도 조세를 감면하는 법적근거가 마련됐으며, 외투기업과 연관성이 높은 국내기업의 입주를 촉진해 구역별 산업특화 클러스터 조성이 기대되고 있다.

김삼일 부장은 기사 중 밑줄 친 부분을 읽고 '일정요건을 갖추어 조세를 감면받는 경우, 그 세액을 감면받은 후 관련 규정을 따르지 않으면 감면을 취소하고 추징할 수도 있겠지.'라고 생각하였다. 이러한 생각과 관련이 깊은 국세부과의 원칙으로 옳은 것은?

① 실질과세의 원칙   ② 근거과세의 원칙

③ 신의성실의 원칙   ④ 조세감면 사후관리의 원칙

43. 다음 중 법인세법상 납세의무자와 법인세 과세대상의 구분이 옳지 않은 것은?

① 영리내국법인 : 국내외원천의 모든 소득, 청산소득, 토지 등 양도소득, 미환류소득

② 영리외국법인 : 국내원천소득, 토지 등 양도소득

③ 비영리내국법인 : 청산소득, 토지 등 양도소득

④ 비영리외국법인 : 국내원천소득 중 수익사업소득, 토지 등 양도소득

44. 다음 중 법인세법상 손익의 귀속시기에 관한 설명으로 옳지 않은 것은?

① 용역제공기간이 1년 이상인 장기용역손익의 귀속시기 : 착수일이 속하는 사업연도부터 그 목적물의 인도일이 속하는 사업연도까지 건설 등을 완료한 정도(작업진행률)에 따라 결정

② 계약 등에 의하여 임대료 지급일이 정하여진 경우 임대손익의 귀속시기 : 계약에 의한 지급약정일

③ 상품·제품 판매손익 귀속시기 : 상품·제품의 판매대금 회수일

④ 상품·제품 이외의 자산 판매손익의 귀속시기 : 해당 자산의 대금청산일, 소유권이전등기일(또는 등록일), 인도일 또는 사용수익일 중 가장 빠른 날

45. 다음 자료를 기초로 법인세법상 익금금액을 계산하면 얼마인가?

ㄱ. 주식발행초과금	5,000,000원
ㄴ. 벌금의 환급액	10,000,000원
ㄷ. 국세환급금에 대한 이자	3,000,000원
ㄹ. 간주임대료	20,000,000원
ㅁ. 임대료수익	30,000,000원

① 50,000,000원   ② 53,000,000원

③ 58,000,000원   ④ 73,000,000원

46. ㈜삼일이 비용으로 계상한 임원 및 직원에게 지급한 인건비의 내용은 다음과 같다. 다음 중 손금불산입 세무조정이 필요한 금액의 합계를 계산하면 얼마인가?

ㄱ. 임원 급여 지급액 : 300,000,000원
ㄴ. 직원 급여 지급액 : 600,000,000원
ㄷ. 임원 상여금 지급액 : 100,000,000원(임원 상여지급기준상 한도액 : 60,000,000원)
ㄹ. 직원 상여금 지급액 : 100,000,000원(직원 상여지급기준상 한도액 : 80,000,000원)

① 40,000,000원   ② 60,000,000원

③ 100,000,000원   ④ 340,000,000원

47. 다음 중 법인세법상 손금항목과 손금불산입항목을 올바르게 짝지은 것은?

ㄱ. 우리사주조합운영비
ㄴ. 양도한 자산의 양도당시의 장부가액
ㄷ. 업무무관경비
ㄹ. 채권자불분명사채이자

	손금항목	손금불산입항목
①	ㄱ, ㄴ	ㄷ, ㄹ
②	ㄱ, ㄹ	ㄴ, ㄷ
③	ㄴ, ㄷ	ㄱ, ㄹ
④	ㄷ, ㄹ	ㄱ, ㄴ

48. ㈜삼일은 취득원가 10,000,000원의 재고자산을 결산시 7,000,000원으로 평가하여 재고자산평가손실을 계상하고, 취득원가 8,000,000원의 유가증권(상장주식임)을 결산시 6,000,000원으로 평가하여 유가증권평가손실을 계상하였다. ㈜삼일이 수행할 세무조정으로 옳은 것은(단, 삼일은 재고자산의 평가방법을 저가법으로 신고하였으며, 상장주식 발행 법인은 부도발생, 회생계획인가결정, 부실징후기업이 되거나 파산된 것은 아니다.)?

① 세무조정 없음
② 손금불산입 2,000,000원
③ 손금불산입 3,000,000원
④ 손금불산입 5,000,000원

49. 다음 중 법인이 유형·무형자산에 대하여 지출하는 수선비에 관한 설명으로 옳지 않은 것은?

① 유형·무형자산의 내용연수를 증가시키거나 가치를 실질적으로 증가시키는 수선비를 자본적 지출이라고 한다.
② 유형·무형자산의 원상을 회복하거나 능률유지를 위하여 지출하는 수선비를 수익적 지출이라고 한다.
③ 자본적 지출에 해당하는 수선비는 자산의 취득원가에 더해져 감가상각과정을 통해 법인의 손금에 산입한다.
④ 본래의 용도를 변경하기 위한 개조나 엘리베이터 또는 냉난방장치의 설치 등은 수익적 지출에 해당한다.

50. 다음 중 법인세법상 기업업무추진비와 기부금에 관한 설명으로 옳지 않은 것은?

① 기업업무추진비는 발생주의에 의하여 귀속시기를 판단한다.
② 현물기업업무추진비의 경우 시가가 장부가액보다 낮은 경우 장부가액으로 평가한다.
③ 기부금은 법인의 사업과 관련없이 타인에게 무상으로 지출한 재산적 증여가액을 말한다.
④ 천재지변 이재민 구호금품은 일반기부금에 해당한다.

51. 다음은 제조업을 영위하는 ㈜삼일의 대손충당금 관련 자료이다. 이를 기초로 ㈜삼일의 대손충당금 한도 초과액을 계산하면 얼마인가?(단, 전기 대손충당금 부인액과 당기 중 발생한 대손액에 대한 부인액은 없다)

ㄱ. 대손충당금설정대상 채권금액 : 1,000,000,000원	
ㄴ. 대손실적률 : 0.5%	
ㄷ. 대손충당금 :	
－ 기초잔액	10,000,000원
－ 당기추가설정액	5,000,000원
－ 기말잔액	15,000,000원

① 1,000,000원
② 5,000,000원
③ 10,000,000원
④ 15,000,000원

52. 다음 중 지급이자 손금불산입 세무조정이 필요한 항목으로 올바르게 짝지어진 것은?

ㄱ. 비실명채권·증권의 이자상당액
ㄴ. 법인운영차입금에 대한 이자
ㄷ. 건설자금이자
ㄹ. 업무무관자산 등 관련이자

① ㄱ, ㄹ
② ㄴ, ㄷ
③ ㄱ, ㄷ, ㄹ
④ ㄱ, ㄴ, ㄷ

53. 다음은 ㈜삼일의 제23기(20x1년 1월 1일~20x1년 12월 31일)의 가지급금인정이자 계산과 관련한 자료이다. 가지급금인정이자와 관련된 ㈜삼일의 세무조정으로 옳은 것은?(단, 회사는 가지급금인정이자 계산시 가중평균차입이자율을 사용하고 있다)

ㄱ. 대표이사에 대한 가지급금적수 : 3,650,000,000원
ㄴ. 가중평균차입이자율 : 3%
ㄷ. ㈜삼일이 대표이사로부터 수령한 이자수익 : 50,000원
ㄹ. 소수점 이하는 반올림하여 계산하고, 제23기 사업연도는 365일이라고 가정한다.

① (익금산입) 가지급금인정이자 150,000원
② (익금산입) 가지급금인정이자 250,000원
③ (익금산입) 가지급금인정이자 300,000원
④ 세무조정 없음

54. 다음 법인세 과세표준 계산을 위한 양식에서 (ㄱ)에 들어갈 항목으로 옳지 않은 것은?

결 산 서 상 당 기 순 이 익
(+) 익 금 산 입 · 손 금 불 산 입
(-) 손 금 산 입 · 익 금 불 산 입
각 사 업 연 도 소 득 금 액
(-)   (ㄱ)
과   세   표   준

① 이월결손금   ② 소득공제   ③ 원천납부세액   ④ 비과세소득

55. 다음 자료를 기초로 중소기업인 ㈜삼일의 제23기(20x1년 1월 1일~20x1년 12월 31일) 법인세 산출세액을 계산한 것으로 옳은 것은?

> ㄱ. 각 사업연도 소득금액 : 200,000,000원
>
> ㄴ. 비과세소득 : 20,000,000원
>
> ㄷ. 이월결손금 : 법인세 과세표준 계산시 한번도 공제되지 않은 이월결손금의 발생 사업연도와 금액은 다음과 같다.
>> -제15기 : 6,000,000원
>>
>> -제16기 : 24,000,000원
>
> ㄹ. 과세표준 2억원 이하에 적용되는 법인세율(가정) : 10%

① 15,000,000원   ② 14,040,000원   ③ 15,500,000원   ④ 16,200,000원

56. 다음 중 법인세 신고 및 납부에 관한 설명으로 옳은 것은?

① 내국법인은 각 사업연도 소득에 대한 법인세를 사업연도 종료일로부터 6개월 이내에 신고하여야 한다.

② 각 사업연도 소득금액이 없거나 결손금이 있는 경우에도 신고의무가 있다.

③ 법인이 법정신고기한까지 법인세의 과세표준을 신고하였으나 과세표준을 과소신고한 경우에는 무신고가산세가 부과된다.

④ 납부할 법인세액이 1천만원을 초과하는 대에는 납부기한이 경과한 날로부터 2개월(중소기업은 4개월) 내에 법인세를 분납할 수 있다.

57. 다음 중 소득세법상 과세기간에 관한 설명으로 옳지 않은 것은?

① 소득세법상 과세기간은 매년 1월 1일부터 12월 31일까지 1년이다.

② 납세의무자가 폐업하더라도 1월 1일부터 12월 31일까지를 1과세기간으로 한다.

③ 개인사업자는 1년을 초과하지 않는 범위 내에서 과세기간을 자유롭게 정할 수 있다.

④ 납세의무자가 사망한 경우 1월 1일부터 사망일까지의 기간을 1과세기간으로 한다.

58. 다음 중 소득세법상 거주자에 관한 설명으로 옳은 것은?

① 거주자는 국내원천소득에 대해서만 납세의무를 진다.

② 거소는 주소지 외의 장소로써 개인이 상당 기간에 걸쳐 거처하지만 상대적으로 주소와 같이 밀접한 생활관계가 형성되지 아니한 곳을 말한다.

③ 국내회사의 임직원이 국외사업장에 파견된 경우에 이들은 비거주자로 본다.

④ 외국 영주권을 가진 자로서 국내에 1과세기간 동안 180일 이상 거소를 둔 경우에는 거주자에 해당한다.

59. 다음 중 소득세법상 이자소득의 수입시기에 관한 설명으로 옳지 않은 것은?

① 보통예금의 이자 : 실제 이자 지급일

② 저축성보험의 보험차익 : 보험금 또는 환급금의 지급일 또는 중도해지일

③ 무기명채권의 이자와 할인액 : 약정에 의한 이자지급일

④ 비영업대금의 이익 : 약정에 의한 이자지급일

60. 다음 중 소득세법상 사업소득금액과 법인세법상 각 사업연도 소득금액의 차이에 관한 설명으로 옳은 것은?

① 개인사업의 대표자에게 지급하는 급여는 필요경비로 인정되지만, 법인의 대표자에게 지급하는 급여는 법인의 손금으로 인정되지 않는다.

② 개인의 과세소득은 원칙적으로 순자산증가설에 입각하여 소득의 범위를 정하고 있는 데 반하여, 법인의 과세소득은 소득원천설에 의하여 과세소득의 범위를 정하고 있다.

③ 개인사업의 대표자는 퇴직급여충당금의 설정대상인데 반하여, 법인의 대표자는 퇴직급여충당금 설정대상이 아니다.

④ 유형자산인 건물의 양도소득은 법인세법상 각 사업연도 소득금액에 포함되지만, 소득세법상 사업소득금액에는 포함되지 않는다.

61. 김삼일씨의 20x1년 급여내역이 다음과 같을 때 총급여액을 계산하면 얼마인가?(김삼일씨는 연중 계속 근무하였으며, 아래 사항 이외의 근로소득은 없다)

> – 급여 : 20,000,000원(급여에는 아래의 수당은 프함되어 있지 않다)
> – 상여 : 8,000,000원
> – 연월차수당 : 1,000,000원
> – 식사대 : 2,760,000원(월 230,000원, 별도의 식사를 제공받지 않음)
> – 자가운전보조금 : 3,000,000원(월 250,000원)
>   김삼일씨 소유차량을 업무수행에 이용하고 그에 소요된 실제비용을 지급받지 않음.

① 29,000,000원   ② 29,600,000원   ③ 29,960,000원   ④ 31,160,000원

62. 다음 중 소득세법상 기타소득에 포함되지 않는 것은?

① 경마에 투표하여 얻는 이익
② 복권당첨으로 수령한 금액
③ 계약의 위약 또는 해약으로 수령한 위약금과 배상금
④ 연금저축에 가입하여 연금형태로 받는 소득

63. 다음은 거주자 김삼일씨의 기본공제대상자 내역이다. 20x1년도 종합소득산출세액에서 공제할 수 있는 자녀세액공제의 합계는 얼마인가?(김삼일씨는 종합소득이 있는 거주자이며, 세액공제가 가능한 경우 모두 김삼일씨의 공제대상자에 포함한다.)

관계	이름	나이
자	김사일	17세
녀	김오일	15세
자	김사이	9세
녀	김오이	8세
녀	김오삼	2세

① 450,000원   ② 600,000원   ③ 1,350,000원   ④ 1,200,000원

64. 다음 중 소득세법상 양도소득에 관한 설명으로 옳은 것은?

① 자산을 무상으로 사실상 이전하는 경우 양도소득세가 과세된다.

② 양도소득은 종합과세 대상이다.

③ 1세대 1주택(고가주택 포함)에 대해서는 양도소득세가 비과세된다.

④ 비상장주식은 양도소득세 과세대상자산이 될 수 있다.

65. 다음 중 과세표준 확정신고 의무에 관한 설명으로 옳지 않은 것은?

	소득유형	신고의무
①	근로소득만 있는 자	연말정산으로 납세의무 종결 가능
②	퇴직소득만 있는 자	원천징수로 납세의무 종결 가능
③	연말정산대상이 아닌 사업소득만 있는 자	종합소득 확정신고의 방법으로만 납세의무 종결 가능
④	근로소득과 양도소득만 있는 자	종합소득 확정신고의 방법으로만 납세의무 종결 가능

66. 다음 중 일반적인 근로자에 대한 연말정산 절차와 계산 방법으로 옳지 않은 것은?

	연말정산 절차	계산 방법
①	총급여액 계산	근로자가 1년간 받은 총급여액에 배우자의 총급여액을 가산하여 계산
②	근로소득금액 계산	소득세법에 따른 근로소득공제액을 총급여액에서 차감
③	종합소득과세표준 계산	종합소득금액에서 인적공제, 특별소득공제 및 조세특례제한법상 소득공제 등을 차감하여 과세표준을 계산
④	산출세액 계산	종합소득과세표준에 소득세 기본세율을 곱하여 산출세액 계산

67. 일반적으로 소득이 발생하면 소득의 지급자가 원천징수를 하게 된다. 거주자에 대한 다음 소득 중 원천징수를 하지 않는 소득으로 옳은 것은?

① 퇴직소득   ② 양도소득   ③ 기타소득   ④ 근로소득

68. ㈜삼일은 직원 서비스교육을 위해 외부강사 김회계 씨를 초빙하여 강사료 7,000,000원을 지급하였다. 해당 기타소득의 필요경비는 60%, 원천징수세율은 20%이다. 다음 중 기타소득의 원천징수에 대해 옳지 않은 설명을 하고 있는 사람은 누구인가?

> 최부장 : 김회계씨가 계속·반복적으로 독립적인 지위에서 강의를 하는 경우에는 사업소득으로 원천징수될 수 있습니다.
> 박차장 : 하지만 김회계씨에게 지급하는 소득은 기타소득에 해당하므로 강사료 7,000,000원에 20%를 적용하여 1,400,000원의 소득세를 원천징수하여 납부하면 됩니다.
> 이과장 : 네, 만약 우리 회사가 김회계씨에게 지급되는 강사료를 사업소득으로 원천징수하는 경우에는 기타소득으로 원천징수하는 경우와 다른 원천징수 세율이 적용되어야 합니다.
> 김사원 : 기타소득금액이 3,000,000원 이하인 경우 김회계씨는 분리과세 혹은 종합과세 중 본인에게 유리한 방안을 선택할 수 있습니다.

① 최부장　　　　② 박차장　　　　③ 이과장　　　　④ 김사원

69. 다음 중 부가가치세 납세의무자에 관한 설명으로 옳은 것은?

① 면세사업자는 부가가치세의 납세의무를 지지 않는다.
② 과세사업자가 면세대상 재화 또는 용역을 공급하는 경우 부가가치세를 과세한다.
③ 신규로 사업을 개시하는 사업자는 사업개시일로부터 25일 이내에 사업자등록을 하여야 한다.
④ 사업자는 여러 개의 사업장이 있는 경우 사업자별로 합산하여 부가가치세를 신고·납부하여야 한다.

70. 다음 중 재화의 수입에 관한 설명으로 옳은 것은?

① 외국으로부터 재화를 들여오는 경우 부가가치세가 과세되지 않는다.
② 수입하는 재화에 대하여는 수출자가 수입자로부터 부가가치세를 징수하여 납부한다.
③ 수출신고를 마치고 선적이 완료된 물품을 국내로 다시 반입하는 경우 재화의 수입에 해당한다.
④ 수입하는 재화에 대하여는 해당 수입자가 사업자인 경우에만 부가가치세가 과세된다.

71. 다음 중 부가가치세 과세대상으로 옳지 않은 것은?

① 담보제공을 위한 재화의 인도
② 현물출자를 위한 재화의 인도
③ 가공계약에 의한 재화의 인도
④ 재화의 인수 대가로 다른 재화를 인도한 교환거래

72. 다음 중 부가가치세법상 영세율에 관한 설명으로 옳지 않은 것은?

① 영세율이 적용되면 해당 거래단계에서 창출된 부가가치에 대해서 과세되지 않는 효과를 가져 오며, 이전 단계에 대해서도 부가가치세가 과세되지 아니한다.

② 면세사업자는 면세포기 절차에 따라 영세율을 적용 받을 수 있다.

③ 영세율은 주로 소비지국과세원칙 구현을 위하여 운용되고 있다.

④ 세율이 0% 이므로 부가가치세를 부담하지 않고, 부가가치세법상의 모든 의무가 면제된다.

73. 다음 중 부가가치세가 면세되는 재화 또는 용역의 공급의 개수로 옳은 것은?

1. 수돗물	6. 의료보건용역
2. 여성용 생리처리 위생용품	7. 도서(도서대여용역 포함) · 신문 · 잡지
3. 연탄과 무연탄	8. 개인용컴퓨터(PC)
4. 시내버스 운송용역	9. 고속철도 여객운송용역
5. 신문광고용역	10. 토지의 공급

① 4개　　　　　　② 5개　　　　　　③ 6개　　　　　　④ 7개

74. 다음은 일반과세자 ㈜삼일의 20x1년 제1기 예정신고기간(20x1년 1월 1일~20x1년 3월 31일)의 거래 내역이다. 20x1년 제1기 예정신고기간의 부가가치세 과세표준을 계산하면 얼마인가?(단, 주어진 자료 의 금액은 부가가치세가 포함되지 아니한 금액이다)

> ㄱ. 외상판매액 : 10,000,000원
> 　(위 금액에는 대금의 조기결제로 인한 할인액 1,000,000원이 차감되어 있지 않음)
> ㄴ. 할부판매액 : 4,000,000원
> 　(위 금액에는 상품의 하자로 인한 매출에누리 500,000원이 차감되어 있지 않음)
> ㄷ. 과세사업용 부동산 처분액 : 30,000,000원
> 　(내역 : 토지 25,000,000원, 건물 5,000,000원)

① 17,500,000원　　② 18,500,000원　　③ 19,500,000원　　④ 20,500,000원

75. 부가가치세 과세사업을 영위하는 ㈜삼일은 사용하던 기계장치를 아래와 같이 매각하였다. 기계장치 매각과 관련한 20x1년 제1기 예정신고기간(20x1년 1월 1일~20x1년 3월 31일)의 부가가치세 과세표준을 계산하면 얼마인가?

> 대금의 회수는 다음과 같이 이루어지며, 잔금을 수령한 이후 기계장치를 인도하기로 하였다.
> · 20x1년 2월 5일 계약금 6,000,000원
> · 20x1년 3월 15일 중도금 42,000,000원
> · 20x1년 9월 15일 잔금 12,000,000원

① 0원 ② 12,000,000원 ③ 48,000,000원 ④ 60,000,000원

76. 다음은 ㈜삼일의 부가가치세 20x1년 제2기 예정신고기간(20x1년 7월 1일~20x1년 9월 30일)의 거래내역이다. 이 자료를 바탕으로 매입세액공제액을 계산하면 얼마인가?(단, 매입액에는 부가가치세가 포함되어 있지 않다)

ㄱ. 과세대상 상품 매입액	20,000,000원
ㄴ. 본사 신축용 토지매입액	10,000,000원
ㄷ. 거래처 명절선물구입액	8,000,000원
ㄹ. 직원야근 식사구입액	1,000,000원

① 2,100,000원 ② 2,800,000원 ③ 2,900,000원 ④ 3,000,000원

77. 다음 중 부가가치세 신고 · 납부에 관한 설명으로 옳지 않은 것은?

① 사업자가 폐업하는 경우 별도의 부가가치세 신고절차는 불필요하다.
② 예정신고를 하는 때에 누락된 금액을 확정신고를 하는 때에 신고할 수 있다.
③ 일반환급의 경우 예정신고 시에는 환급세액이 발생하여도 이를 환급하지 아니한다.
④ 수출을 지원하기 위하여 영세율 적용대상인 때에는 조기환급 할 수 있다.

78. 다음 중 부가가치세법상 가산세에 관한 설명으로 옳지 않은 것은?

① 예정신고를 할 때 제출하지 못한 매출처별세금계산서합계표를 해당 예정신고기간이 속하는 과세기간에 확정신고를 할 때 제출하는 경우에는 가산세가 부과된다.

② 공급시기 이후에 발급받은 세금계산서로써 그 공급시기가 속하는 과세기간에 대한 확정신고 기한까지 발급받아 매입세액공제를 받은 경우에는 가산세가 부과된다.

③ 예정신고를 할 때 제출하지 못한 매입처별세금계산서합계표를 해당 예정신고기간이 속하는 과세기간에 확정신고를 할 때 제출하는 경우에는 가산세가 부과된다.

④ 사업자가 아닌 자가 재화 또는 용역을 공급하지 아니하고 세금계산서를 발급한 경우에는 가산세가 부과된다.

79. 다음 중 세금계산서의 필요적 기재사항으로 옳지 않은 것은?

① 공급하는 사업자의 등록번호, 성명 또는 명칭

② 공급받는 자의 등록번호

③ 공급받는 자의 주소

④ 작성연월일

80. 다음 중 부가가치세법상 세금계산서 발급시기에 관한 설명으로 옳은 것은?

① 재화나 용역을 공급하기 전에 세금계산서를 발급하고, 발급일로부터 30일 이내에 대가를 받는 경우에는 대가를 수령한 때를 공급시기로 본다.

② 외상으로 물건을 판매하여 수령한 현금이 없는 경우에는 세금계산서를 발급하지 않는다.

③ 세금계산서는 사업자가 재화 또는 용역의 공급시기에 재화 또는 용역을 공급받는 자에게 발급하는 것이 원칙이다.

④ 거래처별로 1 역월의 공급가액을 합하여 다음달 25일까지 세금계산서를 발급할 수 있다.

108회 답안 및 해설

재무회계

1	2	3	4	5	6	7	8	9	10
4	2	4	2	3	3	2	4	2	2
11	12	13	14	15	16	17	18	19	20
3	1	1	4	2	4	4	3	3	4
21	22	23	24	25	26	27	28	29	30
4	2	3	2	1	1	3	2	1	4
31	32	33	34	35	36	37	38	39	40
3	3	3	1	4	1	1	3	2	3

01. ① 원칙중심 ② 연결재무제표가 주재무제표 ③ 공정가치 적용 확대

02. 신뢰성에는 표현의 충실성, 중립성, 검증가능성이 있다.

04. 자산의 취득시 외상으로 취득한 경우가 있기 때문에 현금유출과 반드시 일치하지는 않는다.

05. 법적권리가 자산성 유무를 결정하는 기준이 아니라, 경제적 실질에 따른다.

06. **정상적인 영업주기 내에 실현 또는 결제될 경우 유동항목으로 분류**한다.

07. 선일자수표는 경제적 실질에 따라 채권으로 분류되고, 차입증서는 단기대여금으로 분류된다.

08. **상환청구권 유무에 따라서 매각거래와 차입거래의 구분은 관련이 없다.**

09. 기말대손충당금 = 매출채권(20,000,000) × 추정율(1%) = 200,000원

대손충당금

대손	100,000	기초	200,000
기말	**200,000**	*대손상각비(설정)*	*100,000*
계	300,000	계	300,000

10. 미수수익 = 대여금(1,000,000) × 12% × 9개월/12개월 = 90,000원

11. 낭비된 부분은 당기 비용으로 처리한다.

12. 할부판매는 인도시점에 상품을 제거하고 수익을 인식한다.

13. 기말재고자산(선입선출법) = 1,840원(1.25) + 50개(1.10) × @22 = 2,940원

14. 기중에는 계속기록법 기말에는 실지재고조사법으로 병행해야 한다.

15. 단가하락 = 취득가액(300) − 시가(270) = 30원

재고자산평가손실 = 단가하락(30원) × 실제 수량(400개) = 12,000원

16. 사용 제한된 장기금융상품이라 하더라도 **만기가 1년 이내에 도래하면 유동자산으로 분류**한다.

17. 매도가능증권은 비유동자산으로 분류한다.

18. **처분손익(매도가능증권) = 처분가액(5,500,000) − 취득가액(6,000,000) = △500,000원(손실)**

19. 〈만기보유증권〉

연도	유효이자(A) (BV×10%)	액면이자(B) (액면가액×8%)	상각액 (A−B)	상각후원가(BV)
20x1. 1. 1				95,026
20x1.12.31	9.503	8,000	1,503	**96,529**

처분손익 = 처분가액(94,000) − 장부가액(96,529) = △2,529원(손실)

20. 지분법은 투자기업의 보고기간종료일을 기준으로 작성된 지분법투자기업의 신뢰성있는 재무제표를 적용하여 적용하는 것이 원칙이나, 보고기간 종료일이 다르고 그 차이가 3개월 이내인 경우에는 지분적 적용시 **지분법피투자기업의 보고기간 종료일 기준으로 작성한 신뢰성 있는 재무제표**를 사용할 수 있다.

21. ① **동종자산 간의 교환시 처분손익을 인식하지 않는다.**
② 자본적 지출로 처리한다.
③ 잔존가치는 유형자산의 **경제적 효익이 끝나는 기간에 자산을 폐기하거나 처분할 때 획득될 것**으로 추정되는 금액을 말한다.

22.

연도	감가상각비 계산 [장부가액(B)×0.451]	감가상각비	감가상각누계액 (A)	기말장부가액(B) (취득가액−A)
1차년도	5,000,000×0.451	2.255.000	2.255.000	2,745,000
2차년도	2,745,000×0.451	*1,237,995*	−	−

23. **탐색활동은 연구단계에 해당**한다.

25. 장기차입금은 비유동부채, 나머지는 유동부채에 해당한다.

26. 사채발행차금은 할증발행의 경우 환입시 차변으로 제거되면서 이자비용을 감소시키고, 할인발행의 경우 상각시 대변으로 제거되면서 이자비용을 증가시킨다.

27. 사채할인발행차금 상각표(유효이자율법)

연도	유효이자(A) (BV×12%)	액면이자(B) (액면가액×10%)	할인차금상각 (A−B)	장부금액 (BV)
20x1. 1. 1				951.963
20x1.12.31	114,236	100,000	14,236	**966,199**
20x2.12.31	*115,944*			

28. 충당부채를 발생시킨 사건과 밀접하게 관련된 자산의 **처분이익이 예상되는 경우 당해 처분이익은 고려하지 아니한다.**

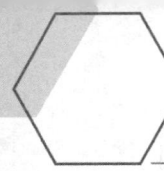

29.

퇴직급여충당부채(20x1)			
퇴사	30,000	기초	100,000
기말	140,000	*설정(퇴직급여)*	*70,000*
계	170,000	계	170,000

30. 이연법인세부채 = (미래)가산할 일시적차이(10,000) × 20x2년 법인세율(30%) = 3,000원

32. 무상증자 : (차) 자본잉여금 등 　　　　XX　　(대) 자본금　　　XX → 자본금증가, 자본불변

33. 매출이익 = 순매출액(9,500,000) - 매출원가(6,500,000) = 3,000,000원

판관비 = 급여(900,000) + 대손상각비(50,000) + 감가상각비(80,000) = 1,030,000원

영업이익 = 매출이익(3,000,000) - 판관비(1,030,000) = 1,970,000원

35. **반품예상액을 제외한 금액을 수익으로 인식**한다.

36.

	x1년	x2년	x3년
누적공사원가(A)	360,000	721,000	1,050,000
총 공사예정원가(B)	900,000	1,030,000	1,050,000
누적진행률(A/B)	40%	70%	100%
총공사계약금액		1,200,000	
당기누적계약수익	480,000	840,000	1,200,000
당기공사수익	480,000	360,000	
당기공사원가	360,000	361,000	
당기공사이익(손실)	**120,000**	**△1,000**	

37. 외화자산의 경우 환율이 상승시 외화환산이익이 발생한다.

38. 유통보통주식수가 증가하면 주당이익이 감소한다.

39. 기말현금성자산 = 기초(30,000) + 영업활동(100,000) - 투자활동(30,000) - 재무활동(20,000)

　　　　　　= 80,000원

40. 영업활동 현금흐름 = 재화의 판매(50,000) - 종업원관련 유출(10,000) = 40,000원(유입)

배당금 지급은 재무활동 현금흐름이다.

세무회계

41	42	43	44	45	46	47	48	49	50
3	4	3	3	1	1	1	2	4	4
51	52	53	54	55	56	57	58	59	60
2	3	2	3	1	2	3	2	3	4
61	62	63	64	65	66	67	68	69	70
3	4	3	4	4	1	2	2	1	3
71	72	73	74	75	76	77	78	79	80
1	4	4	1	3	1	1	3	3	3

41. 법인세, 소득세, 상속세, 증여세가 국세이면서 직접세이고 인세에 해당한다.

43. 비영리법인에 대해서 청산시 잔여재산가액이 국가 등에 귀속되므로 청산소득에 대해서 법인세를 과세하지 않는다.

44. 상품 등의 판매손익의 귀속시기는 판매(인도)시점이다.

45. 익금 = 간주임대료(20,000,000) + 임대료 수익(30,000,000) = 50,000,000원

46. **직원에 대한 상여는 한도가 없다.**

	상여금	상여한도	한도초과
임원	100,000,000원	60,000,000원	*40,000,000원(상여)*

48. 재고자산은 저가법으로 신고했으므로 세무조정사항이 없으나, **유가증권은 원가법으로 평가**하여야 한다.

49. ④ 자본적 지출에 해당한다.

50. 이재민 구호금품은 특례기부금에 해당한다.

51. 대손충당금 한도액 = 세무상 기말 채권(10억) × 대손실적율[Max(0.5%, 1%)] = 10,000,000원

회사설정액(기말잔액) = 15,000,000원

대손충당금한도초과 = 설정액(15,000,000) − 한도(10,000,000) = 5,000,000원

52. 법인운영차입금에 대한 이자는 손금사항이다.

53. 익금산입액 = 가지급금적수(36.5억) × 가중평균차입이자율(3%) ÷ 365일 − 실제수령이자(50,000)
     = 250,000원(상여)

55.

1. 각 사업연도 소득금액	200,000,000	
− 이월결손금, 비과세소득	50,000,000	2019년 이전 이월결손금은 10년간 이월공제함.
2. 차가감소득금액(= 과세표준)	150,000,000	
3. 세율	×10%	
4. 법인세산출세액	*15,000,000*	

56. ① 3개월 이내 ③ 과소신고가산세 ④ 1개월(중소기업은 2개월)

57. 소득세법상 개인사업자의 과세기간은 1.1~12.31이다.

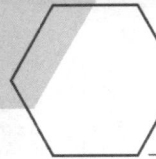

58. ① 거주자는 **국내외 원천소득에 대해서 납세의무를 진다.**

③ 거주자로 본다.

④ **계속하여**(개정세법 26) **183일 이상 거소를 둔 경우**에는 거주자로 본다.

59. 실제이자 지급일을 수입시기로 한다.

60. ① ③개인사업의 대표자 급여(퇴직급여)는 필요경비불산입이고, 법인의 대표자에 지급하는 급여(퇴직급여)는 손금으로 인정된다.

② 소득세는 소득원천설, 법인세는 순자산증가설에 입각하여 과세한다.

61. 총급여액 = 급여(20,000,000) + 상여(8,000,000) + 연월차수당(1,000,000) + 식대(360,000)

+ 자가운전보조금(600,000) = 29,960,000원

식대와 자가운전보조금은 월 20만원 이내 비과세된다.

62. 연금형태로 받으면 연금소득에 해당한다.

63. 자녀세액공제 대상액 : 8세 이상 기본공제대상 자녀(4명)

자녀세액공제액 = 2명(55만원) + 40만원 × 2명 = 135만원

64. ① 증여세가 과세된다. ② 분류과세 ③ **1세대 1주택에 고가주택은 제외**된다.

65. 근로소득은 연말정산, 양도소득은 분류과세 된다.

66. 소득세는 인별과세를 채택하고 있다.

67. 양도소득에 대해서는 원천징수 의무가 없다.

68. 필요경비(60%)를 차감 후 소득금액에 20%의 세율을 적용하여 원천징수(소득세 56만원)한다.

69. ② 면세재화는 부가가치세를 면제한다. ③ 20일 이내

④ 부가가치세는 사업장별 과세가 원칙이다.

70. ① 수입재화에 대해서 부가가치세가 과세된다. ② 세관장이 부가가치세를 징수한다.

④ 수입시 개인도 부가가치세가 과세된다.

72. 영세율 사업자는 부가가치세법상의 사업자이므로 부가가치세법상의 모든 의무를 이행하여야 한다.

73. 수돗물, 의료보건용역, 여성용 생리처리 위생용품, 도서 등, 연탄과 무연탄, 시내버스 운송용역, 토지의 공급은 면세에 해당한다.

74. 과세표준(1기 예정) = 매출(10,000,000) - 할인(1,000,000) + 할부(4,000,000) - 에누리(500,000)

+ 건물(5,000,000) = 17,500,000원

75. 중간지급조건부(**재화가 인도되기 전에 계약금 이외의 대가를 분할하여 지급하고, 계약금 지급일로부터 잔금지급일까지의 기간이 6개월 이상인 경우**)이므로 대가의 각 부분을 받기로 한 때가 공급시기이다.

1기 예정신고 과세표준 = 계약금(6,000,000) + 중도금(42,000,000) = 48,000,000원

76. 매입세액공제액 = 상품 매입(2,000,000) + 야근식사대(100,000) = 2,100,000원

77. 폐업시 **폐업일이 속하는 다음달 25일까지 부가가치세 신고**를 하여야 한다.

78. 매입처별세금계산서 합계표를 지연제출해도 가산세가 부과되지 않는다.

79. 공급받는자의 주소는 임의적 기재사항이다.

80. ① 7일 이내 ② 공급시에도 세금계산서를 발급해야 한다. ④ 다음달 10일까지

107회 회계관리 1급

재무회계

01. 다음 중 재무회계와 관리회계에 관한 설명으로 가장 옳은 것은?

① 재무회계는 일반적으로 인정된 회계원칙에 따른 재무제표를 통해 보고한다.

② 재무회계의 주된 목적은 경영자의 관리적 의사결정에 유용한 정보를 제공하는 것이다.

③ 재무회계와 관리회계 모두 법적강제력이 있다는 공통점이 있다.

④ 관리회계의 주된 목적은 외부 정보이용자의 경제적 의사결정에 유용한 정보를 제공하는 것이다.

02. 재무정보의 주요 질적특성인 목적적합성과 신뢰성은 그 성격상 서로 상충관계(trade-off)를 가진다. 다음 중 목적적합성과 신뢰성의 관계에 관한 설명으로 가장 올바르지 않은 것은?

① 유형자산을 역사적원가로 평가하면 검증가능성이 높으므로 신뢰성은 제고될 수 있으나 목적 적합성은 저하될 수 있다.

② 공사수익의 인식기준으로 진행기준을 채택할 경우 완성기준을 채택한 경우에 비해 목적적합 성은 제고될 수 있으나 신뢰성은 저하될 수 있다.

③ 반기·분기재무제표는 신뢰성은 제고될 수 있으나 목적적합성은 저하될 수 있다.

④ 발생주의보다는 현금주의를 채택하는 것이 신뢰성은 제고될 수 있으나 목적적합성은 저하될 수 있다.

03. 다음 중 재무제표 기본요소의 인식과 측정에 관한 설명으로 가장 올바르지 않은 것은?

① 기업실체가 현재의 의무를 미래에 이행할 때 경제적 효익이 유출될 가능성이 매우 높고 그 금액을 신뢰성 있게 측정할 수 있다면 이러한 의무는 재무상태표에 부채로 인식한다.

② 인식이란 거래나 사건의 경제적 효과를 자산, 부채, 수익, 비용 등으로 재무제표에 표시하는 것을 말한다.

③ 자산을 취득하였을 때 그 대가로 지급한 현금, 현금등가액 또는 기타지급수단의 공정가치를 순실현가능가치라고 말한다.

④ 측정이란 재무제표의 기본요소에 대해 그 화폐금액을 결정하는 것을 말한다.

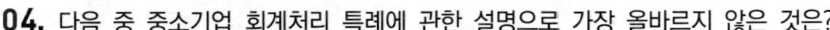

04. 다음 중 중소기업 회계처리 특례에 관한 설명으로 가장 올바르지 않은 것은?

① 정형화된 시장에서 거래되지 않아 시가가 없는 파생상품의 계약시점 후 평가에 관한 회계처리는 아니할 수 있다.

② 시장성이 있는 지분증권은 취득원가를 장부금액으로 할 수 있다.

③ 법인세비용은 법인세법 등의 법령에 의하여 납부하여야 할 금액으로 할 수 있다.

④ 상장법인 및 금융회사 등의 경우에는 중소기업 회계처리 특례 규정을 적용할 수 없다.

05. 다음 중 재무상태표의 작성기준에 관한 설명으로 가장 올바르지 않은 것은?

① 재무상태표는 자산·부채 및 자본으로 구분한다.

② 재무상태표에 기재하는 자산과 부채는 유동성이 큰 항목부터 배열하는 것을 원칙으로 한다.

③ 자산과 부채는 원칙적으로 순액으로 표시한다.

④ 가지급금 또는 가수금 등의 미결산항목은 그 내용을 나타내는 적절한 항목으로 표시한다.

06. 다음은 ㈜삼일의 재무제표 정보 중 일부이다. 자료를 바탕으로 20X2년 중 자본변동 내역의 당기순이익을 계산하면 얼마인가(단, 아래사항을 제외한 다른 자본변동사항은 없다고 가정한다)?

		20X2년 12월 31일	20X1년 12월 31일
자산총계		190,000원	130,000원
부채총계		70,000원	40,000원
20X2년 중 자본변동 내역	당기순이익		?
	유상증자		10,000원
	주식배당		6,000원

① 14,000원   ② 20,000원   ③ 26,000원   ④ 30,000원

07. 다음은 유동자산에 속하는 계정들의 잔액이다. 재무상태표에 당좌자산으로 계상될 금액을 계산하면 얼마인가?

ㄱ. 현금및현금성자산	100,000원	ㄴ. 매출채권	200,000원
ㄷ. 단기대여금	300,000원	ㄹ. 선급비용	100,000원
ㅁ. 상 품	300,000원	ㅂ. 제 품	200,000원

① 400,000원   ② 700,000원   ③ 1,000,000원   ④ 1,200,000원

08. 다음 중 은행계정조정표에서 은행측 잔액을 차감해야 하는 경우로 가장 옳은 것은?

① 기업은 당좌수표를 발행하고 당좌예금계정에서 차감하였으나, 당좌수표 수취인이 은행에 아직 지급을 요구하지 않은 경우

② 은행 서비스에 대한 수수료를 은행은 당좌구좌에서 차감하였으나 기업은 아직 기록하지 않은 경우

③ 다른 계좌의 이자수익이 당좌예금 계좌로 이체되었으나, 은행으로부터 이를 통지받지 못한 경우

④ 타인발행 당좌수표를 은행에 예입하고 기록하였으나, 타사의 당좌예금 잔액부족으로 지급이 거절되었고 은행으로부터 이를 통지받지 못한 경우

09. 다음 중 대손충당금의 설정에 관한 설명으로 가장 올바르지 않은 것은?

① 일반기업회계기준에서는 회수가 불확실한 채권에 대하여 합리적이고 객관적인 기준에 따라 산출한 대손추산액을 대손충당금으로 설정하도록 규정하고 있다.

② 대손충당금계정의 잔액이 있는 경우에는 기말대손추산액과 대손충당금잔액의 차액을 대손상각비나 대손충당금환입으로 처리한다.

③ 대손상각비는 해당 대손을 발생시킨 채권이 상거래상의 채권인지 여부에 관계없이 판매비와관리비로 처리한다.

④ 판매비와관리비로 분류된 대손충당금환입액은 판매비와관리비의 부(-)의 금액으로 표시한다.

10. 제과업을 영위하는 ㈜삼일은 ㈜용산과 20X1년 11월 1일 본사사옥 임대차 계약을 맺고 3개월분의 임차료 12,000,000원을 선지급하고, 차변에 선급비용으로 회계처리하였다. ㈜삼일의 회계연도는 매년 1월 1일부터 12월 31일까지라면 20X1년 12월 31일에 ㈜삼일이 수행해야 할 회계처리로 가장 옳은 것은?

① (차) 선급비용	4,000,000원	(대) 임차료	4,000,000원
② (차) 선급금	4,000,000원	(대) 임차료	4,000,000원
③ (차) 임차료	8,000,000원	(대) 선급비용	8,000,000원
④ (차) 임차료	12,000,000원	(대) 현금	12,000,000원

11. 다음 중 기말재고자산에 포함될 항목으로 가장 올바르지 않은 것은?

① 시용판매를 위하여 고객에게 제공된 상품 중 매입의사가 표시되지 않은 부분

② 담보로 제공한 저당상품(저당권 실행 전)

③ 도착지인도조건으로 매입한 운송중인 상품

④ 위탁판매목적으로 반출된 상품 중 수탁자가 현재 보관중인 부분

12. 다음 중 실지재고조사법에 관한 설명으로 가장 올바르지 않은 것은?

    ① 실지재고조사법은 보고기간 말에 창고를 조사하여 기말 재고수량을 파악하는 방법이다.

    ② 실지재고조사법을 사용하면 도난, 분실 등의 정확한 재고 부족의 원인을 판명할 수 있다.

    ③ 실지재고조사법을 사용하면 재고자산의 종류, 수량이 많을 경우 재고 출고시마다 이를 기록하는 번잡함을 피할 수 있는 장점이 있다.

    ④ 실지재고조사법을 사용하면 기말현재 정확한 재고자산의 수량을 파악할 수 있는 장점이 있다.

13. 당기 중에 물가가 계속 상승하고 기말재고수량이 기초재고수량보다 많다고 가정하는 경우 세 가지 재고자산 평가방법을 적용할 때 기말재고자산의 크기를 비교한 것으로 가장 옳은 것은?

    ① 선입선출법>평균법>후입선출법

    ② 선입선출법>후입선출법>평균법

    ③ 선입선출법<평균법<후입선출법

    ④ 평균법<선입선출법<후입선출법

14. ㈜삼일의 20X1년 매출액은 5,100,000원이며 연간 매출총이익률은 25%이다. 기말재고실사 결과 담당자는 재고자산에 대한 횡령이 발생하였음을 인지하였다. 매출총이익률법을 이용하여 추정한 재고자산횡령액을 계산하면 얼마인가?

• 기초재고	1,050,000원
• 당기매입	4,500,000원
• 기말재고(실사금액)	555,000원

    ① 1,050,000원   ② 1,170,000원   ③ 1,500,000원   ④ 1,680,000원

15. 다음 자료를 바탕으로 ㈜삼일의 손익계산서에 인식할 매출원가를 계산하면 얼마인가?

가. 결산조정 전 장부상 매출원가	1,000,000원
나. 결산시점 평가손실 및 감모손실의 내역	
ㄱ. 재고자산평가손실	300,000원
ㄴ. 정상적인 재고자산감모손실	200,000원
ㄷ. 비정상적인 재고자산감모손실	100,000원

    ① 1,300,000원   ② 1,400,000원   ③ 1,500,000원   ④ 1,600,000원

16. 다음 중 장기금융상품에 관한 설명으로 가장 올바르지 않은 것은?

① 장기금융상품이란 유동자산에 속하지 아니하는 금융상품을 말한다.

② 장기금융상품 중 만기가 1년 이내에 도래하는 장기금융상품은 단기금융상품으로 계정대체하여야 한다.

③ 장기금융상품에 대하여는 사용이 제한되어 있을 경우라도 주석으로 공시할 의무는 없다.

④ 장기금융상품은 실무적으로 단기금융상품계정에서 일괄처리한 후 결산시점에서 만기가 1년 이상인 금융상품을 분리하여 장기금융상품(투자자산)으로 대체할 수 있다.

17. 다음 중 유가증권에 관한 설명으로 가장 올바르지 않은 것은?

① 유가증권은 증권의 종류에 따라 지분증권과 채무증권으로 분류할 수 있다.

② 유가증권 분류의 적정성은 보고기간종료일마다 재검토해야 한다.

③ 지분증권은 단기매매증권, 매도가능증권, 만기보유증권 세 가지 중 하나로만 분류될 수 있다.

④ 단기매매증권이나 만기보유증권으로 분류되지 아니하는 채무증권은 모두 매도가능증권으로 분류한다.

18. ㈜삼일은 20X1년 1월 1일 장기투자목적으로 ㈜서울의 주식 100주(지분율 10%)를 600,000원에 취득하여 매도가능증권으로 분류하였다. 20X1년 12월 31일 ㈜서울 주식의 공정가치는 주당 6,500원이었고, 20X2년 8월 5일에 보유 주식 중 80주를 450,000원에 처분하였다. ㈜삼일이 20X2년에 인식할 매도가능증권처분손익을 계산하면 얼마인가?

① 매도가능증권처분이익 30,000원　　② 매도가능증권처분이익 70,000원

③ 매도가능증권처분손실 30,000원　　④ 매도가능증권처분손실 70,000원

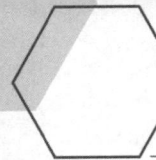

19. ㈜삼일은 20X2년 12월 1일에 A주식과 B사채를 구입하였다. 각 주식과 사채의 공정가치와 거래원가는 다음과 같다. A주식은 단기매매증권으로, B사채는 매도가능증권으로 인식하였을 경우 해당 유가증권의 취득원가를 계산하면 얼마인가?

	A주식	B사채
공정가치	100,000원	300,000원
거래원가	10,000원	20,000원

	A주식	B사채
①	100,000원	300,000원
②	100,000원	320,000원
③	110,000원	300,000원
④	110,000원	320,000원

20. 다음 중 채무증권의 재분류에 관한 설명으로 가장 올바르지 않은 것은?

① 채무증권을 재분류할 때에는 재분류일 현재의 공정가치로 평가한 후 변경한다.

② 원칙적으로 단기매매증권은 다른 범주로 재분류할 수 없으며, 다른 범주의 유가증권의 경우에도 단기매매증권으로 재분류할 수 없다.

③ 매도가능증권은 만기보유증권으로 재분류할 수 없다.

④ 만기보유증권은 매도가능증권으로 재분류할 수 있다.

21. 다음 중 유형자산의 감가상각에 관한 설명으로 가장 올바르지 않은 것은?

① 동일한 내용연수 하에서는 정률법에 따라 감가상각하였을 경우, 정액법에 비하여 유형자산 취득 초기의 당기순이익과 유형자산의 장부금액이 적게 표시된다.

② 정액법으로 감가상각을 하는 경우 감가상각비로 계상되는 금액은 내용연수에 걸쳐 균등하게 인식된다.

③ 정률법을 적용하는 경우에는 취득원가에서 잔존가치를 차감한 금액에 매년 동일한 상각률을 곱한 금액을 감가상각비로 계상한다.

④ 감가상각방법은 매기 계속하여 적용하고, 정당한 사유없이 변경하지 않는다.

22. 다음은 ㈜삼일이 사용 중인 건물에 관한 정보이다. 20X1년 결산시 아래와 같은 사실이 추정되는 경우 ㈜삼일이 20X1년에 유형자산손상차손으로 인식해야 할 금액을 계산하면 얼마인가?

> ㄱ. 취득원가 : 100,000,000원
> ㄴ. 20X1년 말 현재 감가상각누계액 : 40,000,000원
> ㄷ. 20X1년 말에 이 건물을 처분할 경우의 순공정가치 : 30,000,000원
> ㄹ. 이 건물을 계속 사용할 경우의 20X1년 말 사용가치 : 35,000,000원

① 25,000,000원　　② 30,000,000원　　③ 65,000,000원　　④ 70,000,000원

23. 다음 중 무형자산에 관한 설명으로 가장 올바르지 않은 것은?

① 무형자산이란 재화의 생산이나 용역의 제공, 타인에 대한 임대 또는 관리에 사용할 목적으로 기업이 보유하고 있으며, 물리적 형태가 없지만 식별가능하고, 기업이 통제하고 있으며, 미래 경제적 효익이 있는 비화폐성자산을 말한다.

② 무형자산이 식별가능하다는 것은 그 자산이 기업실체나 다른 자산으로부터 분리될 수 있거나 계약상 또는 법적 권리를 창출할 수 있는 경우 등을 말한다.

③ 통제란, 무형자산의 미래경제적효익을 확보할 수 있고 그 효익에 대한 제3자의 접근을 제한할 수 있는 것을 의미한다.

④ 내부적으로 창출한 브랜드, 고객목록은 무형자산으로 인식한다.

24. 다음 중 장기금전대차거래에서 발생한 장기채무는 어떠한 금액으로 재무상태표에 공시해야 하는가?

① 미래 지급할 명목상의 금액
② 미래 지급할 명목상의 금액을 현재가치로 할인한 금액
③ 실제 현금으로 수취한 금액
④ 평가시점의 재평가액

25. 다음 중 유동부채에 관한 설명으로 가장 올바르지 않은 것은?

① 유동부채란 보고기간종료일로부터 1년 이내에 상환되어야 하는 단기차입금 등의 부채를 말한다.

② 미착상품의 경우 아직 운송 중에 있다 하더라도 계약조건에 따라 입고 이전 시점에 매입채무를 인식할 수 있다.

③ 선수수익은 일반적 상거래에서 발생된 것으로 미래에 재화 또는 용역을 제공한다는 약속하에 미리 받은 금액이다.

④ 최초 차입시 만기가 3년이었으나 결산일 현재 잔여 만기가 6개월 남은 장기차입금의 경우 유동부채로 분류한다.

26. 다음 중 사채에 관한 설명으로 가장 옳은 것은?

① 액면이자율이 유효이자율보다 높으면 할증발행된다.

② 할인발행되면 만기까지 매 회계기간 총이자비용이 액면이자지급액보다 적다.

③ 사채할인발행차금은 사채의 액면금액을 현재가치로 만들어주기 위해 설정하는 부채의 가산적인 평가계정이다.

④ 할증발행되면 만기까지 매 회계기간 말 사채의 장부금액이 증가한다.

27. ㈜삼일은 20X1년 1월 1일에 액면금액 1,000,000원의 회사채를 발행하였다. 회사채의 표시이자율은 10%이며, 이자지급일은 매년 말일이고, 만기는 20X3년 12월 31일이다. 회사채 발행시 유효이자율이 12%라고 하면 ㈜삼일이 사채 발행시에 수령할 금액을 계산하면 얼마인가(단, 중소기업회계처리특례는 고려하지 않는다)?

현가계수	1년	2년	3년
이자율 12%	0.89286	0.79719	0.71178

① 951,963원　　② 966,159원　　③ 1,000,000원　　④ 1,100,000원

28. 다음 중 충당부채에 관한 설명으로 가장 올바르지 않은 것은?

① 충당부채로 인식하는 금액은 현재의무의 이행에 소요되는 지출에 대한 보고기간종료일 현재의 최선의 추정치이어야 한다.

② 최선의 추정치는 보고기간종료일 현재 시점에 의무를 직접 이행하거나 이해관계가 없는 제3자에게 이전시키는 경우에 지급하여야 하는 금액이다.

③ 충당부채의 명목금액과 현재가치의 차이가 중요한 경우에는 의무를 이행하기 위하여 예상되는 지출액의 현재가치로 평가한다.

④ 충당부채를 발생시킨 사건과 밀접하게 관련된 자산의 처분이익이 예상되는 경우에는 당해 처분이익을 고려하여 충당부채 금액을 측정한다.

29. 다음은 ㈜삼일의 퇴직급여에 관한 회계정보이다. 20X2년 ㈜삼일이 손익계산서상 비용으로 인식할 퇴직급여액을 계산하면 얼마인가?

	20X1년	20X2년
기말현재 퇴직급여충당금	45,000원	60,000원
기중에 현금지급된 퇴직금	3,000원	15,000원

① 20,000원 ② 30,000원 ③ 35,000원 ④ 40,000원

30. 다음 중 법인세회계에 관한 설명으로 가장 옳은 것은?

① 이연법인세자산의 실현가능성은 보고기간종료일마다 재검토되어야 한다.

② 가산할 일시적차이에 대한 이연법인세부채에 대해서도 실현가능성이 검토되어야 한다.

③ 이연법인세는 일시적차이가 발생한 때 자산과 부채로 인식하는 것이므로 발생시기의 법인세율을 적용하여 측정한다.

④ 동일한 유동 및 비유동 구분 내의 이연법인세자산과 이연법인세부채는 동일한 과세당국과 관련된 경우 총액으로 표시한다.

31. 다음 중 자본조정에 해당하지 않는 것은?

① 주식할인발행차금 ② 미교부주식배당금
③ 자기주식 ④ 감자차익

32. 다음 중 현금배당, 주식배당과 무상증자가 자본총액에 미치는 영향으로 가장 옳은 것은?

	현금배당	주식배당	무상증자
①	영향없음	영향없음	영향없음
②	감소	감소	영향없음
③	영향없음	감소	증가
④	감소	영향없음	영향없음

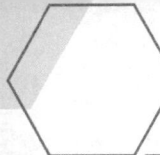

33. 다음은 유통업을 영위하는 ㈜삼일의 20X1년 손익계산서와 관련된 자료이다. 20X1년 ㈜삼일의 영업이익을 계산하면 얼마인가?

매출액	9,000,000원	매출원가	6,000,000원
관리직사원 급여	850,000원	매출채권대손상각비	50,000원
이자비용	60,000원	유형자산처분이익	80,000원

① 2,040,000원　　② 2,100,000원　　③ 2,120,000원　　④ 2,180,000원

34. 다음에서 설명하고 있는 손익계산서 작성기준으로 가장 옳은 것은?

고객으로부터 현금을 수취한 시점에서 그 금액을 수익으로 인식하고 현금을 지출한 시점에서 그 금액을 비용으로 인식하는 경우 수익과 비용에 대한 정확한 기간손익이 이루어지지 않는 단점을 극복하기 위한 작성기준

① 포괄주의　　② 총액주의　　③ 구분계산의 원칙　　④ 발생주의

35. 다음 중 수익의 인식기준에 관한 설명으로 가장 올바르지 않은 것은(단, 중소기업회계처리특례는 고려하지 않는다)?

① 용역의 제공으로 인한 수익은 용역제공거래의 성과를 신뢰성 있게 추정할 수 있을 때 진행기준에 따라 인식한다.
② 배당금수익은 배당금을 수취하는 시점에 인식한다.
③ 로열티수익은 관련된 계약의 경제적 실질을 반영하여 발생기준에 따라 인식한다.
④ 이자수익은 원칙적으로 유효이자율을 적용하여 발생기준에 따라 인식한다.

36. ㈜삼일의 장기도급공사의 내역은 다음과 같다. 총공사계약금액이 30,000,000원일 때, ㈜삼일이 20X1년에 인식해야 할 공사수익을 계산하면 얼마인가?

	20X0년	20X1년	20X2년
총공사예정원가	24,000,000원	27,000,000원	27,000,000원
당기발생공사원가	6,000,000원	10,200,000원	10,800,000원
공사대금청구액	7,000,000원	15,000,000원	8,000,000원
공사대금회수액	6,500,000원	13,000,000원	10,500,000원

① 10,500,000원　　② 12,500,000원　　③ 13,000,000원　　④ 18,000,000원

37. 기업회계기준에서는 화폐성 외화자산·부채에 대해 기말현재의 환율로 환산하도록 규정하고 있다. 다음의 외화자산·부채 중 기말 결산시 외화환산이 필요한 계정과목으로 가장 옳은 것은?

① 차입금　　　　② 선수수익　　　　③ 재고자산　　　　④ 선수금

38. 다음 중 주당이익의 산출방법에 관한 설명으로 가장 올바르지 않은 것은?

① 보통주 당기순이익은 손익계산서상의 당기순이익에서 우선주배당금을 차감하여 계산한다.

② 당기 중에 유상증자가 실시된 경우에는 가중평균유통보통주식수를 납입일을 기준으로 기간경과에 따라 가중평균하여 조정한다.

③ 자기주식은 취득시점 이후부터 매각시점까지의 기간 동안 가중평균유통보통주식수에 포함하지 아니한다.

④ 기중의 유상증자로 발행된 신주에 대한 무상증자, 주식분할 또는 주식병합은 기초에 실시된 것으로 간주하여 가중평균유통보통주식수를 조정한다.

39. 다음 중 현금흐름표와 관련된 주석으로 공시해야 할 현금유출입이 없는 거래로 가장 올바르지 않은 것은?

① 현물출자로 인한 유형자산 취득　　　　② 유형자산의 연불구입

③ 무상증자　　　　④ 대여금의 현금회수

40. 다음의 자료는 ㈜삼일의 20X1년 현금흐름을 수반하는 거래내역이다. 주어진 자료만을 고려하는 경우, ㈜삼일의 20X1년 현금흐름표에 표시될 투자활동으로 인한 순현금흐름을 계산하면 얼마인가?

> ㄱ. 제품의 판매로 인한 매출대금 100,000원을 수령하였다.
>
> ㄴ. 제품을 생산하기 위하여 원재료 구입하면서 30,000원을 지출하였다.
>
> ㄷ. 영업활동에 사용해 오던 차량운반구를 60,000원의 현금을 수령하고 처분하였다.
>
> ㄹ. ㈜삼일의 주주들에게 배당금 40,000원을 현금으로 지급하였다.
>
> ㅁ. 당기 중 다른 기업의 주식(단기매매목적이 아님)을 취득하면서 15,000원을 현금으로 지급하였다.

① 15,000원 순유출　　　　② 25,000원 순유입

③ 30,000원 순유입　　　　④ 45,000원 순유입

세무회계

41. 다음 중 국세부과의 원칙에 관한 설명으로 옳지 않은 것은?

① 정부가 납세자의 국세를 감면한 경우에는 감면받은 이후 그 납세자가 해당 세법규정을 따르지 아니하면 감면을 취소하고 추징할 수 있다.

② 신의성실의 원칙은 조세를 납부하는 국민에게만 적용되며, 조세를 부과·징수하는 국가에게는 적용되지 아니한다.

③ 국세는 원칙적으로 법인이 관리하는 장부내용에 근거하여 객관적으로 부과·징수하여야 한다.

④ 국가는 국민에게 세금을 부과·징수하는 경우 거래의 형식보다 거래의 실질에 따라야 한다.

42. 다음 중 지방세의 세목에 해당하지 않는 것은?

① 종합부동산세   ② 주민세   ③ 자동차세   ④ 등록면허세

43. 다음 중 법인종류별 납세의무의 범위에 관한 설명으로 옳지 않은 것은?

① 외국영리법인의 경우 국내원천소득에 한하여 과세한다.

② 내국법인 중 국가와 지방자치단체에 대해서는 법인세를 부과하지 않는다.

③ 비영리법인의 경우 청산소득 및 토지등 양도소득에 대하여 과세한다.

④ 내국비영리법인의 경우 국내·외원천소득 중 일정한 수익사업에서 발생한 소득에 대하여 과세한다.

44. 다음 중 법인세법상 손익의 귀속사업연도에 관한 설명으로 옳지 않은 것은?

① 장기할부판매손익은 실제 현금이 회수되는 기간에 인식하는 것이 원칙이다.

② 임대료 지급기간이 1년을 초과하는 경우 이미 경과한 기간에 대응하는 임대료 해당액과 비용은 이를 각각 해당 사업연도의 익금과 손금으로 한다.

③ 법인세법의 손익인식기준은 권리·의무확정주의를 원칙으로 한다.

④ 상품판매손익은 상품의 인도일이 속하는 기간에 인식하는 것이 원칙이다.

45. 다음 중 법인세법상 익금항목에 해당하는 것으로 옳은 것은?

ㄱ. 감자차익	ㄴ. 자산수증이익(이월결손금의 보전에 충당되지 아니함)
ㄷ. 자산의 임대료	ㄹ. 자기주식의 양도금액

① ㄱ, ㄷ   ② ㄴ, ㄷ   ③ ㄷ, ㄹ   ④ ㄴ, ㄷ, ㄹ

46. ㈜삼일이 임원 및 직원에게 지급한 인건비의 내용은 다음과 같다. 다음 중 손금불산입 세무조정이 필요한 금액의 합계를 계산하면 얼마인가?

ㄱ. 임원 급여 지급액 : 150,000,000원
ㄴ. 직원 급여 지급액 : 300,000,000원
ㄷ. 임원 상여금 지급액 : 50,000,000원 (임원 상여지급기준상 한도액 : 30,000,000원)
ㄹ. 직원 상여금 지급액 : 50,000,000원 (직원 상여지급기준상 한도액 : 40,000,000원)

① 20,000,000원   ② 30,000,000원   ③ 50,000,000원   ④ 170,000,000원

47. 다음 중 법인세법상 손금으로 인정되는 항목으로 옳은 것은?

① 직장어린이집 운영비
② 폐수배출부담금
③ 부가가치세법에 따른 공제되는 매입세액
④ 업무무관경비

48. 다음 중 법인세법상 재고자산의 평가에 관한 설명으로 옳은 것은 ?

① 재고자산평가방법은 원가법만 인정된다.
② 재고자산평가방법은 영업장별로 적용하며 재고자산종류별로는 다르게 적용할 수 없다.
③ 신설법인은 법인의 설립일이 속하는 사업연도의 과세표준 신고기한 내에 재고자산평가방법을 신고하여야 한다.
④ 재고자산평가방법을 변경하고자 하는 법인은 변경할 재고자산평가방법을 적용하고자 하는 사업연도종료일 이후 3개월이 되는 날까지 변경신고를 하여야 한다.

49. 다음 자료를 보고 법인세법상 필요한 감가상각비 세무조정으로 옳은 것은?

ㄱ. 회사 계상 당기 감가상각비	100,000원
ㄴ. 세법상 당기 감가상각범위액	300,000원
ㄷ. 전기 상각부인액	400,000원

① (손금불산입) 200,000원 (기타사외유출) ② (손금불산입) 200,000원 (유보)

③ (손금산입) 200,000원 (△유보) ④ (손금산입) 200,000원 (기타)

50. 다음 중 법인세법상 기부금과 기업업무추진비의 처리에 관한 설명으로 옳지 않은 것은?

① 손금으로 인정되지 않는 기업업무추진비 한도초과액은 기타사외유출로 소득처분하고 기부금의 한도초과액은 대표자상여로 소득처분한다.

② 기업업무추진비의 귀속시기는 발생주의를 기준으로 하나, 기부금의 귀속시기는 현금주의를 기준으로 한다.

③ 현물로 제공한 기업업무추진비는 시가와 장부가액 중 큰 금액을 기업업무추진비로 본다.

④ 기업업무추진비와 기부금은 모두 일정한 한도 내에서만 손금으로 인정하고 이를 초과하는 금액은 손금으로 인정하지 않는다.

51. 다음에 열거한 채권 중에서 (가)신고조정사항에 해당하는 대손요건을 충족한 채권, (나)결산조정사항에 해당하는 대손요건을 충족한 채권을 올바르게 구분한 것은?

ㄱ. 부도발생일부터 6개월 이상 지난 어음상의 채권
ㄴ. 부도발생일부터 6개월 미만 지난 어음상의 채권
ㄷ. 상법에 따라 소멸시효가 완성된 채권
ㄹ. 채무자의 파산으로 인하여 회수할 수 없는 채권

	(가)	(나)
①	ㄱ, ㄹ	ㄴ, ㄷ
②	ㄱ, ㄷ	ㄹ
③	ㄴ, ㄷ	ㄱ, ㄹ
④	ㄷ	ㄱ, ㄹ

52. 다음 중 지급이자 손금불산입 규정에 관한 대화로 옳지 않은 것은?

> 김과장 : 채권자불분명 사채이자에 대한 세무조정시 원천징수 해당액은 기타사외유출로 소득처분되지만 나머지 금액에 대해서는 대표자 상여로 소득처분한다.
>
> 박차장 : 법인의 차입금에 대한 이자비용은 원칙적으로 손금으로 인정되나, 법에서 규정한 이자비용의 경우 손금불산입된다.
>
> 최인턴 : 건설중인 자산에 대한 건설자금이자는 취득부대비용이므로 법인이 장부상 비용으로 계상한 경우 손금불산입된다.
>
> 임대리 : 업무무관자산을 취득, 보유하고 있는 법인의 경우 업무무관자산에 관련된 이자비용은 손금불산입하고 유보로 소득처분한다.

① 김과장   ② 박차장   ③ 최인턴   ④ 임대리

53. 다음 자료를 기초로 ㈜삼일의 가지급금인정이자에 관한 세무조정으로 옳은 것은?

> ㄱ. 특수관계인에 대한 가지급금적수 : 73억원
> ㄴ. 법인세법상 적정이자율 : 6%
> ㄷ. ㈜삼일이 특수관계인(법인)으로부터 수령한 이자수익은 650,000원
> ㄹ. 1년은 365일로 가정한다.

① (익금산입) 가지급금인정이자 350,000원 (기타사외유출)
② (익금산입) 가지급금인정이자 450,000원 (기타사외유출)
③ (익금산입) 가지급금인정이자 550,000원 (기타사외유출)
④ (익금산입) 가지급금인정이자 650,000원 (기타사외유출)

54. 다음 중 법인세 과세표준 계산에 관한 설명으로 옳지 않은 것은?

① 결손금이란 사업연도의 손금총액이 익금총액보다 큰 경우 동 차액을 말한다.

② 비과세소득이란 법인의 소득 중 법인세를 과세하지 아니하는 소득으로서 법인세법상으로는 공익신탁의 신탁재산에서 생기는 소득 등이 있다.

③ 법인세 과세표준은 각 사업연도 소득에서 이월결손금, 비과세소득, 소득공제를 차감하여 계산한다.

④ 법인세법상 결손금은 손익계산서의 당기순손실 금액과 항상 일치한다.

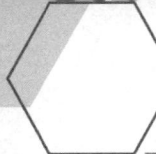

55. 다음은 ㈜삼일의 제11기(20x1년1월 1일~20x1년 12월 31일) 법인세신고를 위한 자료이다. 자료에 의하여 올바른 세무조정을 수행한 경우 각 사업연도 소득금액을 계산하면 얼마인가(단, 위 자료 이외에 각 사업연도 소득금액 계산에 영향을 미치는 항목은 없다)?

> ㄱ. 법인세비용차감전순이익 : 200,000,000원
> ㄴ. ㈜삼일은 일반 거래처에 20,000,000원에 판매하는 제품을 특수관계인인 ㈜용산에게 5,000,000 원에 판매하였다.
> ㄷ. ㈜삼일은 제11기에 단기매매증권 관련하여 영업외수익으로 단기매매증권평가이익 5,000,000원을 계상하였다.
> ㄹ. ㈜삼일은 대표이사의 동창회에 기부금 10,000,000원을 지급하고 비용으로 계상하였다.

① 210,000,000원   ② 215,000,000원   ③ 220,000,000원   ④ 225,000,000원

56. 다음은 12월말 결산법인인 ㈜삼일(성실신고확인서를 제출하는 법인이 아님)의 두 직원이 나눈 대화이다. 다음 중 ㈜삼일의 법인세 신고 및 납부에 관한 설명으로 옳지 않은 것은?

> 오과장 : 이대리님, 법인세 신고서류 제출 준비는 끝났습니까?
> 이대리 : 네. 지금 누락된 서류는 없는지 최종 확인하고 있습니다.
> 오과장 : 그렇군요. 신고기한을 잘 확인하고, 법인세 납부품의서를 빨리 작성해서 출금에 문제없도록 하세요.
> 이대리 : 알겠습니다. 그런데 자금팀 김대리에게 들으니 회사 자금 사정이 좋지 않다고 하던데, 법인 세 납부에는 문제가 없을까요?
> 오과장 : 큰일이군. 기한을 넘기게 되면 가산세를 납부해야 하니 손해가 클텐데...
>   우선 자금팀에 필요자금을 통보해 주고, 회계사에게 연락해서 방법이 없는지 확인해 봅시다.

① ㈜삼일이 각 사업연도 소득금액이 없다면 법인세를 신고하지 않아도 세무상 불이익이 없다.
② ㈜삼일은 다음연도 3월 31일까지 법인세를 신고 · 납부하여야 한다.
③ ㈜삼일이 신고기한내 법인세를 납부하지 못할 경우 납부지연가산세를 부담하게 된다.
④ 납부할 법인세액이 1천만원을 초과할 때에는 법인세를 분납할 수도 있다.

57. 다음 중 소득세법상 종합소득 과세표준과 산출세액의 관계를 올바르게 나타낸 것은?

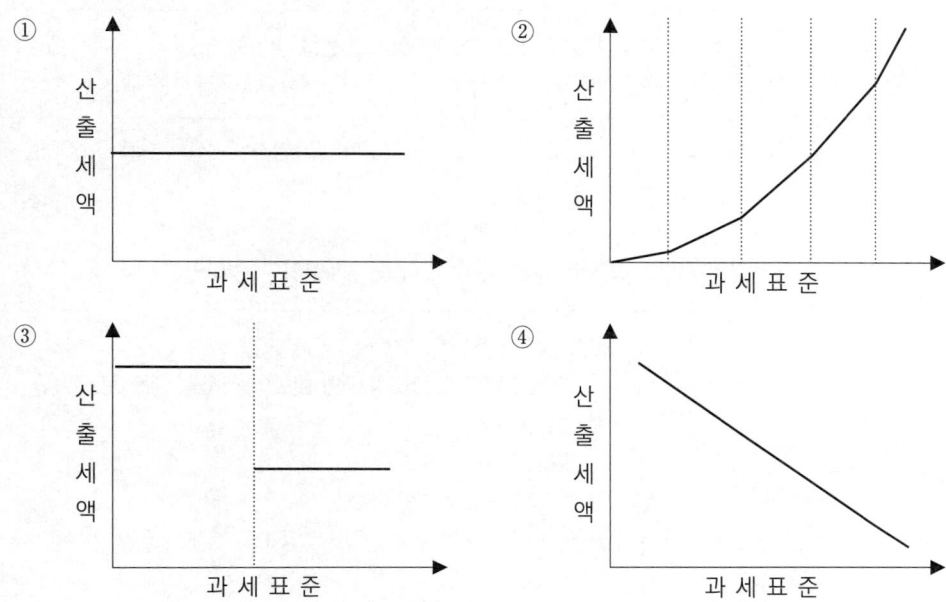

58. 다음 중 소득세법상 과세기간에 관한 설명으로 옳지 않은 것은?

① 소득세법상 과세기간은 1월 1일부터 12월 31일까지 1년으로 한다.
② 거주자가 폐업한 경우 과세기간은 1월 1일부터 12월 31일까지로 한다.
③ 거주자가 주소 또는 거소를 국외로 이전하여 비거주자가 되는 경우의 과세기간은 1월 1일부터 출국한 날까지로 한다.
④ 거주자가 사망한 경우 과세기간은 1월 1일부터 12월 31일까지로 한다.

59. 다음 중 소득세법상 이자 및 배당소득에 관한 설명으로 옳은 것은?

① 국가나 공공기관에서 발행한 채권에서 발생하는 이자는 소득세법상 이자소득에 포함된다.
② 외국법인으로부터 받는 이익이나 잉여금의 배당은 배당소득에 해당하지 않는다.
③ 현물배당이나 주식배당의 경우 배당소득으로 보지 않는다.
④ 현행 소득세법에서는 배당소득에 대해서 필요경비를 인정하고 있다.

60. 다음 자료에 의하여 거주자 김삼일씨의 20x1년 사업소득 총수입금액의 합계액을 계산하면 얼마인가?

> • 건물 A를 20x1년 1월 1일에 임대하고 매월 초 2,000,000원을 받기로 하였다.
> • 건물 B를 20x1년 4월 1일에 임대하고 1년간의 임대료로 12,000,000원을 선수하였다.

① 24,000,000원　　② 30,000,000원　　③ 33,000,000원　　④ 36,000,000원

61. 김삼일씨의 20x1년 급여내역이 다음과 같을 때 총급여액을 계산하면 얼마인가?

> • 급여　　　　　 :　　 연간 20,000,000원
> • 식사대　　　　 :　　 연간 1,560,000원(월 130,000원, 별도의 식사를 제공받지 않음)
> • 상여　　　　　 :　　 연간 8,000,000원
> • 직무수당　　　 :　　 연간 1,000,000원
> • 자가운전보조금　:　　 연간 3,000,000원(월 250,000원)
> 단, 김삼일씨는 연중 계속 근무하였으며, 소유차량을 업무수행에 이용하고 그에 소요된 비용을 지급받지 않았다.

① 29,360,000원　　② 29,600,000원　　③ 29,960,000원　　④ 31,160,000원

62. 거주자 김삼일씨의 기타소득 관련 자료가 다음과 같은 경우 기타소득금액을 계산하면 얼마인가(단, 세부담 최소화를 가정한다)?

> ㄱ. 일시적으로 인적용역을 제공하고 받은 대가　　　　　　　　　　15,000,000원
> ㄴ. 적정한 증빙자료에 의해 확인된 필요경비(실제필요경비)　　　　 5,500,000원
> ㄷ. 법정필요경비율　　　　　　　　　　　　　　　　　　　　　　　　60%

① 5,500,000원　　② 6,000,000원　　③ 9,000,000원　　④ 9,500,000원

63. 다음 자료에 의한 김삼일씨의 20x1년 종합소득공제 중 기본공제대상자는 몇 명인가?

부양가족	연령	소득사항 및 기타
본인	37세	사업소득금액 : 4,000만원
배우자	34세	총급여액 : 800만원
부친	69세	소득 없음 (20x1년도 중 사망)
모친	66세	이자소득금액 : 150만원 (비영업대금의이익)
장남	21세	장애인

① 2명   ② 3명   ③ 4명   ④ 5명

64. 종합소득공제 중 특별소득공제에 관한 설명으로 옳지 않은 것은?

① 특별소득공제는 근로소득이 있는 경우에 공제받을 수 있다.

② 특별소득공제는 보험료공제와 주택자금공제로 구성된다.

③ 보험료공제는 해당 거주자가 연간 납부한 국민건강보험료와 고용보험료, 노인장기요양보험료의 납부액 중 50%를 한도로 공제한다.

④ 주택자금공제는 근로소득이 있는 거주자가 세대주인 경우 장기주택저당차입금의 이자상환액과 주택청약저축 등의 납입액, 주택임차자금차입금의 원리금 상환액에 대해 일정한 조건하에 그 금액을 종합소득과세표준에서 공제한다.

65. 다음 중 소득세법상 양도소득세의 과세대상으로 옳지 않은 것은(단, 보기에 나열된 자산만을 양도하는 것으로 가정한다)?

① 영업권의 양도   ② 신탁수익권의 양도

③ 골프회원권의 양도   ④ 아파트당첨권의 양도

66. 종합소득금액 등이 있는 거주자는 각 소득의 과세표준을 다음연도 5월 1일부터 5월 31일까지 신고해야 하는데, 다음 중 이러한 종합소득 과세표준확정신고를 반드시 해야하는 거주자는 누구인가(단, 거주자는 제시된 소득 이외의 다른 소득은 없다)?

① 해당 과세기간 중 퇴사하여 퇴직소득이 발생한 김철희씨

② 소유중인 상가에서 임대소득이 발생한 이철수씨

③ 근로소득에 대하여 연말정산을 실시한 회사원인 김영수씨

④ 분리과세대상 이자소득을 수령한 정영희씨

67. 다음 중 일반적으로 원천징수를 하지 않는 소득으로 옳은 것은?

① 은행으로부터 지급받은 이자소득
② 개인이 상장회사 주식을 보유함에 따른 배당소득
③ 건물 임대에 따른 사업소득
④ 회사 근무에 따른 근로소득

68. ㈜삼일의 일용근로자인 김철수씨가 일당으로 600,000원을 지급받은 경우 ㈜삼일이 원천징수하여야 할 세액을 계산하면 얼마인가?

① 12,150원   ② 14,850원   ③ 18,650원   ④ 27,000원

69. 다음 중 부가가치세법에 관한 설명으로 옳지 않은 것은?

① 부가가치세는 원칙적으로 모든 재화 또는 용역의 공급을 과세대상으로 하는 일반소비세에 해당한다.
② 부가가치세법은 재화 또는 용역을 공급하는 자(공급자)가 그 공급을 받는 자(매입자)에게서 공급가액(매출액)의 10%를 부가가치세로 징수하여 국가에 납부하도록 하고 있다.
③ 부가가치에 대해 10%의 세율로 과세하는 것이며 실무적으로 사업자의 매출세액에서 매입세액을 차감하는 방식으로 납부할 부가가치세액을 계산한다.
④ 부가가치세법은 부가가치세 과세방법으로서 '전단계거래액공제법'을 채택하고 있다.

70. 다음 중 부가가치세 납세의무자에 관한 설명으로 옳지 않은 것은?

① 면세사업자는 부가가치세의 납세의무를 지지 않는다.
② 과세사업자가 면세대상 재화 또는 용역을 공급하는 경우 부가가치세를 과세한다.
③ 신규로 사업을 개시하는 사업자는 사업개시일부터 20일 이내에 사업자등록을 하여야 한다.
④ 사업자는 여러 개의 사업장이 있는 경우 사업장별로 구분하여 부가가치세를 신고·납부하여야 한다.

71. 다음 중 부가가치세 과세대상에 관한 설명으로 옳지 않은 것은?

① 부가가치세법상 과세대상은 재화 또는 용역의 공급과 재화의 수입이다.

② 수입하는 재화에 대하여는 수입자가 사업자인 경우에 한하여 부가가치세가 과세된다.

③ 재화란 재산 가치가 있는 물건과 권리를 말하며, 물건은 상품, 제품, 원료, 기계, 건물 등 모든 유체물과 전기, 가스, 열 등 관리할 수 있는 자연력을 말한다.

④ 양수인이 부가가치세를 대리납부 하지 않고, 사업장 전체를 포괄하여 양도하는 것은 재화의 공급으로 보지 않으므로 과세대상이 아니다.

72. ㈜삼일은 할부판매를 실시하고 있으며, 20x1년 7월 10일 상품을 할부로 판매하였다. 동 매출의 회수약정금액(부가가치세 제외)과 실제 회수액(부가가치세 제외)이 다음과 같을 때 20x1년 제2기 예정신고기간(20x1년 7월 1일~20x1년 9월 30일)의 과세표준금액은 얼마인가?

일자	회수약정액	실제 회수액
20x1년 7월 10일	10,000원	5,000원
20x1년 9월 10일	20,000원	10,000원
20x2년 3월 10일	10,000원	20,000원
20x2년 8월 10일	20,000원	25,000원
합계	60,000원	60,000원

① 5,000원   ② 15,000원   ③ 30,000원   ④ 60,000원

73. 다음 중 면세제도에 관한 설명으로 옳지 않은 것은?

① 부가가치세의 역진성을 완화하기 위하여 면세제도를 두고 있다.

② 면세제도는 주로 국민기초생필품 또는 국민후생용역과 관련하여 최종소비자의 세부담을 줄이기 위하여 운용되고 있다.

③ 면세사업자도 세금계산서를 발급할 의무가 있다.

④ 영세율 적용대상인 재화 또는 용역을 공급하는 면세사업자는 면세를 포기할 수 있다.

74. 다음 자료를 바탕으로 제1기 예정신고기간의 부가가치세 매출세액 과세표준 금액을 계산하면 얼마인가?

공급일자	공급가액 (부가가치세 미포함)	공급조건
01 – 07	10,000,000원	할부판매, 공급일로부터 매월 1,000,000원씩 회수 조건
01 – 28	40,000,000원	장기할부판매, 공급일로부터 매월 2,000,000원씩 회수조건
02 – 15	30,000,000원	외상판매, 공급일로부터 6개월 이후에 대가 지급
03 – 01	20,000,000원	완성도기준지급조건부공급, 3월 1일에 공급을 개시하였고 3월 한 달간의 공급 진행률은 30%이며, 계약에 따라 월별 정산하며 매월 말에 진행률만큼 대가를 받기로 함

① 47,000,000원　　② 52,000,000원　　③ 66,000,000원　　④ 86,000,000원

75. 건설업을 영위하는 ㈜서울은 건물을 건설하여 국가에 공급하고 대가로 토지를 공급 받았다. 해당 건물의 시가가 7억이고 토지의 시가가 10억이라고 한다면, 다음 중 해당의 건물 공급에 대한 ㈜서울의 부가가 치세 과세표준으로 옳은 것은?

① 2억원　　　　　② 5억원　　　　　③ 7억원　　　　　④ 10억원

76. ㈜삼일의 신입사원 김삼일씨는 부가가치세 신고업무를 맡고 있다. 김삼일씨는 부가가치세에 대한 공부 를 하였으나 실제로 다음과 같은 원재료 매입이 일어나자 언제 매입세액공제를 받아야 할지 망설이고 있다. 다음 중 ㈜삼일이 매입세액공제를 받아야 하는 시기는 언제인가?

> • 매입 : 1월 11일
> • 매입대금 지급 : 4월 15일
> • 매입물품의 매출 : 7월 23일
> • 매출대금의 회수 : 9월 10일

①1기 예정신고　　　②1기 확정신고　　　③2기 예정신고　　　④2기 확정신고

77. 다음은 컴퓨터 제조업을 영위하는 ㈜삼일의 20x1년 제2기 예정신고(20x1년 7월 1일~20x1년 9월 30일)를 위한 매입 관련 자료이다. ㈜삼일의 20x1년 제2기 부가가치세 예정신고서상 금액란의 (ㄱ), (ㄴ), (ㄷ)에 들어갈 금액으로 가장 올바르게 짝지어진 것은?

신 고 내 용					
구 분			금 액	세 율	세 액
매입세액	세금계산서 수취분	일반매입 (10)	(ㄱ)		
		수출기업수입분 납부유예 (10-1)			
		고정자산매입 (11)	(ㄴ)		
	예정신고누락분 (12)				
	매입자발행세금계산서 (13)				
	기타 공제매입세액 (14)				
	합계((10)-(10-1)+(11)+(12)+(13)+(14)) (15)				
	공제받지못할매입세액 (16)		(ㄷ)		
	차 감 계((15)-(16)) (17)				

구 분	내 역	금 액
원재료 매입	세금계산서 수령분(VAT 미포함)	400,000,000원
	신용카드매출전표 발행분(VAT 미포함)	200,000,000원
기업업무추진비 지출	세금계산서 수령분(VAT 미포함)	30,000,000원
기계 구입	세금계산서 수령분(VAT 미포함)	600,000,000원

	(ㄱ)	(ㄴ)	(ㄷ)
①	400,000,000원	-	-
②	400,000,000원	600,000,000원	-
③	430,000,000원	600,000,000원	30,000,000원
④	430,000,000원	-	30,000,000원

78. 다음 중 부가가치세법상 가산세에 관한 설명으로 옳지 않은 것은?

① 제출한 매입처별세금계산서의 기재사항 중 공급가액을 사실과 다르게 과다기재하여 신고한 경우 매입처별세금계산서합계표 제출불성실가산세가 부과된다.

② 과세사업자가 사업개시일 부터 10일 이내에 사업자등록을 신청하지 않은 경우 미등록 가산세가 적용된다.

③ 발급한 세금계산서의 필요적 기재사항의 전부 또는 일부가 착오 또는 과실로 적혀있지 아니하거나 사실과 다른 때에는 세금계산서 불성실가산세가 부과된다.

④ 예정신고시 제출하지 않은 매출처별세금계산서합계표를 확정신고시 제출한 경우 매출처별세금계산서합계표 제출불성실가산세가 부과된다.

79. 다음 중 세금계산서의 발급의무가 면제되는 경우로 옳지 않은 것은?

① 택시운송사업자가 운송용역을 공급한 경우

② 수출업자가 재화를 직수출하는 경우

③ 일반과세사업자가 제품을 도·소매상에게 판매하는 경우

④ 목욕, 이발, 미용업을 영위하는 사업자가 용역을 공급한 경우

80. 다음 중 세금계산서 작성에 관한 설명으로 옳지 않은 것은?

① 세금계산서는 일반거래에서 송장의 역할이나 외상거래 청구서의 역할도 한다.

② 세금계산서상 공급가액과 부가가치세액을 기재하지 아니한 경우 정당한 세금계산서로 볼 수 없다.

③ 사업자는 원칙적으로 제품, 상품을 판매할 때마다 세금계산서를 발급하여야 한다.

④ 임의적 기재사항이 기재되지 않은 세금계산서를 발급한 사업자는 가산세를 물어야 한다.

107회 답안 및 해설

재무회계

1	2	3	4	5	6	7	8	9	10
1	3	3	2	3	2	2	1	3	3
11	12	13	14	15	16	17	18	19	20
3	2	1	2	3	3	3	3	2	3
21	22	23	24	25	26	27	28	29	30
3	1	4	2	3	1	1	4	2	1
31	32	33	34	35	36	37	38	39	40
4	4	2	4	2	1	1	4	4	4

01. ② 관리회계 ③ 관리회계는 법적강제력이 없다. ④ 재무회계

02. 반기·분기재무제표는 목적적합성은 제고될 수 있으나, 신뢰성은 저하된다.

03. ③ 역사적원가에 대한 설명이다.

04. 시장가격이 있는 지분증권은 최초에 취득원가로 인식한다. 다만 해당 자산의 거래원가를 최초 인식하는 시점에 비용으로 회계처리한다.

05. 자산과 부채는 원칙적으로 총액으로 표시한다.

06. 당기순이익 = 기말자본(190,000 - 70,000) - 기초자본(130,000 - 40,000) - 유상증자(10,000)
= 20,000원

07. 당좌자산 = 현금성자산(100,000) + 매출채권(200,000) + 단기대여금(300,000) + 선급비용(100,000)
= 700,000원

08. **은행에 당좌수표를 제시하지 않았기 때문에 은행에 기록이 없으므로** 은행측 잔액을 차감해야 한다.

09. 영업거래는 대손상각비 판관비로 영업외거래는 영업외비용인 기타의 대손상각비로 처리한다.

10. 당기 임차료 = 1년 임차료(12,000,000) ÷ 3개월 × 2개월(11.1~12.31) = 8,000,000원

11. 도착지에 아직 도착되지 않았으므로 판매자의 재고자산에 해당한다.

12. 실지재고조사법과 계속기록법을 병행하여야 감모 등의 원인을 파악할 수 있다.

13. 순서는 선입선출법, 평균법, 후입선출법 또는 역순으로 나타난다.

구입순서	2개 판매시	선입선출법	평균법	후입선출법
1.10원 2.20원 3.30원	기말재고자산	30원	20원	<u>10원</u>

14. 매출원가 = 매출액(5,100,000) × [1 - 매출총이익율(25%)] = 3,825,000원

상 품

기초	1,050,000	매출원가	3,825,000
매입	4,500,000	기말상품	1,725,000
계	5,550,000	계	5,550,000

횡령액 = 장부상재고금액(1,725,000) - 실사 재고금액(555,000) = 1,170,000원

15. 매출원가 = 결산조정전 매출원가(1,000,000) + 평가손실(300,000) + 정상감모손실(200,000)

= 1,500,000원

16. 사용이 제한된 예금이라도 주석으로 공시할 의무가 있다.

17. 주식은 보유목적에 따라 지분법적용투자주식으로 분류될 수 있다.

18. **처분손익(매도가능증권) = 처분가액(450,000) - 취득가액(600,000÷100주×80주) = △30,000원(손실)**

19. A주식 취득원가 = 100,000원(거래원가는 비용처리)

B사채 취득원가 = 공정가치(300,000) + 거래원가(20,000) = 320,000원

20. **매도가능증권은 만기보유증권으로 재분류할 수 있다.**

21. 정률법의 감가상각비는 장부가액(취득가액 - 감가상각누계액)에 상각률을 곱한 금액으로 한다.

22. 회수가능액 = Max[순공정가치(30,000,000), 사용가치(35,000,000)] = 35,000,000원

손상차손 = 회수가능액(35,000,000) - 장부가액(60,000,000) = △25,000,000원(손상차손)

23. 내부적으로 창출한 브랜드 등은 무형자산으로 인식하지 못한다.

25. ③ 선수금에 대한 설명이다.

26. ② 할인발행되면 **이자비용은 액면이자 + 할인차금상각액**이 된다.

③ 사채할인발행차금은 사채의 차감항목이다.

④ 할증발행되면 사채의 장부금액은 **매년 사채할증발행차금 환입액으로 감소**한다.

27. 사채의 발행가액 = 액면가액의 현재가치(1,000,000 × 0.71178)

+ 액면이자의 현재가치(1,000,000 × 10% × 2.40183) = 951,963원

28. 충당부채를 발생시킨 사건과 밀접하게 관련된 자산의 **처분이익이 예상되는 경우 당해 처분이익은 고려하지 아니한다.**

29.

퇴직급여충당부채 (20x2)			
퇴사	15,000	기초	45,000
기말	60,000	*설정(퇴직급여)*	*30,000*
계	75,000	계	75,000

30. ② 이연법인세 부채에 대해서 실현가능성은 검토할 필요가 없다.

③ 이연법인세 자산·부채에 대해서 해당 자산이 회수되거나 부채가 상환될 기간에 적용될 것으로 **예상되는 세율을 적용하여 측정**하여야 한다.

④ 동일한 유동 및 비유동 구분내의 ·과 이연법인세부채가 **동일한 과세당국과 관련된 경우에는 각각 상계하여 표시**한다.

32. 현금배당 : (차) 미처분이익잉여금   XX   (대) 현금   XX → 자본감소

주식배당 : (차) 미처분이익잉여금   XX   (대) 자본금   XX → 자본불변(영향없음)

무상증자 : (차) 자본잉여금등   XX   (대) 자본금   XX → 자본불변(영향없음)

33. 매출이익 = 순매출액(9,000,000) – 매출원가(6,000,000) = 3,000,000원

판관비 = 급여(850,000) + 대손상각비(50,000) = 900,000원

영업이익 = 매출이익(3,000,000) – 판관비(900,000) = 2,100,000원

35. 배당금수익은 **배당금 결의시점**에 수익을 인식한다.

36.

	x0년	x1년	x3년
당기발생원가	6,000,000	10,200,000	10,800,000
누적공사원가(A)	6,000,000	16,200,000	27,000,000
총 공사예정원가(B)	24,000,000	27,000,000	27,000,000
누적진행률(A/B)	25%	60%	100%
총공사계약금액	30,000,000		
당기누적계약수익	7,500,000	18,000,000	30,000,000
당기공사수익	7,500,000	*10,500,000*	

38. **기중 발행된 유상신주에 대한 무상증자 등은 유상신주의 납입일**에 실시한 것으로 간주한다.

39.

① (차) 유형자산   ××   (대) 자본금   ××

② (차) 유형자산   ××   (대) 장기미지급금   ××

③ (차) 자본잉여금등   ××   (대) 자본금   ××

④ (차) 현금   ××   (대) 대여금   ××

40. (투자활동)순현금흐름 = 차량처분(60,000) – 투자증권 취득(15,000) = 45,000원(순유입)

㈀ ㈁ : 영업활동, ㈃ 재무활동

세무회계

41	42	43	44	45	46	47	48	49	50
2	1	3	1	4	1	1	3	3	1
51	52	53	54	55	56	57	58	59	60
4	4	3	4	3	1	2	4	1	3
61	62	63	64	65	66	67	68	69	70
2	2	3	3	1	2	3	1	4	2
71	72	73	74	75	76	77	78	79	80
2	3	3	2	3	1	3	2	3	4

41. 신의성실의 원칙은 **납세자와 과세관청 모두에 적용**한다.

42. 종합부동산세는 국세이다.

43. 비영리법인의 청산소득은 국가 등에 귀속되므로 청산소득에 대한 납세의무가 없다.

44. 장기할부판매의 손익 귀속시기는 원칙적으로 명목가액 인도기준을 적용한다.

45. 감자차익만 익금불산입사항이다.

46. **직원에 대한 상여는 한도가 없다.**

	상여금	상여한도	한도초과
임원	50,000,000원	30,000,000원	*20,000,000원(상여)*

48. ① 신고하면 저가법도 인정된다.

② 영업장별로 다르게 적용이 가능하다.

④ 적용하고자 하는 **사업연도 종료일 이전 3개월이 되는 날까지** 변경신고를 하여야 한다.

49.

상각범위액	회사계상감가상각비	시부인	전기상각부인액	세무조정
300,000	100,000	시인부족액 200,000원	400,000	*손금산입 200,000(△유보)*

50. 기부금의 한도초과액은 기타사외유출로 처분한다.

52. 업무무관자산에 대한 지급이자는 기타사외유출로 처분한다.

53. 익금산입액 = 가지급금적수(73억) × 인정이자율(6%) ÷ 365일 - 실제수령이자(650,000)

= 550,000원(기타사외유출)

54. 세무상결손금과 회계상결손금은 항상 일치하는 것은 아니다.

55. 각사업연도소득금액 = 법인세비용차감전순이익(2억) + 특수관계인에게 저가판매액(15,000,000)

- 단기매매증권평가익(5,000,000) + 비지정기부금(10,000,000)

= 220,000,000원

56. 법인세를 신고하지 않으면 무신고 가산세가 적용된다.

57. **소득세는 초과누진세율이 적용**된다.

58. 거주자가 사망한 경우 1월 1일부터 사망시까지가 소득세 과세기간이 된다.

59. ② 외국법인으로부터 받은 배당금 등은 배당소득에 해당한다.

③ **법인세가 과세된 잉여금의 배당은 의제배당**으로 본다.

④ 금융소득에 대해서 필요경비를 인정하지 않는다.

60. 총수입금액 = 월임대료(2,000,000)×12개월 + 선수임대료(12,000,000)÷12×9 = 33,000,000원

61. 총급여액 = 급여(20,000,000) + 상여(8,000,000) + 직무수당(1,000,000)

   + 자가운전보조금(600,000) = 29,600,000원

식사대와 자가운전보조금은 월 20만원까지 비과세이다.

62. 필요경비 = MAX[① 5,500,00원, ② 15,000,000×60%] = 9,000,000원

기타소득금액 = 총수입금액(15,000,000) – 필요경비(9,000,000) = 6,000,000원

63. 〈기본공제대상자〉 4명

관계	요 건		공제	판 단
	연령	소득		
본인	–	–	○	
배우자	–	×	부	총급여액 5백만원 초과자
부친(69)	○	○	○	사망 전일로 판단
모친(66)	○	○	○	종합소득금액 1백만원 이하자
장남(21)	×	○	○	장애인은 연령요건을 따지지 않는다.

64. 보험료 공제는 본인이 납부한 본인 부담분만 공제한다.

65. **영업권의 양도는 기타소득**에 해당한다.

66. 사업소득(상가 임대소득)만 있는 경우 종합소득신고 의무가 있다.

68. **원천징수세액 = [(600,000 – 150,000)×6%]×45% = 12,150원**

69. 부가가치세는 전단계세액공제법을 채택하고 있다.

70. 면세재화 등을 공급하는 경우 부가가치세가 면세된다.

71. 개인이 수입하여도 부가가치세가 과세된다.

72. 장기할부판매에 해당하므로 공급시기는 각 대가의 부분을 받기로 한 때이고, 과세표준은 **계약에 따라 받기로 한 대가의 각 부분**이다.

x1년 2기 예정신고기간 과세표준(회수약정액) = 7.10(10,000) + 9.10(20,000) = 30,000원

73. 면세사업자는 계산서를 발급한다.

74. 과세표준(1기 예정신고) = 단기할부(10,000,000) + 장기할부판매(2,000,000×3개월)

   + 외상판매(30,000,000) + 완성도기준(20,000,000×30%)

   = 52,000,000원

75. 부동산을 일괄공급시 과세표준은 건물의 공정가액(7억)이다.

76. 매입시(1.11)을 매입세액을 공제받을 수 있다.

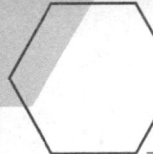

77. ㉠ 세금계산서 수취분(일반) = 원재료 세금계산서(400,000,000)

+ 업무추진비세금계산서(30,000,000) = 430,000,000원

㉡ 세금계산서 수취분(고정) = 기계 구입 세금계산서(600,000,000)

㉢ 공제받지 못할 매입세액 = 기업업무추진비 세금계산서(30,000,000)

78. 20일 이내 사업자등록을 신청하지 않는 경우이다.

79. ①②④는 세금계산서 발급의무가 면제되는 경우이다.

80. 임의적 기재사항이 기재되지 않더라도 가산세 부과 대상은 아니다.

105회 회계관리 1급

재무회계

01. 다음 중 재무보고의 목적에 관한 설명으로 가장 올바르지 않은 것은?

① 재무보고는 투자 및 신용의사결정에 유용한 정보를 제공해야 한다.

② 재무보고는 과거 정보에 대한 자료를 제공하기 때문에 미래 현금흐름 예측에는 유용한 정보를 제공하기 힘들다.

③ 재무보고는 재무상태, 경영성과, 현금흐름에 대한 정보를 제공한다.

④ 재무보고는 경영자의 수탁책임을 평가하는데 유용한 정보를 제공한다.

02. 재무제표 정보의 주요 질적 특성인 목적적합성과 신뢰성은 그 성격상 서로 상충관계(trade-off)를 가진다. 다음 중 목적적합성과 신뢰성의 관계에 관한 설명으로 가장 올바르지 않은 것은?

① 유형자산을 역사적원가로 평가하면 검증가능성이 높으므로 신뢰성은 제고될 수 있으나 목적적합성은 저하될 수 있다.

② 공사수익의 인식기준으로 진행기준을 채택할 경우 완성기준을 채택한 경우에 비해 목적적합성은 제고될 수 있으나 신뢰성은 저하될 수 있다.

③ 반기·분기재무제표는 목적적합성은 제고될 수 있으나 신뢰성은 저하될 수 있다.

④ 발생주의보다는 현금주의를 채택하는 것이 목적적합성은 제고될 수 있으나 신뢰성은 저하될 수 있다.

03. ㈜삼일의 20X1년 손익계산서상 이자비용은 150,000원이며, 이 중 200,000원을 현금으로 지급하였다. 20X1년 초 미지급이자가 80,000원이라면 ㈜삼일의 20X1년 말 재무상태표에 기재되어 있는 미지급이자는 얼마인가?

① 10,000원　　　　② 20,000원　　　　③ 30,000원　　　　④ 50,000원

04. 다음 중 재무제표의 기본요소에 관한 설명으로 가장 올바르지 않은 것은?

① 재무제표를 구성하는 기본요소를 구분하여 표시하는 것은 정보이용자의 경제적 의사결정에 더욱 유용한 정보를 제공하기 위한 것이다.

② 자산은 재화 및 용역의 생산에 이용되거나 다른 자산과의 교환 또는 부채의 상환에 사용되며 소유주에 대한 분배에 이용될 수 있다.

③ 일반적으로 현금유출과 자산의 취득은 밀접하게 관련되어 있으나 양자가 반드시 일치하는 것은 아니다.

④ 미래의 일정시점에서 기업이 자산을 취득한다는 결정이나 단순한 약정도 미래 경제적 효익의 희생이 수반될 수 있으므로 부채로 인식할 수 있는 현재의무에 해당한다.

05. 다음 중 재무상태표상 비유동자산으로 분류되는 항목으로 가장 옳은 것은?

① 투자기업이 피투자기업에 대해 유의적인 영향력을 행사하고 있는 지분법적용투자주식

② 만기가 보고기간종료일로부터 1년 이내인 3년 만기 정기예금

③ 보고기간종료일로부터 1년 이내에 처분할 것이 거의 확실한 매도가능증권

④ 대금 회수시점이 보고기간종료일로부터 1년을 초과하지만 정상적인 영업주기 내에 회수되리라 예상되는 매출채권

06. 다음 자료에서 설명하는 재무상태표 작성기준으로 가장 옳은 것은?

> ㄱ. 자산을 현금및현금성자산, 매출채권, 제품, 차량운반구 순서로 표시한다.
> ㄴ. 부채를 단기차입금, 매입채무, 사채, 장기차입금 순서로 표시한다.

① 구분표시　　　　　　　　　　　② 총액표시
③ 유동성배열법　　　　　　　　　④ 잉여금의 구분표시

07. 다음은 ㈜삼일의 20X1년 말의 자료이다. ㈜삼일의 기말 재무상태표에 보고될 현금및현금성자산, 단기금융상품, 장기금융상품을 계산하면 얼마인가?

당좌예금	80,000원	당좌개설보증금	50,000원
타행발행수표	100,000원	정기예금(*)	100,000원

(*) 계약일 : 20X1년 1월 1일, 만기일 : 20X2년 8월 3일

	현금및현금성자산	단기금융상품	장기금융상품
①	80,000원	200,000원	50,000원
②	180,000원	100,000원	50,000원
③	180,000원	150,000원	0원
④	230,000원	100,000원	0원

08. 다음 자료를 바탕으로 당좌자산으로 계상될 금액을 계산하면 얼마인가?

단기대여금	50,000원	매출채권	300,000원
선급비용	600,000원	선급금	50,000원
매도가능증권	100,000원(장기투자목적)		

① 900,000원   ② 950,000원   ③ 1,000,000원   ④ 1,100,000원

09. 다음 중 외상매출금의 담보제공과 양도에 관한 설명으로 가장 올바르지 않은 것은?

① 회사가 보유하고 있는 매출채권은 미래에 회사에 유입될 예상현금흐름을 나타낸다.

② 기업은 자금수요를 충족하기 위해서 자사가 보유하고 있는 매출채권을 담보로 금융기관으로부터 대출을 받을 수 있다.

③ 매출채권을 담보로 제공하고 자금을 융통하는 경우에는 새로운 차입금을 계상하고 매출채권은 제거하여야 한다.

④ 외상매출금의 양도는 그 경제적 실질에 따라 매각거래와 차입거래로 구분할 수 있다.

10. 다음 거래를 회계처리 할 경우 재무제표에 미치는 영향으로 가장 옳은 것은?

> 전기에 회수불능으로 인하여 대손처리 한 매출채권을 당기에 현금으로 회수하였다.

① 대손충당금 계정은 증가하고 대손상각비 계정은 감소한다.
② 대손충당금 계정은 증가하고 대손상각비 계정은 변동없다.
③ 대손충당금 계정은 감소하고 대손상각비 계정은 증가한다.
④ 대손충당금 계정은 감소하고 대손상각비 계정은 변동없다.

11. 다음 중 기말재고자산에 포함될 항목으로 가장 올바르지 않은 것은?

① 시용판매를 위하여 고객에게 제공된 상품 중 매입의사가 표시되지 않은 부분
② 도착지인도조건으로 매입한 운송중인 상품
③ 저당권 실행 전 담보로 제공한 저당상품
④ 위탁판매목적으로 반출된 상품 중 수탁자가 현재 보관중인 부분

12. 다음 중 ㈜삼일의 재고자산 회계처리와 관련된 설명으로 가장 올바르지 않은 것은?

> ㄱ. 재고자산의 단가산정에는 선입선출법을 적용하고 있습니다.
> ㄴ. 매입한 상품에 결함이 있어 가격을 할인 받는 경우가 있는데 이러한 경우 할인 금액을 해당 재고 자산의 취득금액에서 차감하고 있습니다.
> ㄷ. 재고자산의 취득과정에서 정상적으로 발생한 매입운임, 보험료 등의 매입부대비용도 재고자산의 취득원가에 산입하고 있습니다.
> ㄹ. 시가가 취득원가보다 높은 경우에는 시가를 장부금액으로 하고 있습니다.

① ㄱ   ② ㄴ   ③ ㄷ   ④ ㄹ

13. 다음은 ㈜삼일의 20X1년 재고자산수불부이다. ㈜삼일이 재고자산을 이동평균법으로 평가하는 경우 재고자산수불부상의 9월 30일 현재 재고자산 잔액을 계산하면 얼마인가?

구분	수량	단가	금액
전기이월	3,000개	2,500원	7,500,000원
6월 5일 매입	2,000개	2,000원	4,000,000원
7월 30일 판매	3,500개		
8월 20일 매입	1,000개	2,000원	2,000,000원
9일 10일 판매	1,500개		

① 2,180,000원　　② 2,250,000원　　③ 2,500,000원　　④ 3,000,000원

14. 다음 중 재고자산의 평가에 관한 설명으로 가장 올바르지 않은 것은?

① 재고자산의 평가는 원칙적으로 취득원가주의를 적용한다.

② 저가법을 적용하는 경우 재고자산은 순실현가능가치로 평가한다.

③ 순실현가능가치란 제품이나 상품의 추정판매가에서 추가적인 원가와 판매비용의 추정액을 차감한 금액을 말한다.

④ 현행대체원가는 현재 시점에서 재고자산을 정상적으로 판매할 때 수령할 수 있는 금액을 말한다.

15. ㈜삼일은 20X1년 결산시 보유중인 재고자산에 대하여 비정상적인 재고자산감모손실 4,000,000원과 재고자산평가손실 6,000,000원을 반영하기로 하였다. 이러한 사항을 반영하기 전 회사의 장부상 재고 자산 관련 자료가 아래와 같을 때, 다음 중 ㈜삼일이 재고자산감모손실과 재고자산평가손실에 대해 수정 분개를 반영할 경우의 부분 재무제표를 가장 올바르게 표시한 것은?(단, 기초 재고자산평가손실충당금 은 0원이다)

• 기초재고액	20,000,000원
• 당기매입액	70,000,000원
• 기말재고액	18,000,000원

	부분 재무상태표		부분 손익계산서	
①	재고자산	14,000,000원	매출원가	78,000,000원
			영업외비용	4,000,000원
②	재고자산	14,000,000원	매출원가	78,000,000원
	재고자산평가손실충당금	(6,000,000원)	영업외비용	4,000,000원
③	재고자산	18,000,000원	매출원가	72,000,000원
④	재고자산	14,000,000원	매출원가	82,000,000원
	재고자산평가손실충당금	(6,000,000원)		

16. 다음 중 장기금융상품에 관한 설명으로 가장 올바르지 않은 것은?

① 장기금융상품은 유동자산에 속하지 아니하는 금융상품을 말하며, 만기가 1년 이내에 도래하는 경우에도 장기금융상품으로 계속 분류한다.

② 장기금융상품은 비유동자산 중 투자자산에 해당한다.

③ 장기금융상품에 대하여는 사용이 제한되어 있을 경우 주석으로 공시해야 한다.

④ 이자지급일 이전이라도 경과된 기간에 해당되는 미수이자를 자산계정에 미수수익으로 계상하고 동금액을 당기 손익항목의 이자수익으로 인식한다.

17. 다음 중 유가증권의 분류에 관한 설명으로 가장 올바르지 않은 것은?

① 채무증권 중 단기매매증권이나 만기보유증권으로 분류되지 않은 유가증권은 매도가능증권으로 분류한다.

② 지분증권을 취득하여 피투자기업에 대해 유의적인 영향력을 행사할 수 있게 된 경우에는 지분법적용투자주식으로 분류해야 한다.

③ 매도가능증권으로 분류된 지분증권을 1년 이내에 처분할 것이 거의 확실한 경우에는 단기매매증권으로 분류변경해야 한다.

④ 만기가 확정된 채무증권을 만기까지 보유할 목적으로 취득하였으며 실제 만기까지 보유할 적극적인 의도와 능력이 있는 경우에는 만기보유증권으로 분류한다.

18. ㈜삼일은 20X1년 12월 1일 투자목적으로 ㈜서울의 주식 100주를 주당 10,000원에 취득하고 이를 매도가능증권으로 분류하였다. ㈜삼일은 20X2년 7월 15일에 ㈜서울의 주식 50주를 주당 12,000원에 처분하였다. ㈜서울 주식의 공정가치에 관한 정보가 다음과 같은 경우 ㈜삼일이 20X3년 재무상태표에 표시할 매도가능증권 평가손익누계액 금액을 계산하면 얼마인가?

> ㄱ. 20X1년 말 : 11,000원/주
> ㄴ. 20X2년 말 : 13,000원/주
> ㄷ. 20X3년 말 : 12,000원/주

① 평가이익 100,000원　　　　② 평가손실 100,000원
③ 평가이익 200,000원　　　　④ 평가손실 200,000원

19. ㈜삼일은 20X1년 1월 1일에 발행된 다음과 같은 조건의 채무증권을 최초 발행금액인 9,519,634원에 취득하였으며, 해당 채무증권을 만기까지 보유할 의도와 능력을 보유하고 있다. 이 채무증권에 대하여 ㈜삼일이 만기까지 인식할 총 이자수익을 계산하면 얼마인가?

> 액면금액 : 10,000,000원
> 만 기 일 : 20X3년 12월 31일
> 이자지급조건 : 매년 말 후급
> 표시이자율 : 연 10%
> 유효이자율 : 연 12%

① 2,480,366원　　② 2,519,634원　　③ 3,000,000원　　④ 3,480,366원

20. 다음 중 자산의 취득원가에 산입할 수 있는 자본화대상 차입원가에 해당하지 않는 것은?

① 사채할인발행차금상각액

② 장·단기차입금에 대한 이자비용

③ 사채에 대한 이자비용

④ 특정차입금으로부터 발생한 차입원가에서 동 기간 동안 자금의 일시적 운용으로 생긴 이자수익

21. 자동차부품 제조업을 영위하는 ㈜삼일은 최근 자동차모형의 변경으로 부품제조 기계장치의 효용이 현저하게 감소되어 유형자산 손상차손 인식 사유에 해당되었다. ㈜삼일이 손상차손으로 인식할 금액을 계산하면 얼마인가?

ㄱ. 장부금액(감가상각누계액 차감후 잔액)	5,000,000원
ㄴ. 순공정가치	1,900,000원
ㄷ. 사용가치	1,700,000원

① 1,700,000원 ② 1,900,000원 ③ 3,100,000원 ④ 3,300,000원

22. 다음 중 유형자산의 감가상각에 관한 설명으로 가장 올바르지 않은 것은?

① 토지의 원가에 해체, 제거 및 복구원가가 포함된 경우 그러한 원가는 감가상각하지 않는다.

② 유형자산의 잔존가치가 유의적인 경우 매 보고기간 말에 재검토한다.

③ 내용연수 도중 사용을 중단하고, 처분 또는 폐기할 예정인 유형자산은 사용을 중단한 시점의 장부금액으로 표시한다.

④ 감가상각의 변경은 회계추정의 변경으로 회계처리한다.

23. ㈜삼일은 20X1년에 설립된 벤처회사로 20X1년에 지출한 금액은 다음과 같다. 다음 자료를 기초로 할 경우 20X1년의 손익계산서상 비용으로 인식해야 할 금액을 계산하면 얼마인가?

- 연구단계에서 발생한 지출 : 400,000원
- 개발단계에서 발생한 지출 : 500,000원(이 중 200,000원만 자산 인식요건을 충족한다)
- 개발비의 사용가능한 시점은 20X1년 7월 1일이며, 내용연수는 5년, 상각방법은 정액법, 잔존가치는 없다.

① 400,000원 ② 700,000원 ③ 720,000원 ④ 900,000원

24. 다음 중 기타비유동자산에 관한 설명으로 가장 올바르지 않은 것은?

① 기타비유동자산이란 비유동자산 중 투자자산, 유형자산 및 무형자산에 속하지 않는 자산을 말한다.

② 장기매출채권이란 주된 영업활동에서 발생한 1년 이내 또는 정상적인 영업주기 이내에 회수가 어려운 채권을 말한다.

③ 영업보증금은 영업목적을 위하여 제공한 거래보증금, 입찰보증금, 하자보증금을 말한다.

④ 장기선급비용은 계속적 용역공급계약을 체결하고 선지급한 비용 중 1년 이내에 비용으로 되는 것을 말한다.

25. 다음 중 유동부채에 관한 설명으로 가장 올바르지 않은 것은?

① 유동부채란 보고기간종료일로부터 1년 이내에 상환되어야 하는 단기차입금 등의 부채를 말한다.

② 미착상품의 경우 아직 운송 중에 있다 하더라도 계약조건에 따라 입고 이전 시점에 매입채무를 인식할 수 있다.

③ 선수금은 일반적 상거래에서 발생된 것으로 미래에 재화 또는 용역을 제공한다는 약속 하에 미리 받은 금액이다.

④ 최초 차입시 만기가 3년이었으나 결산일 현재 잔여 만기가 6개월 남은 장기차입금의 경우 비유동부채로 분류한다.

26. 다음 중 사채에 관한 설명으로 가장 옳은 것은?

① 시장이자율보다 액면이자율이 높으면 액면금액보다 할인 발행된다.

② 사채발행관련 직접 비용은 할인발행의 경우 사채할인발행차금에서 차감한다.

③ 사채 상환시 사채의 장부금액보다 현금상환액이 큰 경우 사채상환손실이 발생한다.

④ 자기사채를 취득하는 경우에는 만기보유증권의 취득으로 자산을 인식한다.

27. ㈜삼일은 20X1년 7월 1일에 회사채(액면금액 200,000,000원, 만기일 20X4년 6월 30일, 액면이자율 연 10%, 이자지급일 매년 6월 30일)를 205,066,000원에 발행하였다. 사채 발행시의 유효이자율이 연 9%였다고 한다면, 20X3년 6월 30일 이자지급 후 사채의 장부금액을 계산하면 얼마인가(단, 중소기업회계처리특례는 고려하지 않고, 천원 단위 이하는 절사한다)?

① 201,830,000원   ② 202,830,000원

③ 203,830,000원   ④ 204,830,000원

28. 다음은 항공운송업을 영위하고 있는 삼일항공사의 구조조정 계획과 관련된 자료이다. 구조조정충당부채로 인식할 금액을 계산하면 얼마인가?

삼일항공사는 국내선 항공사업부를 폐쇄하기로 하고, 구조조정의 영향을 받을 당사자가 구조조정을 이행할 것이라는 정당한 기대를 가질 정도로 구조조정 계획의 주요내용을 구체적으로 공표하였다. 구조조정과 관련하여 예상되는 지출이나 손실은 다음과 같다.

ㄱ. 해고대상 직원들의 퇴직위로금 : 4,000,000원
ㄴ. 계속 근무하는 직원에 대한 재배치비용 : 1,000,000원
ㄷ. 구조조정과 관련된 자산의 예상처분이익 : 3,000,000원

---

① 0원 　　　　 ② 4,000,000원 　　　　 ③ 5,000,000원 　　　　 ④ 8,000,000원

29. 다음 중 충당부채에 관한 설명으로 가장 올바르지 않은 것은?

① ㈜삼일은 판매시점으로부터 3년간 품질을 보증하는 조건으로 제품을 판매하고 있으므로 당기 중에 판매한 제품에 대해 추정한 보증수리비용 10,000,000원 중 기말 현재 이행되지 않은 부분을 충당부채로 인식해야 한다.

② 가방도소매점을 운영하는 ㈜용산은 법적의무가 없음에도 불구하고 제품에 대해 만족하지 못하는 고객에게 환불해 주는 정책을 펴고 있으며, 이러한 사실은 고객에게 널리 알려져 있다. 환불에 대한 현금 유출이 여러 가지 금액으로 추정되고 있는 경우, 환불원가에 대한 최선의 추정치로 충당부채를 인식한다.

③ ㈜강남은 20X1년 12월 2일에 이사회에서 한 부서를 폐쇄하기로 결정했다. 보고기간 말 이전에 이러한 결정의 영향을 받는 어떤 누구에게도 결정내용이 전달되지 않았고, 그 결정을 이행하기 위한 절차를 착수하지 않았으므로 충당부채를 인식하지 않는다.

④ ㈜강북은 자회사의 차입금 200,000,000원에 관한 지급보증을 하였다. 자회사의 경영상태로 보아 ㈜강북이 지급보증을 이행할 가능성은 낮은 상태이므로 충당부채로 인식하지 않고, 그 내용도 주석공시할 의무는 없다.

30. 다음은 ㈜삼일의 법인세 관련 내역이다. 20X1년 손익계산서에 계상될 ㈜삼일의 법인세비용을 계산하면 얼마인가(단, 중소기업회계처리특례는 고려하지 않는다)?

• 20X1년 당기법인세(법인세법상 당기에 납부할 법인세) 1,000,000원
• 20X0년 말 이연법인세자산 잔액 100,000원
• 20X1년 말 이연법인세부채 잔액 200,000원

---

① 800,000원 　　　　 ② 1,000,000원 　　　　 ③ 1,100,000원 　　　　 ④ 1,300,000원

31. 다음 중 자본항목에 관한 설명으로 가장 올바르지 않은 것은?

① 사채권자와 주주는 이익발생 여부와 관계없이 각각 확정적인 이자와 배당금을 지급받는다.

② 자본은 소유주지분으로 순자산이라고 하여 자산에서 부채를 차감한 부분을 의미한다.

③ 사채는 만기가 되면 상환되나, 자본금은 감자 등의 법적절차를 밟지 않는 한 감소되지 않는다.

④ 자본조정에는 주식할인발행차금, 미교부주식배당금, 자기주식 등이 있다.

32. 20X1년 초 ㈜삼일의 자본총액은 1,000,000원이었고, 20X1년 중 자본과 관련하여 발생한 거래는 다음과 같다. 20X1년 12월 31일 ㈜삼일의 자본총액을 계산하면 얼마인가?

> 20X1년 7월 10일 · 중간배당 : 50,000원
> 20X1년 9월 20일 · 무상증자(발행주식수 : 100주, 주당발행금액 : 800원)
> 20X1년 12월 31일 · 결산시 보고한 당기순이익 : 100,000원

① 950,000원　　　② 1,050,000원　　　③ 1,130,000원　　　④ 1,180,000원

33. 다음 자료에 의하여 법인세비용차감전순이익을 계산하면 얼마인가?

영업이익	800,000원	유형자산처분손실	20,000원
법인세비용	80,000원	기부금	50,000원
광고선전비	200,000원	외화환산이익	60,000원
유형자산감가상각비	150,000원	배당금지급액	200,000원

① 240,000원　　　② 640,000원　　　③ 790,000원　　　④ 840,000원

34. 다음 중 순이익보고 방법인 포괄주의와 당기업적주의에 관한 설명으로 가장 올바르지 않은 것은?

① 우리나라의 경우 포괄주의보다는 당기업적주의에 입각하여 손익계산서를 작성하도록 규정하고 있다.

② 포괄주의에서는 당기순이익을 구성하는 모든 항목들을 손익계산서에 포함시킨다.

③ 포괄주의에서는 비경상적 · 비반복적인 항목도 장기적 이익창출에 영향을 미친다고 판단한다.

④ 당기업적주의에서는 경상적이고 반복적인 손익항목만을 손익계산서에 포함시킨다.

35. 다음 중 일반기업회계기준상 수익인식기준에 관한 설명으로 가장 옳은 것은?

① 위탁매출은 수탁자에게 상품을 발송한 시점에서 수익을 인식한다.

② 상품권을 할인발행하는 경우 상품권의 발행금액을 선수금으로 계상하고, 수령한 현금과의 차액은 상품권 할인액으로 선수금에서 차감계정으로 표시한다.

③ 자산수증이익은 회사의 주된 영업활동의 결과인 수익으로 볼 수 있다.

④ 할부판매의 경우 수익인식은 장·단기 구분없이 재화가 인도되는 시점에 인식한다.

36. 20X1년 1월 1일 ㈜삼일은 상품을 할부 판매하였다. 20X1년 1월 1일 상품 판매시 ㈜삼일이 인식할 현재가치할인차금을 계산하면 얼마인가(단, ㈜삼일은 중소기업법에 의한 중소기업이 아니다)?

> ㄱ. 상품의 원가 : 400,000원
>
> ㄴ. 할부금 회수방법 : 매년 말에 200,000원씩 3년간 회수함
>
> ㄷ. 판매시의 시장이자율 : 연 5%
>
>   (시장이자율 연 5% 를 적용한 연금현가계수는 2.72임)

① 56,000원   ② 400,000원   ③ 544,000원   ④ 600,000원

37. 다음 중 손익계산서에서 확인할 수 있는 항목으로 가장 옳은 것은?

① 자기주식처분이익   ② 감자차익

③ 주식할인발행차금   ④ 법인세비용

38. 다음은 ㈜삼일의 20X1년 매출 및 매출채권과 관련된 자료이다. 20X1년 손익계산서에 계상된 매출액을 계산하면 얼마인가(단, 모든 거래는 외상으로 이루어지며, 매출에누리와 매출할인 및 매출환입은 없는 것으로 가정한다)?

> ㄱ. 20X1년 1월 1일 매출채권 잔액   35,000,000원
>
> ㄴ. 20X1년 중 현금회수액   75,000,000원
>
> ㄷ. 20X1년 12월 31일 매출채권 잔액   25,000,000원

① 35,000,000원   ② 65,000,000원   ③ 75,000,000원   ④ 85,000,000원

39. 다음 중 현금흐름표에 관한 설명으로 가장 옳은 것은?

① 영업활동현금흐름은 유형자산이나 투자자산 등의 취득과 처분과 관련하여 발생된 현금의 유출입을 표시한다.

② 재무활동현금흐름은 기업의 주요 수익창출활동 등에서 발생한 현금흐름을 표시한다.

③ 투자활동현금흐름은 자금의 차입과 상환 등과 관련하여 발생된 현금의 유출입을 표시한다.

④ 현금흐름표는 기업의 모든 활동을 영업활동, 투자활동, 재무활동의 3가지로 구분하고 각 활동별로 현금의 유출입을 표시한다.

40. 다음의 자료는 ㈜삼일의 20X1년 현금흐름을 수반하는 거래내역이다. 주어진 자료만을 고려하는 경우, ㈜삼일의 20X1년 현금흐름표에 표시될 투자활동으로 인한 순현금흐름을 계산하면 얼마인가?

> ㄱ. 제품의 판매로 인한 매출대금 100,000원을 수령하였다.
>
> ㄴ. 제품을 생산하기 위하여 원재료를 구입하면서 30,000원을 지출하였다.
>
> ㄷ. 영업활동에 사용해 오던 차량운반구를 60,000원의 현금을 수령하고 처분하였다.
>
> ㄹ. ㈜삼일의 주주들에게 배당금 40,000원을 현금으로 지급하였다.
>
> ㅁ. 당기 중 다른 기업의 주식을 취득하면서 15,000원을 현금으로 지급하였다.

① 5,000원 순유입 ② 15,000원 순유출

③ 25,000원 순유출 ④ 45,000원 순유입

세무회계

41. 다음 중 부과과세제도를 채택하고 있는 조세를 짝지은 것으로 옳은 것은?

> ㄱ. 법인세   ㄴ. 소득세   ㄷ. 증여세   ㄹ. 상속세   ㅁ. 부가가치세

① ㄱ, ㄴ   ② ㄱ, ㄴ, ㅁ   ③ ㄷ, ㄹ   ④ ㄷ, ㄹ, ㅁ

42. 다음 중 국세부과의 원칙에 관한 설명으로 옳지 않은 것은?

① 국가는 국민에게 세금을 부과·징수하는 경우 거래의 형식보다 실질에 따라야 한다.

② 조세는 원칙적으로 과세관청의 합리적인 추정에 근거하여 부과하여야 한다.

③ 조세감면 후 사후관리 규정을 따르지 아니하면 감면을 취소하고 추징할 수 있다.

④ 국가는 국민에게 세금을 부과할 때 성실한 자세로 직무에 임하여야 한다.

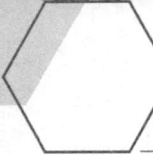

43. 다음 중 법인세 납세의무자의 납세의무 범위에 관한 설명으로 옳은 것은?

① 비영리단체인 삼일대학교가 등록금을 받아서 수익사업이 아닌 본래의 목적사업에 사용한 경우 법인세 부담이 있다.

② 영리외국법인은 청산소득에 대한 법인세 납세의무가 없다.

③ 비영리내국법인은 소득의 발생원천을 가리지 아니하고 모든 소득에 대하여 법인세 납세의무를 진다.

④ 청산소득의 납세의무자는 해산으로 소멸하는 모든 내국법인이므로 비영리내국법인도 청산소득에 대한 법인세의 납세의무가 있다.

44. 다음 중 법인세법상 손익의 귀속시기에 관한 설명으로 옳지 않은 것은?

① 상품 판매손익의 귀속시기 : 상품의 인도일

② 위탁 판매손익의 귀속시기 : 수탁자가 상품 등을 판매한 날

③ 계약 등에 의하여 임대료 지급일이 정해진 경우의 손익귀속시기 : 실제 지급받은 날

④ 건설·제조 기타 용역제공 등에 의한 손익의 귀속시기 : (원칙)진행기준, (특례)인도기준

45. 다음 자료를 기초로 법인세법상 익금불산입 금액을 계산하면 얼마인가?

ㄱ. 국세환급금에 대한 이자	1,500,000원
ㄴ. 감자차익	5,000,000원
ㄷ. 자기주식의 양도금액	3,500,000원
ㄹ. 주식발행초과금	1,500,000원

① 5,000,000원 ② 6,500,000원 ③ 8,000,000원 ④ 10,000,000원

46. ㈜삼일의 임원 및 직원에게 지급한 상여금과 상여금 지급기준이 다음과 같은 경우 필요한 세무조정으로 옳은 것은?

• 임원 상여금 지급액 80,000,000원 (임원 상여금 지급기준상 한도액 : 60,000,000원)
• 직원 상여금 지급액 100,000,000원 (직원 상여금 지급기준상 한도액 : 70,000,000원)

① (손금불산입) 상여금한도초과액 20,000,000원(상여)

② (손금불산입) 상여금한도초과액 30,000,000원(상여)

③ (손금불산입) 상여금한도초과액 50,000,000원(상여)

④ 세무조정 없음

47. 다음 중 법인세법상 재고자산 및 유가증권의 평가에 관한 설명으로 옳지 않은 것은?

① 법인세법상 재고자산은 원가법과 저가법으로 평가할 수 있다.

② 법인세법상 유가증권은 원가법과 저가법으로 평가할 수 있다.

③ 신설법인은 법인의 설립일이 속하는 사업연도의 과세표준신고기한 내에 재고자산의 평가방법을 신고하여야 한다.

④ 법인은 재고자산의 종류별로 또는 법인의 영업장별로 각각 다른 재고자산평가방법을 적용할 수 있다.

48. 다음 자료를 이용하여 ㈜삼일의 제10기(20x1년 1월 1일~20x1년 12월 31일) 건물에 대한 감가상각 범위액을 계산하면 얼마인가?

ㄱ. 취득시기 :	2021년 1월 1일
ㄴ. 취득원가 :	40,000,000원
ㄷ. 기초 감가상각누계액 :	12,000,000원
(상각부인누계액 : 4,000,000원)	
ㄹ. 신고내용연수 :	10년
ㅁ. 감가상각방법 :	정액법(상각률 0.1)

① 800,000원   ② 2,400,000원   ③ 3,400,000원   ④ 4,000,000원

49. ㈜삼일은 2,000,000원(1건)을 기업업무추진비로 지출하고 영수증(법정증빙이 아님)을 수취하였으며, 기업업무추진비를 판매비와관리비로 회계처리하였다. 이에 대한 세무조정으로 옳은 것은?

① 세무조정 없음

② 〈손금불산입〉 2,000,000원(기타)

③ 〈손금불산입〉 2,000,000원(대표자상여)

④ 〈손금불산입〉 2,000,000원(기타사외유출)

50. 다음 중 법인세법상 기부금과 기업업무추진비의 처리에 관한 설명으로 옳지 않은 것은?

① 기업업무추진비나 기부금을 현물로 제공한 경우에는 반드시 시가로 평가한다.

② 기업업무추진비의 귀속시기는 발생주의를 기준으로 하나, 기부금의 귀속시기는 현금주의를 기준으로 한다.

③ 기업업무추진비와 기부금의 한도초과액은 해당 귀속자에 대하여 추가적으로 소득세나 법인세를 과세하지 않는다.

④ 기업업무추진비와 기부금은 모두 일정한 한도 내에서만 손금으로 인정하고 이를 초과하는 금액은 손금으로 인정하지 않는다.

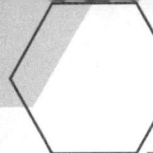

51. 다음 중 법인세법상 퇴직급여충당금 및 대손충당금에 관한 설명으로 옳지 않은 것은?

① 법인세법상 한도를 초과하여 설정된 퇴직급여충당금은 손금불산입되고 유보로 소득처분된다.

② 퇴직급여충당금 전입액은 일정한 한도 내에서만 손금으로 인정된다.

③ 법인세법상 대손충당금 설정률은 「1%」와 「법인의 대손실적률」 중 큰 비율을 적용한다.

④ 퇴직급여충당금과 대손충당금은 모두 신고조정사항이다.

52. 다음은 지급이자 손금불산입 규정을 정리한 표이다. 빈칸에 들어갈 표현으로 옳지 않은 것은?

구분	손금불산입액	소득처분의 내용
ㄱ	해당 이자비용 전액	– 원천징수액 : 기타사외유출
ㄴ	해당 이자비용 전액	– 잔액 : 대표자 상여
ㄷ	해당 이자비용 전액	– 건설중인 자산 : 유보 – 완성자산 : 즉시상각의제
ㄹ	업무무관부동산 등에 해당하는 이자비용	– 기타사외유출

① ㄱ : 법인운영차입금에 대한 이자 ② ㄴ : 비실명채권.증권의 이자상당액

③ ㄷ : 건설자금이자 ④ ㄹ : 업무무관자산 등 관련 이자

53. 다음 중 부당행위계산부인에 관한 설명으로 옳지 않은 것은?

① 특수관계에 있는 법인으로부터 자산을 저가로 매입한 경우 시가와 매입가액의 차이금액을 익금산입한다.

② 특수관계인과의 거래 결과 법인의 법인세 부담이 부당하게 감소되는 경우 부당행위계산부인 규정을 적용한다.

③ 특수관계인에 해당하는 관계법인에 대한 가지급금인정이자는 익금산입되고 기타사외유출로 소득처분된다.

④ 지배주주의 특수관계인이 아닌 직원에게 무상으로 사택을 제공한 경우는 부당행위계산부인적 용 대상에 해당하지 아니한다.

54. 다음은 ㈜삼일의 제12기(20x1년 1월 1일~20x1년 12월 31일) 법인세 신고를 위한 자료이다. 자료에 의하여 올바른 세무조정을 수행한 경우 과세표준을 계산하면 얼마인가(단, 주어진 자료 이외에 각사업연도소득금액 계산에 영향을 미치는 항목은 없다)?

> ㄱ. 법인세비용차감전순이익 : 200,000,000원
> ㄴ. ㈜삼일은 업무무관자산을 구입하고 관리비 13,000,000원을 비용으로 계상하였다.
> ㄷ. ㈜삼일은 특별한 사유 없이 임원 김삼일씨에게 회사 정관에 기재된 상여금 지급기준보다 15,000,000원을 초과하여 급여로 지급하였다.
> ㄹ. 이월결손금
> 　 과세표준 계산시 한번도 공제되지 않은 이월결손금의 발생사업연도와 금액은 다음과 같다.
> 　 제8기 : 25,000,000원

① 183,000,000원　　　　　　　　　　② 188,000,000원
③ 203,000,000원　　　　　　　　　　④ 208,000,000원

55. 다음 중 법인세 과세표준 계산에 관한 설명으로 옳지 않은 것은?

① 법인세 과세표준은 각 사업연도 소득금액에서 이월결손금, 비과세소득, 소득공제를 차감하여 계산한다.
② 과세표준을 계산함에 있어서 공제받지 못한 비과세소득은 다음 사업연도에 이월하여 공제받을 수 없다.
③ 이월결손금이란 다음 사업연도로 이월된 결손금을 말한다.
④ 모든 기업의 이월결손금은 당해 사업연도 소득금액 범위 내에서 전액 공제받을 수 있다.

56. 다음 ㈜삼일의 자료를 기초로 법인세 산출세액에서 공제되는 외국납부세액공제액을 계산하면 얼마인가?

ㄱ. 외국에 납부한 법인세 금액	2,500,000원
ㄴ. 법인세 산출세액	18,000,000원
ㄷ. 과세표준에 포함된 국외원천소득	30,000,000원
ㄹ. 과세표준	200,000,000원

① 2,500,000원　　② 2,700,000원　　③ 20,000,000원　　④ 30,000,000원

57. 다음 중 소득세법상 납세의무자에 관한 설명으로 옳은 것은?

① 거주자란 국내에 주소를 두거나 계속하여 183일 이상의 거소를 둔 개인을 말한다.

② 거주자 여부를 판정할 때는 국적이나 영주권 취득 등을 고려하여야 한다.

③ 거주자가 아닌 개인을 비거주자라 하며 우리나라 과세당국은 비거주자에 대하여는 국내원천소득에 대한 과세권이 없다.

④ 대한민국 국민인 국내회사 임직원이 해외에 파견된 경우 그 임직원은 비거주자로 본다.

58. 다음 중 소득세법상 과세기간에 관한 설명으로 옳지 않은 것은?

① 원칙적으로 1월 1일부터 12월 31일까지를 과세기간으로 하여 소득세를 과세한다.

② 거주자가 사망한 경우에는 1월 1일부터 12월 31일까지를 과세기간으로 하여 소득세를 과세한다.

③ 거주자가 폐업한 경우에는 1월 1일부터 12월 31일까지를 과세기간으로 하여 소득세를 과세한다.

④ 거주자가 주소 또는 거소의 국외이전으로 인하여 비거주자가 되는 경우에는 1월 1일부터 출국한 날까지를 과세기간으로 하여 소득세를 과세한다.

59. 다음은 거주자의 금융소득 발생내역이다. 거주자의 20x1년 소득의 종류와 금융소득 과세대상금액으로 가장 올바르지 않은 것은?

- 김순희 씨는 ㈜삼일에서 발행한 채권 20,000,000원을 20x1년 1월 1일에 취득하였다. 동 채권의 액면이자율은 12%이며, ㈜삼일은 20x1년 12월 31일 채권에 대한 이자를 지급하여 김순희 씨는 액면이자율에 해당하는 금액을 수령하였다.
- 이철수 씨는 친한 친구에게 자금 50,000,000원을 빌려주었고 그에 대해 이자 10,000,000원을 지급받았다. (이철수 씨는 대금업을 영위하지 않는다.)
- 박영희 씨는 20x1년 3월부터 ㈜서울 주식 5,000,000원을 구입하여 투자를 시작하였고, 20x1년 3월에 현금배당 500,000원을 수령하였다.
- 김영수 씨는 20x1년 7월에 자동차보험 가입 후 사고가 발생하여 보험금 1,500,000원을 수령하였다.

		소득의 종류	과세대상금액
①	김순희	이자소득	2,400,000원
②	이철수	이자소득	10,000,000원
③	박영희	배당소득	500,000원
④	김영수	이자소득	1,500,000원

60. 사업자인 김삼일씨는 20x1년 7월 1일에 10,000,000원을 삼일은행에 예금하였다. 이 예금의 연이율은 10%이며, 이 예금에서 발생하는 이자 이외에 김삼일씨의 다른 금융소득은 없다. 20x1년 12월 31일에 삼일은행은 예금에 대하여 6개월분 이자를 지급하는데, 이때 삼일은행이 이자소득으로부터 원천징수하는 소득세는 얼마이며, 김삼일씨의 20x1년 종합소득에 가산되는 이자소득은 얼마인가?(단, 이자는 월할 계산한다.)

	원천징수소득세	종합소득에 가산되는 이자소득
①	70,000원	0원
②	140,000원	1,000,000원
③	154,000원	0원
④	1,000,000원	1,000,000원

61. 다음 자료에 의하여 거주자 김삼일씨의 20x1년 사업소득금액을 계산하면 얼마인가?

(1) 포괄손익계산서상 당기순이익	50,000,000원
(2) 포괄손익계산서상 당기순이익에 반영되어 있는 항목	
1. 대표자급여	25,000,000원
2. 유형자산처분이익(단, 김삼일씨는 복식부기 의무자가 아님)	5,000,000원
3. 이자수익(사업자금을 일시 예치함으로써 발생한 당기수령분임)	3,000,000원

① 25,000,000원　② 50,000,000원　③ 67,000,000원　④ 75,000,000원

62. 다음은 임원이 아닌 종업원 김철수씨의 20x1년 급여내역이다. 다음 중 비과세 근로소득에 해당하는 총금액을 계산하면 얼마인가?(단, 김철수씨는 1년간 근무하였다.)

- 급여 : 매월 3,000,000원
- 식사대 : 매월 200,000원(별도 식사를 제공받지 않음)
- 자가운전보조금 : 월 250,000원
  (소유 차량을 업무에 이용하고 소요된 실제 비용을 지급받지 않음)
- 연차수당 : 연간 2,000,000원
- 사택 제공으로 인한 이익 : 연간 2,600,000원
- 상여 : 연간 6,000,000원

① 4,800,000원　② 5,000,000원　③ 5,600,000원　④ 7,400,000원

63. 다음 중 소득세법상 기타소득에 관한 설명으로 옳지 않은 것은?

① 복권 등 추첨권에 의하여 받는 당첨금품은 기타소득으로 과세된다.

② 복권당첨소득 등에 대해서는 무조건 분리과세를 적용한다.

③ 저작자 외의 자가 저작권 또는 인접권의 양도 또는 사용의 대가로 받는 금품은 기타소득으로 과세한다.

④ 기타소득금액의 합계액이 600만원 이하인 경우에는 거주자가 분리과세와 종합과세 중 과세방법을 선택할 수 있다.

64. 다음 중 소득세법상 추가공제에 관한 설명으로 옳지 않은 것은?

	구분	내용	공제금액
①	경로우대자공제	기본공제대상자가 70세 이상인 경우	1명당 100만원
②	장애인공제	기본공제대상자가 장애인인 경우	1명당 200만원
③	부녀자공제	해당 거주자가(단, 종합소득금액이 3천만 원 이하인 거주자에 한정) 배우자가 없는 여성으로서 기본공제대상인 부양가족이 있는 세대주이거나 배우자가 있는 여성인 경우	1명당 100만원
④	한부모공제	해당 거주자가 배우자가 없는 사람으로서 기본공제대상자인 직계비속 또는 입양자가 있는 경우	연 100만원

65. 다음 중 소득세법상 양도소득에 관한 설명으로 옳은 것은?

① 자산을 무상으로 사실상 이전하는 경우 양도소득세가 과세된다.

② 양도소득은 종합과세 대상이다.

③ 1 세대 1주택(고가주택 포함)에 대해서는 양도소득세가 비과세된다.

④ 비상장주식은 양도소득세 과세대상자산이 될 수 있다.

66. 다음 중 소득세법상 거주자의 소득세 신고·납부 규정에 관한 설명으로 옳지 않은 것은?

① 납세지 관할세무서장은 사업소득이 있는 거주자에 대하여 1월 1일부터 6월 30일까지의 기간에 대한 중간예납세액을 결정하여 징수하여야 한다.

② 소득세는 과세기간이 종료된 후 과세기간에 대한 과세표준과 세액을 다음 해 5월 1일부터 5월 31일까지(성실신고확인대상자가 성실신고확인서를 제출하는 경우에는 5월 1일부터 6월 30일까지) 스스로 신고·납부함을 원칙으로 한다.

③ 조세를 포탈할 우려가 있다고 인정되는 상당한 이유가 있는 경우 관할세무서장은 수시로 거주자에 대한 소득세를 부과할 수 있다.

④ 중간예납세액의 납부기간은 매년 9월 1일부터 9월 30일까지이다.

67. 다음 중 예납적원천징수와 완납적원천징수에 관한 설명으로 옳지 않은 것은?

① 예납적원천징수의 대표적인 예가 금융소득 종합과세 대상이 아닌 배당소득에 대한 원천징수이다.

② 완납적원천징수의 세금부담은 원천징수세액이 된다.

③ 예납적원천징수는 완납적원천징수와 달리 확정신고 의무가 있다.

④ 예납적원천징수와 완납적원천징수를 나누는 기준은 원천징수로 납세의무가 종결되는지 여부이다.

68. 다음 중 제조업을 영위하는 법인인 ㈜삼일이 원천징수를 하지 않아도 되는 경우로 옳은 것은?

① 사무직 직원 홍길동씨에게 급여를 지급할 때

② 도매업을 영위하는 개인 홍일동씨에게 이자를 지급할 때

③ 개인 홍이동씨로부터 건물을 매입하고 대금을 지급할 때

④ 개인주주 홍삼동씨에게 배당금을 지급할 때

69. 다음 중 부가가치세법에 관한 설명으로 옳지 않은 것은?

> ㄱ. 우리나라 부가가치세는 납세의무자와 담세자가 일치하지 않는 간접세이다.
> ㄴ. 우리나라 부가가치세는 생산지국과세원칙을 채택하여 수출하는 재화에는 영세율을 적용한다.
> ㄷ. 우리나라 부가가치세는 국세이다.
> ㄹ. 우리나라 부가가치세는 전단계거래액공제법이다.

① ㄱ,ㄴ   ② ㄴ,ㄷ   ③ ㄴ,ㄹ   ④ ㄷ,ㄹ

70. 다음 중 사업자등록에 관한 설명으로 옳지 않은 것은?

① 신규로 사업을 개시하는 사람은 원칙적으로 사업장마다 사업개시일 부터 20일 이내에 사업자등록을 하여야 한다.

② 사업자가 과세사업과 면세사업을 겸업할 경우에는 부가가치세법에 의한 사업자등록과 별개로 소득세법이나 법인세법에 의한 사업자등록을 하여야 한다.

③ 제조업의 경우 사업개시일은 재화의 제조를 개시하는 날이다.

④ 공동으로 사업을 하는 경우에는 공동사업자 중 1명을 대표자로 하여 대표자 명의로 사업자등록신청을 하여야 한다.

71. 다음 중 부가가치세법상 재화의 공급으로 옳지 않은 것은?

① 가공계약에 있어서 주요자재의 일부를 부담한 경우

② 자동차를 할부판매한 경우

③ 현물출자로 인해 건물이 양도된 경우

④ 수탁자가 변경되어 새로운 수탁자에게 신탁재산을 이전하는 경우

72. 다음은 ㈜삼일의 정수기 판매 거래내역이다. 20x1년 제1기 예정신고기간의 과세표준을 계산하면 얼마인가?

> 2월 16일 : 정수기를 120,000원에 6개월 할부로 판매하고 2월 16일부터 매월 20,000원씩 회수하였다.
>
> 3월 15일 : 정수기를 160,000원에 외상으로 판매하고 4월 15일 대금을 회수하였다.
>
> 3월 20일 : 정수기를 480,000원에 24개월 할부로 판매하고, 3월 20일부터 매월 20,000원씩 회수하였다.

① 60,000원   ② 120,000원   ③ 280,000원   ④ 300,000원

73. 다음 중 부가가치세법상 영세율과 면세에 관한 설명으로 옳지 않은 것은?

① 영세율을 적용한 재화는 부가가치세 부담이 완전히 면제된다.

② 면세사업자는 면세를 포기하지 않는 한 영세율을 적용받을 수 없다.

③ 영세율제도를 적용받는 사업자도 가산세를 부담할 수 있다.

④ 면세제도는 소비지국과세원칙을 적용하고 수출경쟁력을 확보하기 위한 제도이다.

74. 다음 중 부가가치세가 면세되는 재화 또는 용역만을 모은 것으로 옳은 것은?

> a. 과실류   b. 수돗물
> c. 우등고속버스 여객운송용역   d. 상가임대용역
> e. 주택임대용역   f. 토지의 공급
> g. 일반건물의 공급   h. 신문사 광고

① a, b, c, e, g   ② a, b, e, f
③ a, b, e, f, h   ④ b, e, f, g

75. 다음 중 부가가치세 과세표준에 관한 설명으로 옳은 것은?

① 계약의 위약으로 인한 위약금은 과세표준에 포함한다.

② 금전 이외의 대가를 받는 경우에는 대가로 받은 재화 또는 용역의 시가를 과세표준으로 한다.

③ 공급대가의 지급지연으로 인하여 지급받는 연체이자는 과세표준에 포함한다.

④ 사업자가 골프장, 헬스클럽 등 각종 시설의 이용과 관련하여 반환의무가 있는 입회금을 받은 경우 과세표준에 포함하지 않으나, 반환의무가 없는 입회금은 과세표준에 포함한다.

76. 다음은 ㈜삼일의 20x1년 제2기 예정신고기간(20x1년 7월 1일~20x1년 9월 30일)의 매입내역(부가가치세 제외 금액)이다. 자료를 바탕으로 매입세액공제액을 계산하면 얼마인가?

> ㄱ. 원재료 매입액 : 150,000,000원
> ㄴ. 트럭 구입액 : 40,000,000원
> ㄷ. 공장 건물과 토지 구입액 : 건물 200,000,000원, 토지 100,000,000원
> ㄹ. 판매비와 관리비 지출액 : 50,000,000원(기업업무추진비 지출액 10,000,000원 포함)

① 22,000,000원   ② 42,000,000원   ③ 43,000,000원   ④ 52,000,000원

77. ㈜삼일은 20x1년 5월 15일 ㈜서울에게 제품을 공급하고 부가가치세를 포함한 매출대금 330,000,000원을 어음으로 수령하였다. 거래처 ㈜서울의 부도(부도 발생일 : 20x1년 7월 10일)로 인해 ㈜삼일은 동 어음에 대해 은행의 부도확인을 받았다. ㈜삼일이 대손세액공제를 받을 수 있는 과세기간과 대손세액으로 옳은 것은?

① 20x1년 제2기 예정신고 / 30,000,000원

② 20x1년 제2기 확정신고 / 30,000,000원

③ 20x2년 제1기 예정신고 / 30,000,000원

④ 20x2년 제1기 확정신고 / 30,000,000원

78. 다음 자료는 ㈜삼일의 거래내역이다. ㈜삼일의 부가가치세신고서상 (ㄱ)과 (ㄴ)에 기록될 금액은 얼마인가?

〈 신고내용 〉

구 분				금 액	세 율	세 액
과세표준및매출세액	과세	세금계산서 발급분	(1)		10/100	(ㄱ)
		매입자발행 세금계산서	(2)		10/100	
		신용카드 · 현금영수증 발행분	(3)		10/100	(ㄴ)
		기타(정규영수증 외 매출분)	(4)			
	영세율	세금계산서 발급분	(5)		0/100	
		기 타	(6)		0/100	
	예 정 신 고 누 락 분		(7)			
	대 손 세 액 가 감		(8)			
	합 계		(9)			

구 분	금 액
세금계산서 발행 국내매출액(부가가치세 미포함)	80,000,000원
신용카드매출전표 발행분(부가가치세 포함)	33,000,000원
현금영수증 발행(부가가치세 포함)	11,000,000원

	(ㄱ)	(ㄴ)
①	8,000,000원	4,000,000원
②	8,000,000원	4,400,000원
③	80,000,000원	4,000,000원
④	80,000,000원	4,400,000원

79. 다음 중 부가가치세법상 가산세에 관한 설명으로 옳지 않은 것은?

① 미등록가산세는 과세사업자가 사업자등록을 신청하지 않은 경우 부과하는 가산세이다.

② 예정신고시 제출하여야 할 매출처별세금계산서합계표를 확정신고시 제출하면 지연제출가산세를 적용한다.

③ 예정신고시 제출하여야 할 매입처별세금계산서합계표를 확정신고시 제출하더라도 지연제출가산세를 부과하지 않는다.

④ 과소신고 · 초과환급신고가산세와 납부지연가산세는 중복하여 적용될 수 없다.

80. 다음 중 세금계산서에 관한 설명으로 옳지 않은 것은?

① 세금계산서 발행·교부시 필요적 기재사항을 기재하지 않으면 세금계산서불성실가산세가 적용된다.

② 필요적 기재사항이 일부라도 기재되지 아니하거나 기재된 사항이 사실과 다를 때에는 정당한 세금계산서로 인정되지 않는다.

③ 부가가치세법상 납세의무자라면 사업자등록을 하지 않아도 세금계산서를 발급할 수 있다.

④ 면세사업자는 부가가치세법상 사업자가 아니므로 세금계산서를 발급할 수 없다.

105회 답안 및 해설

재무회계

1	2	3	4	5	6	7	8	9	10
2	4	3	4	1	3	2	3	3	2
11	**12**	**13**	**14**	**15**	**16**	**17**	**18**	**19**	**20**
2	4	1	4	2	1	3	1	4	4
21	**22**	**23**	**24**	**25**	**26**	**27**	**28**	**29**	**30**
3	1	3	4	4	3	1	2	4	4
31	**32**	**33**	**34**	**35**	**36**	**37**	**38**	**39**	**40**
1	2	3	1	4	1	4	2	4	4

01. 과거 정보를 활용해 미래 현금흐름예측에도 유용한 정보를 제공한다.

02. 현금주의는 신뢰성이 높으나 목적적합성은 저하된다.

03.

미지급(비용)이자

현금	200,000	기초	80,000
_기말_	**_30,000_**	이자비용	150,000
계	230,000	계	230,000

04. **미래의 일정 시점에서 자산을 취득한다는 결정이나 단순한 약정은 현재의 의무가 아니므로** 부채로 인식해서는 안된다.

07. 현금성자산 = 당좌예금(80,000) + 타인발행수표(100,000) = 180,000원

단기금융상품 = 정기예금(100,000)

장기금융상품 = 당좌개설보증금(50,000)

08. 당좌자산 = 단기대여금(50,000) + 매출채권(300,000) + 선급비용(600,000) + 선급금(50,000)

= 1,000,000원

09. 차입거래이므로 매출채권을 제거할 필요가 없다.

10. (차) 현금　　　　　　　　　　XXX　　(대) 대손충당금　　　　　　　　　XXX

11. 도착지 인도기준이므로 매입자의 재고자산이 아니라 판매자의 재고자산이 된다.

12. **재고자산의 평가방법은 저가법**이다.

13. 〈이동평균법〉

구입순서	수량	단가	금액	누적재고수량	재고금액	평균단가
기초	3,000	2,500	7,500,000	3,000	7,500,000	@2,500
구입(6.5)	2,000	2,000	4,000,000	5,000	11,500,000	@2,300
판매(7.30)	△3,500			1,500	3,450,000	@2,300
구입(8.20)	1,000	2,000	2,000,000	2,500	5,450,000	@2,180
판매(1,500)	△3,500			*1,000*	*2,180,000*	*@2,180*

14. 현행대체원가는 현재 매입시 소요되는 금액을 말한다.

15. **재고자산평가충당금(6,000,000)은 재고자산(14,000,000)의 차감항목**이다.

재고자산

기초재고	20,000,000	매출원가	72,000,000
		재고자산평가손실(매출원가)	6,000,000
		비정상감모손실(영업외비용)	4,000,000
매입액	70,000,000	**기말재고**	**8,000,000**
계	90,000,000	계	90,000,000

16. 만기가 1년이내 도래하는 경우 유동자산으로 분류한다.

17. 당좌자산의 매도가능증권으로 분류한다.

18. 〈매도가능증권〉

	취득가액(50주)	공정가액	평가이익	평가손실
20X1		550,000	50,000	
20X2	500,000	650,000	100,000	
20X3		600,000	△50,000	
계			100,000	

19. 총이자수익 = 액면이자(10,000,000×10%)×3년 + [액면가액(10,000,000) - 발행가액(9,519,634)
     = 3,480,366원

21. 회수가능액 = Max[순공정가치(1,900,000), 사용가치(1,700,000)] = 1,900,000원
     손상차손 = 회수가능액(1,900,000) - 장부가액(5,000,000) = △3,100,000원(손상차손)

22. **토지의 원가에 해체, 제거 및 복구원가가 포함된 경우에는 그러한 원가를 관련 경제적효익이 유입되는 기간에 감가상각**한다.

23. 비용 = 연구단계(400,000) + 개발단계 자산인식 조건 미충족(300,000)
         + 개발비(200,000÷5년×6/12) = 720,000원

24. **장기선급비용은 1년 이후에 비용이 되는 것**을 말한다.

25. 만기가 1년 이내이며 유동성장기부채로 유동부채에 해당한다.

26. ① 시장이자율(5%)<액면이자율(10%) → 할증발행

② 사채발행비는 사채발행가액에서 차감한다.

④ **자기사채는 보유목적에 관계없이 사채의 조기상환으로 회계처리**한다.

27. 〈상각(환입)표〉

연도	유효이자(A) (BV×9%)	액면이자(B) (액면가액×10%)	할증차금환입 (A-B)	장부금액 (BV)
20x1. 7. 1				205,066,000
20x2.06.30	18,455,940	20,000,000	△1,544,060	203,521,940
20x3.06.30	18,316,975	20,000,000	△1,683,025	*201,838,915*

201,830,000원(천원 단위 이하는 절사)

28. 구조조정충당부채 = 퇴직위로금(4,000,000)

충당부채를 발생시킨 사건과 밀접하게 관련된 자산의 **처분이익이 예상되는 경우 당해 처분이익은 고려하지 아니한다.**

29. 지급보증을 이행할 가능성이 낮으므로 우발부채에 해당하고, 우발부채는 주석 공시 사항이다.

30. 법인세비용 = 당기법인세(1,000,000)+이연법인세자산(100,000)+이연법인세부채(200,000)

= 1,300,000원

31. 주주는 이자는 없고 배당금은 회사의 이익발생하고 밀접한 관계가 있다.

32. 기말자본 = 기초자본(1,000,000) - 중간배당금(50,000)+당기순이익(100,000) = 1,050,000원

무상증자는 총 자본에는 영향이 없다.

33. 법인세비용차감전순이익 = 영업이익(800,000) - 유형자산처분손실(20,000) - 기부금(50,000)

+외환환산이익(60,000) = 790,000원

34. 손익계산서 작성시 **당기순손익에 기타포괄손익을 가감하여 산출한 포괄손익의 내용을 주석으로 기재하게 되었으므로,** 포괄주의에 의한 순이익도 보고하게 되어 있다.

☞ 포괄손익(주의)은 일정 기간 동안 주주와의 자본거래를 제외한 모든 거래나 사건에서 인식한 자본의 변동을 말한다. 포괄손익을 보고하는 목적은 주주와의 자본거래를 제외한 인식된 거래와 기타 경제적 사건으로 인하여 발생한 모든 순자산의 변동을 측정하기 위한 것인데, 이러한 순자산의 변동 중 **일부는 손익계산서에 표시되고 일부는 재무상태표의 자본의 별도구성항목으로 표시**된다. 당기업적주의는 전통적인 손익계산서로 작성하는 것을 의미한다.

35. ① 위탁매출은 수탁자가 판매시 수익으로 인식한다.

② 상품권의 액면금액을 선수금으로 계상한다.

③ 자산수증이익은 영업외수익에 해당한다.

36. 매출의 현재가치 = 할부금(200,000)×2.72 = 544,000원

현재가치 할인차금 = 명목가액(600,000) - 매출의 현재가치(544,000) = 56,000원

38.

매출채권

기초잔액	35,000,000	회수액	75,000,000
외상매출액	*65,000,000*	기말잔액	25,000,000
계	100,000,000	계	100,000,000

39. ① 투자활동 ② 영업활동 ③ 재무활동
40. 현금흐름(투자활동) = 차량운반구처분(60,000) − 투자주식 취득(15,000) = 45,000원(순유입)

세무회계									
41	42	43	44	45	46	47	48	49	50
3	2	2	3	3	1	2	4	4	1
51	52	53	54	55	56	57	58	59	60
4	1	1	3	4	1	1	2	4	1
61	62	63	64	65	66	67	68	69	70
3	4	4	3	4	4	1	3	3	2
71	72	73	74	75	76	77	78	79	80
4	4	4	2	4	3	4	1	4	3

42. 장부 등 직접적인 자료에 입각하여 납세의무를 확정해야 한다.(근거과세의 원칙)
43. ① 비영리법인의 목적사업에 사용한 경우 법인세 부담이 없다.
  ③ 영리내국법인에 대한 설명이다.
  ④ 비영리내국법인이 청산시 잔여재산가액은 국가 등으로 귀속되므로 청산소득에 대한 법인세의 납세의무가 없다.
44. <u>임대료의 손익귀속시기는 약정일 또는 실제 지급받은 날로 한다.</u>
45. 익금불산입 = 국세환급금이자(1,500,000) + 감자차익(5,000,000) + 주식발행초과금(1,500,000)
    = 8,000,000원
46. <u>직원에 대한 상여는 한도가 없다.</u>

	상여금	상여한도	한도초과
임원	80,000,000원	60,000,000원	*20,000,000원(상여)*

47. 유가증권은 원가법만 인정한다.
48. 상각 범위액(정액법) = 취득가액(40,000,000) × 상각률(0.1) = 4,000,000원
50. 현물기업업무추진비 = **MAX[① 시가 ② 장부가액]**
  특례·일반기부금 = 장부가액
51. 결산조정사항이다.
53. 일반적으로자산을 저가매입 시 부당행위계산 부인규정을 적용하지 않는다.
54. 과세표준 = 법인세비용차감전순이익(2억) + 업무무관비용(13,000,000)
        + 임원상여한도초과(15,000,000) − 이월결손금(25,000,000) = 203,000,000원
  <u>**2020년 이후 발생 이월결손금은 15년간 이월공제**한다.</u>

55. 이월결손금에 대해서 **중소기업은 각사업연도소득금액의 100%(일반기업 80%)** 내에서 공제받을 수 있다.

56. 외국납부세액공제 = MIN[①,②] = 2,500,000원

    ① 외국납부세액 = 2,500,000원

    ② 한도 = 산출세액(20,000,000) × $\frac{30,000,000원}{200,000,000원}$ = 3,000,000원

57. ② 국적이나 영주권을 고려하지 않는다.

    ③ 국내원천소득에 대하여 과세권이 한국에 있다.

    ④ 해외파견 임직원은 거주자로 본다.

58. 사망시 소득세의 과세기간은 1월 1일부터 사망시 까지로 한다.

59. 보장성 보험에 대한 보험금 수령은 소득세 과세대상이 아니다.

60. 이자소득 = 예금(10,000,000) × 10% × 6/12 = 500,000원

    원천징수소득세 = 이자소득(500,000) × 원천징수세율(14%) = 70,000원

    금융소득이 2천만원 이하이므로 종합소득에 가산되는 소득은 없다.

61. 사업소득금액 = 당기순이익(50,000,000) + 대표자급여(25,000,000) - 처분익(5,000,000)

    　　　　　　 - 이자수익(3,000,000) = 67,000,000원

    복식부기의무자가 아니므로 유형자산처분익은 총수입금액불산입이 된다.

62. 비과세소득 = [식대(200,000) + 자가운전보조금(200,000)] × 12개월 + 사택제공이익(2,600,000)

    　　　　　 = 7,400,000원

    식대와 **자가운전보조금은 20만원/월까지 비과세이고, 종업원의 사택제공이익은 비과세이다.**

63. 기타소득금액이 300만원 이하인 경우 분리과세와 종합과세 중 선택할 수 있다.

64. 부녀자 공제는 연 50만원이다.

65. ① 증여세　② 분류과세　③ 고가주택제외

66. 중간예납세액의 납부기한은 11월 30일까지이다.

67. 종합과세대상이 아닌(분리과세) 배당소득은 완납적 원천징수 대상이다.

68. 양도소득은 원천징수대상 소득이 아니다.

69. 부가가치세는 소비지국과세원칙, 전단계세액공제법을 채택하고 있다.

70. 부가가치법에 의한 사업자등록을 한 경우 소득세법이나 법인세법 상 사업자등록을 한 것으로 본다.

71. 위탁자가 수탁자에게 신탁재산을 이전하는 경우 재화의 공급으로 보지 않는다.

72. 1기 예정 과세표준 = 단기할부(120,000) + 외상판매(160,000) + 장기할부(20,000) = 300,000원

73. 영세율에 대한 설명이다.

74. 과실류, 수돗물, 주택임대용역, 토지의 공급은 면세이다.

75. ① 위약금은 과세표준에서 제외한다. ② 공급한 재화 등의 시가　③ 연체이자는 과세표준에서 제외

76. 매입세액 = 원재료(15,000,000) + 트럭(4,000,000) + 건물(20,000,000) + 판관비(4,000,000)

    　　　　 = 43,000,000원

77. 부도확인(20x1.7.10) 후 6개월이 경과되는 확정신고(20x2.1기 확정)에 매출세액에서 30,000,000 원이 대손세액으로 공제된다.

78. ㈀ 과세 세금계산서 발급분㈀ = 세금계산서 발행(8,000,000)

ㄴ 과세 신용카드 등 = 신용카드(3,000,000) + 현금영수증(1,000,000) = 4,000,000원

79. 과소신고·초과환급가산세(신고불성실)와 납부지연가산세는 중복 적용된다.

80. 사업자등록을 신청해야 세금계산서를 발급할 수 있다.

102회 회계관리 1급

재무회계

01. 다음 중 재무제표의 작성과 표시를 위한 개념체계에 관한 설명으로 가장 올바르지 않은 것은?

① 부채는 과거의 거래나 사건의 결과로 현재 기업실체가 부담하고 있고 미래 자원의 유출 또는 사용이 예상되는 의무이다.

② 지출이 발생하였을 때 그에 관련된 미래 경제적 효익의 유입가능성이 낮은 경우에도 자산으로 인식한다.

③ 자본은 기업실체의 자산에 대한 소유주의 잔여청구권이다.

④ 계속기업의 가정이란 기업실체는 그 목적과 의무를 이행하기에 충분할 정도로 장기간 존속한다고 가정하는 것을 말한다.

02. 다음에서 설명하고 있는 재무제표는 무엇인가?

> ㄱ. 정태적 보고서
> ㄴ. 기업이 필요한 자본을 어떻게 조달했는지에 관한 정보 제공
> ㄷ. 기업이 조달한 자본을 어떻게 활용하고 있는지에 관한 정보 제공

① 재무상태표   ② 손익계산서

③ 자본변동표   ④ 이익잉여금처분계산서

03. 다음 중 자산의 측정속성에 관한 설명으로 가장 올바르지 않은 것은?

① 자산의 기업특유가치는 기업실체가 자산을 사용함에 따라 당해 기업실체의 입장에서 인식되는 현재의 가치를 의미한다.

② 자산의 취득원가는 자산을 취득하였을 때 그 대가로 지급한 현금, 현금등가액 또는 기타지급수단의 공정가치를 의미한다.

③ 자산의 상각후금액은 유효이자율을 이용하여 당해 자산에 대한 현재의 금액으로 측정한 가치를 의미한다

④ 자산의 사용가치는 제품이나 상품의 정상적인 영업과정에서의 추정 판매가격에서 제품을 완성하는데 소요되는 추가적인 원가와 판매비용의 추정액을 차감한 금액을 의미한다.

04. 다음 중 중소기업 회계처리 특례에 관한 설명으로 가장 올바르지 않은 것은?

① 시장성이 없는 지분증권은 취득원가를 장부금액으로 할 수 있다.

② 종속기업에 대하여는 지분법을 적용하지 아니할 수 있다.

③ 상장법인 및 금융회사의 경우에는 특례규정을 적용할 수 없다.

④ 토지 또는 건물 등을 장기할부조건으로 처분하는 경우에는 당해 자산의 처분이익을 할부금 회수기일이 도래한 날에 실현되는 것으로 할 수 있다.

05. 재무상태표 작성기준에서는 자본거래에서 발생한 잉여금과 손익거래에서 발생한 잉여금을 구분하여 재무상태표에 표시하도록 규정하고 있다. 다음 중 그 성격이 다른 하나는 무엇인가?

① 단기매매증권처분이익
② 채무면제이익
③ 감자차익
④ 유형자산처분이익

06. 다음의 재무상태표 작성기준에 관한 설명으로 가장 옳은 것은?

> ㄱ. 자산을 현금및현금성자산, 매출채권, 제품, 차량운반구 순서로 표시한다.
> ㄴ. 부채를 단기차입금, 매입채무, 사채, 장기차입금 순서로 표시한다.

① 구분표시
② 총액표시
③ 유동성배열법
④ 잉여금의 구분표시

07. 다음 내역에서 현금및현금성자산으로 계상될 금액으로 가장 옳은 것은?

> • 지폐 : 400,000원
> • 타인발행수표 : 300,000원
> • 자기앞수표 : 100,000원
> • 정기예금(만기가 6 개월 남음) : 200,000원
> • 당좌예금 : 500,000원
> • 단기자금 운용목적으로 보유한 주식 : 600,000원

① 800,000원　　② 1,300,000원　　③ 1,500,000원　　④ 2,100,000원

08. 다음 중 외상매출금에 관한 설명으로 가장 올바르지 않은 것은?

① 외상매출금은 당해 채권을 입증하는 구체적인 증서 또는 담보가 존재한다는 특징을 가진다.

② 외상매출금은 일반적 상거래에서 발생한 채권이라는 점에서 매출채권으로 보지만 어음상의 채권이 아니라는 점에서 받을어음과 구별된다.

③ 외상매출금 양도의 실질이 매각거래에 해당하는 경우에는 일반적으로 양도시점에 매출채권처분손실이 발생한다.

④ 외상매출금 양도의 실질이 차입거래에 해당하는 경우에는 일반적으로 양도시점에 차입금과 이자비용을 동시에 인식한다.

09. 다음은 기말 매출채권 잔액의 추정대손율만큼 대손충당금을 설정하는 ㈜삼일의 매출채권 및 대손충당금과 관련된 자료이다. 20X2년 말 회사가 매출채권 잔액에 적용한 추정대손율은 얼마인가?

ㄱ. 20X1년 말 현재 대손충당금 잔액	20,000,000원
ㄴ. 20X2년 중 대손확정액	7,000,000원
ㄷ. 20X2년 손익계산서상 대손상각비	15,000,000원
ㄹ. 20X2년 말 현재 매출채권 잔액	1,400,000,000원

① 0.5%   ② 1.0%   ③ 1.5%   ④ 2.0%

10. ㈜삼일은 보유하고 있던 업무용 컴퓨터를 200,000원에 처분하고, 처분대금은 나중에 받기로 하였다. 컴퓨터의 취득원가는 800,000원이고, 처분일의 장부금액은 100,000원이다. ㈜삼일의 처분일에 필요한 회계처리로 가장 옳은 것은?

①	(차) 외상매출금		200,000원	(대) 비 품	100,000원
				유형자산처분이익	100,000원
②	(차) 외상매출금		200,000원	(대) 비 품	800,000원
	감가상각누계액		700,000원	유형자산처분이익	100,000원
③	(차) 미수금		200,000원	(대) 비 품	100,000원
				유형자산처분이익	100,000원
④	(차) 미수금		200,000원	(대) 비 품	800,000원
	감가상각누계액		700,000원	유형자산처분이익	100,000원

11. 다음 중 재고자산의 취득원가에 가감하여 처리하지 않는 항목은?

① 매입운임   ② 판매원가   ③ 매입할인   ④ 운송 보험료

12. 다음은 ㈜삼일의 20X1년 재고수불부이다. ㈜삼일이 재고자산을 선입선출법으로 평가하는 경우와 총평균법(회계기간 단위로 평균단가를 산출하는 방법)으로 평가하는 경우 각각의 기말재고자산금액은 얼마인가?

	수량	단가	금액
전기이월	3,000개	2,000원	6,000,000원
1월 20일 구입	2,000개	2,500원	5,000,000원
6월 15일 판매	2,500개		
8월 14일 구입	2,000개	2,800원	5,600,000원
10월 1일 판매	3,500개		
12월 4일 구입	1,000개	3,000원	3,000,000원
기말	2,000개		

	선입선출법	총평균법		선입선출법	총평균법
①	5,800,000원	4,900,000원	②	5,800,000원	5,700,000원
③	6,400,000원	4,900,000원	④	6,400,000원	5,700,000원

13. ㈜삼일의 20X1년 매출액은 4,000,000원이며 연간 매출총이익률은 30%이다. 기말재고실사 결과 담당자는 재고자산에 대한 횡령이 발생하였음을 인지하였다. 매출총이익률법을 이용하여 추정한 재고자산 횡령액은 얼마인가?

• 기초재고	500,000원
• 당기매입	3,000,000원
• 기말재고(실사금액)	250,000원

① 450,000원   ② 500,000원   ③ 550,000원   ④ 700,000원

14. 다음은 ㈜삼일 재경실무자들의 논의내용이다. 일반기업회계기준에 따라 재고자산을 평가할 경우 가장 옳은 것은?

① 현우 : 재고자산의 감액을 초래했던 상황이 해소되어, 순실현가능가치가 최초의 장부금액을 초과하는 경우 새로운 장부금액은 순실현가능가치로 한다.

② 성음 : 저가법 적용시 상품과 제품은 현행대체원가를 시가로 한다.

③ 병현 : 재고자산 평가를 위한 저가법 적용시 원칙적으로 항목별 기준을 적용하여야 한다.

④ 만영 : 재고자산의 감모손실 중 정상적으로 발생한 감모손실은 매출원가에 가산하고 비정상적으로 발생한 감모손실은 판매비와관리비로 분류한다.

15. 당기에 신설된 ㈜삼일은 단일종류의 재고자산을 생산해서 판매하고 있다. 재고자산의 장부상 수량은 500개이고 취득원가는 단위당 210원이다. 기말 재고실사시 실제 수량은 450개이고, 재고자산의 시가는 180원이다. 저가법 평가를 할 경우 재고자산평가손실 금액은 얼마인가?

① 9,000원 ② 10,500원 ③ 13,500원 ④ 24,000원

16. 다음 중 유가증권에 관한 설명으로 가장 올바르지 않은 것은?

① 유가증권은 증권의 종류에 따라 지분증권과 채무증권으로 분류할 수 있다.

② 채무증권은 발행자에 대하여 금전을 청구할 수 있는 권리를 표시하는 유가증권 및 이와 유사한 유가증권을 말한다.

③ 지분증권은 단기매매증권, 매도가능증권, 만기보유증권 세 가지 중 하나로만 분류될 수 있다.

④ 단기매매증권이나 만기보유증권으로 분류되지 아니하는 채무증권은 모두 매도가능증권으로 분류한다.

17. 20X2년 12월 31일 현재 ㈜삼일이 20X2년 중 취득하여 보유하고 있는 ㈜남산과 ㈜용산의 주식 공정가치가 다음과 같다. 유가증권에 대한 평가가 ㈜삼일의 20X2년 말 재무상태표의 자본총계에 미치는 영향은 얼마인가?

종 목	취득원가	공정가치
㈜남산 주식(매도가능증권)	2,500,000원	2,800,000원
㈜용산 주식(단기매매증권)	1,700,000원	3,700,000원

① 300,000원 증가 ② 2,000,000원 증가

③ 2,300,000원 증가 ④ 영향 없음

18. 다음 중 지분증권의 손상차손에 관한 설명으로 가장 올바르지 않은 것은?

① 지분증권으로부터 회수할 수 있을 것으로 추정되는 금액이 지분증권의 취득원가보다 작은 경우에는 손상차손을 인식할 것인가를 고려해야 한다.

② 보고기간종료일마다 지분증권 손상차손의 발생에 대한 객관적인 증거가 있는지를 평가해야 한다.

③ 지분증권의 손상차손액은 당기손익에 반영해야 한다.

④ 지분증권 중 원가법으로 평가하는 매도가능증권은 손상차손을 인식하지 않는다.

19. 지분법은 투자기업이 피투자기업에 대해 유의적인 영향력을 행사할 수 있는 경우에 적용한다. 다음 중 투자기업이 피투자기업에 대하여 유의적인 영향력을 행사할 수 있다고 볼 수 없는 경우는?

① 투자기업인 ㈜서울의 등기임원은 ㈜강남의 의결권을 행사할 수 있는 등기임원으로 겸임하고 있다.

② ㈜서울은 피투자기업인 ㈜구로에게 제품을 생산하는데 필요한 필수적인 기술정보를 제공하였다.

③ ㈜마포는 자동차 공정에 사용되는 부품을 공급하는 회사로서 투자기업인 ㈜서울과도 거래가 존재하지만, 유의적인 거래는 아니다.

④ ㈜서울은 ㈜용산의 지분을 20% 보유하고 이사회에서 의결권을 행사할 수 있게 되었다.

20. 다음 중 채무증권에 관한 설명으로 가장 옳은 것은?

① 채무증권 분류의 적정성은 취득 시점 이후에 재검토하지 않는다.

② 가격의 단기적 변동으로부터 이익을 발생시킬 목적으로 취득한 채무증권은 매도가능증권으로 분류할 수 있다.

③ 채무증권은 최초인식시 공정가치로 측정한다.

④ 만기가 확정된 채무증권으로 만기까지 보유할 적극적인 의도와 능력이 있으면 매도가능증권으로 분류할 수 있다.

21. ㈜용산은 사용중이던 기계장치를 ㈜삼일의 건물과 교환하였다. 이 교환거래와 관련하여 ㈜용산은 공정 가치의 차액 100,000원을 현금으로 수령하였다. 이 교환거래에서 ㈜용산이 취득하는 건물의 취득원가 는 얼마인가?

	건 물	기계장치
취득원가	2,000,000원	4,000,000원
감가상각누계액	(800,000원)	(3,120,000원)
공정가치	1,000,000원	1,100,000원

① 900,000원　　　② 1,000,000원　　　③ 1,100,000원　　　④ 1,200,000원

22. 다음 중 유형자산 손상의 판단과 손상 회계처리에 관한 내용으로 가장 올바르지 않은 것은?

① 자산이 진부화되거나 물리적으로 손상된 증거가 있을 경우 자산의 회수가능액을 추정하여 손 상인식 여부를 판단한다.

② 손상차손 인식 후 차기 이후에 손상된 자산의 회수가능액이 장부금액을 초과하는 경우에는 한도 없이 그 초과액을 손상차손환입으로 처리한다.

③ 유형자산의 사용 및 처분으로 기대되는 미래현금흐름 추정액이 장부금액에 미달하는 경우 손 상차손을 인식한다.

④ 시장이자율이 회계기간 중에 상승하여 사용가치를 계산하는 데 사용되는 할인율에 영향을 미 쳐 자산의 회수가능액을 중요하게 감소시킬 가능성이 있는 경우 이는 손상징후에 해당한다.

23. 다음 중 무형자산의 손상에 관한 설명으로 가장 올바르지 않은 것은?

① 자산의 진부화 및 시장가치의 급격한 하락 등으로 인하여 무형자산의 회수가능액이 장부가액 에 중요하게 미달되는 경우에는 그 차액을 손상차손으로 처리한다.

② 아직 사용가능하지 않은 무형자산은 최소한 매 보고기간 말에 회수가능액을 반드시 추정하여 야 한다.

③ 차기 이후에 손상된 자산의 회수가능액이 장부금액을 초과하게 되는 경우에는 그 자산이 손 상되기 전 장부금액의 상각 후 잔액을 한도로 하여 그 초과액을 손상차손환입으로 처리한다.

④ 영업권은 상각을 하지 않고, 손상차손을 인식하되 손상차손환입은 인식하지 않는다.

24. 장기연불조건의 매매거래, 장기금전대차거래 또는 이와 유사한 거래에서 발생하는 채권.채무로서 명목금액과 공정가치의 차이가 유의적인 경우에는 이를 현재가치로 평가한다. 이와 관련된 설명 중 가장 올바르지 않은 것은?

① 채권.채무의 명목상의 금액과 공정가치의 차액은 현재가치할인차금의 과목으로 하여 당해 채권.채무의 명목상의 금액에서 차감하는 형식으로 표시한다.

② 명목금액과 공정가치의 차이는 시간의 경과에 따라 이자비용 또는 이자수익으로 인식한다.

③ 장기의 선급금·선수금, 이연법인세자산(부채) 등은 공정가치 평가대상이 아니다.

④ 장기성 채권.채무의 현재가치에 적용하는 이자율은 원칙적으로 가중평균차입이자율로 한다.

25. ㈜서울은 보유하고 있는 본사 건물의 일부를 ㈜부산에게 임대하였고, 임대조건은 다음과 같다. ㈜서울이 20X3년에 인식할 임대료수익은 얼마인가?

- 임대기간 : 20X2년 9월 1일~20X3년 8월 31일(1년)
- 임 대 료 : 180,000,000원(월 임대료 : 15,000,000원)
- 지급조건 : 임대기간 개시일(20X2년 9월 1일)에 1년 분 임대료를 일시에 수취하는 조건

① 15,000,000원   ② 45,000,000원   ③ 60,000,000원   ④ 120,000,000원

26. 다음 중 사채에 관한 설명으로 가장 옳은 것은?

① 일반기업회계기준에서는 자기사채의 취득시 취득목적에 관계없이 투자자산으로 처리하도록 규정하고 있다.

② 사채발행비는 사채발행으로 인해 조달된 현금을 감소시키는 효과가 있으므로 지급수수료로 처리한다.

③ 사채발행비가 발생하지 않고 사채가 할인발행된 경우에는 액면이자 지급액이 발행회사가 매년 인식할 이자비용이 된다.

④ 일반기업회계기준에서는 사채발행시 인식한 사채할인발행차금이나 사채할증발행차금은 유효이자율법을 적용하여 상각 또는 환입하고 그 금액을 이자비용에 가감하도록 규정하고 있다.

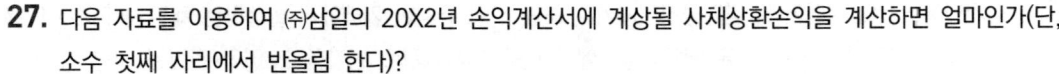

27. 다음 자료를 이용하여 ㈜삼일의 20X2년 손익계산서에 계상될 사채상환손익을 계산하면 얼마인가(단, 소수 첫째 자리에서 반올림 한다)?

> ㄱ. 액면금액 : 1,000,000원
> ㄴ. 발행금액 : 950,244원(20X2년 1월 1일 발행)
> ㄷ. 만 기 : 20X4년 12월 31일
> ㄹ. 액면이자율 : 연 8%(매년 말 지급)
> ㅁ. 유효이자율 : 연 10%
> ㅂ. 사채발행자인 ㈜삼일은 동 사채를 20X2년 12월 31일에 액면이자 지급 후 950,000원에 상환하였
>   다. ㈜삼일은 사채의 액면금액과 발행금액의 차이를 유효이자율법으로 상각하고 있다.

① 상환손실 34,732원   ② 상환손실 15,268원

③ 상환이익 15,268원   ④ 상환이익 34,732원

28. 다음 중 충당부채 및 우발부채에 관한 설명으로 가장 옳은 것은?

① 충당부채로 인식하는 금액은 현재의무의 이행에 소요되는 지출에 대한 보고기간종료일 현재 의 최선의 추정치이어야 한다.

② 충당부채는 현재가치로 평가하지 않는다.

③ 자산의 처분차익이 예상되는 경우 당해 처분차익은 충당부채 금액을 측정할 때 고려한다.

④ 중요한 계류 중인 소송사건과 보증제공 사항을 반드시 주석으로 공시할 필요는 없다.

29. ㈜삼일은 제품 구입 후 12개월 이내에 발생하는 제조상의 결함이나 다른 명백한 결함에 따른 하자에 대하여 제품보증을 실시하고 있다. 만약 20X1년에 판매된 200개 제품에 대한 결함 발생 확률과 예상 수리비가 아래와 같다면 보고기간말 인식해야 하는 제품보증충당부채 금액은 얼마인가?

구분	결함발생 확률	예상 수리비(개당)
결함없음	75%	–
경미한 결함	20%	0.1억원
중요한 결함	5%	0.5억원

① 2.4억원   ② 3억원   ③ 4.5억원   ④ 9억원

30. 다음은 20X1년 초에 설립된 ㈜삼일의 법인세 관련 자료이다. 20X1년 말 재무상태표에 계상될 이연법인세자산 또는 이연법인세부채는 얼마인가(단, 이연법인세자산 또는 이연법인세부채의 인식조건은 충족된다)?

- 20X1년 법인세비용차감전순이익이 40,000원이다.
- 세무조정 결과 회계이익과 과세소득의 차이로 인해 차감할 일시적 차이는 10,000원이고, 접대비(기업업무추진비) 한도초과액은 5,000원이다.
- 20X1년 법인세율은 20% 이며, 20X2년 이후 법인세율은 30%이다.

① 이연법인세자산 2,000원　　　　　② 이연법인세자산 3,000원
③ 이연법인세부채 2,000원　　　　　④ 이연법인세부채 3,000원

31. 20X1년 초 ㈜삼일의 자본총액은 650,000원이었고, 20X1년 중에 자본과 관련하여 발생한 거래는 다음과 같다. 20X1년 말 ㈜삼일의 자본총액은 얼마인가?

ㄱ. 20X1년 3월 31일 – 20X1년 2월 28일 주주총회에서 결의한 배당금 지급 : 50,000원
ㄴ. 20X1년 6월 21일 – 유상증자 (발행주식수 : 40주, 발행금액 : 700원/1주)
ㄷ. 20X1년 12월 31일 – 결산시 보고한 당기순이익 : 40,000원

① 578,000원　　　② 598,000원　　　③ 618,000원　　　④ 668,000원

32. 다음 중 현금배당과 주식배당이 자본총액에 미치는 영향을 바르게 표시한 것은?

	현금배당	주식배당		현금배당	주식배당
①	감소	영향없음	②	감소	감소
③	영향없음	감소	④	영향없음	영향없음

33. 다음은 유통업을 영위하는 ㈜삼일의 20X1년 손익계산서와 관련된 자료이다. 20X1년 ㈜삼일의 영업이익은 얼마인가?

매출액	9,000,000원	매출원가	6,000,000원
관리직사원 급여	850,000원	매출채권대손상각비	130,000원
본사 임원 퇴직급여	60,000원	전기오류수정이익(중요하지 않음)	80,000원
본사 건물 임차료	40,000원	이자비용	60,000원
외화환산이익	30,000원	재고자산감모손실(원가성 없음)	50,000원

① 1,870,000원　　　② 1,920,000원　　　③ 2,000,000원　　　④ 2,030,000원

34. 다음 중 당기손익항목이 아닌 것은?

① 매도가능증권평가이익   ② 매도가능증권처분이익

③ 단기투자자산평가이익   ④ 단기투자자산처분이익

35. 다음은 ㈜서울과 ㈜부산의 거래내역이다. 발생주의로 인식한 20X1년 ㈜서울의 매출액은 얼마인가?

> • 20X1년 12월 1일 : ㈜서울은 ㈜부산과 외제차 매도계약을 하면서 판매대금 50,000,000원 중 계약금으로 1,000,000원을 수령하였다.
>
> • 20X1년 12월 31일 : ㈜서울은 ㈜부산에게 외제차를 인도하면서 잔금 중 48,000,000원을 수령하였다.
>
> • 20X2년 2월 1일 : ㈜서울은 ㈜부산에게 잔금 1,000,000원을 수령하였다.

① 0원   ② 1,000,000원   ③ 49,000,000원   ④ 50,000,000원

36. 다음 중 수익의 인식기준에 관한 설명으로 가장 올바르지 않은 것은(단, 중소기업회계처리특례는 고려하지 않는다)?

① 용역의 제공으로 인한 수익은 용역제공거래의 성과를 신뢰성 있게 추정할 수 있을 때 진행기준에 따라 인식한다.

② 배당금수익은 배당금을 받을 권리와 금액이 확정되는 시점에 인식한다.

③ 로열티수익은 관련된 계약의 경제적 실질을 반영하여 발생기준에 따라 인식한다.

④ 이자수익은 실제 이자를 수령했을 때 인식한다.

37. 기업회계기준에서는 화폐성 외화자산·부채에 대해 기말현재의 환율로 환산하도록 규정하고 있다. 다음의 외화자산·부채 중 기말 결산시 외화환산이 필요한 계정과목은?

① 선수수익   ② 매출채권   ③ 재고자산   ④ 선수금

38. 다음 자료를 참고하여 ㈜삼일의 기본주당이익을 계산하면 얼마인가?

ㄱ. 매출액	800,000,000원
ㄴ. 영업이익	600,000,000원
ㄷ. 당기순이익	500,000,000원
ㄹ. 우선주배당금	10,000,000원
ㅁ. 가중평균유통보통주식수	100,000주

① 4,900원   ② 5,000원   ③ 5,900원   ④ 8,000원

39. 다음 중 현금흐름표의 활동구분으로 가장 올바르지 않은 것은?

① 환율변동 현금흐름   ② 재무활동 현금흐름

③ 투자활동 현금흐름   ④ 영업활동 현금흐름

40. 다음은 ㈜삼일의 20X1년도 매출 및 매출채권과 관련된 자료이다. 20X1년 중 현금 회수액은 얼마인가? (단, 모든 거래는 외상으로 이루어지며, 매출에누리와 매출할인 및 매출환입은 없는 것으로 가정한다)

ㄱ. 20X1년 1월 1일 매출채권 잔액	20,000,000원
ㄴ. 20X1년 손익계산서 매출액	75,000,000원
ㄷ. 20X1년 12월 31일 매출채권 잔액	15,000,000원

① 70,000,000원   ② 75,000,000원   ③ 80,000,000원   ④ 85,000,000원

세무회계

41. 다음 중 국세부과의 원칙에 관한 설명으로 가장 올바르지 않은 것은?

① 국세를 부과·징수할 때에는 거래의 형식보다는 거래의 실질 내용에 따라야 한다.

② 국세부과의 원칙 중 신의성실의 원칙은 조세를 납부하는 국민에 대하여만 해당되며, 조세를 부과·징수하는 국가에는 적용되지 않는다.

③ 국세는 원칙적으로 법인이 관리하는 장부내용에 근거하여 객관적으로 부과·징수되어야 한다.

④ 소득의 형식적인 귀속자가 아닌 실제 소득의 귀속자에 대하여 세금을 부과·징수하는 것은 국세부과의 원칙에 어긋나지 않는다.

42. 조세를 실제로 부담하는 자와 조세를 납부하는 자가 동일한지 여부에 따라 직접세와 간접세로 구분할 수 있다. 다음 중 성격이 다른 하나는 무엇인가?

① 법인세   ② 부가가치세   ③ 주세   ④ 개별소비세

43. 다음 중 법인종류별 납세의무의 범위에 관한 설명으로 가장 올바르지 않은 것은?

① 청산소득의 경우 내국·외국 영리법인에 대하여 과세한다.

② 내국법인 중 국가와 지방자치단체에 대해서는 법인세를 부과하지 않는다.

③ 비영리법인의 경우 미환류소득에 대한 법인세는 부과하지 않는다.

④ 내국비영리법인의 경우 국내외 원천소득 중 일정한 수익사업에서 발생한 소득에 대하여 과세한다.

44. 다음 자료를 바탕으로 법인세법상 각사업연도소득금액을 계산하면 얼마인가?

가. 당기순이익	5,000,000원
나. 법인세비용	1,000,000원
다. 대표자 급여	2,000,000원
라. 자본잉여금증가액 (자기주식처분이익)	4,000,000원
* 제시된 것 외에는 세무조정할 사항이 없다고 가정한다.	

① 6,000,000원　　② 7,000,000원　　③ 8,000,000원　　④ 10,000,000원

45. 다음 중 법인세법상 손익의 귀속시기에 관한 설명으로 가장 올바르지 않은 것은?

① 용역제공기간이 1년 이상인 장기용역손익의 귀속시기 : 착수일로부터 목적물의 인도일까지 건설 등을 완료한 정도(작업진행률)에 따라 결정

② 계약 등에 의하여 임대료 지급일이 정하여진 경우 임대손익의 귀속시기 : 계약에 의한 지급약정일

③ 상품·제품 판매손익 귀속시기 : 상품·제품의 판매대금 회수일

④ 상품·제품 이외의 자산 판매손익의 귀속시기 : 해당 자산의 대금청산일, 소유권이전등기일(또는 등록일), 인도일 또는 사용수익일 중 가장 빠른 날

46. 다음 중 법인세법상 세무조정이 불필요한 경우로 가장 옳은 것은?

① ㈜서울은 전기에 구입한 업무무관자산의 당기 수리비 6,000,000원을 지출하고 비용으로 계상하였다.

② ㈜대전은 대표이사에게 회사 정관에 기재된 상여금 지급기준보다 4,500,000원이 많은 상여금을 지급하고 전액 비용처리하였다.

③ 제조업을 영위하는 ㈜부산은 원천징수대상인 이자소득의 기간경과분 이자 500,000원을 회계기준에 따라 미수이자로 계상하고 이자수익으로 인식하였다.

④ ㈜대구는 액면금액이 5,000원인 주식을 주당 7,000원에 발행하고 액면금액은 자본금으로, 액면 초과금액은 주식발행초과금으로 계상하였다.

47. ㈜삼일의 퇴직금지급기준에 의한 종업원 퇴직금은 20,000,000원이나 퇴직하는 종업원에게 해당 사업연도에 실제로 22,000,000원을 퇴직금으로 지급하면서 다음과 같이 회계처리하였다. 이 경우 필요한 세무 조정은?

(차) 퇴직급여	22,000,000원	(대) 현 금	22,000,000원

① (손금불산입) 퇴직금한도초과 2,000,000원 (기타)
② (손금불산입) 퇴직금한도초과 2,000,000원 (유보)
③ (손금불산입) 퇴직금한도초과 2,000,000원 (상여)
④ 세무조정 없음

48. ㈜삼일은 결산서상 당기 취득한 유가증권의 금액을 시가로 평가하고 이에 대한 평가손익을 손익으로 인식하였다. 제 9 기(20x1년 1월 1일~20x1년 12월 31일)말 현재 취득원가와 시가는 다음과 같다. 당초에 법인세법상 유가증권의 평가방법이 원가법으로 신고된 경우 필요한 세무조정을 수행한다면, 이러한 유가증권의 세무조정이 각사업연도소득금액에 미치는 영향은?

구분	취득원가	시가
주식 A	10,000,000원	12,000,000원
채권 B	20,000,000원	19,000,000원

① 영향없음
② 1,000,000원 감소
③ 2,000,000원 감소
④ 2,000,000원 증가

49. ㈜삼일은 건물을 20x0년 1월 1일에 취득하여 당기말 현재 보유중이다. 다음 자료에 의할 경우 법인세법상 당해 사업연도(20x2년 1월 1일~20x2년 12월 31일)의 법인세법상 건물의 감가상각범위액은 얼마인가?

ㄱ. 건물취득가액 : 200,000,000원
ㄴ. 신고내용연수 : 20년 (정액법 상각률 : 0.050, 정률법 상각률 : 0.140)
ㄷ. 전기말 결산서상 감가상각누계액 : 10,000,000원

① 4,000,000원 ② 5,000,000원 ③ 10,000,000원 ④ 14,000,000원

50. 다음은 ㈜삼일의 제12기(20x1년 1월 1일~20x1년 12월 31일) 기부금 관련 자료이다. 이를 기초로 기부금 지출액 중 손금으로 인정되지 않는 금액을 계산한 것으로 가장 옳은 것은?

ㄱ. 기부금 지출액	ㄴ. 기부금 한도액
– 특례기부금 : 70,000,000원	– 특례기부금 : 55,000,000원
– 일반기부금 : 3,000,000원	– 일반기부금 : 15,000,000원
– 비지정기부금 : 7,000,000원	

① 0원 ② 7,000,000원 ③ 15,000,000원 ④ 22,000,000원

51. 다음은 제조업을 영위하는 ㈜삼일의 대손충당금 관련 자료이다. 이를 기초로 ㈜삼일의 당해 사업연도 (20x1년 1월 1일~20x1년 12월 31일) 손금불산입 금액을 계산하면 얼마인가(단, 전기 대손충당금 부인액은 없다)?

```
ㄱ. 대손충당금설정대상 채권금액 : 1,000,000,000원
ㄴ. 대손충당금 :
   – 기초잔액       30,000,000원    – 대손액   50,000,000원
   – 당기추가설정액 60,000,000원    – 기말잔액 40,000,000원
ㄷ. 전기말 현재 대손충당금설정대상 채권금액 : 4,000,000,000원
ㄹ. 당기 대손액 중 10,000,000원은 세법상 대손사유를 충족하지 못하였다.
```

① 10,000,000원 ② 30,000,000원 ③ 40,000,000원 ④ 50,000,000원

52. 다음 중 법인세법상 채권자불분명 사채이자(원천징수세액 해당분)의 손금불산입에 대한 소득처분으로 가장 옳은 것은?

① 유보 ② 대표자상여 ③ 배당 ④ 기타사외유출

53. 다음 중 법인세법상 부당행위계산의 부인에 관한 설명으로 가장 올바르지 않은 것은?

① 법인세법상 특수관계인에는 해당 법인의 출자자(소액주주 포함), 임원 및 계열회사 등이 있다.

② 부당행위계산부인 규정은 특수관계인과의 거래 결과 법인의 조세부담을 브당하게 감소시킨 경우에 적용된다.

③ 가지급금인정이자는 '가지급금적수 × 1/365 × 적정이자율'로 계산된 금액에서 법인이 실제로 특수관계인에게서 수입한 이자를 차감하여 계산한다.

④ 특수관계인에 해당하는 법인에 대한 가지급금인정이자는 익금산입하고 기타사외유출로 소득 처분한다.

54. 다음은 ㈜삼일의 제12기(20x1년 1월 1일~20x1년 12월 31일) 법인세 신고를 위한 자료이다. 자료에 의하여 올바른 세무조정을 수행한 경우 각사업연도소득금액을 계산하면 얼마인가(단, 자료 이외에 각사업연도소득금액 계산에 영향을 미치는 항목은 없다)?

> ㄱ. 법인세비용차감전순이익 : 200,000,000원
> ㄴ. ㈜삼일은 제12기에 벌금 및 가산금으로 15,000,000원을 비용으로 인식하였다.
> ㄷ. ㈜삼일은 제12기에 파손, 부패 등의 사유로 재고자산평가손실을 30,000,000원 계상하였다.

① 200,000,000원　　　　　　　　② 215,000,000원
③ 230,000,000원　　　　　　　　④ 245,000,000원

55. 다음 자료를 기초로 ㈜삼일의 제 20 기(20x1년 1월 1일~20x1년 12월 31일) 법인세 산출세액을 계산하면 얼마인가?

> ㄱ. 법인세비용차감전순이익 : 200,000,000원
> ㄴ. ㈜삼일은 대표이사에게 특별상여금 20,000,000원을 지급하고 비용으로 계상하였다. 정관에 따른 상여금의 지급기준은 5,000,000원이다.
> ㄷ. ㈜삼일의 손익계산서상 매출액은 3,000,000,000원이며, 이는 5,000,000원의 매출할인과 2,000,000원의 매출에누리가 차감된 금액이다.
> ㄹ. ㈜삼일은 대표이사의 동창회에 기부금 10,000,000원을 지급하고 비용으로 계상하였다.
> ㅁ. 제 20 기에 인식할 이월결손금, 비과세소득 및 소득공제는 없다고 가정
> ㅂ. 법인세율 : 과세표준 2억원 이하는 10%, 2억원 초과 200억원 이하분은 20%로 가정한다.

① 20,000,000원　　② 22,000,000원　　③ 23,000,000원　　④ 25,000,000원

56. 다음 중 괄호 안에 들어갈 내용으로 가장 옳은 것은?

> 세법은 여러 가지 사회·경제적 정책목적 상 개별세법과 조세특례제한법에서 각종 비과세, 세액공제 및 세액감면 등을 해주고 있어 세금을 전혀 납부하지 않는 사업자도 발생할 수 있다. 하지만 이는 세부담의 형평성에 어긋나는 것이므로, 세법에서는 최소한 세법이 규정한 일정한도의 세금은 납부하도록 하는 (　　　) 규정을 두고 있다.

① 이연법인세　　　② 차감납부할 세액　　③ 최저한세　　　④ 공제감면세액

57. 다음 중 소득세법상 납세의무자에 관한 설명으로 가장 올바르지 않은 것은?

① 거주자란 국내에 주소를 두거나 계속하여 183일 이상의 거소를 둔 개인을 말한다.

② 거주자 여부를 판정할 때는 국적이나 영주권 취득 등은 고려하지 않는다.

③ 거주자가 아닌 개인을 비거주자라 하며, 비거주자에 대하여는 모든 소득에 대하여 과세권이 없다.

④ 대한민국 국민인 국내회사 임직원이 해외에 파견된 경우 그 임직원은 거주자로 본다.

58. 다음 중 소득세법상 이자 및 배당소득에 관한 설명으로 가장 옳은 것은?

① 국가나 공공기관에서 발행한 채권에서 발생하는 이자는 소득세법상 이자소득에 포함되지 않는다.

② 외국회사로부터 받는 이익의 배당은 배당소득에 해당한다.

③ 현물배당이나 주식배당의 경우 배당소득으로 보지 않는다.

④ 현행 소득세법에서는 배당소득에 대해서 필요경비를 인정하나 이자소득에 대하여는 필요경비를 인정하고 있지 않다.

59. 김삼일씨의 20x1년 급여내역이 다음과 같을 때 소득세법상 총급여액을 계산하면 얼마인가?

> - 급여 : 매월 3,000,000원
> - 식사대 : 매월 100,000원(별도로 식사를 제공받음)
> - 상여 : 연간 5,000,000원
> - 연차수당 : 연간 1,000,000원
> 김삼일씨는 연중 계속 근무하였으며, 위 사항 이외의 근로소득은 없다.

① 36,000,000원   ② 37,200,000원   ③ 42,000,000원   ④ 43,200,000원

60. 다음 중 소득세법상 소득구분으로 가장 올바르지 않은 것은?

① 퇴직소득에 속하지 않는 퇴직위로금 : 근로소득

② 계약의 위약 또는 해약으로 인하여 받는 위약금 : 기타소득

③ 복권당첨소득 : 기타소득

④ 퇴직연금계좌에 불입하고 연금형태로 지급받는 소득 : 퇴직소득

61. 다음의 소득공제와 세액공제 중 개인과 법인 모두에게 적용될 수 있는 것은?

① 외국납부세액공제   ② 배당세액공제   ③ 특별세액공제   ④ 기장세액공제

62. 근로자 김삼일씨는 매월 40만원씩 급여를 받고 있는 배우자가 기본공제 대상자에 해당되는지 여부에 대하여 상담을 의뢰하였다. 가장 올바른 대답은 무엇인가(단, 다른 소득은 존재하지 않는다)?

① 총급여액이 480만원이면 근로소득금액은 100만원을 초과하므로 기본공제대상에서 제외된다.

② 총급여액이 480만원이면 근로소득금액은 100만원을 초과하지만 기본공제대상이 된다.

③ 총급여액의 크기와 무관하게 소득이 조금이라도 있다면 기본공제대상에서 제외된다.

④ 배우자는 소득과 관계없이 기본공제대상이 된다.

63. 다음 중 소득세법상 종합소득과세표준에 관한 결정세액의 계산시 세액공제의 대상이 되지 않는 것은?

① 보험만기에 만기수령액이 없는 의무가입대상인 자동차보험의 보험료 500,000원

② 대학원생 자녀의 대학원 등록금 2,500,000원

③ 생계를 같이하나 기본공제대상자에 해당하지 아니하는 70세 모친을 위해 지출한 의료비 1,000,000원

④ 기본공제대상자인 배우자가 지출한 국방헌금 300,000원

64. 다음 중 양도소득세 과세대상 자산으로 가장 올바르지 않은 것은?

① 사업용 고정자산과 함께 양도하는 영업권

② 회원권 등 특정시설물 이용권

③ 소액주주의 주권상장법인 주식(장내거래분)

④ 아파트 당첨권 등 부동산을 취득할 수 있는 권리

65. 다음 중 소득세법상 중간예납에 관한 설명으로 가장 올바르지 않은 것은?

① 중간예납이란 매년 1월 1일부터 6월 30일까지의 기간 동안의 소득에 대해 소득세를 납부하는 것이며, 납부기한은 11월 30일이다.

② 중간예납세액이 50만원 미만일 경우 중간예납세액을 징수하지 아니한다.

③ 사업소득이 있는 거주자는 중간예납의무를 진다.

④ 중간예납세액은 직전 과세기간의 납부세액 기준과 중간예납기간의 실적 기준 중 거주자가 선택하여 계산하는 것을 원칙으로 한다.

66. 다음 중 연말정산에 관한 설명으로 가장 올바르지 않은 것은?

① 연말정산은 다음 해 2월분 급여를 지급하는 때에 하여야 한다.

② 근로소득을 지급하는 모든 개인, 법인 및 국가, 지방자치단체는 연말정산할 의무가 있다.

③ 중도에 퇴직한 자의 연말정산은 퇴직한 달의 급여를 지급하는 때에 한다.

④ 원천징수의무자는 연말정산한 다음 달의 말일까지 일반서류를 관할세무서장에게 제출하여야 한다.

67. 다음 중 원천징수에 관한 설명으로 가장 올바르지 않은 것은?

① 완납적원천징수의 경우 세부담액은 원천징수세액이 된다.

② 예납적원천징수의 경우 별도의 확정신고 절차를 요하며, 이미 원천납부한 세금은 기납부세액으로 공제한다.

③ 분류과세소득의 경우 완납적 원천징수로 모든 납세의무가 종결된다.

④ 완납적원천징수란 별도의 확정신고 절차 없이 소득에 대한 납세의무가 종결되는 경우의 원천징수를 말한다.

68. ㈜삼일은 직원 서비스교육을 위해 외부강사 김회계씨를 초빙하여 강사료 7,000,000원을 지급하였다. 해당 기타소득의 필요경비는 60%, 원천징수세율은 20%이다. 다음 중 기타소득의 원천징수에 대해 가장 올바르지 않은 설명을 하고 있는 사람은 누구인가?

> 김부장 : 김회계씨가 계속·반복적으로 독립적인 지위에서 강의를 하는 경우에는 사업소득으로 원천징수될 수 있습니다.
>
> 이차장 : 하지만 김회계씨에게 지급하는 소득은 기타소득에 해당하므로 강사료 7,000,000원에 20%를 적용하여 1,400,000원의 소득세를 원천징수하여 납부하면 됩니다.
>
> 박과장 : 네, 만약 우리 회사가 김회계씨에게 지급되는 강사료를 사업소득으로 원천징수하는 경우에는 기타소득으로 원천징수하는 경우와 다른 원천징수 세율이 적용되어야 합니다.
>
> 정사원 : 기타소득금액이 3,000,000원 이하인 경우 김회계씨는 분리과세 혹은 종합과세 중 본인에게 유리한 방안을 선택할 수 있습니다.

① 김부장   ② 이차장   ③ 박과장   ④ 정사원

69. 다음 중 부가가치세에 관한 설명으로 가장 올바르지 않은 것은?

① 부가가치세는 납세의무자의 인적사항을 고려하지 않는 물세이다.

② 부가가치세는 10%의 비례세율로 과세된다.

③ 부가가치세법상 사업자란 '사업상 독립적으로 재화나 용역을 공급하는 자'를 말하며 영리목적 유무는 판단기준이 되지 않는다.

④ 부가가치세는 원칙적으로 사업장별로 과세하지 않고 사업자별로 과세한다.

70. 다음 중 부가가치세법상 사업자등록을 해야 하는 경우로 가장 올바르지 않은 것은?

① 제품 판매증가에 따른 대리점 신규 오픈한 경우

② 광고업을 함께 영위하는 신문사를 새로 개업한 경우

③ 물류처리의 신속성을 위해 하치장을 별도로 설치하는 경우

④ 부동산임대목적의 건물을 새롭게 취득하여 임대하려는 경우

71. 다음 중 부가가치세 과세대상에 관한 설명으로 가장 옳은 것은?

① 부가가치세법상 과세대상은 재화 또는 용역의 공급이나 재화 또는 용역의 수입이다.

② 재화란 재산적 가치가 있는 유체물과 무체물이므로 특허권도 과세대상이다.

③ 용역의 무상공급은 어떠한 경우에도 과세대상에서 제외된다.

④ 고용관계에 의해서 근로를 제공하는 것은 용역의 공급에 해당한다.

72. 다음 중 부가가치세법상 세금계산서 발급의무가 면제되는 항목으로 가장 올바르지 않은 것은?

① 직수출하는 재화

② 구매확인서에 의한 수출재화

③ 국외에서 제공하는 용역

④ 항공기의 외국항행 용역

73. 다음 중 부가가치세법상 영세율과 면세에 관한 설명으로 가장 옳은 것은?

① 영세율이 적용되는 경우 매입세액은 환급되지만, 면세가 적용되는 경우에는 세금계산서를 수령한 경우에 한하여 매입세액이 환급된다.

② 영세율적용 대상자는 세액이 0(영)이므로 매입세액공제가 없다면 신고의무가 없다.

③ 영세율적용 대상자는 부가가치세법상 사업자등록 의무가 있으나, 면세적용 대상자는 그러하지 아니하다.

④ 면세제도는 최종소비자에게 부가가치세 부담을 경감시키는 제도이므로 어떤 경우에도 사업자의 면세포기는 허용되지 않는다.

74. 다음 중 부가가치세 과세표준에 관한 설명으로 가장 옳은 것은?

① 재화를 공급하고 금전 이외의 대가(재화)를 받는 경우에는 받은 대가(재화)의 시가를 과세표준으로 한다.

② 환입된 재화의 가액(매출환입)은 과세표준에 포함한다.

③ 완성도기준 지급조건부로 재화 또는 용역을 공급한 경우에는 계약에 따라 받기로 한 대가의 각 부분을 과세표준으로 한다.

④ 재화의 수입에 대한 과세표준은 관세의 과세가격으로 한다.

75. 다음은 부가가치세 과세사업을 영위하는 ㈜삼일의 제1기 예정신고기간의 거래내역이다. 제1기 예정신고 기간의 과세표준은 얼마인가?

• 매출액 :	75,000,000원
	(매출에누리액과 매출할인액 차감 전 금액임)
• 매출에누리액 :	5,000,000원
• 매출할인액 :	3,000,000원
• 위 매출액 중 운송도중 파손된 반품액 :	2,000,000원
• 매출처로부터 받은 외상매출금 연체이자 :	500,000원

① 65,000,000원　　② 65,500,000원　　③ 67,000,000원　　④ 67,500,000원

76. 다음은 제조업을 영위하는 ㈜삼일의 20x1년 제1기 예정신고기간(20x1년 1월 1일~20x1 3월 31일)의 매입내역이다. 20x1년 제1기 예정신고시 ㈜삼일이 공제받을 수 있는 매입세액은 얼마인가(다른 언급이 없는 한 해당 금액에는 부가가치세가 포함되어 있지 않으며, 부가가치세법상 매입세액공제를 받기 위한 절차 등은 모두 이행한 것으로 가정한다)?

매입일자	내용	매입가액
20x1년 1월 15일	과세재화의 제조에 사용할 원재료 200개 (이 중 150개만 생산에 투입하였음)	20,000,000원
20x1년 1월 30일	간이과세자로부터 매입한 소모품 100개 (사업과 무관함)	4,000,000원
20x1년 2월 17일	거래처 접대(업무추진) 목적으로 매입한 선물세트 10개	5,000,000원
20x1년 3월 31일	개별소비세가 과세되지 않는 화물자동차 1대	80,000,000원

① 2,000,000원　　② 10,000,000원　　③ 10,400,000원　　④ 10,900,000원

77. 다음 자료는 ㈜삼일의 거래내역이다. ㈜삼일의 부가가치세신고서상 (ㄱ)과 (ㄴ)에 기록될 금액은 얼마인가?

① 신 고 내 용

구 분				금 액	세율	세 액
과세표준 및 매출세액	과세	세금계산서 발급분	(1)		10/100	(ㄱ)
		매입자발행 세금계산서	(2)		10/100	
		신용카드·현금영수증 발행분	(3)		10/100	(ㄴ)
		기타(정규영수증 외 매출분)	(4)		10/100	
	영세율	세금계산서 발급분	(5)		0/100	
		기 타	(6)		0/100	
	예정 신고 누락분		(7)			
	대손세액 가감		(8)			
	합계		(9)			

구 분	금 액
세금계산서 발행 국내매출액(부가가치세 미포함)	80,000,000원
신용카드매출전표 발행분(부가가치세 포함)	44,000,000원
현금영수증 발행(부가가치세 포함)	3,300,000원

	(ㄱ)	(ㄴ)		(ㄱ)	(ㄴ)
①	80,000,000원	4,300,000원	②	88,000,000원	4,000,000원
③	8,000,000원	4,300,000원	④	8,000,000원	12,300,000원

78. 다음 중 부가가치세법상 가산세에 관한 설명으로 가장 올바르지 않은 것은?

① 사업자등록을 하지 않은 경우 미등록가산세가 부과된다.

② 예정신고시 제출하지 않은 매출처별세금계산서합계표를 확정신고시 제출한 경우 가산세가 부과되지 않는다.

③ 세금계산서 발급시기가 지난 후 해당 재화용역의 공급시기가 속하는 과세기간에 대한 확정신고 기한까지 세금계산서를 발급한 경우 세금계산서 불성실 가산세가 부과된다.

④ 매입처별세금계산서합계표는 지연제출하더라도 가산세가 부과되지 않는다.

79. 다음 중 세금계산서 작성과 관련하여 가장 올바르지 않은 것은?

① 세금계산서상 공급가액과 부가가치세액을 기재하지 아니하여도 실제 거래가 확인되는 경우 정당한 세금계산서라고 볼 수 있다.

② 세금계산서는 일반거래에서 송장의 역할이나 외상거래의 청구서 역할도 한다.

③ 직전연도의 공급대가 합계액이 4,800만원을 초과하는 간이과세자도 세금계산서를 발급하여야 한다.

④ 사업자는 원칙적으로 제품, 상품을 판매할 때마다 세금계산서를 발급하여야 한다.

80. 다음 중 부가가치세법상 세금계산서에 관한 설명으로 가장 옳은 것은?

① 세금계산서 발급시에 임의적 기재사항을 기재하지 않았더라도 적법한 세금계산서로서의 효력은 있다.

② 공급받는 자의 사업자등록번호는 임의적 기재사항에 해당한다.

③ 공급하는 자의 주소는 필요적 기재사항에 해당한다.

④ 공급하는 재화의 단가와 수량은 필요적 기재사항에 해당한다.

102회 답안 및 해설

재무회계

1	2	3	4	5	6	7	8	9	10
②	①	④	②	③	③	②	①	④	④
11	12	13	14	15	16	17	18	19	20
②	①	①	③	③	③	③	④	③	③
21	22	23	24	25	26	27	28	29	30
②	②	④	④	④	④	③	①	④	②
31	32	33	34	35	36	37	38	39	40
④	①	②	①	④	④	②	①	①	③

01. 미래경제적 효익이 높은 경우에 자산으로 인식한다.

02. 정태적 보고서에는 재무상태표가 있고, **동태적 보고서에는 손익계산서, 자본변동표, 현금흐름표**가 있다.

03. 사용가치는 **해당 자산의 사용으로부터 예상되는 미래 현금흐름의 현재가치**를 말한다.

04. 종속기업(단순지분율 50%초과)에 대해서는 연결회계처리를 해야 하나 **중소기업에 한해서 지분법 회계처리를 적용할 수 있습니다.**

05. 감자차익은 자본거래에서 발생한 잉여금이고 나머지는 손익거래(영업외손익)에서 발생한 잉여금이 된다.

06. 재무상태표는 유동성배열법에 따라 표시한다.

07. 현금 및 현금성자산 = 지폐(400,000) + 타인발행수표(300,000) + 자기앞수표(100,000)
$$+ 당좌예금(500,000) = 1,300,000원$$

08. 외상매출금에 대해서는 증서나 담보를 필요로 하지 않는다.

09. 추정대손율 = 기말대손충당금(28,000,000) ÷ 매출채권잔액(1,400,000,000) = 2%

대손충당금(20x2)

대손	7,000,000	기초	20,000,000
기말	**28,000,000**	대손상각비(설정)	15,000,000
계	35,000,000	계	35,000,000

10. 처분손익 = 처분가액(200,000) - 장부가액(100,000) = 100,000원(처분이익)

비품의 취득가액(800,000)과 감가상각누계액(700,000)을 제거하여야 한다.

11. 판매원가는 판매비와 관리비로 처리한다.

12. 기말재고수량 = 2,000개

재고자산					
기초	3,000개	@2,000	6,000,000	매출원가	6,000개
구입	2,000개	@2,500	5,000,000		
구입	2,000개	@2,800	5,600,000		
구입	1,000개	@3,000	3,000,000	기말	2,000개
계	8,000개	@2,450	19,600,000	계	19,600,000

기말재고자산(선입선출법) = 1,000개(12.4)×@3,000 + 1,000개(8.14)×@2,800 = 5,800,000원

기말재고자산(총평균법) = 2,000개×@2,450(평균단가) = 4,900,000원

13. 매출원가 = 매출액(4,000,000)×[1 – 매출총이익율(30%)] = 2,800,000원

상 품			
기초	500,000	매출원가	2,800,000
매입	3,000,000	**기말상품**	**700,000**
계	3,500,000	계	3,500,000

횡령액 = 장부상재고금액(700,000) – 실사 재고금액(250,000) = 450,000원

14. ① 저가법을 적용하므로 **최초 취득가액 범위 내에서 장부가액을 결정**한다.

② 상품과 제품은 순실현가액으로 한다.

④ **비정상감모손실은 영업외비용**으로 한다.

15. 단가하락 = 취득가액(210) – 시가(180) = △30원

재고자산평가손실 = 단가하락(30원)×실제 수량(450개) = 13,500원

16. 지분증권은 만기보유증권으로 분류할 수 없다.

17. 매도가능증권평가 = 공정가액(2,800,000) – 취득원가(2,500,000) = 300,000원(자본)

단기매매증권평가 = 공정가액(3,700,000) – 취득원가(1,700,000) = 2,000,000원(영업외수익)

자본총계 = 매도가능증권평가이익(300,000) + 단기매매증권평가이익(2,000,000) = 2,300,000원

18. 매도가능증권을 원가법으로 평가하여도 손상차손을 인식한다.

19. ①, ②, ④는 유의적인 영향력을 행사하나, ③ 유의적인 영향력을 행사하지 못한다.

20. ① 채무증권의 취득시점 이후에도 분류의 적정성을 검토하여야 하고

② 단기적 이익의 발생시킬 목적으로 취득한 채무증권은 단기매매증권으로,

④ **만기까지 보유할 적극적인 의도와 능력이 있으면 만기보유증권**으로 분류한다.

21. 취득원가(이종자산) = 제공한 자산의 공정가치(1,100,000) – 현금수령액(100,000) = 1,000,000원

22. 장부가액 범위 내에서 손상차손환입으로 처리한다.

23. 영업권도 상각을 하며, 손상차손환입을 인식할 수는 없다.

24. 현재가치에 적용되는 이자율은 유효이자율(시장이자율)로 한다.

25. 20x3년 임대수익 = 월임대료(15,000,000)×8개월(8.1~8.31) = 120,000,000원

26. ① 보유목적에 관계없이 사채의 조기상환으로 회계처리하고 자기사채를 계속 보유하고 있는 경우에는 취득경위 등을 주석으로 공시한다.

② **사채발행비는 사채발행가액에서 차감**한다.

③ **할인발행시 이자비용은 액면이자+할인차금 상각액**이 된다.

27.

〈상각표〉

연도	유효이자(A) (BV×10%)	액면이자(B) (액면가액×8%)	할인차금상각 (A − B)	장부금액 (BV)
20x2. 1. 1				950,244
20x2.12.31	95,024	80,000	15,024	<u>965,268</u>

상환손익(부채) = 상환가액(950,000) − 장부금액(965,268) = △15,268원(이익)

28. ② **충당부채는 현재가치로 평가**한다.

③ 충당부채를 발생시킨 사건과 밀접하게 관련된 자산의 **처분이익이 예상되는 경우 당해 처분이익은 고려하지 아니한다.**

④ **유출가능성이 어느 정도 있는 경우 주석으로 공시**한다.

29. 제품보증충당부채 = 200개 × 20% × 0.1억 + 200개 × 5% × 0.5억 = 9억원

30. 이연법인세 자산 = (미래)차감할 일시적차이(10,000) × 20x2년 법인세율(30%) = 3,000원

31. 기말자본총액 = 기초자본(650,000) − 배당금(50,000) + 유상증자(40주 × 700원)

　　　　　　　 + 당기순이익(40,000) = 668,000원

32. 현금배당 : (차) 미처분이익잉여금 　　　 XX 　 (대) 현금 　　　　　　 XX → 자본감소

　　 주식배당 : (차) 미처분이익잉여금 　　　 XX 　 (대) 자본금 　　　　　 XX → 자본불변

33. 매출이익 = 매출액(9,000,000) − 매출원가(6,000,000) = 3,000,000원

판관비 = 급여(850,000) + 대손상각비(130,000) + 퇴직급여(60,000) + 임차료(40,000)

　　　 = 1,080,000원

영업이익 = 매출이익(3,000,000) − 판관비(1,080,000) = 1,920,000원

34. 매도가능증권평가손익은 자본의 기타포괄손익누계액이다.

35. 실현주의에 따라 인도시점에 수익(50,000,000원)으로 인식한다.

36. 이자수익은 발생주의에 따라 수익을 인식한다.

37. **매출채권은 화폐성 외화자산으로 기말에 외화환산**을 한다.

38. 보통주 순이익 = 당기순이익(500,000,000) − 우선주 배당금(10,000,000) = 490,000,000원

주당순이익 = 보통주 순이익(490,000,000) ÷ 가중평균유통보통주식수(100,000주) = 4,900원/주

39. **현금흐름은 영업, 투자, 재무활동 현금흐름으로 구분**한다.

40. 현금회수액 = 매출액(75,000,000) + 매출채권감소액(5,000,000) = 80,000,000원

매출채권감소 : (차) 현금 　　　　 5,000,000 　 (대) 매출채권 　　　　 5,000,000

세무회계

41	42	43	44	45	46	47	48	49	50
②	①	①	④	③	④	④	②	③	④
51	52	53	54	55	56	57	58	59	60
③	④	①	②	④	③	③	②	④	④
61	62	63	64	65	66	67	68	69	70
①	②	②	③	④	④	③	②	④	③
71	72	73	74	75	76	77	78	79	80
②	②	③	③	①	②	③	②	①	①

41. 신의성실의 원칙은 **납세자와 과세관청 모두에 적용**한다.

42. 법인세는 직접세 부가가치세, 주세, 개별소비세는 간접세에 해당한다.

43. 청산소득의 경우 내국영리법인에 대하여 과세한다.

44. 각사업연도소득금액 = 당기순이익(5,000,000) + 법인세비용(1,000,000)

$\qquad$ + 자기주식처분이익(4,000,000) = 10,000,000원

45. 상품 등의 판매수익 : 인도기준

46. ① 업무무관경비는 손금불산입

$\qquad$ ② 대표이사는 특수관계인으로 상여금 지급기준 초과금액은 익금산입 상여처분

$\qquad$ ③ 이자소득의 수입시기는 실제로 받은 날이므로 익금불산입 유보처분

47. 종업원에게 지급하는 퇴직금은 한도가 없으므로 세무조정이 없음.

48. 차감조정 1,000,000원이므로 각사업연도소득금액 1,000,000원 감소

구분	취득원가	시가	세무조정
주식 A	10,000,000원	12,000,000원	익금불산입 2,000,000원
채권 B	20,000,000원	19,000,000원	손금불산입 1,000,000원
계	30,000,000원	31,000,000원	익금불산입 1,000,000원

49. 건물(정액법) = 취득가액(200,000,000) × 정액법상각률(0.050) = 10,000,000원/년

50.

구분	지출액	한도	한도초과(손금불인정)
특례기부금	70,000,000원	55,000,000원	15,000,000원
일반기부금	3,000,000원	15,000,000원	–
비지정기부금	7,000,000원	–	7,000,000원
계			22,000,000원

51. 대손실적율 = 당기 세무상 대손금(50,000,000 - 10,000,000) ÷ 전기말 채권(40억) = 1%

대손충당금 한도액 = 세무상 기말 채권(10억) × 대손실적율(1%) = 10,000,000원

회사설정액(기말잔액) = 40,000,000원

대손충당금한도초과 = 설정액(40,000,000) - 한도(10,000,000) = 30,000,000원(손금불산입)

손금불산입 = 대손충당금 한도초과(30,000,000) + 대손부인채권(10,000,000) = 40,000,000원

53. **특수관계인에 소액주주는 제외**한다.

54. 각사업연도소득금액 = 법인세비용차감전순이익(2억) + 벌금 및 가산금(15,000,000) = 215,000,000원

파손 등의 사유로 재고자산평가손실은 결산조정으로 손금산입된다.

55. 과세표준 = 법인세비용차감전 순이익(2억) + 대표이사 상여한도초과(15,000,000)

　　　　　　 + 비지정기부금(10,000,000) = 2.25억

산출세액 = 20,000,000 + (225,000,000 - 200,000,000원) × 20% = 25,000,000원

57. **비거주자는 국내원천소득에 대해서 소득세 납세의무**가 있다.

58. ① 국채 등에서 발생하는 이자는 이자소득에 해당한다.

③ 현물배당, 주식배당은 배당소득으로 본다.

④ **금융소득에 대해서는 필요경비를 인정하지 않는다.**

59. 총급여액 = 매월 급여(3,000,000) × 12개월 + 식대(100,000) × 12개월 + 상여(5,000,000)

　　　　　　 + 연차수당(1,000,000) = 43,200,000원

별도식사를 제공시 수령하는 식대는 과세가 된다.

60. 연금형태로 지급받는 경우 연금소득으로 과세된다.

61. **배당세액공제, 특별세액공제, 기장세액공제는 개인만 적용**된다.

62. 배우자의 경우 **총급여액이 5백만원 이하인 경우 기본공제대상자**가 된다.

63. **대학원 등록금은 본인만 특별세액공제 대상**이 된다.

64. 소액주주의 주권상장법인(장내거래분)의 주식은 양도소득세 과세대상에서 제외된다.

65. 소득세 중간예납은 고지납부가 원칙이다.

66. **근로소득에 대한 지급명세서는 익년도 3월 10일까지 제출**하여야 한다.

67. 분류과세소득의 경우도 익년도 5월 31일까지 확정신고를 하는 게 원칙이다.

68. 기타소득금액 = 강사료(7,000,000) × [1 - 필요경비(60%)] = 2,800,000원

원천징수세액(기타소득) = 기타소득금액(2,800,000) × 원천징수세율(20%) = 560,000원

69. 부가가치세는 사업장별과세원칙을 적용한다.

70. **하치장은 사업장이 아니므로 사업자등록을 할 필요는 없고 하치장 설치 신고만 한다.**

71. ① 용역의 수입은 과세대상에 제외한다.

③ 특수관계자간의 부동산 무상임대용역은 과세한다.

④ 근로제공은 과세대상에서 제외된다.

72. **구매확인서에 의한 수출재화는 영세율 세금계산서를 발급**하여야 한다.

73. ① 면세사업은 세금계산서를 수취하여도 매입세액공제가 안된다.

② 영세율적용대상자는 영세율에 대해서 신고할 의무가 있다.

③ 면세포기는 시기의 제한 없이 신청할 수 있다.

74. ① **자기가 공급한 재화의 시가를 과세표준**으로 한다.

② 매출환입은 과세표준에 포함되지 않는다.

④ 재화의 수입에 대한 과세표준은 관세의 과세가격, 관세 등을 포함한다.

75. 과세표준 = 매출액(75,000,000) - 에누리 · 할인(8,000,000) - 파손된 반품액(2,000,000)

        = 65,000,000원

76. 매입세액 = [원재료(20,000,000) + 화물자동차(80,000,000)] × 10% = 10,000,000원

77. ㈀ 세금계산서 발급분(세액) = 세금계산서 국내매출액(80,000,000) × 10% = 8,000,000원

     ㈁ 신용카드 발행분 = 신용카드매출전표 발행분(44,000,000) × 10/110

                         + 현금영수증발행분(3,300,000) × 10/110 = 4,300,000원

78. 매출처별 세금계산서 합계표에 대해서 지연제출가산세가 적용된다.

79. 공급가액과 부가가치세액은 필요적 기재사항으로 누락시 세금계산서로서의 효력이 인정되지 않는다.

80. ② **공급받는 자의 사업자등록번호는 필요적 기재사항**이다.

③ 공급하는 자의 주소는 임의적 기재사항이다.

④ 공급하는 재화의 단가와 수량은 임의적 기재사항이다.

100회 회계관리 1급

재무회계

01. 다음에서 설명하고 있는 회계처리 방법이 강조하는 회계정보의 질적특성으로 가장 옳은 것은?

> 평창 동계올림픽의 유치와 더불어 평창 소재 부동산의 가치가 급상승하여 이를 보유한 기업들의 주가 역시 크게 상승하였다. 하지만 특정회사의 경우 최근 공시된 재무제표에 20년 전에 취득한 토지의 금액이 그대로 기록되어 있고, 취득 후의 토지 가치 상승분은 재무제표에 반영되지 않고 있다.

① 중요성 ② 목적적합성 ③ 신뢰성 ④ 비교가능성

02. 다음 중 회계정보의 질적특성에 관한 설명으로 가장 올바르지 않은 것은?

① 주요 질적특성으로는 비교가능성과 편의성이 있다.

② 회계정보의 질적특성이란 회계정보가 유용하기 위해 갖추어야 할 주요 속성을 말한다.

③ 회계정보의 질적특성은 서로 상충될 수 있다.

④ 포괄적인 제약조건으로 정보 작성에 따른 효익이 관련 비용보다 커야 한다.

03. 다음 중 재무제표의 기본요소에 대한 설명으로 가장 올바르지 않은 것은?

① 재무제표를 구성하는 기본요소를 구분하여 표시하는 것은 정보이용자의 경제적 의사결정에 더욱 유용한 정보를 제공하기 위한 것이다.

② 자산은 재화 및 용역의 생산에 이용되거나 다른 자산과의 교환 또는 부채의 상환에 사용되며 소유주에 대한 분배에 이용될 수 있다.

③ 일반적으로 현금유출과 자산의 취득은 밀접하게 관련되어 있으나 양자가 반드시 일치하는 것은 아니다.

④ 미래의 일정시점에서 기업이 자산을 취득한다는 결정이나 단순한 약정도 미래 경제적 효익의 희생이 수반될 수 있으므로 부채로 인식할 수 있는 현재의무에 해당한다.

04. 다음 중 현금흐름표에 관한 설명으로 가장 올바르지 않은 것은?

① 현금흐름표는 기업실체의 현금흐름을 나타내는 재무제표이다.

② 무형자산의 취득과 관련된 현금흐름은 투자활동으로 인한 현금흐름으로 분류한다.

③ 제품의 생산 및 판매와 관련된 현금흐름은 영업활동으로 인한 현금흐름으로 분류한다.

④ 유형자산의 처분과 관련된 현금흐름은 재무활동으로 인한 현금흐름으로 분류한다.

05. 다음 중 재무상태표의 작성기준에 관한 설명으로 가장 올바르지 않은 것은?

① 재무상태표는 자산·부채 및 자본으로 구분하고 자산은 유동자산 및 비유동자산으로, 부채는 유동부채 및 비유동부채로, 자본은 자본금·자본잉여금·자본조정·기타포괄손익누계액·이익잉여금으로 각각 구분한다.

② 자산과 부채는 상계하여 표시할 수 없으므로, 기업이 채권과 채무를 상계할 수 있는 법적 구속력 있는 권리를 가지고 있고, 채권과 채무를 순액기준으로 결제하거나 채권과 채무를 동시에 결제할 의도가 있는 경우에도 상계하여 표시할 수 없다.

③ 재고자산·매출채권 및 매입채무 등 운전자본과 관련된 항목들에 대하여는 1년을 초과하더라도 정상적인 영업주기 내에 실현 혹은 결제되리라 예상되는 부분에 대해서는 유동항목으로 분류한다.

④ 재무상태표에 기재하는 자산과 부채는 유동성이 큰 항목부터 배열하는 것을 원칙으로 한다.

06. 다음 ㈜삼일의 재무제표 정보를 이용하여 20X2년 12월 31일의 자산총계를 계산하면 얼마인가(단, 아래 사항을 제외한 다른 자본변동 사항은 없다고 가정한다)?

	20X2년 12월 31일	20X1년 12월 31일
자산총계	?	130,000원
부채총계	70,000원	40,000원
20X2년 중 자본변동 내역	당기순이익 30,000원	
	유상감자 6,000원	
	주식배당 10,000원	

① 90,000원　　　② 174,000원　　　③ 184,000원　　　④ 190,000원

07. 다음의 항목 중 현금및현금성자산으로 보고할 수 있는 항목을 모두 고르면?

> ㄱ. 타인발행당좌수표
> ㄴ. 만기도래한 공사채이자표
> ㄷ. 보고기간종료일 현재 만기가 1개월 남은 채권 (취득당시 만기는 4개월임)
> ㄹ. 취득 당시 상환일까지의 기간이 6개월인 상환우선주
> ㅁ. 3개월 이내 환매조건의 환매채

① ㄱ, ㄴ, ㄷ   ② ㄱ, ㄴ, ㄹ   ③ ㄱ, ㄴ, ㅁ   ④ ㄱ, ㄷ, ㅁ

08. 다음 중 대손충당금에 관한 설명으로 가장 올바르지 않은 것은?

① 채권의 회수가능성을 파악하여 회수불능으로 예상되는 부분에 대해 대손충당금을 설정한다.
② 대손충당금을 설정하게 되면 수익비용대응 원칙에 부합하지 않게 되는 단점이 존재한다.
③ 대손충당금의 설정시에는 수정 전 대손충당금잔액과 대손추산액과의 차액만을 회계처리한다.
④ 대손 처리된 채권이 추후 회수되는 경우에는 동 회수 금액만큼 대손충당금의 장부금액을 회복시킨다.

09. ㈜삼일의 당기 중 매출채권, 대손충당금 및 대손상각비와 관련하여 발생한 거래는 다음과 같다. ㈜삼일의 손익계산서에 계상될 대손상각비는 얼마인가?

> ㄱ. 대손충당금 기초잔액은 100,000원이다.
> ㄴ. 7월 31일에 매출채권 50,000원이 회수가 불가능하여 대손처리하였다.
> ㄷ. 기말 매출채권 잔액은 20,000,000원이다.
> ㄹ. ㈜삼일은 매출채권 기말잔액의 1% 를 대손충당금으로 설정하고 있다.

① 100,000원   ② 150,000원   ③ 200,000원   ④ 250,000원

10. ㈜삼일의 20X1년 결산일 회계처리시 나타날 수 있는 결산분개로 가장 옳은 것은?

> 20X1년 10월 1일 : ㈜삼일은 ㈜서울에 1년 후 상환 조건으로 현금 3,000,000원(연이자율 : 4%)을 대여하였다. 단, 이자는 1년 후 원금과 함께 20X2년 10월 1일에 받기로 하였다.

① (차) 미 수 수 익   30,000   (대) 이 자 수 익   30,000
② (차) 이 자 수 익   30,000   (대) 미 수 수 익   30,000
③ (차) 단 기 대 여 금   30,000   (대) 이 자 수 익   30,000
④ (차) 미 수 수 익   30,000   (대) 단 기 대 여 금   30,000

11. 다음 중 재고자산에 관한 설명으로 가장 올바르지 않은 것은?

① 재고자산에는 생산과정이나 서비스를 제공하는데 투입될 원재료와 부분품, 소모품, 비품 및 수선용 부분품 등의 저장품이 포함된다.

② 선적지 인도기준의 상품을 판매한 경우 선적한 시점에는 매입자의 재고자산에 포함된다.

③ 재고자산의 공정가치가 상승한 경우 취득원가와 공정가치의 차이를 평가이익으로 인식하지 않는다.

④ 건설회사에서 판매목적으로 보유하고 있는 미분양 아파트는 재고자산에 포함하지 않는다.

12. 다음 중 물가가 상승하는 경우에 당기순이익은 가장 적게 보고되고, 매출원가는 가장 크게 보고되는 결과를 가져오는 재고자산의 평가방법은 무엇인가?

① 개별법　　　　② 선입선출법　　　　③ 후입선출법　　　　④ 이동평균법

13. 다음은 ㈜삼일의 20X1년 재고자산수불부이다. ㈜삼일이 재고자산을 이동평균법으로 평가하는 경우 재고 자산수불부상의 9월 30일 현재 재고자산 잔액은 얼마인가?

구분	수량	단가	금액
전기이월	3,000개	2,500원	7,500,000원
6월 5일 구입	2,000개	2,000원	4,000,000원
7월 30일 판매	3,500개		
8월 20일 구입	1,000개	2,000원	2,000,000원
9일 10일 판매	1,500개		

① 2,180,000원　　② 2,250,000원　　③ 2,500,000원　　④ 3,000,000원

14. 다음 중 ㈜삼일이 손익계산서에 인식할 매출원가를 계산하면 얼마인가?

가. 결산조정 전 장부상 매출원가	1,000,000원
나. 결산시점 평가손실 및 감모손실의 내역	
ㄱ. 재고자산평가손실	200,000원
ㄴ. 정상적인 재고자산감모손실	300,000원
ㄷ. 비정상적인 재고자산감모손실	400,000원

① 1,200,000원　　② 1,500,000원　　③ 1,600,000원　　④ 1,900,000원

15. ㈜삼일의 20X1년 매출액은 5,100,000원이며 연간 매출총이익률은 25% 이다. 기말재고실사 결과 담당자는 재고자산에 대한 횡령이 발생하였음을 인지하였다. 매출총이익률법을 이용하여 추정한 재고자산 횡령액은 얼마인가?

• 기초재고	1,050,000원
• 당기매입	4,500,000원
• 기말재고(실사금액)	225,000원

① 1,050,000원   ② 1,170,000원   ③ 1,500,000원   ④ 1,680,000원

16. 다음 중 장기금융상품의 회계처리에 대한 설명으로 가장 올바르지 않은 것은?

① 매 결산시에 잔여 만기를 확인하고 만기가 1년 이내에 도래하는 경우 단기금융상품으로 계정대체해야 한다.

② 기존에 장기금융상품으로 분류되었고 사용이 제한된 금융상품이라면 보고기간 종료일 현재 만기가 1년 이내 도래한다고 하더라도 유동자산으로 재분류하지 아니한다.

③ 보유한 금융상품에서 발생한 이자는 이자지급일 이전이라도 경과된 기간에 해당되는 미수이자를 자산계정에 미수수익으로 인식한다.

④ 사용이 제한된 내용에 대해서는 그 세부내용을 주석에 공시하여야 한다.

17. 다음 거래에서 20X2년 12월 31일 분개의 대변에 나타날 계정과목으로 옳은 것은?

사업연도가 1월 1일~12월 31일인 ㈜삼일은 20X1년 10월 1일에 여유자금의 투자목적으로 만기가 20X3년 9월 30일이고 이자율이 연 10% 인 정기예금 1,000,000원을 예치하였다.

① 미수수익   ② 이자수익

③ 미수수익, 단기금융상품   ④ 이자수익, 장기금융상품

18. 다음 중 유가증권의 분류에 관한 설명으로 가장 올바르지 않은 것은?

① 채무증권은 매도가능증권, 단기매매증권, 만기보유증권으로 분류한다.

② 채무증권을 만기까지 보유할 의도로 취득하였으며, 실제 만기까지 보유할 능력이 있는 경우에는 만기보유증권으로 분류한다.

③ 지분증권은 매도가능증권, 단기매매증권, 지분법적용투자주식으로 분류한다.

④ 지분증권 중 매도가능증권은 재무상태표에서 유동자산으로만 분류한다.

19. 다음 중 지분법에 따른 구체적인 회계처리 절차에 관한 설명으로 가장 올바르지 않은 것은?

① 지분법 적용대상 투자주식 취득시 : 취득시점에서 차변에 취득원가로 지분법적용투자주식으로 회계처리한다.

② 피투자기업이 당기순이익 보고시 : 당기순이익 중 지분금액 비율만큼 차변에 지분법적용투자주식의 장부금액을 감소시킨다.

③ 피투자기업이 당기순손실 보고시 : 당기순이익 중 지분금액 비율만큼 차변에 지분법손실로 인식한다.

④ 피투자기업이 배당금 지급을 결의시 : 배당예정금액 만큼의 금액을 차변에 미수금 처리하고, 동 금액만큼 대변 지분법적용투자주식의 장부금액을 감소시킨다.

20. 제조기업인 ㈜삼일이 20X1년 초 액면금액 1,000,000원으로 매입한 장기투자목적 투자채권의 20X1년 말 공정가치는 950,000원이다. 20X2년 중 사채 발행회사가 반도체가격 하락으로 인한 자금난 때문에 화의를 신청하여 투자채권의 공정가치가 300,000원으로 현저히 하락하여 매도가능증권손상차손 700,000원을 계상하였다. 20X3년에 반도체가격의 급격한 상승으로 화의신청을 철회 중이며 투자채권의 공정가치가 1,100,000원으로 상승하였다. 이 회사가 20X3년 말에 계상하여야 할 손익으로 가장 옳은 것은?

① 매도가능증권손상차손환입 800,000원 ② 매도가능증권손상차손환입 700,000원

③ 매도가능증권평가이익　　800,000원 ④ 매도가능증권평가이익　　700,000원

21. ㈜삼일은 20X2년 중 기계장치를 구입하고 그 대가로 주당 액면금액이 5,000원인 보통주 300주를 발행하였다. 교부일 현재 시가는 주당 6,000원일 경우 ㈜삼일이 구입한 기계장치의 취득원가는 얼마인가?

① 1,500,000원　　② 1,800,000원　　③ 2,000,000원　　④ 2,100,000원

22. ㈜삼일은 20X1년 1월 1일 토지, 건물을 일괄구입가격으로 300,000,000원에 구입하여 영업활동에 사용하였다. 토지와 건물에 대한 정보가 다음과 같을 때 20X1년 ㈜삼일이 인식하여야 할 토지 취득원가는 얼마인가(단, 토지는 원가모형을 적용한다)?

토지와 건물의 공정가치 정보
– 토지 : 300,000,000원
– 건물 : 100,000,000원

① 75,000,000원　　② 200,000,000원　　③ 225,000,000원　　④ 300,000,000원

23. ㈜삼일의 20X1년 12월 31일 총계정원장에는 다음과 같은 계정잔액이 표시되어 있다. 위의 금액 중 20X1년 12월 31일 ㈜삼일의 재무상태표에 무형자산으로 보고될 금액은 얼마인가?

> ㄱ. 연구비 : 1,000,000원
> ㄴ. 경상개발비 : 1,000,000원
> ㄷ. 합병으로 인해 발생한 영업권 : 1,000,000원
> ㄹ. 산업재산권 : 1,000,000원

① 1,000,000원 　　② 2,000,000원 　　③ 3,000,000원 　　④ 4,000,000원

24. 상품매매업을 영위하는 ㈜삼일은 보유중인 차량운반구를 20X1년 1월 1일에 3년 연불조건으로 판매하고 매년 말 4,000원씩 3회에 걸쳐 나누어 받기로 하였다. 위 거래와 관련한 유효이자율은 10%이며, 3년 10%의 연금현가계수는 2.4868이다. 20X2년 이자수익으로 인식할 금액은 얼마인가(단, 소수점 이하 첫째 자리에서 반올림한다)?

① 0원 　　② 364원 　　③ 694원 　　④ 995원

25. 다음 중 유동부채에 관한 설명으로 가장 올바르지 않은 것은?

① 유동부채란 보고기간종료일로부터 1년 이내에 상환되어야 하는 단기차입금 등의 부채를 말한다.
② 미착상품의 경우 아직 운송 중에 있다 하더라도 계약조건에 따라 입고 이전시점에 매입채무를 인식할 수 있다.
③ 유동부채는 만기금액과 현재가치의 차이가 중요하기 때문에 반드시 현재가치로 평가하여야 한다.
④ 장기차입금 중 보고기간종료일로부터 1년 내에 상환될 예정인 부분은 기말결산시 유동부채로 분류하여야 한다.

26. 20X2년 7월 1일에 ㈜삼일은 액면금액 100,000원, 표시이자율 5%, 3년 만기의 사채를 92,269원에 발행하였다. 이자지급일은 매년 6월 30일이며 유효이자율은 8%이다. ㈜삼일이 사채할인발행차금을 유효이자율법으로 상각하는 경우 12월 31일로 종료하는 20X2년의 사채이자비용으로 인식할 금액은 얼마인가(단, 이자비용은월할계산하며, 단수는 소수 첫째 자리에서 반올림 한다)?

① 1,190원 　　② 2,500원 　　③ 2,999원 　　④ 3,691원

27. 사채를 할증발행한 경우 사채할증발행차금 상각방법에 따른 총이자비용의 변동을 가장 잘 나타낸 것은?

	유효이자율법	정액법		유효이자율법	정액법
①	매년 감소	매년 증가	②	매년 증가	매년 감소
③	매년 증가	매년 일정	④	매년 감소	매년 일정

28. 다음 중 충당부채 및 우발부채에 관한 설명으로 가장 올바르지 않은 것은?

① 충당부채로 인식하는 금액은 현재의무의 이행에 소요되는 지출에 대한 보고기간종료일 현재의 최선의 추정치이어야 한다.

② 충당부채의 명목금액과 현재가치의 차이가 중요한 경우에는 현재가치로 평가한다.

③ 자산의 처분차익이 예상되는 경우 당해 처분차익은 충당부채 금액을 측정할 때 고려하지 않는다.

④ 중요한 계류 중인 소송사건과 보증제공 사항을 반드시 주석으로 공시할 필요는 없다.

29. 다음 중 충당부채의 인식요건에 관한 설명으로 가장 올바르지 않은 것은?

① 기업이 과거 사건이나 거래를 전적으로 통제할 수 없다.

② 당해 의무의 이행에 소요되는 금액을 신뢰성 있게 추정할 수 있다.

③ 당해 의무를 이행하기 위하여 자원이 유출될 가능성이 매우 높다.

④ 과거 사건이나 거래의 결과로 법적의무 또는 의제의무가 존재한다.

30. 다음은 ㈜삼일의 법인세 관련 내역이다. 20X1년 손익계산서에 계상될 ㈜삼일의 법인세비용은 얼마인가(단, 중소기업회계처리특례는 고려하지 않는다)?

• 20X1년 당기법인세(법인세법상 당기에 납부할 법인세)	1,000,000원
• 20X0년 말 이연법인세부채 잔액	0원
• 20X1년 말 이연법인세부채 잔액	200,000원

① 800,000원   ② 1,000,000원   ③ 1,200,000원   ④ 1,400,000원

31. ㈜삼일은 당기 중 결손금 100,000,000원의 보전을 위하여 자사주식 10주를 7주로 병합하였다. ㈜삼일의 자본금은 감자 전 500,000,000원이다. 단, 1주당 액면금액은 5,000원이며 발행주식수는 100,000주이다. 해당 감자거래의 결과로 인한 감자차익 또는 감자차손 금액을 계산하면 얼마인가?

① 감자차익 30,000,000원   ② 감자차손 30,000,000원

③ 감자차익 50,000,000원   ④ 감자차손 50,000,000원

32. 포괄손익은 일정 기간 동안 주주와의 자본거래를 제외한 모든 거래나 사건에서 인식한 자본의 변동이다. 이러한 포괄손익 중 손익계산서에 반영되지 않고 재무상태표에 직접 반영되는 부분을 기타포괄손익이라고 하며, 이는 미실현손익의 성격을 가지고 있다. 다음 중 기타포괄손익에 해당되는 항목은 무엇인가?

① 외화환산손익
② 매도가능증권평가손익
③ 대손상각비
④ 유형자산처분손익

33. ㈜삼일은 손익계산서를 작성하는데 있어 현금수취 및 현금지출거래 그 자체보다는 현금을 발생시키는 거래나 경제적 사건에 초점을 맞추어 수익을 인식하는 방법을 사용하고 있다. 이에 해당하는 회계처리 내용으로 가장 옳은 것은?

① 수익과 비용 항목을 상계하여 일부를 손익계산서에서 제외하지 않는다.
② 기간이 경과하지 않은 보험료는 비용으로 계상하지 않는다.
③ 매출총손익, 영업손익, 법인세비용차감전계속사업손익 등으로 구분하여 표시한다.
④ 이자수익과 이자비용은 각각 총액에 의하여 영업외수익과 영업외비용으로 기재한다.

34. 제조업을 영위하는 ㈜삼일은 다음 자료에 의하여 당기 영업이익을 계산한 결과 7,500,000원이다. 자료를 계속 이용하여 법인세비용차감전순손익을 계산하면 얼마인가(단, 중단사업손익이 없는 것으로 가정한다)?

• 급여	1,500,000원	• 임대료	500,000원
• 무형자산상각비	200,000원	• 사채상환이익	400,000원
• 기부금	300,000원	• 복리후생비	200,000원
• 이자비용	100,000원		

① 7,600,000원
② 7,800,000원
③ 8,000,000원
④ 8,200,000원

35. 다음 중 수익인식기준에 관한 설명으로 가장 옳은 것은?

① 위탁매출은 위탁자가 수탁자에게 해당 상품을 판매한 시점에 수익을 인식한다.
② 제품공급자로부터 받은 제품을 인터넷상에서 중개판매하거나 경매하고 수수료만을 수취하는 전자쇼핑몰 운영회사는 관련 수수료만을 수익으로 인식한다.
③ 배당금수익은 배당금을 받는 시점에 인식한다.
④ 반품조건부판매는 반품 예상액을 합리적으로 추정할 수 있는 경우 제품의 인도시점에서 판매 금액 전액을 수익으로 인식한다.

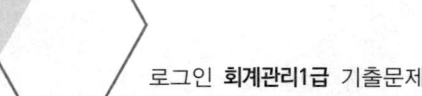

36. ㈜삼일의 장기도급공사의 내역은 다음과 같다. 총공사계약금액이 1,200,000원일 때, ㈜삼일이 20X1년에 인식해야 할 공사손익은 얼마인가?

	20X0년	20X1년	20X2년
누적발생공사원가	360,000원	721,000원	1,050,000원
총공사예정원가	900,000원	1,030,000원	1,050,000원
공사대금청구액	350,000원	350,000원	300,000원
공사대금회수액	280,000원	300,000원	420,000원

① 손실 1,000원   ② 이익 1,000원   ③ 손실 120,000원   ④ 이익 120,000원

37. 다음은 도매업을 영위하는 ㈜삼일의 20X1년 회계연도의 매출 및 매출채권과 관련된 자료이다. 당기 손익계산서에 계상된 매출액은 얼마인가(단, 모든 거래는 외상으로 이루어지고 매출에누리와 매출할인 및 매출환입은 없는 것으로 가정한다)?

ㄱ. 20X1년 1월 1일 매출채권 잔액 :	10,000,000원
ㄴ. 20X1년 중 현금회수금액 :	75,000,000원
ㄷ. 20X1년 12월 31일 매출채권 잔액 :	20,000,000원

① 65,000,000원   ② 75,000,000원   ③ 85,000,000원   ④ 95,000,000원

38. 다음 중 주당이익에 관한 설명으로 가장 옳은 것은?

① 당기순이익은 보통주뿐만 아니라 우선주에 대한 몫도 포함되어 있으므로, 보통주 당기순이익 산정시 당기순이익에서 우선주배당금을 차감하여 계산한다.

② 당기 중 유상증자가 실시된 경우 기초에 실시된 것으로 가정하여 가중평균유통보통주식수를 산정한다.

③ 자기주식은 취득시점 이후부터 매각시점까지의 기간동안 가중평균유통보통주식수에 포함한다.

④ 당기 중 무상증자, 주식배당이 실시된 경우 기말에 실시된 것으로 간주한다.

39. 다음 중 현금흐름표상 영업활동 현금흐름으로 표시되는 항목으로 가장 올바르지 않은 것은?

① 재화의 판매에 따른 현금유입

② 재화의 구입에 따른 현금유출

③ 기계장치의 취득에 따른 현금유출

④ 종업원과 관련하여 직·간접적으로 발생하는 현금유출

40. 다음 중 현금의 유입과 유출이 없는 거래가 아닌 것은?

① 유형자산 취득
② 유형자산의 현물출자
③ 전환사채의 전환
④ 주식배당

세무회계

41. 다음 중 국세부과의 원칙에 관한 설명으로 가장 올바르지 않은 것은?

① 국가는 국민에게 세금을 부과·징수하는 경우 거래의 형식보다 실질에 따라야 한다.

② 국가는 국민에게 세금을 부과할 때 성실한 자세로 직무에 임하여야 한다.

③ 조세감면 후 사후관리 규정을 따르지 아니하면 감면을 취소하고 추징할 수 있다.

④ 조세는 원칙적으로 과세관청의 합리적인 추정에 근거하여 부과하여야 한다.

42. 다음 중 국세의 세목은 모두 몇 개인가?

소득세, 취득세, 법인세, 자동차세, 부가가치세, 담배소비세, 증여세, 종합부동산세

① 3개
② 4개
③ 5개
④ 6개

43. 다음 중 아래 신문기사와 관계가 깊은 법인세법의 내용으로 가장 옳은 것은?

첨단을 걷는 '역외탈세' 추징액만 4,100억 … 실제 매출규모는 조단위!

이번 역외탈세 조사결과에서 가장 눈에 띄는 업체는 A사다. 외국법인으로 위장해 국제 선박임대와 국제 해운, 선박수리 리베이트 등을 통해 벌어들인 소득을 모두 탈루했기 때문이다. 추징액 규모만 4,100억원이 넘는다. 추징액이 4,000억원대면 매출규모는 조 단위가 넘는다는 게 국세청의 설명이다. (후략)

① 외국법인과 내국법인은 본점이나 주사무소 또는 영업의 형식적 지배관리장소에 의해 구분된다.

② 외국영리법인은 국내원천소득에 한하여 법인세 납세의무를 진다.

③ 외국영리법인은 청산소득에 대한 납세의무가 있다.

④ 토지 등을 양도함으로써 발생하는 소득에 대해서는 한시적으로 토지 등 양도소득에 대한 법인세를 과세하지 않는다.

44. 다음 중 법인세법상 소득처분시 반드시 기타사외유출로 처분해야 하는 경우가 아닌 것은?

① 임대보증금 등에 대한 간주임대료
② 증빙누락 기업 업무추진비
③ 기부금 한도초과액
④ 채권자불분명 사채이자에 대한 원천징수세액 상당액

45. 다음 중 법인세법상 손익의 귀속시기에 관한 설명으로 가장 올바르지 않은 것은?

① 금융회사 등의 이자수익에 대한 귀속시기는 실제 수입된 날(선수입이자는 제외)이다.
② 기업회계기준에 따라 기간경과분에 대한 이자비용을 계상한 경우에는 이를 인정하지 아니한다.
③ 임대료 지급일이 정해지지 않은 경우, 임대료수익의 귀속시기는 실제 지급받은 날이다.
④ 계약 등에 의하여 임대료 지급일이 정하여진 경우, 임대료수익의 귀속시기는 지급약정일이다.

46. 다음 중 법인세법상 세무조정이 불필요한 경우로 가장 옳은 것은?

① ㈜서울은 업무무관자산을 구입하고 관리비 6,000,000원을 비용으로 계상하였다.
② ㈜대전은 대표이사에게 회사 정관에 기재된 상여금 지급기준 보다 4,500,000원이 많은 상여금을 지급하고 전액 비용처리하였다.
③ 제조업을 영위하는 ㈜부산은 원천징수대상인 이자소득의 기간 경과분 이자 500,000원을 회계기준에 따라 미수이자로 계상하고 이자수익으로 인식하였다.
④ ㈜대구는 액면금액이 5,000원인 주식을 주당 7,000원에 발행하고 액면금액은 자본금으로, 액면 초과금액은 주식발행초과금으로 계상하였다.

47. 다음은 ㈜삼일의 상여금 지급내역이다. 자료를 바탕으로 ㈜삼일에 필요한 세무조정으로 가장 옳은 것은?

> • 임원 상여금 지급액 : 80,000,000원 (임원 상여지급기준상 한도액 : 50,000,000원)
> • 종업원 상여금 지급액 : 50,000,000원 (종업원 상여지급기준상 한도액 : 30,000,000원)

① (손금불산입) 상여금한도초과액 20,000,000원 (상여)
② (손금불산입) 상여금한도초과액 30,000,000원 (상여)
③ (손금불산입) 상여금한도초과액 50,000,000원 (상여)
④ 세무조정 없음

48. 다음 중 법인세법상 재고자산평가방법에 관한 설명으로 가장 올바르지 않은 것은?

① 원가법과 저가법 중 회사가 선택하여 평가할 수 있다.

② 재고자산평가방법을 저가법으로 신고하지 않은 경우에는 파손·부패 등의 사유로 계상한 재고자산평가손실 이외의 평가손실은 인정되지 않는다.

③ 12월 31일이 사업연도 종료일인 법인이 평가방법을 변경하고자 하는 경우에는 9월 30일까지 변경신고하여야 한다.

④ 회사는 재고자산 전체에 대하여 동일한 방법으로 평가하여야 한다.

49. ㈜삼일은 건물을 2020년 1월 1일에 취득하여 당기말 현재 보유중이다. 다음 자료에 의할 경우 법인세법상 당해 사업연도(20x1년 1월 1일~20x1년 12월 31일)에 필요한 세무조정은?

> ㄱ. 건물취득가액 : 100,000,000원
> ㄴ. 신고내용연수 : 40년(정액법상각률 : 0.025)
> ㄷ. 전기말 결산서상 감가상각누계액 : 8,000,000원
> ㄹ. 당기말 결산서상 감가상각누계액 : 11,000,000원

① (손금산입) 감가상각비 500,000원 (△유보)

② (손금산입) 감가상각비 500,000원 (기타)

③ (손금불산입) 감가상각비 한도초과액 500,000원 (유보)

④ 세무조정 없음

50. 다음은 ㈜삼일의 제 5 기(20x1년 1월 1일~20x1년 12월 31일) 기업업무추진비 보조원장을 요약 정리한 것이다. 법인세법상 기업 업무추진비한도액이 18,000,000원일 경우의 세무조정으로 가장 옳은 것은?

기업업무추진비 보조원장
20x1년 1월 1일~20x1년 12월 31일까지

㈜삼일 (단위 : 원)

적 요	금 액	비 고
거래처 기업업무추진비(01건)	500,000	증빙이 없는 기업 업무추진비
거래처 기업업무추진비(01건)	5,000	영수증 수추분
거래처 기업 업무추진비(25건)	22,300,000	신용카드매출전표 수취분
합 계	22,805,000	

① (손금불산입) 증빙없는 기업 업무추진비　　505,000원 (상여)
② (손금불산입) 기업 업무추진비 한도초과액　　4,805,000원 (기타사외유출)
③ (손금불산입) 증빙없는 기업 업무추진비　　505,000원 (상여)
　 (손금불산입) 기업 업무추진비 한도초과액　　4,300,000원 (기타사외유출)
④ (손금불산입) 증빙없는 기업 업무추진비　　500,000원 (상여)
　 (손금불산입) 기업 업무추진비 한도초과액　　4,305,000원 (기타사외유출)

51. 다음은 제조업을 영위하는 ㈜삼일의 대손충당금 관련 자료이다. 이를 기초로 ㈜삼일의 대손충당금 한도초과액을 계산하면 얼마인가?

> ㄱ. 당기말 현재 대손설정대상 채권금액 : 1,000,000,000원
> ㄴ. 대손실적률 : 0.5%
> ㄷ. 대손충당금 : 기초 잔액　　10,000,000원　　당기추가설정액　25,000,000원
> 　　　　　　　　기말 잔액　　18,000,000원
> * 당기 중 발생한 대손액 중 세법상 부인액은 없다.

① 한도초과액 없음　　② 8,000,000원　　③ 10,000,000원　　④ 15,000,000원

52. 다음 중 법인세법상 퇴직금 및 퇴직급여충당금에 관한 설명으로 가장 옳은 것은?

① 퇴직급여충당금 전입액은 일정한 한도 내에서만 손금으로 인정된다.
② 퇴직급여충당금의 손금산입은 신고조정사항이다.
③ 퇴직하는 종업원에게 지급하는 퇴직금은 세법상 한도내 금액만 손금으로 인정한다.
④ 법인세법상 한도를 초과하여 설정된 퇴직급여충당금은 손금불산입되고 기타사외유출로 소득처분된다.

53. 다음 중 법인세법상 지급이자 손금불산입에 관한 설명으로 가장 올바르지 않은 것은?

① 채권자가 불분명한 사채의 이자는 전액 손금불산입하고 기타사외유출로 소득처분한다.

② 완성된 상각대상자산에 대한 건설자금이자를 이자비용으로 회계처리한 경우에는 이를 즉시 상각한 것으로 본다.

③ 건설중인 상각대상자산에 대한 건설자금이자를 이자비용으로 회계처리한 경우에는 손금불산입하고 유보로 소득처분한다.

④ 업무무관자산 등 관련 이자는 손금불산입하고 기타사외유출로 소득처분한다.

54. 다음 자료를 기초로 ㈜삼일의 가지급금인정이자에 대한 세무조정으로 가장 옳은 것은?

> ㄱ. 특수관계인에 대한 가지급금적수 : 73억원
> ㄴ. 법인세법상 적정이자율 : 5%
> ㄷ. ㈜삼일이 특수관계인(법인)으로부터 수령한 이자수익은 650,000원

① (익금산입) 가지급금인정이자 350,000원 (기타사외유출)

② (익금산입) 가지급금인정이자 450,000원 (기타사외유출)

③ (익금산입) 가지급금인정이자 550,000원 (기타사외유출)

④ (익금산입) 가지급금인정이자 650,000원 (기타사외유출)

55. 다음은 ㈜삼일의 제11기(20x1년 1월 1일~20x1년 12월 31일) 법인세신고를 위한 자료이다. 자료에 의하여 올바른 세무조정을 수행한 경우 각사업연도소득금액을 계산하면 얼마인가(단, 위 자료 이외에 각사업연도소득금액 계산에 영향을 미치는 항목은 없다)?

> ㄱ. 법인세비용차감전순이익 : 200,000,000원
> ㄴ. ㈜삼일은 일반 거래처에 20,000,000원에 판매하는 제품을 특수관계인인 ㈜용산에게 5,000,000원에 판매하였다.
> ㄷ. ㈜삼일의 손익계산서상 매출액은 3,000,000,000원이며, 이는 5,000,000원의 매출할인과 2,000,000원의 매출에누리가 차감된 금액이다.
> ㄹ. ㈜삼일은 대표이사의 동창회에 기부금 10,000,000원을 지급하고 비용으로 계상하였다.

① 200,000,000원

② 210,000,000원

③ 215,000,000원

④ 225,000,000원

56. 법인세 결산을 담당하고 있는 김대리는 제 17 기 사업연도 법인세를 (Ⅰ)과 같이 계산하였다. 김대리의 법인세 결산결과를 검토한 최과장은 (Ⅱ) 자료가 누락된 것을 발견하여 산출세액을 수정하였다. 다음 중 최과장이 수정한 후의 산출세액은 얼마인가(단, 회사는 중소기업이 아니며, 당기 기부금한도액의 범위는 충분한 것으로 가정한다)?

(Ⅰ) 김대리가 계산한 산출세액	
– 과세표준	70,000,000원
– 세율(가정)	10%
– 산출세액	7,000,000원
(Ⅱ) 최과장이 발견한 누락 자료	
– 기업 업무추진비 한도초과액	20,000,000원
– 기부금한도초과이월액	5,000,000원
– 감가상각비한도초과액	10,000,000원

① 8,500,000원　　② 9,500,000원　　③ 10,000,000원　　④ 10,500,000원

57. 다음 중 소득세법상 종합소득 과세표준과 산출세액의 관계를 가장 바르게 나타낸 것은?

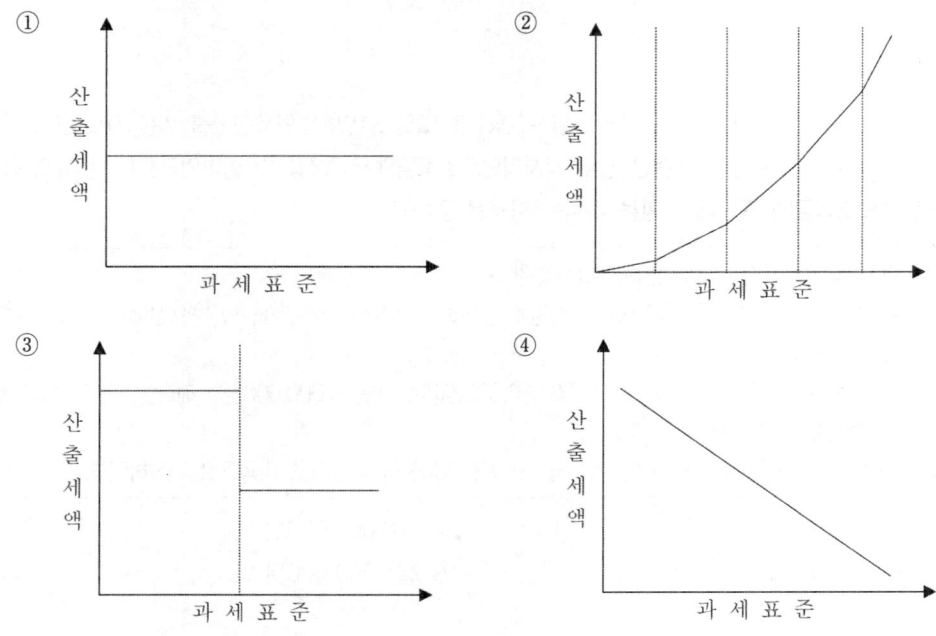

58. 다음의 대화에서 가장 올바르지 않은 설명을 하고 있는 사람은 누구인가?

> 김부장 : 과세대상소득과 세금을 계산하는 기초가 되는 한 단위의 기간을 과세기간이라고 합니다. 나라
> 마다 시작과 종료일이 다를 수 있는데 우리나라의 소득세법상 과세기간은 어떻게 되나요?
> 이차장 : 일반적인 경우 소득세법상 과세기간은 매년 1월 1일부터 12월 31일까지입니다.
> 박과장 : 법인은 1년 이내에서 선택에 의해 사업연도를 임의로 정할 수 있으나, 개인은 선택에 따라 과
> 세기간을 임의로 정할 수 없습니다.
> 정사원 : 그러나 과세기간의 예외는 존재합니다. 과세기간의 예외로는 납세의무자의 사망, 폐업, 출국하
> 는 경우 1월 1일부터 각각의 사유가 발생하는 날까지를 1 과세기간으로 하고 있습니다.

① 김부장　　　　② 이차장　　　　③ 박과장　　　　④ 정사원

59. 다음은 거주자의 금융소득 발생내역이다. 거주자 소득의 종류와 금융소득 과세대상금액으로 가장 올바르지 않은 것은?

> • 김순희씨는 ㈜삼일에서 발행한 채권 20,000,000원을 20x1년 1월 1일에 취득하였다. 동 채권의 액
> 면이자율은 12%이며, ㈜삼일은 20x1년 12월 31일 채권에 대한 이자를 지급하여 김순희씨는 액면
> 이자율에 해당하는 금액을 수령하였다.
> • 이철수씨는 친한 친구에게 자금 50,000,000원을 빌려주었고 그에 대해 이자 10,000,000원을 지급
> 받았다. (이철수씨는 대금업을 영위하지 않는다.)
> • 박영희씨는 20x0년 3월부터 ㈜서울 주식 5,000,000원을 구입하여 투자를 시작하였고, 20x1년 초
> 현금배당 500,000원을 수령하였다.
> • 김영수씨는 20x1년 7월에 자동차보험 가입 후 사고가 발생하여 보험금 1,500,000원을 수령하였다.

		소득의 종류	과세대상금액
①	김순희	이자소득	2,400,000원
②	이철수	이자소득	10,000,000원
③	박영희	배당소득	500,000원
④	김영수	이자소득	1,500,000원

60. 다음은 거주자 김영수(복식부기의무자 아님)씨의 20x1년 사업소득에 관련된 자료이다. 이를 바탕으로 김영수씨의 20x1년 사업소득금액을 계산하면 얼마인가?

---

1. 손익계산서상 당기순이익 35,000,000원
2. 손익계산서에는 다음과 같은 수익과 비용이 포함되어 있다.
   (1) 본인에 대한 급여 50,000,000원
   (2) 유형자산처분손실 5,000,000원
   (3) 이자수익 15,000,000원
   (4) 배당금수익 5,000,000원
   (5) 회계팀 부장인 배우자 급여 30,000,000원

---

① 65,000,000원   ② 70,000,000원   ③ 85,000,000원   ④ 90,000,000원

61. 다음 자료에 의하여 김삼일씨의 20x1년 근로소득금액을 계산하면 얼마인가?

ㄱ. 총급여내역
 – 매월 급여 : 2,000,000원
 – 연간 상여 : 6,000,000원(실제로 지급받은 상여금)
 – 연월차수당 : 260,000원(연간 지급받은 금액)
 – 매월 식사대 : 120,000원(식사를 제공받지 아니함)
ㄴ. 김삼일씨는 20x1년 연중 계속 근무하였으며, 상기사항 이외의 근로소득은 없다.
ㄷ. 근로소득공제

총급여액	근로소득공제액
500만원 이하	총급여액×70%
500만원 초과 1,500만원 이하	350만원＋500만원초과액×40%
1,500만원 초과 4,500만원 이하	750만원＋1,500만원초과액×15%
4,500만원 초과 1억원 이하	1,125만원＋4,500만원초과액×5%
1억원 초과	1,475만원＋1억원초과액×2%

---

① 16,800,000원   ② 20,471,000원   ③ 21,695,000원   ④ 23,000,000원

62. 다음 중 기타소득에 관한 설명으로 가장 올바르지 않은 것은?

① 기타소득금액은 기타소득의 총수입금액에서 필요경비를 공제한 금액을 의미한다.

② 일시적인 문예창작소득으로 수령한 기타소득은 총수입금액의 60%와 실제필요경비 중 큰 금액을 필요경비로 인정 받을 수 있다.

③ 순위경쟁하는 대회에서 입상자가 받은 상금은 총수입금액의 80%와 실제필요경비 중 큰 금액을 필요경비로 인정 받을 수 있다.

④ 복권당첨소득과 기타소득금액의 합계액이 300만원 이하인 경우에는 무조건 분리과세를 적용한다.

63. 다음은 거주자 김삼일씨의 종합소득공제 대상자에 관한 설명이다. 김삼일씨의 20x1년 종합소득에서 공제가능한 소득세법상 인적공제 중 기본공제금액은 얼마인가(단, 인적공제가 가능한 경우 모두 김삼일씨의 공제대상자에 포함한다)?

관계	이름	내용
본인	김삼일(남성)	46세의 근로소득자이며, 연간 근로소득금액은 4,000만원임
배우자	신용산(여성)	34세의 근로소득자(다른 소득은 없음)이며, 연간 근로소득금액은 1,200만원임
아버지	김회계(남성)	61세이며, 이자소득금액은 500만원임
아들	김감사	21세의 장애인이며, 연간 종합소득 없음
딸	김택스	17세의 고등학생이며, 연간 종합소득 없음

① 1,500,000원　　② 3,000,000원　　③ 4,500,000원　　④ 6,000,000원

64. 다음 중 소득세법에서 규정하고 있는 과세대상 양도소득을 모두 고른 것으로 가장 옳은 것은?

ㄱ. 주권상장법인의 대주주가 증권시장에서 주식을 양도한 경우
ㄴ. 양도일 현재 보유기간 및 거주기간이 10년인 1세대 1주택(고가주택 아님)을 양도한 경우
ㄷ. 비상장주식을 양도한 경우
ㄹ. APT 당첨권을 취득할 수 있는 권리를 양도한 경우
ㅁ. 부동산 매매업자가 상가건물을 판매한 경우

① ㄱ, ㄴ, ㄷ　　② ㄱ, ㄷ, ㄹ　　③ ㄱ, ㄹ, ㅁ　　④ ㄷ, ㄹ, ㅁ

65. 다음 자료에 의하여 거주자 김삼일씨의 종합소득세 차감납부할세액을 구하면 얼마인가?

종합소득산출세액	40,000,000원	세액감면	2,000,000원
세액공제	1,000,000원	중간예납세액	10,000,000원
가산세	1,000,000원		

① 27,000,000원   ② 28,000,000원   ③ 37,000,000원   ④ 38,000,000원

66. ㈜삼일의 근로자 이영희씨가 개인적 사유로 20x1년 8월 20일에 중도 퇴사하게 되었다. 퇴직자의 급여는 20x1년 9월 10일에 지급하였다. 중도 퇴사자의 연말정산 시기로 가장 옳은 것은?

① 20x1년 8월 20일
② 20x1년 9월 10일
③ 20x1년 10월 10일
④ 20x2년 5월 31일

67. 다음 중 원천징수에 관한 설명으로 가장 올바르지 않은 것은?

① 원천징수로 납세의무가 종결되는지의 여부에 따라 완납적원천징수와 예납적원천징수로 나눈다.
② 원천징수제도는 과세당국은 조세수입을 조기에 확보할 수 있는 장점이 있고 납세의무자는 조세부담을 줄일 수 있는 장점이 있다.
③ 양도소득은 원천징수 대상에 해당하지 않는다.
④ 원천징수의무자는 원천징수한 세액을 그 징수일이 속하는 달의 다음달 10일까지 국세징수법에 의한 납부서와 함께 원천징수관할세무서 등에 납부하여야 한다.

68. ㈜삼일의 일용근로자인 김철수씨가 일당으로 700,000원을 지급받은 경우 ㈜삼일이 원천징수하여야 할 세액을 계산하면 얼마인가?

① 14,850원   ② 18,650원   ③ 18,900원   ④ 23,100원

69. 다음 중 부가가치세에 관한 설명으로 가장 올바르지 않은 것은?

① 공급하는 재화·용역 공급가액의 10%에 해당하는 금액을 부가가치세로 납부하여야 한다.
② 현재 부가가치세법에서는 재화의 공급과 용역의 공급, 재화의 수입에 대해 과세한다.
③ 부가가치에 대해 10%의 세율로 과세하는 것으로 실무적으로 사업자의 매입세액에서 매출세액을 차감하는 방식으로 납부할 부가가치세액을 계산한다.
④ 부가가치세법은 부가가치세 과세방법으로서 '전단계세액공제법'을 채택하고 있다.

70. 다음은 부가가치세 세율 인상과 관련된 최근 신문기사 내용이다. 다음 중 부가가치세 세율 인상의 효과로 가장 올바르지 않은 것은?

> 증세 해법 뭐가 있나.. 부가세 인상론 솔솔.
>
> (중략) 간접세인 부가가치세 등을 올리자는 주장도 있다. 부가가치세율(현재 10%)을 1% 포인트 더 올리면 연간 5조~7조원 가량을 추가로 확보할 수 있다. 한국재정학회가 주최한 조세관련학회 연합학술대회에서는 "부가가치세율을 중장기적으로 15% 로 올려야 한다"라는 주장도 제기되었다. 현행 10%에 복지재정 몫으로 2% 포인트, 통일재원 마련을 위해 3% 포인트를 인상해야 한다는 것이다. (후략)

① 최종소비자가 부담하는 재화의 가격이 인상될 것이다.
② 최종소비자가 부담하는 수입재화의 가격에는 영향이 없을 것이다.
③ 외국의 소비자가 부담하는 수출재화의 가격에는 큰 영향을 주지 않을 것이다.
④ 부가가치세의 역진성이 심화될 것이다.

71. 다음 중 일반과세자의 부가가치세 과세기간에 관한 설명으로 가장 올바르지 않은 것은?

① 세법상 과세기간이란 과세표준 및 납부세액을 계산하기 위한 단위기간을 말한다.
② 부가가치세는 1년을 2과세기간으로 나누어 6개월을 1과세기간으로 하고 있다.
③ 7월 1일부터 9월 30일까지를 제2기 예정신고기간이라 한다.
④ 납세의무자인 사업자는 제1기와 제2기에 대하여 각각 신고·납부를 하여야 하므로 1년에 2번 부가가치세를 신고·납부하게 된다.

72. 다음은 ㈜삼일의 20x1년 제1기 예정신고기간의 공급내역이다. 20x1년 제1기 예정신고기간의 부가가치세 과세표준 및 매출세액 신고금액으로 가장 옳은 것은?

공급일자	공급가액 (부가가치세 미포함)	내역
01 – 07	40,000,000원	세금계산서 발행 매출액
01 – 28	20,000,000원	신용카드매출전표 발행 매출액
02 – 15	30,000,000원	내국신용장에 의한 공급 매출액
03 – 29	10,000,000원	해외 직수출 매출액

과세표준	매출세액
(a)	(b)

	(a)	(b)		(a)	(b)
①	90,000,000원	6,000,000원	②	90,000,000원	9,000,000원
③	100,000,000원	6,000,000원	④	100,000,000원	10,000,000원

73. 다음 중 면세제도에 관한 설명으로 가장 올바르지 않은 것은?

① 부가가치세의 역진성을 완화하기 위하여 면세제도를 두고 있다.

② 면세 적용단계 및 그 이전단계의 부가가치까지 면제하는 완전면세제도이다.

③ 면세사업자는 세금계산서를 발급할 의무가 없다.

④ 영세율 적용대상인 재화 또는 용역을 공급하는 면세사업자는 면세를 포기할 수 있다.

74. 다음은 ㈜삼일의 기계장치 판매와 관련된 내용이다. 20x1년도 제1기 예정신고기간(20x1년 1월 1일~20x1년 3월 31일)의 부가가치세 과세표준은 얼마인가?

기계장치는 1월 15일에 할부로 판매하였으며, 총 할부대금 60,000,000원은 1월 15일부터 다음과 같이 회수하기로 하였다. －20x1년 1월 15일 : 10,000,000원   －20x1년 4월 15일 : 10,000,000원 －20x1년 7월 15일 : 10,000,000원   －20x1년 10월 15일 : 10,000,000원 －20x2년 1월 15일 : 10,000,000원   －20x2년 4월 15일 : 10,000,000원

① 0원   ② 10,000,000원   ③ 30,000,000원   ④ 60,000,000원

75. 다음 중 제1기 예정신고기간의 부가가치세 매출세액 과세표준 금액으로 가장 옳은 것은?

공급일자	공급가액 (부가가치세 미포함)	공급조건
01 - 07	10,000,000원	단기할부, 공급일로부터 매월 1,000,000원씩 회수 조건
01 - 28	20,000,000원	장기할부, 공급일로부터 매월 1,000,000원씩 회수 조건
02 - 15	30,000,000원	외상판매, 공급일로부터 6 개월 이후에 대가 지급
03 - 01	20,000,000원	완성도기준공급, 3월에 공급을 개시하였고 3월 한 달간의 공급 진행률은 20%이며, 계약에 따라월별 정산함

① 40,000,000원   ② 47,000,000원   ③ 63,000,000원   ④ 80,000,000원

76. ㈜삼일의 다음 채권은 20x1년 중 회수 불가능한 것으로 확인되었다. 대손관련 정보가 다음과 같은 경우 ㈜삼일의 20x1년 제2기 확정신고시 공제 가능한 대손세액공제액은 얼마인가?

> ㄱ. 20x0년 1월 23일 ㈜용산에 55,000,000원(부가가치세 포함)의 재화를 공급하였으나 ㈜용산이 20x1년 10월 8일에 법원으로부터 파산선고를 받아서 대손으로 처리하였다. 파산선고시 ㈜삼일의 배당액은 없는 것으로 확정되었다.
>
> ㄴ. 20x0년 3월 13일 ㈜한강에 8,800,000원(부가가치세 포함)의 재화를 공급하고 수령한 수표가 20x1년 4월 5일 부도처리 되었다. ㈜삼일은 부도를 사유로 해당 채권을 20x1년 10월 14일에 대손처리하였으며,㈜한강의 재산에 대해 저당권을 설정하고 있지 않다.

① 0원   ② 800,000원   ③ 5,000,000원   ④ 5,800,000원

77. 다음 중 부가가치세 조기환급 대상으로 가장 올바르지 않은 것은?

① 골프용품 수출업체
② 외국자동차 수입업자
③ 제조업자가 사업설비를 신설하여 취득한 경우
④ 법원의 인가결정을 받은 회생계획을 이행 중인 회사

78. 다음 중 부가가치세법상 가산세에 관한 설명으로 가장 올바르지 않은 것은?

① 부가가치세와 관련하여 적용 가능한 가산세 규정은 국세기본법과 부가가치세법에서 규정하고 있다.
② 국세기본법에서는 신고 및 납부불성실 가산세에 대하여 규정하고 있다.
③ 부가가치세법상 미등록가산세는 과세사업자가 사업개시일로부터 20일 이내에 사업자등록을 신청하지 않은 경우 부과하는 가산세이다.
④ 세금계산서의 필요적 기재사항을 부실 기재한 경우에는 별도로 가산세를 부과하지 않는다.

79. 다음 중 세금계산서 작성방법에 관한 설명으로 가장 올바르지 않은 것은?

① 공급받는 자가 부가가치세 면세사업자인 경우에 세금계산서상 "공급받는 자의 등록번호"에는 소득세법 또는 법인세법의 규정에 의한 등록번호 또는 고유번호를 기재한다.
② "작성연월일"에는 세금계산서를 실제로 작성하는 일자가 아닌 대금결제일을 기재한다.
③ 제품을 판매하고 총 55,000원(부가가치세 포함)을 수령하였다면, "공급가액"에는 50,000원을 기재한다.
④ 제품을 판매하고 총 55,000원(부가가치세 포함)을 수령하였다면, "세액"에는 5,000원을 기재한다.

80. 다음 중 부가가치세법상 수정세금계산서에 관한 설명으로 가장 올바르지 않은 것은?

① 수정세금계산서는 당초에 세금계산서를 발급한 경우에만 발행가능하다.

② 수정신고기간 경과 후에는 관할세무서장의 승인을 받은 경우에만 수정세금계산서를 발행할 수 있다.

③ 수정세금계산서는 세금계산서 명칭 앞에 "수정"이라고 표기하여야 한다.

④ 과세를 면세로 잘못 알고 계산서를 발급한 경우에는 수정세금계산서를 발급할 수 없다.

100회 답안 및 해설

재무회계

1	2	3	4	5	6	7	8	9	10
③	①	④	④	②	③	③	②	②	①
11	12	13	14	15	16	17	18	19	20
④	③	①	②	③	②	④	④	②	②
21	22	23	24	25	26	27	28	29	30
②	③	②	③	③	④	④	④	①	③
31	32	33	34	35	36	37	38	39	40
③	②	②	③	②	①	③	①	③	①

01. 역사적원가(원가법)는 신뢰성이 높은 방법이다.

02. **주요질적 특성에는 목적적합성과 신뢰성**이 있다.

03. **미래의 일정 시점에서 자산을 취득한다는 결정이나 단순한 약정은 현재의 의무가** 아니다.
그러므로 부채가 아니다.

04. 유형자산의 처분관련 현금흐름은 투자활동으로 분류한다.

05. 기업이 채권과 채무를 상계할 수 있는 법적 구속력 있는 권리를 가지고 있고, **채권과 채무를 순액기준으로 결제하거나 채권과 채무를 동시에 결제할 의도가 있다면 상계하여** 표시한다.

06. 기초자본 = 기초자산(130,000) - 기초부채(40,000) = 90,000원
기말자본 = 기초자본(90,000) + 당기순이익(30,000) - 유상감자(6,000) = 114,000원
기말자산 = 기말부채(70,000) + 기말자본(114,000) = 184,000원
주식배당은 자본에 변화가 없다.
(차) 이익잉여금　　　　　　　　　　　XX　　(대) 자본금　　　　　　　　　　　　XX

07. 타인발행당좌수표, 만기도래 공사채이자표와 **취득당시 만기가 3개월이내의 금융상품은 현금성자산으로 분류한다.**

08. 대손충당금을 설정하면 채권을 순실현가액으로 표시하고 수익비용대응원칙에 부합하게 된다.

09. 기말대손충당금 = 기말 매출채권 잔액(20,000,000) × 대손추정률(1%) = 200,000원

대손충당금

대손	50,000	기초	100,000
기말	200,000	*대손상각비(설정?)*	*150,000*
계	250,000	계	250,000

10. 미수수익 = 대여금(3,000,000)×4%(연이자율)÷12개월×3개월(10.1~12.31) = 30,000원

11. **판매목적의 부동산은 재고자산으로 분류**한다.

12. 순서는 선입선출법, 평균법, 후입선출법 또는 역순으로 나타난다.

구입순서	2개 판매시	선입선출법	후입선출법
1.10원 2.20원 3.30원	**매출원가**	30원	*50원*

13. 기말재고수량 = 기초(3,000)+구입(3,000)−판매(5,000) = 1,000개

구입순서	수량	단가	*금액*	*재고수량*	*재고금액*	*평균단가*
기초	3,000	2,500	7,500,000	3,000	7,500,000	@2,500
구입(6.5)	2,000	2,000	4,000,000	5,000	11,500,000	@2,300
판매(7.30)	△3,500			1,500	3,450,000	@2,300
구입(8.20)	1,000	2,000	2,000,000	2,500	5,450,000	**@2,180**

기말재고금액(이동평균법) = 수량(1,000)×@2,180 = 2,180,000원

14. 매출원가 = 결산전 매출원가(1,000,000)+재고자산평가손실(200,000)+정상감모(300,000)

= 1,500,000원

비정상감모손실은 영업외비용으로 처리한다.

15. 매출원가 = 매출액(5,100,000)×[1 − 매출총이익률(25%)] = 3,825,000원

재고자산

기초재고	1,050,000	매출원가	3,825,000
매입액	4,500,000	기말재고	1,725,000
계	5,550,000	계	5,550,000

횡령액 = 실사금액(225,000) − 장부상재고(1,725,000) = △1,500,000원

16. 사용 제한된 예금이라 하더라도 **만기가 1년 이내에 도래하면 유동자산으로 분류**한다.

17. X1. 12. 31 (차) 미수수익　　　　　XXX　　(대) 이자수익　　　　　　　　XXX

　　　X2. 12. 31 (차) 미수수익　　　　　XXX　　(대) **이자수익**　　　　　　　XXX

　　　(유동성대체) (차) 정기예금(당좌)　　XXX　　(대) **장기금융상품**　　　　XXX

18. 매도가능증권은 취득시 투자자산으로 분류하고, 결산일로부터 1년 이내 처분시 유동자산으로 분류한다.

19. **순이익 보고시 (차) 지분법적용투자주식　XXX　　(대) 지분법이익　　　　　XXX**

20. 손상차손환입은 **손상차손인식 전 장부가액을 한도로 환입**한다.

21. 기계장치의 취득원가 = 보통주 300주×시가(6,000) = 1,800,000원

22. 토지취득원가 = 일괄구입가(3억)×토지공정가치(3억)÷공정가치 합계(4억) = 225,000,000원

23. 무형자산 = 합병시 영업권(1,000,000)+산업재산권(1,000,000) = 2,000,000원

24. 매출채권의 현재가치 = 연금(4,000) × 연금현가계수(2.4868) = 9,947원

〈현재가치할인차금 상각표〉

연도	유효이자(A)	할부금 회수(B)	원금회수액(C = B - A)	장부금액(BV)
20x1. 1. 1				9,947
20x1.12.31	995	4,000	3,005	6,942
20x2.12.31	*694*	4,000	3,306	3,636

이자수익 = 장부금액(6,942) × 유효이자율(10%) = 694원

25. 유동부채는 1년 이내 상환하여야 하므로 **명목가치와 현재가치 차이가 중요하지 않기 때문에** 현재가치로 평가하지 않는다.

26. 사채할인발행차금 상각표(유효이자율법)

연도	유효이자(A) (BV×8%)	액면이자(B) (액면가액×5%)	할인차금상각 (A-B)	장부금액 (BV)
20x2. 7. 1				92,269
20x3.06.30	7,382	5,000	2,382	94,651

20X2년 인식할 이자비용 = 7,382 × 6개월/12개월 = 3,691원

27. 사채를 할증발행 후 정액법으로 상각시 총이자비용은 일정하나, 유효이자율법으로 상각시 사채할증발행차금(대변)이 차변으로 제거되므로 총이자비용은 감소한다.

28. 우발부채인 경우 **유출가능성이 어느 정도 있으면 주석으로 기재**하여야 한다.

30. 법인세비용 = 미지급법인세(1,000,000) + 이연법인세부채 증가(200,000) = 1,200,000원

31. 감자주식수 = 감자전 주식수(100,000) - 감자후 주식수(70,000) = 30,000주

감자금액 = 감자주식수(30,000주) × 액면가액(5,000) = 150,000,000원

(차) 자본금	150,000,000	(대) 결손금	100,000,000
		감자차익	50,000,000

33. 발생주의에 따라 선수수익, 선급비용을 인식한다.

34. 법인세비용차감전순이익 = 영업이익(7,500,000) + 임대료(500,000) + 사채상환이익(400,000)
　　　　　　　　　　　 - 기부금(300,000) - 이자비용(100,000) = 8,000,000원

35. ① 위탁매출은 수탁자가 판매시 수익으로 인식한다.

③ 배당금은 배당결의시점에 수익으로 인식한다.

④ **반품예상액을 제외한 금액을 수익으로 인식**한다.

36. 작업진행률(x0년) = 누적발생원가(360,000) ÷ 총공사예정원가(900,000) = 40%

작업진행률(x1년) = 누적발생원가(721,000) ÷ 총공사예정원가(1,030,000) = 70%

공사수익(x1년) = 총공사계약금액(1,200,000) × 작업진행률 차이(70% - 40%) = 360,000원

공사손익(x1년) = 공사수익(360,000) - 공사원가(721,000 - 360,000) = △1,000원(손실)

37.

매출채권			
기초잔액	10,000,000	회수액	75,000,000
외상매출액	*85,000,000*	기말잔액	20,000,000
계	95,000,000	계	95,000,000

38. ② **유상증자시 납입일을 기산일**로 하여 가중평균유통보통주식수를 산정한다.

③ **자기주식은 보유기간을 제외**하여 가중평균유통보통주식수를 산정한다.

④ 무상증자와 주식배당은 원 구주에 따른다.

39. 기계장치 취득은 투자활동 현금흐름이다.

40. 유형자산의 취득은 현금의 유출이 나타난다.

　　(차) 유형자산 　　　　　　　　XXX 　　(대) 현 금 　　　　　　　　　XXX

세무회계									
41	42	43	44	45	46	47	48	49	50
④	③	②	②	②	④	②	④	③	④
51	52	53	54	55	56	57	58	59	60
②	①	①	①	④	②	②	④	④	②
61	62	63	64	65	66	67	68	69	70
②	④	④	②	②	②	②	①	③	②
71	72	73	74	75	76	77	78	79	80
④	③	②	②	②	④	②	④	②	②

41. 조세는 법률주의에 따라 법에 따라 조세를 부과하여야 한다.

42. 취득세, 자동차세, 담배소비세는 지방세에 해당한다.

43. ① **사업의 실질적 지배관리장소**가 어디인가에 따라서 외국법인과 내국법인으로 구분한다.

③ 외국법인의 청산소득은 본점소재지인 외국에서 과세된다.

④ 토지 등 양도소득에 대해서는 모든 법인에 대해서 과세한다.

44. 증빙누락 기업업무추진비는 대표자 상여의 소득을 처분을 한다.

45. 발생주의에 따라 이자비용을 계상시 법인세법은 수용한다.

46. ① 손금불산입(사외유출)　 ② 손금불산입(상여)　 ③ 익금불산입(유보)

47. 임원상여금 한도초과액만 손금불산입한다.

48. 재고자산을 구분하여 **영업종목별, 영업장별로 각각 다른 방법에 의하여 평가할 수 있다.**

49. ① 감가상각비 = 당기말 감가상각누계액(11,000,000) - 전기말 감가상각누계액(8,000,000)

= 3,000,000원

② 한도 = 취득가액(1억) × 상각률(0.025) = 2,500,000원

③ 당기 감가상각비(3,000,000) - 한도(2,500,000) = 한도초과 500,000원(손금불산입, 유보)

50. ① 증빙없는 기업업무추진비 500,000원(손금불산입, 상여)

② 기업업무추진비(22,305,000) - 한도(18,000,000) = +4,305,000원(손금불산입, 기타사외유출)

51. 대손설정률 = MAX[① 1%, ② 대손실적률(0.5%)] = 1%

한도 = 채권금액(10억) × 설정률(1%) = 10,000,000원

대손충당금 설정금액은 총액법을 적용하므로 기말잔액이 설정금액(18,000,000)이 된다.

한도 초과 = 설정(18,000,000) - 한도(10,000,000) = 8,000,000원(손금불산입, 유보)

52. ② 퇴직급여충당금의 손금산입은 결산조정사항이다.

③ 종업원에게 지급하는 퇴직금은 한도가 없다.

④ 한도초과는 유보처분한다.

53. **채권자 불분명 사채이자는 대표자 상여로 소득처분**한다.

54. 익금산입액 = 가지급금적수(73억) × 이자율(5%) ÷ 365일 - 실제수령이자(650,000) = 350,000원

55. 각사업연도소득금액 = 법인세비용차감전순이익(2억) + 특수관계인에게 저가판매액(15,000,000)

+ 비지정기부금(10,000,000) = 225,000,000원

56. 수정 후 과세표준 = 수정 전 과세표준(70,000,000) + 기업업무추진비 한도초과(20,000,000)

- 기부금이월손금용인액(5,000,000) + 감가상각비한도초과액(10,000,000)

= 95,000,000원

수정 후 산출세액 = 수정 후 과세표준(95,000,000) × 세율(10%) = 9,500,000원

57. **소득세는 초과누진세율을 적용**한다.

58. 소득세법상 과세기간(1.1~12.31)은 폐업으로 영향을 받지 않는다.

59. **보장성 보험에 대한 보험금은 미열거소득에 해당**한다.

60. 사업소득금액 = 당기순이익(35,000,000) + 본인급여(50,000,000) + 유형자산처분손실(5,000,000)

- 이자수익(15,000,000) - 배당금수익(5,000,000) = 70,000,000원

복식부기의무자가 아니므로 유형자산처분손실은 필요경비불산입이고, 이자수익은 이자소득으로 배당금수익은 배당소득으로 과세된다.

61. 총급여액 = 매월 급여(2,000,000) × 12개월 + 상여(6,000,000) + 연차수당(260,000)

= 30,260,000원

식사대는 월 20만원까지 비과세이다.

근로소득공제 = 7,500,000 + (30,260,000 - 15,000,000) × 15% = 9,789,000원

근로소득금액 = 총급여액(30,260,000) - 근로소득공제(9,789,000) = 20,471,000원

62. 복권당첨소득은 무조건 분리과세이고, **기타소득금액이 3백만원이하인 경우 선택적 분리과세를 할 수 있다.**

63.

관계	요 건		기본 공제	추가 공제	판 단
	연령	소득			
본인	−	−	○		
배우자	−	×	×		총급여액 5백만원 초과자
부친(61)	○	○	○		금융소득 2천만원 이하자
아들(21)	×	○	○	장애인	장애인은 연령요건을 따지지 않는다.
딸(17)	○	○	○		

- **기본공제(4명) = 1,500,000×4명 = 6,000,000원**

64. 1세대 1주택은 비과세 양도소득에 해당하고, **부동산매매업자가 판매하는 부동산은 양도소득세 과세대상이 아니다.** 근로소득은 연말정산으로 양도소득은 예정신고로 납세의무가 종결된다.

65. 차감납부할세액 = 산출세액(40,000,000) − 세액감면·공제(3,000,000) + 가산세(1,000,000)
　　　　　　　　− 중간예납세액(10,000,000) = 28,000,000원

66. 퇴사자의 연말정산은 **퇴직한 달의 급여를 지급하는 때**에 한다.

67. 납세의무자의 조세부담은 동일하다.

68. 일용근로자의 원천징수세액 = [700,000 − 150,000]×6%×45% = 14,850원

69. 매출세액에서 매입세액을 차감하는 전단계세액공제법을 채택한다.

70. 수입재화에 대하여도 부가가치세가 부과되므로 재화의 가격이 인상될 것이다.

71. 법인사업자는 예정신고도 하여야 하므로 1년에 4번의 부가가치세를 신고·납부한다.

72. 과세표준 = 40,000,000 + 20,000,000 + 30,000,000 + 10,000,000 = 100,000,000원
매출세액 = 국내과세분(40,000,000 + 20,000,000)×10% = 6,000,000원

73. 영세율이 완전면세제도이고, 면세는 불완전면세 제도이다.

74. 장기할부판매는 대가의 각부분을 받기로 한 때이므로 20x1년 예정신고(1~3월) 과세표준은 10,000,000원 (20x1.1.15)이 된다.

75. 과세표준(1.1~3.31) = 단기할부(10,000,000) + 장기할부(1,000,000×3개월)
　　　　　　　+ 외상판매(30,000,000) + 완성도 기준(20,000,000×20%) = 47,000,000원

　☞ 장기할부판매와 완성도기준지급 판매는 대가의 각 부분을 받기로 한 때가 공급시기이다.

76. 대손세액공제액 = 파산(5,000,000) + 6개월 지난 부도수표(800,000) = 5,800,000원

78. 부실기재시 공급가액의 1% 가산세를 부과한다.

80. 수정세금계산서는 수정사유가 발생시 발급한다.(승인이 필요하지 않는다.)

98회 회계관리 1급

01. 다음 중 국제회계기준의 특징에 관한 설명으로 가장 올바르지 않은 것은?

① 상세하고 구체적인 회계처리 방법을 제시하는 규정중심의 회계기준이다.

② 경제적 실질에 따라 지배회사와 종속회사의 재무제표를 결합하여 보고하는 연결재무제표를 기본 재무제표로 제시한다.

③ 자산 및 부채의 측정에 있어 공정가치의 적용이 확대되었다.

④ 회계정보의 이용자를 보호하기 위해 공시를 강화하고 있다.

02. 다음에서 설명하고 있는 재무정보의 질적특성으로 가장 옳은 것은?

> 제공되는 재무정보가 기업실체의 재무상태, 경영성과, 순현금흐름, 자본변동 등에 대한 정보이용자의 애초 기대치를 확인 또는 수정되게 함으로써 의사결정에 영향을 미칠 수 있는 능력을 의미한다.

① 예측가치　　　② 중립성　　　③ 피드백가치　　　④ 검증가능성

03. 다음 중 재무제표의 기본가정에 관한 설명으로 가장 올바르지 않은 것은?

① 재무제표의 작성에 있어 가장 기본이 되는 명제 또는 전제가 기본가정이며 기업실체, 계속기업 및 기간별 보고의 가정이 있다.

② 기업이 청산하는 경우의 자산은 역사적원가로 평가한다.

③ 계속기업의 가정이란, 기업실체는 그 목적과 의무를 이행하기에 충분할 정도로 장기간 존속한다고 가정하는 것을 말한다.

④ 기간별 보고의 가정이란, 기업실체의 존속기간을 일정한 기간 단위로 분할하여 각 기간별로 재무제표를 작성하는 것을 말한다.

04. ㈜SNC는 외국계 자회사로서 12월 말 결산법인이다. 당 법인이 반기 중간재무제표를 작성하려고 한다. 다음 중 중간재무제표에 대한 설명으로 가장 올바르지 않은 것은?

① 중간재무제표는 재무상태표, 손익계산서, 현금흐름표, 자본변동표 및 주석을 포함하며 연차재무제표와 동일한 양식(대상기간과 비교형식은 제외)으로 작성함을 원칙으로 한다.

② 계절적, 주기적 또는 일시적으로 발생하는 수익이라 할지라도 다른 중간기간 중에 미리 인식하거나 이연하지 않는다.

③ 중간재무제표는 연차재무제표와 동일한 계정과목을 사용하여야 하지만, 어떠한 경우에도 계정과목을 요약 표시할 수 없다.

④ 중간재무상태표는 당 회계연도 중간보고기간 말과 직전 연차보고기간 말을 비교하는 형식으로 작성한다.

05. 다음 중 부채에 관한 설명으로 가장 올바르지 않은 것은?

① 넓은 의미로 타인자본 조달액을 의미한다.

② 잔여적 청구권의 성격을 갖는다.

③ 미래 경제적 효익의 유출을 의미한다.

④ 기업실체가 현재 시점에서 부담하는 경제적 의무이다.

06. 다음 중 유동성배열법의 원칙에 따라 재무상태표를 나타낼 때 가장 아래에 표시될 계정과목으로 가장 옳은 것은?

① 단기차입금   ② 미지급비용   ③ 매입채무   ④ 사채

07. 다음 중 현금 결산에 관한 설명으로 가장 올바르지 않은 것은?

① 현금실사 결과 장부잔액보다 현금이 많거나 부족한 경우 이를 현금과부족으로 처리한다.

② 현금과부족 계정은 원인을 파악하여 적절한 계정으로 분류해야 하며 만일 원인파악이 불가능하면 임시계정형태로 계정마감을 한다.

③ 결산일 현재 정확한 예금잔액을 확인하기 위해 예금잔고증명서나 은행조회서를 통해 검증받을 수 있다.

④ 가지급금에 대해 결산일까지 수령자가 지출하지 않고 있다면 현금및현금성자산으로 계정분류해야 한다.

08. 다음 중 유가증권의 회계처리에 관한 설명으로 가장 올바르지 않은 것은?

① 단기매매증권은 주로 단기간 내의 매매차익을 목적으로 취득한 유가증권으로서 매수와 매도가 적극적이고 빈번하게 이루어지는 것을 말하며, 유동자산으로 분류한다.

② 보고기간종료일로부터 1년 내에 만기가 도래하거나 또는 매도 등에 의하여 처분할 것이 거의 확실한 매도가능증권은 유동자산으로 분류한다.

③ 보고기간종료일로부터 1년 내에 만기가 도래하는 만기보유증권은 유동자산으로 분류한다.

④ 유의적인 영향력을 행사하고 있는 지분법적용투자주식은 유동자산으로 분류한다.

09. 다음은 ㈜삼일의 매출채권 및 대손충당금에 관한 자료이다. 당기 중 실제 200,000원의 대손액이 발생하였으며 대손충당금의 환입은 발생하지 않았다. ㈜삼일이 매출채권 기말잔액의 5%를 대손충당금으로 설정한다면 당기 대손상각비로 인식할 금액은 얼마인가?

ㄱ. 당기 말 매출채권 잔액	10,000,000원
ㄴ. 전기 말 대손충당금 잔액	300,000원

① 100,000원   ② 200,000원   ③ 300,000원   ④ 400,000원

10. 다음 거래의 회계처리에서 나타날 분개로 가장 옳은 것은?

㈜삼일은 ㈜서울에 대한 받을어음 5,000,000원을 담보로 하여 국제은행으로부터 동 금액을 차입하였다.

① (차) 현금　　　　5,000,000원　(대) 받을어음　　5,000,000원
② (차) 현금　　　　5,000,000원　(대) 단기차입금　5,000,000원
③ (차) 받을어음　　5,000,000원　(대) 단기차입금　5,000,000원
④ (차) 단기차입금　5,000,000원　(대) 받을어음　　5,000,000원

11. 다음 중 보고기간 말 시점 판매자의 재고자산에 포함되지 않는 것은?

① 고객에게 인도된 할부판매상품
② 매입자에게 인도되었으나, 아직 매입의사 표시가 없는 시송품
③ 목적지 인도조건으로 판매된 운송중인 상품
④ 수탁자가 점유하고 있는 위탁자의 적송품

12. 다음 중 재고자산 취득원가에 관한 설명으로 가장 올바르지 않은 것은?

① 제품 생산 후 판매 전 창고 보관비용은 재고자산의 취득원가에 포함하지 않는다.

② 재료원가 중 비정상적으로 낭비된 부분은 재고자산의 취득원가에 포함하지 않는다.

③ 재고자산을 판매하는 과정에서 지급한 판매수수료는 재고자산의 취득원가에 포함한다.

④ 제품 제조를 위해 공장에서 사용한 기계장치의 감가상각비는 재고자산의 취득원가에 포함한다.

13. 당기 중에 물가가 계속 상승하고 기말재고수량이 기초재고수량 이상이라고 가정할 때 선입선출법, 평균법, 후입선출법에 의한 크기를 비교한 내용으로 가장 올바르지 않은 것은?

① 기말재고자산 : 선입선출법＞평균법＞후입선출법

② 매출원가 : 선입선출법＜평균법＜후입선출법

③ 판매가능액 : 선입선출법＞평균법＞후입선출법

④ 당기순이익 : 선입선출법＞평균법＞후입선출법

14. 다음은 ㈜삼일의 20X1년 재고수불부이다. ㈜삼일이 재고자산을 선입선출법으로 평가하는 경우와 총평균법(회계기간 단위로 평균단가를 산출하는 방법)으로 평가하는 경우 각각의 기말재고자산금액은 얼마인가?

	수량	단가	금액
전기이월	3,000개	2,000원	6,000,000원
1월 20일 구입	2,000개	2,500원	5,000,000원
6월 15일 판매	2,500개		
8월 14일 구입	2,000개	2,800원	5,600,000원
10월 1일 판매	3,500개		
12월 4일 구입	1,000개	3,000원	3,000,000원
기말	2,000개		

	선입선출법	총평균법		선입선출법	총평균법
①	5,800,000원	4,900,000원	②	5,800,000원	5,700,000원
③	6,400,000원	4,900,000원	④	6,400,000원	5,700,000원

15. ㈜삼일은 20X1년 12월 재고창고에 화재가 발생하였다. 재고와 관련한 매출, 매입 내용이 다음과 같을 경우 화재로 인하여 소실된 것으로 추정되는 재고자산 금액은 얼마인가?

ㄱ. 기초재고자산	200,000원
ㄴ. 당기매입액	4,000,000원
ㄷ. 매출액	5,000,000원
ㄹ. 매출총이익률	30%
ㅁ. 20X1년 말 실사에 의해 확인된 재고자산	100,000원

① 500,000원　　　② 600,000원　　　③ 700,000원　　　④ 800,000원

16. 다음 거래에서 20X2년 12월 31일 분개의 대변에 나타날 계정과목으로 옳은 것은?

사업연도가 1월 1일~12월 31일인 ㈜삼일은 20X1년 10월 1일에 여유자금의 투자목적으로 만기가 20X3년 9월 30일이고 이자율이 10%인 정기예금 1,000,000원을 예치하였다.

① 미수수익, 단기금융상품　　　　　② 이자수익, 장기금융상품
③ 미지급비용, 단기금융상품　　　　④ 이자비용, 장기금융상품

17. 다음 자료에서 설명하는 유가증권으로 옳은 것을 보기에서 고른 것은?

발행자에 대하여 금전을 청구할 수 있는 권리를 표시하는 유가증권 및 이와 유사한 유가증권

〈 보기 〉
ㄱ. 국채　　　ㄴ. 전환사채　　　ㄷ. 신주인수권　　　ㄹ. 수익증권

① ㄱ, ㄴ　　　② ㄴ, ㄷ　　　③ ㄱ, ㄹ　　　④ ㄷ, ㄹ

18. 다음 중 유가증권에 관한 설명으로 가장 올바르지 않은 것은?

① 단기매매증권은 최초인식시 공정가치로 측정하며, 취득과 직접 관련되는 거래원가는 공정가치에 가산한다.
② 단기매매증권과 매도가능증권은 원칙적으로 보고기간말 현재의 공정가치로 평가한다.
③ 만기보유증권은 상각후원가로 평가하여 재무상태표에 표시한다.
④ 단기매매증권평가손익은 당기손익으로 처리한다.

19. 다음 자료에서 ㈜서울이 20X1년 손익계산서에 인식할 이익은 얼마인가?

> 20X1년 12월 1일 : 단기매매목적으로 ㈜용산의 주식 100주를 주당 10,000원에 취득하다.
> 20X1년 12월 15일 : ㈜용산의 주식 50주를 주당 13,000원에 처분하다.
> 20X1년 12월 31일 : ㈜용산 주식의 공정가액은 주당 12,000원이다.
> * ㈜용산의 주식은 매수와 매도가 적극적이고 빈번하게 이루어지고 있다.

① 150,000원   ② 200,000원   ③ 250,000원   ④ 300,000원

20. 다음 중 지분율이 20% 미만인 경우에도 지분법으로 평가하는 경우로 가장 올바르지 않은 것은?

① 피투자기업의 이사회 또는 이에 준하는 의사결정기구에서 의결권을 행사할 수 있는 경우
② 피투자기업에게 유의적이지 않은 일반정보를 투자기업이 당해 피투자기업에게 제공하는 경우
③ 피투자기업의 재무정책과 영업정책에 관한 의사결정에 참여할 수 있는 경우
④ 피투자기업의 유의적인 거래가 주로 투자기업과 이루어지는 경우

21. 다음 중 유형자산 회계처리에 관한 설명으로 가장 올바르지 않은 것은?

① 유형자산의 취득원가에는 설치장소 준비를 위한 지출, 운송비, 재산세 등을 포함한다.
② 유형자산은 원가모형과 재평가모형 중 하나를 선택하여 분류별로 동일하게 적용할 수 있다.
③ 유형자산은 매 보고기간말마다 자산손상을 시사하는 징후가 있는지를 검토한다.
④ 유형자산의 취득 후 지출한 비용이 당해 유형자산의 내용연수를 실질적으로 증가시키는 경우에는 지출액을 자산으로 계상한 후 감가상각을 통해 비용화 해야 한다.

22. ㈜삼일은 20X1년 초 기계장치를 30,000원에 취득하였다. 동 기계장치의 내용연수는 3년이고, 잔존가치는 0원이며, 정액법으로 감가상각한다. 20X1년 말 손상의 징후가 발생하여 회수가능액을 측정한 결과 순공정가치가 15,000원, 사용가치가 14,000원이었다. ㈜삼일이 원가모형으로 회계처리할 경우 20X1년에 인식할 기계장치손상차손은 얼마인가?

① 5,000원   ② 6,000원   ③ 7,000원   ④ 8,000원

23. 다음 중 개발비를 무형자산으로 계상하기 위해 반드시 필요한 조건으로 보기 어려운 것은?

① 무형자산을 사용 또는 판매하기 위해 그 자산을 완성시킬 수 있는 기술적 실현가능성을 제시할 수 있어야 한다.

② 무형자산이 어떻게 미래경제적효익을 창출할 것인가를 보여줄 수 있어야 한다.

③ 개발단계에서 발생한 무형자산 관련 지출을 신뢰성 있게 구분하여 측정할 수 있어야 한다.

④ 무형자산을 사용하여 개발된 시제품의 판매로 인한 매출이 발생하고 있어야 한다.

24. 다음 중 채권의 공정가치평가와 관련된 설명으로 가장 올바르지 않은 것은?

① 장기연불조건의 매매거래는 채권의 명목금액과 공정가치의 차이가 유의적인 경우 공정가치로 평가한다.

② 공정가치평가에 사용되는 적정한 할인율은 당해 거래의 유효이자율이다.

③ 당해 거래의 유효이자율을 구할 수 없는 경우에는 동종시장이자율을 기초로 적정하게 산정된 이자율을 적용한다.

④ 임차보증금, 장기의 선급금·선수금, 이연법인세자산(부채) 등도 공정가치 평가대상이다.

25. ㈜삼일은 20X1년 7월 1일에 80,000,000원을 차입하였다. 연 이자율 8%, 20X2년 6월 30일 원리금 일시상환조건인 경우, 20X1년 12월 31일에 해야 할 회계처리로 가장 옳은 것은?

① (차) 이자비용   3,200,000원   (대) 현금   3,200,000원

② (차) 이자비용   3,200,000원   (대) 미지급이자   3,200,000원

③ (차) 단기차입금   6,400,000원   (대) 현금   6,400,000원

④ (차) 이자비용   6,400,000원   (대) 단기차입금   6,400,000원

26. 다음 중 이론적인 측면에서 사채의 발행으로 기업이 받아야 하는 대가로 가장 옳은 것은?

① 사채의 액면금액

② 사채의 액면금액과 사채의 존속기간 동안 지급하게 될 이자의 총 금액

③ 사채의 상환일에 지급하게 되는 원금과 사채의 존속기간 동안 지급하게 되는 이자를 발행 당시 시장이자율로 할인한 현재가치금액

④ 사채의 존속기간 동안 지급하게 될 이자의 총 금액

27. 20X1년 1월 1일에 ㈜삼일은 액면금액 1,000,000원, 액면이자율 10%, 3년 만기의 사채를 929,165원에 발행하였다. 이자지급일은 매년 12월 31일이며 유효이자율은 13%이다. 유효이자율법으로 사채할인발행차금을 상각할 경우, ㈜삼일이 3년간 인식할 총 사채이자비용은 얼마인가(해당 사채가 만기에 상환된다고 가정한다.)?

① 300,000원   ② 370,835원   ③ 390,000원   ④ 470,835원

28. 다음 중 ㈜삼일의 충당부채에 관한 회계처리로 가장 올바르지 않은 것은?

① ㈜삼일은 현재의무의 이행에 소요되는 지출에 대하여 보고기간종료일 현재 최선의 추정치를 산출하여 충당부채로 계상하였다.

② ㈜삼일은 판매시점으로부터 2년간 품질을 보증하는 조건으로 제품을 판매하고 있고, 예상되는 미래보증수리비용 추정액의 현재가치로 충당부채를 계상하였다.

③ ㈜삼일은 충당부채의 명목금액과 현재가치의 차이가 중요하여 예상 지출액의 현재가치로 충당부채를 평가하였다.

④ ㈜삼일은 미래의 예상 영업손실에 대하여 그 금액을 추정하여 충당부채로 계상하였다.

29. ㈜삼일은 20X1년 초부터 판매한 제품에서 발생하는 결함을 2년간 무상으로 수리해 주기로 하였다. 보증 비용이 매출액의 10%로 추정되는 경우, 20X1년 말 재무상태표에 제품보증충당부채로 계상되어야 할 금액은 얼마인가?

ㄱ. 20X1년 매출액 : 200억원 ㄴ. 20X1년 중 당기 매출분에 대해 7억원의 제품보증비가 발생함

① 6억원   ② 7억원   ③ 10억원   ④ 13억원

30. ㈜삼일은 20X1년 1월 1일에 설립되었다. 20X1년도 과세소득과 관련된 다음 자료를 바탕으로 하여 ㈜삼일이 20X1년도에 인식할 이연법인세자산·부채로 가장 옳은 것은?

ㄱ. 법인세비용차감전순이익	4,000,000원
ㄴ. 세무조정	
차기 이후 과세표준에서 차감할 일시적 차이	500,000원
ㄷ. 과세소득	4,500,000원
ㄹ. 법인세율(가정)　　　　　　　　　×	30%
ㅁ. 법인세부담액	1,350,000원

[추가자료]
- 법인세비용차감전순이익은 차기 이후에도 동일하게 발생할 것으로 가정
- 상기 세무조정사항은 20X1년도 이후 전액 차감 조정될 것으로 가정
- 법인세율은 향후에도 일정하다고 가정
- 상기 자료 이외의 세무조정사항은 없는 것으로 가정

① 이연법인세부채 150,000원 ② 이연법인세자산 150,000원
③ 이연법인세부채 500,000원 ④ 이연법인세자산 500,000원

31. 다음은 재무상태표상 자본에 대한 내역으로 자본잉여금과 자본조정으로 표시되어야 하는 금액은 각각 얼마인가?

자기주식처분이익	100,000원
이익준비금	50,000원
자기주식	(-)150,000원
주식발행초과금	300,000원

	자본잉여금	자본조정		자본잉여금	자본조정
①	200,000원	(+) 100,000원	②	300,000원	(-) 100,000원
③	350,000원	(-) 150,000원	④	400,000원	(-) 150,000원

32. 다음 이익잉여금의 처분유형 중 실질적으로 이익잉여금과 자본총액을 모두 감소시키는 처분은 무엇인가?

① 결손보전적립금으로 처분 ② 사업확장적립금으로 처분
③ 현금배당 ④ 주식배당

33. 다음은 유통업을 영위하는 ㈜삼일의 20X1년 손익계산서와 관련된 자료이다. 20X1년 ㈜삼일의 영업이익은 얼마인가?

매출액	9,000,000원	매출원가	6,000,000원
매출할인	30,000원	판매수수료	50,000원
관리직사원 급여	800,000원	매출채권대손상각비	50,000원
본사 임원 퇴직급여	60,000원	유형자산처분이익	80,000원
본사 건물 임차료	40,000원	이자비용	60,000원

① 1,840,000원　　② 1,920,000원　　③ 1,970,000원　　④ 2,000,000원

34. ㈜삼일의 결산수정전 당기순이익은 1,000,000원이다. 결산정리사항이 다음과 같을 때 ㈜삼일의 정확한 당기순이익은 얼마인가?

ㄱ. 미지급급여	40,000원
ㄴ. 미수수수료	20,000원

① 940,000원　　② 980,000원　　③ 1,040,000원　　④ 1,060,000원

35. ㈜삼일의 장기도급공사 내역은 다음과 같다. 총공사계약금액이 1,200,000원일 때, ㈜삼일이 20X1년도에 인식해야 할 공사손익은 얼마인가?

	20X0년	20X1년	20X2년
누적발생공사원가	360,000원	721,000원	1,050,000원
총공사예정원가	900,000원	1,030,000원	1,050,000원
공사대금청구액	350,000원	350,000원	300,000원
공사대금회수액	280,000원	300,000원	420,000원

① 손실 1,000원　　　　　　② 이익 1,000원
③ 손실 120,000원　　　　　④ 이익 120,000원

36. 다음 중 수익인식에 관한 설명으로 가장 올바르지 않은 것은?

① 소프트웨어 개발회사인 ㈜부산은 ㈜대구로부터 급여처리시스템에 관한 소프트웨어 개발을 주문받았다. ㈜부산은 소프트웨어 개발대가로 수취하는 수수료를 진행기준에 따라 수익으로 인식한다.

② 구두를 제조하는 ㈜광주는 현금을 수령하고 상품권을 판매하지만 수익은 고객이 상품권으로 구두를 구입하는 시점에 인식한다.

③ 제품공급자로부터 받은 제품을 인터넷 상에서 중개판매하고 수수료만을 수취하는 전자쇼핑몰을 운영하는 ㈜서울은 제품의 거래가액 전체를 수익으로 인식한다.

④ 방송사인 ㈜제주는 의류회사인 ㈜울산과 지면광고계약을 맺고 광고수수료를 받았다. ㈜제주는 동 광고수수료를 신문에 광고가 게재되어 독자에게 전달될 때 수익으로 인식한다.

37. 다음은 ㈜삼일의 20X1년도 매출 및 매출채권과 관련된 자료이다. 20X1년 손익계산서에 계상된 매출액은 얼마인가(단, 모든 거래는 외상으로 이루어지며, 매출에누리와 매출할인 및 매출환입은 없는 것으로 가정한다)?

ㄱ. 20X1년 1월 1일 매출채권 잔액	35,000,000원
ㄴ. 20X1년 중 현금회수액	75,000,000원
ㄷ. 20X1년 12월 31일 매출채권 잔액	15,000,000원

① 35,000,000원　　② 55,000,000원　　③ 75,000,000원　　④ 95,000,000원

38. 다음 자료를 참고하여 ㈜삼일의 기본주당이익을 계산하면 얼마인가?

ㄱ. 매출액	12,000,000원
매출총이익	7,500,000원
법인세차감전순이익	6,000,000원
당기순이익	4,500,000원
ㄴ. 가중평균유통주식수	150주

① 30,000원　　② 40,000원　　③ 50,000원　　④ 80,000원

39. 다음 중 현금흐름표에 대한 설명으로 가장 올바르지 않은 것은?

① 현금흐름표도 재무제표의 한 종류이다.

② 현금흐름표를 통해 현금의 유출입내용을 파악할 수 있다.

③ 현금흐름표를 통해 이익의 질을 파악할 수 있다.

④ 현금흐름표를 통해 제품의 수익성을 파악할 수 있다.

40. 다음 중 현금흐름표상 영업활동현금흐름으로 표시되는 항목으로 가장 올바르지 않은 것은?

① 재화의 판매에 따른 현금유입

② 재화의 구입에 따른 현금유출

③ 기계장치의 취득에 따른 현금유출

④ 종업원과 관련하여 직·간접적으로 발생하는 현금유출

세무회계

41. 다음 중 조세의 기본개념에 관한 설명으로 가장 올바르지 않은 것은?

① 세목이란 국가 또는 지방자치단체가 국민에게 부과·징수하는 세금의 대상이 되는 소득·재산 등을 말한다.

② 세법이란 국가 또는 지방자치단체가 국민에게 부과·징수하는 세금과 관련된 규정을 명시한 법을 말한다.

③ 과세표준이란 세법에 따라 직접적으로 세액산출의 기초가 되는 과세대상의 수량 또는 가액을 말한다.

④ 과세기간이란 세법에 따라 과세표준계산의 기초가 되는 기간을 말한다.

42. ㈜삼일의 김삼일 부장은 신문을 읽던 중 다음과 같은 기사를 발견하였다.

> 앞으로는 경제자유구역에 입주하는 국내기업도 일정요건을 갖춘 경우 외국인 투자기업과 같이 조세 감면을 받게 될 것으로 보인다.
>
> (중략)
>
> 정부가 경제자유구역에 입주하는 기업의 세제 및 자금지원 대상을 '외국인투자기업 및 대통령령으로 정하는 기업'으로 확대한 것이다.
>
> 이에 따라 경제자유구역에 진출하는 국내기업에 대해서도 조세를 감면하는 법적근거가 마련됐으며, 외투기업과 연관성이 높은 국내기업의 입주를 촉진해 구역별 산업특화 클러스터 조성이 기대되고 있다.

김삼일 부장은 기사 중 밑줄 친 부분을 읽고 '일정요건을 갖추어 조세를 감면받는 경우, 그 세액을 감면받은 후 관련 규정을 따르지 않으면 감면을 취소하고 추징할 수도 있겠지.'라고 생각하였다. 이러한 생각과 관련이 깊은 국세부과의 원칙으로 가장 옳은 것은?

① 실질과세의 원칙

② 근거과세의 원칙

③ 신의성실의 원칙

④ 조세감면 사후관리의 원칙

43. 다음 중 법인세법에 관한 설명으로 가장 옳은 것은?

① 비영리외국법인은 토지 등 양도소득에 대한 법인세 납세의무가 없다.

② 법령 또는 정관 등에 사업연도에 관한 규정이 없는 내국법인은 관할 세무서장에게 신고한 사업연도로 한다.

③ 지방자치단체가 수익사업을 영위하여 획득한 소득에 대해서는 법인세 납세의무가 없으나, 토지 등 양도소득에 대한 법인세는 정책적 목적에 따른 과세이므로 납세의무가 있다.

④ 외국의 정부·지방자치단체는 토지 등 양도소득 및 청산소득에 대하여 납세의무를 지지 않는다.

44. 다음은 각사업연도소득에 대한 법인세 계산구조이다. 가장 올바르지 않은 것으로 짝지어진 것은?

각사업연도소득에 대한 법인세 계산구조
결산서상 당기순이익
ㄱ : (+) 익금산입·손금산입
ㄴ : (−) 손금불산입·익금불산입
= 각사업연도소득금액
ㄷ : (−) 이월결손금
ㄹ : (−) 비과세소득
ㅁ : (+) 소득공제
= 과세표준
(×) 세율
= 산출세액
ㅅ : (−) 세액감면·공제액
ㅇ : (+) 가산세
ㅈ : (+) 감면분추가납부세액
= 총부담세액
ㅊ : (−) 차감납부할세액
ㅋ : = 기납부세액

① ㄱ, ㄴ, ㅇ   ② ㄱ, ㄴ, ㅁ   ③ ㄱ, ㄴ, ㅁ, ㅇ   ④ ㄱ, ㄴ, ㅁ, ㅊ, ㅋ

45. ㈜삼일의 당기(20x1년 1월 1일~20x1년 12월 31일) '자본금과 적립금조정명세서(을)'상의 기초 잔액 내역 및 당기 세무조정사항은 다음과 같다. 세무조정이 모두 적정하게 이루어졌다고 가정할 때 유보사항의 기말잔액 합계액인 (가)에 기록될 금액은 얼마인가?

〈 자본금과 적립금조정명세서(을) 〉

| ①과목 또는 사항 | ②기초잔액 | 당기중증감 | | ⑤기말잔액 | 비고 |
		③ 감소	④ 증가		
감가상각비 한도초과	3,000,000				
대손충당금 한도초과	1,000,000				
합 계	4,000,000			(가)	

〈 당기 세무조정 사항 〉

1. 익금산입 및 손금불산입	
1) 기업업무추진비 한도초과	800,000원
2) 감가상각비 한도초과	1,200,000원
3) 대손충당금 한도초과	1,000,000원
2. 손금산입 및 익금불산입	
1) 감가상각비 시인부족	1,000,000원
2) 전기 대손충당금 한도초과	1,000,000원

① 3,200,000원   ② 4,000,000원   ③ 4,200,000원   ④ 5,000,000원

46. 다음 중 법인세법상 익금에 산입한 금액이 사외에 유출된 것이 분명한 경우에 귀속자에 따른 소득처분사항에 대한 설명으로 가장 올바르지 않은 것은?

① 출자자인 임원 : 배당

② 다른 법인 또는 사업을 영위하는 개인 : 기타사외유출

③ 대표이사 : 상여

④ 대표이사의 아들(주주가 아니며, 회사에 재직중이 아님) : 기타소득

47. 다음 중 법인세법상 거래유형별 손익의 귀속시기에 관한 설명으로 가장 올바르지 않은 것은?

① 상품·제품의 판매손익 : 상품·제품의 인도일

② 상품·제품 이외의 자산 판매손익 : 해당 자산의 소유권이전등기일

③ 장기할부판매손익 : 해당 판매물의 인도일

④ 이자수익 : 실제 받은 날 또는 약정에 의하여 받기로 한 날(금융회사 이외의 일반법인)

48. ㈜삼일이 임원 및 종업원에게 지급한 상여금이 다음과 같을 경우 필요한 세무조정으로 가장 옳은 것은?

> · 임원 상여금 지급액 : 80,000,000원 (임원 상여지급기준상 한도액 : 50,000,000원)
> · 종업원 상여금 지급액 : 50,000,000원 (종업원 상여지급기준상 한도액 : 30,000,000원)

① (손금불산입) 상여금한도초과액 20,000,000원 (상여)

② (손금불산입) 상여금한도초과액 30,000,000원 (상여)

③ (손금불산입) 상여금한도초과액 50,000,000원 (상여)

④ (손금불산입) 상여금한도초과액 50,000,000원 (배당)

49. ㈜삼일은 건물을 2019년 1월 1일에 취득하여 당기말 현재 보유중이다. 다음 자료에 의할 경우 법인세법 상 당해 사업연도(20x1년 1월 1일~20x1년 12월 31일)에 필요한 세무조정은?

> ㄱ. 건물취득가액 : 100,000,000원
> ㄴ. 신고내용연수 : 40년(정액법상각률 : 0.025)
> ㄷ. 전기말 결산서상 감가상각누계액 : 9,000,000원
> ㄹ. 당기말 결산서상 감가상각누계액 : 12,000,000원

① (손금산입) 감가상각비 500,000원 (△유보)

② (손금산입) 감가상각비 500,000원 (기타)

③ (손금불산입) 감가상각비 500,000원 (유보)

④ 세무조정 없음

50. 다음 중 기업업무추진비 세무조정에 관한 설명으로 가장 올바르지 않은 것은?

① 증빙이 없거나 법인의 업무와 무관하게 지출한 기업업무추진비는 손금불산입하고 대표자상여 로 소득처분한다.

② 법인이 1건당 3만원 초과하는 기업업무추진비에 대해 세금계산서를 받았다면 동 금액은 손 금불산입된다.

③ 금전 외의 자산으로 지급한 기업업무추진비는 그 자산의 시가와 장부가액 중 큰 금액으로 평가한다.

④ 기업업무추진비는 발생주의에 의하여 그 귀속시기를 판단한다.

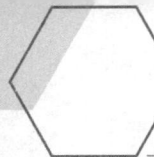

51. 다음 중 법인세법상 결산조정사항이 아닌 대손금으로 가장 옳은 것은?

① 채무자의 파산, 강제집행으로 인하여 회수할 수 없는 채권

② 회수기일이 6개월 이상 지난 채권 중 채권가액이 30만원 이하(채무자별 채권가액의 합계액 기준)인 채권

③ 부도발생일부터 6개월 이상 지난 일정한 채권

④ 민사집행법에 따라 채무자의 재산에 대한 경매가 취소된 압류채권

52. 다음 중 지급이자 손금불산입 세무조정을 해야 하는 항목으로 가장 올바르게 짝지어진 것은?

ㄱ. 채권자가 불분명한 사채의 이자	ㄴ. 법인운영차입금에 대한 이자
ㄷ. 건설자금이자	ㄹ. 업무무관자산 등 관련이자

① ㄱ, ㄴ   ② ㄴ, ㄷ   ③ ㄱ, ㄷ, ㄹ   ④ ㄱ, ㄴ, ㄷ

53. ㈜삼일은 제 15 기(20x1년 1월 1일~20x1년 12월 31일) 초 대표이사로부터 비품(시가 35,000,000원)을 구입하면서 현금 지급액 50,000,000원을 장부에 자산으로 계상하였다. ㈜삼일이 제 15 기 초 비품 취득시 수행할 세무조정으로 가장 옳은 것은(단, 소득처분은 생략한다)?

	익금산입 · 손금불산입	익금불산입 · 손금산입
①	고가매입액 15,000,000원	비품 15,000,000원
②	고가매입액 15,000,000원	세무조정 없음
③	세무조정 없음	비품 15,000,000원
④	세무조정 없음	세무조정 없음

54. 다음은 이월결손금이 법인세 과세표준 계산시 각사업연도소득금액에서 차감되기 위한 조건이다. 다음의 빈칸에 들어갈 숫자로 가장 옳은 것은?

> 가. 법인세 과세표준 계산시 해당 사업연도로부터 (ㄱ)년(단, 2020년 1월 1일 전에 가시하는 사업연도 발생분은 (ㄴ)년) 이내의 사업연도에서 발생한 결손금이어야 한다.
> 나. 당기 이전까지 과세표준 계산시 차감되지 않은 이월결손금이어야 한다.
> 다. 공제한도 이내의 금액이어야 한다.

	ㄱ	ㄴ		ㄱ	ㄴ
①	15	10	②	15	8
③	10	5	④	5	10

55. 다음 자료를 기초로 중소기업인 ㈜삼일의 제 18 기(20x1년 1월 1일~20x1년 12월 31일) 법인세 산출세액을 계산한 것으로 가장 옳은 것은?

> ㄱ. 법인세비용차감전순이익 : 200,000,000원
> ㄴ. ㈜삼일은 제 18 기에 기업업무추진비로 20,000,000원을 사용했지만 증빙서류를 수취하지 못하였다.
> ㄷ. 감가상각비는 30,000,000원이나 세무상 한도액은 20,000,000원이다.
> ㄹ. ㈜삼일은 거래처 임직원 경조사비로 한건에 2,000,000원을 지출하였으나 증빙을 받지 못하였다.
>   [동 금액은 ㄴ.의 기업업무추진비에 포함되어 있지 않다].
> ㅁ. 비과세소득 : 5,000,000원
> ㅂ. 법인세율 : 과세표준 2억원 이하는 10%, 2억원 초과 200억 이하 분은 20%이다.

① 21,000,000원　　② 22,000,000원　　③ 22,500,000원　　④ 25,400,000원

56. 다음 중 법인세법상 차가감납부세액의 계산절차에 관한 설명으로 가장 옳지 않은 것은?

① 기납부세액은 중간예납세액, 원천징수세액 그리고 수시부과세액이 포함된다.
② 외국에서 소득을 얻는 경우 국내와 외국의 이중과세부담을 해소하기 위한 외국납부세액공제 제도가 있다.
③ 천재·지변 기타 재해로 인하여 법인의 사업용 자산가액의 15% 이상을 상실하여 법인세 납세가 곤란하다고 인정되는 경우에는 일정금액을 재해손실세액공제로 공제받을 수 있다.
④ 중소기업에 대한 특별세액감면과 같이 법인의 특정소득에 대하여 법인세의 일정금액을 감면해주는 제도를 세액감면이라 한다.

57. 다음 중 우리나라 소득세법의 특징에 관한 설명으로 가장 올바르지 않은 것은?

① 법인세법과 달리 과세기간을 선택할 수 없고, 모든 개인에 대하여 매년 1월 1일부터 12월 31일까지 1년을 과세기간으로 동일하게 적용한다.
② 납세자와 담세자가 동일한 직접세에 해당한다.
③ 소득원천설에 따른 열거주의 과세방식을 취하고 있으므로, 소득세법에 열거되지 않은 소득은 어떠한 소득에 대해서도 소득세가 과세되지 아니한다.
④ 거주자의 경우 소득세의 납세지는 주소지가 원칙이며, 주소지가 없는 경우 거소지로 한다.

58. 다음 중 종합과세와 분류과세에 관한 설명으로 가장 올바르지 않은 것은?

① 이자소득, 배당소득은 무조건 종합과세를 적용한다.

② 종합과세는 원칙적으로 1년 동안 개인이 벌어들인 모든 소득(퇴직·양도소득 제외)을 합산하여 과세하는 방법이다.

③ 분류과세는 각각의 소득을 합산하지 않고 원천에 따른 소득의 종류별로 별도로 과세하는 방법이다.

④ 퇴직소득과 양도소득은 장기간에 걸쳐 형성된 소득이 일정 시점에 실현되는 것으로 분류과세를 적용한다.

59. 다음 중 종합소득세가 과세되지 않는 금융소득으로 가장 옳은 것은?

① 비영업대금의 이익

② 법인세법에 따라 배당으로 처분된 금액

③ 집합투자기구로부터의 이익

④ 공익신탁의 이익

60. 다음 자료에 의하여 김삼일씨의 20x1년 근로소득금액을 계산하면 얼마인가?

ㄱ. 총급여내역
– 매월 급여 : 2,000,000원
– 연간 상여 : 6,000,000원(실제로 지급받은 상여금)
– 연월차수당 : 260,000원(연간 지급받은 금액)
– 매월 식사대 : 120,000원(식사를 제공받지 아니함)

ㄴ. 김삼일씨는 20x1년 연중 계속 근무하였으며, 상기사항 이외의 근로소득은 없다.

ㄷ. 근로소득공제

총급여액	근로소득공제액
500만원 이하	총급여액×70%
500만원 초과 1,500만원 이하	350만원＋500만원초과액×40%
1,500만원 초과 4,500만원 이하	750만원＋1,500만원초과액×15%
4,500만원 초과 1억원 이하	1,125만원＋4,500만원초과액×5%
1억원 초과	1,475만원＋1억원초과액×2%

① 16,800,000원　② 20,471,000원　③ 21,695,000원　④ 23,000,000원

61. 다음 중 소득세법상 연금소득에 관한 설명으로 가장 올바르지 않은 것은?

① 국민연금 등 공적연금의 연금기여금 납입액에 대해서는 전액 소득공제를 인정하고 있다.

② 연금소득은 기여금 납입시에 과세하고, 수령시에는 과세하지 않는 것이 원칙이다.

③ 연금소득금액은 연금소득 총수입금액에서 연금소득공제를 차감한 금액이다.

④ 연금소득공제의 한도는 연 900만원이다.

62. 다음 중 필요경비가 인정되지 않는 소득의 종류는?

① 사업소득   ② 양도소득   ③ 기타소득   ④ 연금소득

63. 다음 중 소득세법상 자녀세액공제에 관한 설명으로 가장 올바르지 않은 것은?

① 거주자의 기본공제대상자에 해당하는 8세 이상 자녀가 3명 이상인 경우 2명까지 55만원, 2 명을 초과하는 자녀부터 1명당 40만원씩 추가공제된다.

② 자녀세액공제는 입양자에게도 적용한다.

③ 6세 이하의 공제 대상 자녀가 2명 이상인 경우 연 55만원 자녀세액공제를 적용한다.

④ 해당 과세기간에 출생한 첫째 자녀의 경우 30만원이 추가공제된다.

64. 다음 중 소득세법상 양도소득의 범위에 포함되지 않는 것은?

① 비상장주식을 양도함으로써 발생하는 소득

② 사업용 기계장치를 양도함으로써 발생하는 소득

③ 코스닥상장법인의 주식을 법령이 정하는 대주주가 양도함으로써 발생하는 소득

④ 아파트당첨권을 양도함으로써 발생하는 소득

65. 다음 중 소득세의 신고·납부에 관한 설명으로 가장 올바르지 않은 것은?

① 중간예납세액은 직전 과세기간의 과세실적을 기준으로 계산하는 방법과 중간예납기간의 종합 소득을 기준으로 중간예납세액을 추산하여 계산하는 방법이 있다.

② 정당한 사유없이 휴·폐업신고를 하지 않고 장기간 휴업 또는 폐업상태에 있는 등 조세포탈 의 우려가 있다고 인정되는 경우에는 수시부과할 수 있다.

③ 6,000만원의 국내 배당소득이 있는 거주자는 배당소득 수령시에 원천징수세액을 부담하고, 종합소득확정신고시 다른 소득과 합하여 종합소득신고를 하여야 한다.

④ 종합소득과세표준 확정신고는 당해연도의 과세표준이 없거나 결손금이 있으면 하지 않아도 된다.

66. 다음 중 소득세법상 연말정산에 관한 설명으로 가장 올바르지 않은 것은?

① 사업소득만 있는 개인은 연말정산으로 납세의무를 종결한다.

② 근로소득을 지급하는 개인·법인·국가 등은 근로소득세를 연말정산할 의무가 있다.

③ 근로소득 외 다른 소득이 없는 자는 종합소득세를 신고·납부할 필요 없이 연말정산으로 납세의무를 종결할 수 있다.

④ 연말정산이란 근로소득을 지급하는 자가 다음 해 2월분 급여를 지급할 때에 직전 1년간의 총급여액에 대한 근로소득세액을 세법에 따라 정확하게 계산한 후, 원천징수 납부한 세액과 비교하여 정산하는 절차를 말한다.

67. 다음 중 일용근로자의 원천징수세액을 구하는 계산절차에 관한 설명으로 가장 올바르지 않은 것은?

거주자 김삼일씨는 (주)삼일의 건설현장에서 근로를 제공하고 일당 250,000원을 받았다.

번호	계산 절차	계산 내용
#	일급여액	250,000
①	일급여액에서 근로소득공제를 차감	(-) 100,000
#	과세표준	150,000
②	세율	원천징수세율 6%
#	산출세액	9,000
③	근로세액공제(55%)	(-) 4,950
#	원천징수세액	4,050
④	일용근로자의 경우 원천징수만으로 모든 납세의무가 종결된다.	

68. 다음 중 원천징수하지 않는 소득으로 가장 옳은 것은?

① 개인사업자가 고용하고 있는 종업원에게 매월 지급하는 급여

② 개인사업자가 임대인(개인사업자)에게 지급하는 사무실 임차료

③ 법인사업자가 퇴직한 직원에게 지급하는 퇴직일시금

④ 은행이 예금주(개인사업자)에게 지급하는 보통예금이자

69. 다음 중 부가가치세의 특징으로 가장 올바르지 않은 것은?

① 납세의무자와 담세자가 일치하지 않는 간접세이다.

② 납세의무자의 인적 사정을 고려하지 않는 물세이다.

③ 제조·도매 단계에서는 과세하지 않고, 소매 거래단계에서만 과세하는 소매세이다.

④ 소비를 과세대상으로 하는 일반소비세이다.

70. 다음 중 부가가치세법상 공급시기에 관한 설명으로 가장 옳은 것은?

① 현금판매, 외상판매의 경우 재화가 인도되거나 이용가능하게 되는 때를 공급시기로 하며, 단기할부판매의 경우 대가의 각 부분을 받기로 한 때를 공급시기로 한다.

② 사업자가 재화 또는 용역의 공급시기가 되기 전에 대가의 전부 또는 일부를 받고, 그 받은 대가에 대하여 세금계산서를 발급하면 그 세금계산서를 발급하는 때를 공급시기로 본다.

③ 완성도기준지급 또는 중간지급조건부로 재화를 공급하는 경우에는 예정신고기간 또는 과세기간의 종료일을 공급기시로 한다.

④ 부동산임대용역에 대한 간주임대료 및 선·후불임대료의 경우 대가의 각 부분을 받기로 한 때를 공급시기로 한다.

71. 다음 중 부가가치세 과세대상으로 가장 올바르지 않은 것은?

① 과세대상 재화간 상호 교환 계약한 경우

② 부동산 임대업자가 유상으로 오피스텔을 임대하는 경우

③ 사업자가 아닌 자가 재화를 수입하는 경우

④ 사업을 포괄적으로 양도한 경우

72. 임대사업자 김삼일씨는 오피스텔을 분양받아 세입자에게월세로 임대료를 수령하려고 한다. 다음 중 이에 대해 가장 잘못된 조언을 하고 있는 사람은 누구인가?

① 이숙명 : 주거용으로 임대한다면 면세사업에 해당되니월 임대료 수령액에 대해서는 부가가치세를 내지 않아도 되잖아.

② 구성민 : 주거용으로 임대하면 오피스텔 매입할 때 부담한 부가가치세에 대해서 매입세액공제를 못 받겠지.

③ 이성용 : 사무용으로 임대해도 원칙적으로는 오피스텔 매입할 때 부담한 매입세액을 공제받지 못하게 돼.

④ 홍문희 : 사무용으로 임대하면 과세사업에 해당되어서월 임대료 수령액에 대해서 부가가치세를 납부해야 돼.

73. 다음 중 영세율과 면세제도를 비교한 내용으로 가장 올바르지 않은 것은?

구분	영세율	면세
① 기본취지	소비지국 과세원칙 구현	부가가치세 역진성 완화
② 적용대상	수출하는 재화 등 특정 거래	기초 생활필수품 등 특정 재화·용역
③ 면세정도	완전면세제도	부분면세제도
④ 매입세액 공제	매입세액 공제 불가능	매입세액 공제 가능

74. 다음은 ㈜삼일의 기계장치 판매와 관련된 내용이다. 20x1년도 제1기 예정신고기간(20x1년 1월 1일~20x1년 3월 31일)의 부가가치세 과세표준은 얼마인가?

> 기계장치는 1월 15일에 할부로 판매하였으며, 총 할부대금 60,000,000원은 1월 15일부터 다음과 같이 회수하기로 하였다.
> -20x1년 1월 15일 : 10,000,000원   -20x1년 2월 15일 : 10,000,000원
> -20x1년 3월 15일 : 10,000,000원   -20x1년 4월 15일 : 10,000,000원
> -20x1년 5월 15일 : 10,000,000원   -20x1년 6월 15일 : 10,000,000원

① 0원   ② 10,000,000원   ③ 30,000,000원   ④ 60,000,000원

75. 다음 중 부가가치세의 과세표준에 관한 설명으로 가장 옳은 것은?

① 부가가치세 확정신고기간의 매출세액은 예정신고시 누락된 매출세액을 포함하지 않는다.

② 20x1년 3월 1일 대손사유가 확정된 경우 대손세액은 20x1년 1기 예정신고기간에 공제받는다.

③ 대손세액을 공제할 수 있는 대손사유에는 법정소멸시효 완성 등 사유뿐만 아니라 채무자의 파산, 강제집행 등의 사유도 포함한다.

④ 외상매출의 경우 부가가치세 신고기간 이후 매출채권을 회수하면 매출세액은 회수일이 속한 과세기간에 신고·납부하여야 한다.

76. ㈜삼일의 20x1년 제1기 예정신고기간의 매입과 관련된 내역이 다음과 같을 때, 부가가치세 매입세액공제액은 얼마인가(특별한 언급이 없는 한 적격증빙을 구비하였으며, 매입액에는 부가가치세가 포함되어 있지 않다)?

ㄱ. 과세대상 원재료 매입	30,000,000원
ㄴ. 공장부지 매입	60,000,000원
ㄷ. 영업부 백차장이 법인카드로 지출한 기업업무추진비	400,000원
ㄹ. 토지정지비	30,000,000원

① 3,000,000원　　② 6,000,000원　　③ 9,000,000원　　④ 9,400,000원

77. 다음 중 부가가치세 신고·납부에 관한 설명으로 가장 올바르지 않은 것은?

① 사업자가 폐업하는 경우 별도의 부가가치세 신고절차는 불필요하다.
② 예정신고를 하는 때에 누락된 금액을 확정신고를 하는 때에 신고할 수 있다.
③ 예정신고 시에는 환급세액이 발생하여도 이를 환급하지 아니한다.
④ 수출을 지원하기 위하여 영세율 적용대상인 때에는 조기환급 할 수 있다.

78. 다음 중 부가가치세법상 가산세에 관한 설명으로 가장 올바르지 않은 것은?

① 미등록가산세는 과세사업자가 사업자등록을 신청하지 않은 경우 부과하는 가산세이다.
② 예정신고시 제출하여야 할 매출처별세금계산서합계표를 확정신고시 제출하면 지연제출가산세를 적용한다.
③ 세금계산서의 필요적 기재사항을 부실 기재한 경우에도 별도로 가산세를 부과하지 않는다.
④ 신고불성실가산세와 납부불성실가산세는 중복하여 적용될 수 있다.

79. 다음 중 부가가치세법상 세금계산서의 발급시기에 관한 설명으로 가장 올바르지 않은 것은?

① 세금계산서는 재화나 용역을 실제로 공급한 때에 발급하는 것이 원칙이다.
② 세금계산서는 거래 건별로 발급하여야 하므로 일정 기간의 거래액을 합계하여 세금계산서를 발급할 수는 없다.
③ 재화나 용역을 공급하기 이전에 대가를 미리 지급받는 경우 동 대가에 해당하는 금액에 대해서는 세금계산서를 발급할 수 있다.
④ 재화나 용역을 실제로 판매하기 전에 세금계산서를 발급하더라도 7일 이내에 대가를 지급받은 경우 발급한 때를 공급시기로 본다.

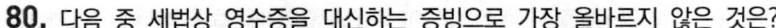
80. 다음 중 세법상 영수증을 대신하는 증빙으로 가장 올바르지 않은 것은?

① 금전등록기계산서

② 거래성립계약서

③ 여객운송업자가 발급하는 승차권, 승선권, 항공권

④ 전기사업자 또는 가스사업자가 각 가정에 발급하는 전력 또는 가스요금의 영수증

98회 답안 및 해설

재무회계

1	2	3	4	5	6	7	8	9	10
①	③	②	③	②	④	②	④	④	②
11	12	13	14	15	16	17	18	19	20
①	③	③	①	②	②	①	①	③	②
21	22	23	24	25	26	27	28	29	30
①	①	④	④	②	③	②	④	④	②
31	32	33	34	35	36	37	38	39	40
④	③	③	②	①	③	②	①	④	③

01. 일반회계기준은 규칙중심, **국제회계기준은 원칙중심**이다.

03. 기업이 **청산하는 경우 공정가치로 평가**한다.

04. 연차재무제표와 동일한 양식으로 작성함을 원칙으로 하나, 다만 **계정과목 등은 대폭 요약하거나 일괄 표시할 수 있다.**

05. 잔여적 청구권을 나타내는 것은 자본에 대한 설명이다.

06. 단기차입금, 미지급비용, 매입채무 : 유동부채, 사채 : 비유동부채

07. **원인파악이 불가능하면 잡이익 또는 잡손실로 대체한다.**

08. **지분법적용투자주식은 투자자산인 비유동자산으로 분류한다.**

09. 기말대손충당금 = 매출채권잔액(10,000,000) × 5% = 500,000

대손충당금

대손	200,000	기초	300,000
기말	500,000	*대손상각비(설정?)*	*400,000*
계	700,000	계	700,000

10. 어음을 담보로 차입시 차입금으로 회계처리한다.

11. 할부판매상품은 인도시점에 수익으로 인식하고 재고자산에서 제외시킨다.

12. 재고자산을 판매시 판매수수료는 판관비로 처리한다.

13. **판매가능재고액(차변 총합계)는 모두 동일**하다.

14. 기말재고수량 = 2,000개

재고자산

기초	3,000개	@2,000	6,000,000	매출원가	6,000개	
구입	2,000개	@2,500	5,000,000			
구입	2,000개	@2,800	5,600,000			
구입	1,000개	@3,000	3,000,000	기말	2,000개	
계	8,000개	@2,450	19,600,000	계		19,600,000

기말재고자산(선입선출법) = 1,000개(12.4) × @3,000 + 1,000개(8.14) × @2,800 = 5,800,000원

기말재고자산(총평균법) = 2,000개 × @2,450(평균단가) = 4,900,000원

15. 매출원가 = 매출액(5,000,000) × [1 − 매출총이익률(30%)] = 3,500,000원

재고자산

기초재고	200,000	매출원가	3,500,000
매입액	4,000,000	기말재고	700,000
계	4,200,000	계	4,200,000

소실된 재고자산 = 실사금액(100,000) − 장부상재고(700,000) = △600,000원

16.

X1. 12. 31 (차) 미수수익	XXX	(대) 이자수익	XXX
X2. 12. 31 (차) 미수수익	XXX	(대) 이자수익	XXX
(유동성대체) (차) 정기예금(당좌)	XXX	(대) 장기금융상품	XXX

17. 신주인수권은 **신주를 발행하는 경우 우선적으로 주식을 인수할 수 있는 권리**를 말하고, 수익증권은 투자신탁으로 모집된 자금을 증권회사가 신탁회사에 맡기고 수익을 취득할 권리가 표시되어 있는 증권을 말한다. **국채와 전환사채가 채무증권으로 유가증권(금전청구)에 해당**합니다.

18. 단기매매증권의 거래원가는 당기비용으로 처리한다.

19. 단기매매증권처분손익 = [처분가액(13,000) − 장부가액(10,000)] × 50주 = 150,000원(이익)

단기매매증권평가손익 = [공정가액(12,000) − 장부가액(10,000)] × 50주 = 100,000원(이익)

당기 손익 = 처분손익(150,000) + 평가이익(100,000) = 250,000원(이익)

20. 피투자기업에게 **필수적인 기술정보를 투자기업이 당해 피투자기업에게 제공**하는 경우 유의적인 영향력이 있다고 본다.

21. 재산세는 당기비용처리한다.

22. 감가상각비 = 취득가액(30,000) ÷ 내용연수(3년) = 10,000원/년

x1년 장부가액 = 취득가액(30,000) − 감가상각누계액(10,000) = 20,000원

회수가능액 = Max[순공정가치(15,000), 사용가치(14,000)] = 15,000원

손상차손 = 회수가능액(15,000) − 장부가액(20,000) = △5,000원(손상차손)

23. 개발활동으로 인하여 시제품이 만들어지더라도 무형자산의 부수적인 것으로 본다.

24. **임차보증금, 장기선급금, 장기선수금, 이연법인세 자산·부채는 현재가치평가대상에서 제외한다.**

25. 미지급이자 = 차입금(80,000,000) × 연이자율(8%) ÷ 12개월 × 6개월(7.1~12.31) = 3,200,000원

27. 총 이자비용 = 액면이자(1,000,000 × 10%) × 3년 + 사채할인발행차금(1,000,000 – 929,165)

= 370,835원

28. 미래예상영업손실은 부채(과거거래의 사건이나 거래의 결과로 인한 현재의무가 존재)의 정의에 부합하지 않고, 충당부채의 인식기준을 충족시키지 못하므로 충당부채로 인식하지 아니한다.

29. 제품보증충당부채 = 매출액(200억) × 10%(추정율) – 보증수리지출액(7억) = 13억원

30. (미래)차감할 일시적 차이이므로 이연법인세 자산에 해당한다.

이연법인세 자산 = 차감할 일시적 차이(500,000) × 미래법인세율(30%) = 150,000원

31. 자본잉여금 = 자기주식처분이익(100,000) + 주식발행초과금(300,000) = 400,000원

자본조정 = 자기주식(△150,000) = (–) 150,000원

32. 〈현금배당〉

(차) 이익잉여금(자본감소)   xxx   (대) 현금   xxx

33. 매출이익 = 순매출액(9,000,000 – 30,000) – 매출원가(6,000,000) = 2,970,000원

판관비 = 판매수수료(50,000) + 급여(800,000) + 대손상각비(50,000) + 퇴직급여(60,000)

+ 임차료(40,000) = 1,000,000원

영업이익 = 매출이익(2,970,000) – 판관비(1,000,000) = 1,970,000원

34. 수정 후 당기순이익 = 수정 전 당기순이익(1,000,000) – 미지급비용(40,000) + 미수수익(20,000)

= 980,000원

35. 작업진행률(x0년) = 누적발생원가(360,000) ÷ 총공사예정원가(900,000) = 40%

작업진행률(x1년) = 누적발생원가(721,000) ÷ 총공사예정원가(1,030,000) = 70%

공사수익(x1년) = 총공사계약금액(1,200,000) × 작업진행률 차이(70% – 40%) = 360,000원

공사손익(x1년) = 공사수익(360,000) – 공사원가(721,000 – 360,000) = △1,000원(손실)

36. 제품공급자로부터 받은 제품을 인터넷 상에서 중개판매하거나 경매하고 수수료만을 수취하는 **전자쇼핑몰 운영회사는 관련 수수료만을 수익으로 인식**해야 한다.

37.

매출채권			
기초잔액	35,000,000	회수액	75,000,000
외상매출액	*55,000,000*	기말잔액	15,000,000
계	90,000,000	계	90,000,000

38. 기본주당이익 = 보통주 당기순이익(4,500,000) ÷ 가중평균유통보통주식(150) = 30,000원/주

39. 수익성을 판단하는 재무제표는 손익계산서이다.

40. 기계장치 취득은 투자활동 현금흐름에 해당한다.

세무회계

41	42	43	44	45	46	47	48	49	50
①	④	②	④	③	①	②	②	③	②
51	52	53	54	55	56	57	58	59	60
④	③	①	①	④	③	③	①	④	②
61	62	63	64	65	66	67	68	69	70
②	④	③	②	④	①	①	②	③	②
71	72	73	74	75	76	77	78	79	80
④	③	④	④	③	①	①	③	②	②

41. 세목이란 조세의 종류에 따른 각 세금을 말한다.

42. 정부는 국세를 감면한 경우에 그 감면의 취지를 성취하거나 국가정책을 수행하기 위하여 필요하다고 인정하면 세법에서 정하는 바에 따라 감면한 세액에 상당하는 자금 등의 운용 범위를 정할 수 있으며, 그 **운용 범위를 벗어난 자금 등에 상당하는 감면세액은 세법에서 정하는 바에 따라 감면을 취소하고 징수할 수 있다.**

43. ① 모든 법인은 토지등 양도소득에 대한 법인세 납세의무가 있다.

③ **국가와 지방자치단체는 비과세법인**이다.

④ 외국의 정부등은 비영리외국법인으로 보아 토지등 양도소득에 대한 법인세 납세의무가 있다.

44. (ㄱ) 익금산입·손금불산입, (ㄴ) 손금산입·익금불산입, (ㅁ) (-)소득공제, (ㅈ) 기납부세액, (ㅊ) 차감납부할세액

45. (가) 기말잔액 = 기초잔액(4,000,000) + 가산조정(2,200,000) − 차감조정(2,000,000) = 4,200,000원

기업업무추진비 한도초과액은 기타사외유출이므로 자본금과 적립금조정명세(을)에 기재하지 않는다.

46. 출자인 임원인 경우 상여로 소득처분한다.

47. **자산판매손익은 원칙적으로 대금청산일이 손익의 귀속시기**이다.

48. 임원의 상여한도초과액만 손금불산입하고 상여처분한다.

49. ① 감가상각비 = 당기말 감가상각누계액(12,000,000) − 전기말 감가상각누계액(9,000,000)

$= 3,000,000$원

② 한도 = 취득가액(1억) × 상각률(0.025) = 2,500,000원

③ 당기 감가상각비(3,000,000) − 한도(2,500,000) = 한도초과 500,000원(손금불산입, 유보)

50. **3만원 초과분에 대해서 적격증빙(세금계산서 등)을 수취 시 한도계산 기업업무추진비에 해당**한다.

51. 민사집행법에 따라 **채무자의 재산에 대한 경매가 취소된 압류채권은 신고조정사항**이다.

52. 법인운영차입금에 대한 이자는 손금사항이다.

53.

〈자산의 고가매입〉

결산서	(차)	비 품	50,000,000	(대)	현 금	50,000,000
세무상	(차)	비 품	35,000,000	(대)	현 금	50,000,000
		잉 여 금	15,000,000			
수정분개	(차)	잉여금＋부당유출	15,000,000	(대)	비 품	15,000,000
세무조정	〈손금산입〉 비품　　15,000,000원(△유보) 〈손금불산입〉 고가매입　15,000,000원(상여)					

55. 과세표준 ＝ 법인세비용차감전순이익(200,000,000)＋미증빙 기업업무추진비(20,000,000)

　　　　　＋감가상각비 한도초과(10,000,000)＋미증빙 복리후생비(2,000,000)

　　　　－ 비과세소득(5,000,000) ＝ 227,000,000원

산출세액 ＝ 20,000,000원＋27,000,000×세율(20%) ＝ 25,400,000원

56. **자산총액(토지의 가액은 제외)의 20%이상을 상실시 재해손실세액공제를 받을 수 있다.**

57. **금융소득(이자·배당소득)과 사업소득은 열거되지 않은 소득이라도 유사한 소득을 포함하는 유형별 포괄주의를 채택**하고 있다.

58. 금융소득은 **무조건 분리과세, 무조건 종합과세, 조건부 종합과세로 적용**된다.

59. 공익신탁의 이익은 비과세소득이다.

60. 총급여액 ＝ 매월 급여(2,000,000)×12개월＋상여(6,000,000)＋연차수당(260,000) ＝ 30,260,000원 **식사대는 월 20만원까지 비과세**이다.

근로소득공제 ＝ 7,500,000＋(30,260,000 - 15,000,000)×15% ＝ 9,789,000원

근로소득금액 ＝ 총급여액(30,260,000) - 근로소득공제(9,789,000) ＝ 20,471,000원

61. **연금소득은 기여금 납입 시 세액공제**를 해주고, 수령 시에는 연금소득으로 과세한다.

62. 연금소득은 필요경비가 인정되지 않고 일정산식의 소득공제를 적용한다.

63. 자녀세액공제는 **기본공제대상자인 8세 이상의 자녀에게 적용**된다.

64. 기계장치를 양도함에 발생하는 소득은 양도소득 과세대상이 아니다.

65. 과세표준이 없거나 결손금이 있더라도 종합소득과세표준 확정신고를 해야 한다.

66. 사업소득 중 연말정산대상이 되는 사업소득만 연말정산으로 납세의무가 종결된다.

67. 일용근로자은 **일급여액에서 150,000원을 차감**한다.

69. 부가가치세는 단계별로 과세하는 다단계 거래세이다.

70. ① 단기할부판매는 인도시점이 공급시기이다.

　② 완성도기준지급은 대가의 각 부분을 받기로 한 때가 공급시기이다.

　③ 간주임대료의 공급시기는 (예정)과세기간 종료일이다.

71. 사업의 포괄적 양도는 재화의 공급에서 제외된다.

72. 사무용으로 임대시 월 임대료에 대해서 부가가치세를 납부해야 하고, 오피스텔 구입에 대한 매입세액은 공제매입세액이 된다.

73. 영세율은 세금계산서 등을 수취시 매입세액공제가 되나, 면세에는 공제되지 않는다.

74. 단기할부판매이므로 판매시점이 공급시기이므로 총 할부대금(60,000,000원)이 과세표준이 된다.

75. ① 예정신고누락분은 확정신고시 포함하여 신고한다.

　② 대손세액공제는 확정신고시 공제된다.

　④ 외상매출의 경우 인도시점에 공급시기가 되므로 인도일이 속하는 과세기간에 신고·납부하여야 한다.

76. 매입세액 = 원재료 매입(30,000,000)×10% = 3,000,000원

공장부지매입은 면세이고, 토지 정지비는 토지관련 매입세액과 기업업무추진비 관련 매입세액은 불공제 매입세액이 된다.

77. 폐업시 **폐업일이 속하는 달의 말일로부터 25일 이내에 폐업신고**를 해야 한다.

78. 필요기재사항을 부실 기재 시 공급가액의 1%의 가산세를 부과한다.

79. 월단위로 월합계세금계산서 발급도 가능하다.

80. 거래성립계약서는 영수증을 대신할 수 없다.

94회 회계관리 1급

재무회계

---

01. 다음 중 재무회계와 관리회계에 관한 설명으로 가장 올바르지 않은 것은?

① 재무회계는 일반적으로 인정된 회계원칙에 따른 재무제표를 통해 보고한다.

② 관리회계의 주된 목적은 경영자의 관리적 의사결정에 유용한 정보를 제공하는 것이다.

③ 재무회계와 관리회계 모두 법적강제력이 있다는 공통점이 있다.

④ 재무회계의 주된 목적은 외부 정보이용자의 경제적 의사결정에 유용한 정보를 제공하는 것이다.

02. 재무제표 정보의 주요 질적 특성인 목적적합성과 신뢰성은 그 성격상 서로 상충관계(trade-off)를 가진다. 다음 중 목적적합성과 신뢰성의 관계에 관한 설명으로 가장 올바르지 않은 것은?

① 유형자산을 역사적원가로 평가하면 검증가능성이 높으므로 신뢰성은 제고될 수 있으나 목적적합성은 저하될 수 있다.

② 공사수익의 인식기준으로 진행기준을 채택할 경우 완성기준을 채택한 경우에 비해 신뢰성은 제고될 수 있으나 목적적합성은 저하될 수 있다.

③ 반기.분기재무제표는 목적적합성은 제고될 수 있으나 신뢰성은 저하될 수 있다.

④ 발생주의보다는 현금주의를 채택하는 것이 신뢰성은 제고될 수 있으나 목적적합성은 저하될 수 있다.

03. 다음의 거래는 현금흐름표상에서 어떠한 활동으로 구분될 수 있는가?

> ㄱ. 회사는 임직원에게 전세자금 지원목적으로 자금을 대여하였다.
> ㄴ. 회사는 공장건설을 위한 부지 확보 목적으로 토지를 매입하였다.
> ㄷ. 회사는 장기투자목적으로 유가증권을 취득하였다.

① 영업활동　　　　② 기타활동　　　　③ 투자활동　　　　④ 재무활동

04. 중간재무제표는 1회계연도보다 짧은 기간(중간기간)을 대상으로 작성하는 재무제표를 말한다. 다음 중 12월 결산법인의 3분기 중간재무제표에 대한 설명으로 가장 올바르지 않은 것은?

① 자본변동표는 당 회계연도 1월 1일부터 9월 30일까지의 누적중간기간을 대상으로 작성하고, 직전회계연도의 동일기간을 대상으로 작성한 자본변동표와 비교 표시한다.

② 손익계산서는 당 회계연도 7월 1일부터 9월 30일까지의 중간기간과 1월 1일부터 9월 30일까지의 누적중간기간을 대상으로 작성하고, 직전 회계연도의 동일기간을 대상으로 작성한 손익계산서와 비교 표시한다.

③ 현금흐름표는 당 회계연도 1월 1일부터 9월 30일까지의 누적중간기간을 대상으로 작성하고, 직전회계연도의 동일기간을 대상으로 작성한 현금흐름표와 비교 표시한다.

④ 재무상태표는 당 회계연도 9월 30일 현재를 기준으로 작성하고, 직전 회계연도 9월 30일 현재의 재무상태표와 비교 표시한다.

05. 다음 중 재무상태표상 비유동자산으로 분류되는 항목으로 가장 옳은 것은?

① 사용에 제한이 없는 현금시재액

② 보고기간종료일로부터 1년 이내에 처분할 것이 거의 확실한 매도가능증권

③ 만기가 보고기간종료일로부터 1년 이내인 정기예금

④ 타인에게 임대하기 위해 소유하는 부동산

06. 다음은 ㈜삼일의 20X1년 말 재무상태표 계정이다. 20X1년 말 ㈜삼일의 재무상태표상 보통주자본금은 얼마인가(단, 이외의 계정과목은 없다)?

상품	300,000원	매출채권	80,000원
단기차입금	300,000원	현금및현금성자산	500,000원
매입채무	150,000원	보통주자본금	(?)
차량운반구	180,000원	선 급 금	40,000원
이익잉여금	350,000원		

① 300,000원　　② 400,000원　　③ 410,000원　　④ 450,000원

07. 다음 내역에서 당좌자산으로 계상될 금액으로 가장 옳은 것은?

단기대여금	40,000원	매출채권	300,000원
선급비용	600,000원	재고자산	50,000원

① 340,000원　　② 900,000원　　③ 940,000원　　④ 990,000원

08. ㈜삼일은 200,000원의 외상매출금을 10%의 수수료를 지급하는 조건으로 금융기관에 양도하였다. 미래에 발생할 수 있는 매출할인 및 대손에 대한 책임을 ㈜삼일이 부담하기로 하고 외상매출금의 5%를 금융기관에 남겨두기로 하였다. 양도시점에서 ㈜삼일의 외상매출금에 대한 권리와 의무가 실질적으로 금융기관에 이전될 경우 회계처리로 가장 옳은 것은?

① (차) 현금   200,000원   (대) 외상매출금   200,000원

② (차) 현금   170,000원   (대) 외상매출금   200,000원
       미수금   10,000원
       이자비용   20,000원

③ (차) 현금   170,000원   (대) 외상매출금   200,000원
       미수금   10,000원
       매출채권처분손실   20,000원

④ (차) 현금   180,000원   (대) 외상매출금   200,000원
       미수금   20,000원

09. ㈜삼일의 당기 중 매출채권, 대손충당금 및 대손상각비와 관련하여 발생한 거래는 다음과 같다. ㈜삼일의 손익계산서에 계상될 대손상각비는 얼마인가?

> ㄱ. 대손충당금 기초잔액은 200,000원이다.
> ㄴ. 7월 31일에 매출채권 50,000원이 회수가 불가능하여 대손처리하였다.
> ㄷ. 기말 매출채권 잔액은 20,000,000원이다.
> ㄹ. ㈜삼일은 매출채권 기말잔액의 1%를 대손충당금으로 설정하고 있다.

① 50,000원   ② 100,000원   ③ 150,000원   ④ 200,000원

10. ㈜삼일은 유형자산으로 분류하여 보유하던 기계장치를 3,000,000원에 외상으로 처분하였다. 기계장치의 취득원가는 4,000,000원이고, 처분일 현재 기계장치에 관한 감가상각누계액은 2,800,000원이다. 다음 중 기계장치의 처분과 관련하여 ㈜삼일이 해야 할 회계처리로 가장 옳은 것은?

① (차) 매출채권   3,000,000원   (대) 기계장치   4,000,000원
         감가상각누계액   2,800,000원   유형자산처분이익   1,800,000원

② (차) 미수금   3,000,000원   (대) 기계장치   1,200,000원
                                                     유형자산처분이익   1,800,000원

③ (차) 매출채권   3,000,000원   (대) 기계장치   1,200,000원
                                                     유형자산처분이익   1,800,000원

④ (차) 미수금   3,000,000원   (대) 기계장치   4,000,000원
         감가상각누계액   2,800,000원   유형자산처분이익   1,800,000원

11. 다음 중 보고기간 말 시점 판매자의 재고자산에 포함되지 않는 것은?

① 목적지 인도조건으로 판매된 상품이 선적된 시점의 미착상품
② 매입자에게 인도되었으나, 아직 매입의사 표시가 없는 시송품
③ 수탁자가 점유하고 있는 위탁자의 적송품
④ 고객에게 인도된 할부판매상품

12. 다음 중 실지재고조사법에 관한 설명으로 가장 올바르지 않은 것은?

① 실지재고조사법은 보고기간 말에 창고를 조사하여 기말 재고수량을 파악하는 방법이다.
② 실지재고법을 사용하면 도난, 분실 등의 정확한 재고 부족의 원인을 판명할 수 있다.
③ 실지재고법을 사용하면 재고자산의 종류, 수량이 많을 경우 재고 입출고시마다 이를 기록하는 번잡함을 피할 수 있는 장점이 있다.
④ 실지재고법을 사용하면 기말현재 정확한 재고자산의 수량을 파악할 수 있는 장점이 있다.

13. 다음은 ㈜삼일의 20X1년 재고자산수불부이다. ㈜삼일이 재고자산을 총평균법(회계기간 단위로 평균단가를 산출하는 방법)으로 평가하는 경우 기말재고자산금액은 얼마인가?

	수량	단가	금액
전기이월	3,000개	2,000원	6,000,000원
1월 20일 구입	2,000개	2,500원	5,000,000원
6월 15일 판매	2,500개		
8월 14일 구입	2,000개	2,800원	5,600,000원
10월 1일 판매	3,500개		
12월 4일 구입	1,000개	3,000원	3,000,000원
기말	2,000개		

① 4,900,000원　　② 5,200,000원　　③ 5,600,000원　　④ 6,000,000원

14. ㈜삼일은 단일종류의 상품을 판매하고 있다. 기말상품의 장부상 수량은 500개이고 취득원가는 단위당 200원이다. 기말 재고실사 시 실제 수량은 450개이고 재고자산의 시가는 180원이다. 저가법으로 평가할 경우 재고자산 평가손실 금액은 얼마인가?

① 2,000원　　② 9,000원　　③ 10,000원　　④ 12,000원

15. 다음은 20X1년 초에 설립된 건설업을 영위하는 ㈜삼일의 20X1년 매출원가 인식과 관련한 자료이다. ㈜삼일은 원재료에 대해 선입선출법으로 평가하고 있다. ㈜삼일의 20X1년 말 원재료재고액(재고자산)과 공사에 투입된 재료비(원재료투입액)는 얼마인가?

```
ㄱ. 원재료
  • 당기 매입자료
    10월 5일 : @150×100개 = 15,000원
    11월 20일 : @200×200개 = 40,000원
  • 기말 원재료 실사 결과 50개의 기말 원재료 재고가 남아 있음
    (당기중 재고자산에 대한 감모손실은 발생하지 아니함)
ㄴ. 노무비와 기타경비
    당기 노무비와 기타경비는 합하여 50,000원이 발생함
```

	원재료 재고액	재료비		원재료 재고액	재료비
①	7,500원	45,000원	②	7,500원	50,000원
③	10,000원	45,000원	④	10,000원	50,000원

16. 다음은 기업이 유가증권 취득시 재무상태표상 계정분류를 결정하기 위한 의사결정도이다. 다음 중
(A)~(D)에 들어갈 계정과목으로 가장 옳은 것은?

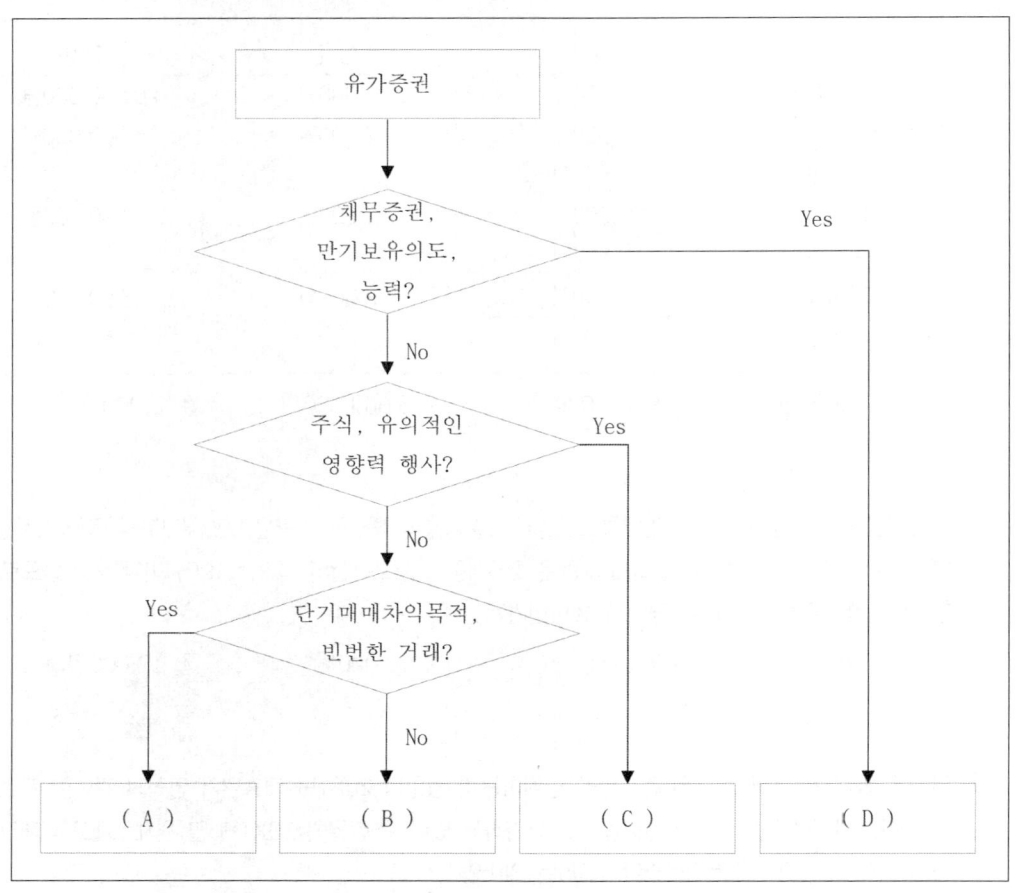

	(A)	(B)	(C)	(D)
①	단기매매증권	매도가능증권	만기보유증권	지분법적용투자주식
②	단기매매증권	지분법적용투자주식	만기보유증권	매도가능증권
③	단기매매증권	매도가능증권	지분법적용투자주식	만기보유증권
④	매도가능증권	단기매매증권	지분법적용투자주식	만기보유증권

17. ㈜삼일은 ㈜서울의 상장주식을 다음과 같이 취득하였다. ㈜삼일은 ㈜서울의 주식(매도가능증권으로 분류)을 장기간 보유할 예정이며 각 보고기간말의 공정가치는 아래와 같다. 자료를 바탕으로 ㈜삼일의 각 연도별 재무상태표에 매도가능증권평가이익으로 계상할 금액은 얼마인가(단, 취득 외에 매도가능증권과 관련한 처분 등의 다른 거래는 없고, 이연법인세효과는 고려하지 않는다)?

〈 취득내역 〉

일자	매입수량	주당 매입금액
20X0년 10월 15일	100주	8,000원
20X1년 12월 10일	200주	8,500원
합계	300주	

〈 공정가치내역 〉

구분	20X0년 말	20X1년 말	20X2년 말
주당 공정가치	10,500원	9,500원	11,000원

	20X0년 말	20X1년 말	20X2년 말
①	250,000원	200,000원	800,000원
②	200,000원	200,000원	500,000원
③	200,000원	350,000원	500,000원
④	250,000원	350,000원	800,000원

18. 지분법은 투자기업이 피투자기업에 대해 유의적인 영향력을 행사할 수 있는 경우에 적용한다. 다음 중 투자기업이 피투자기업에 대하여 유의적인 영향력을 행사할 수 있다고 볼 수 없는 경우는?

① 투자기업인 ㈜서울의 등기임원은 ㈜강남의 등기임원으로 겸임하고 있다.

② ㈜서울은 피투자기업인 ㈜구로에게 다른 기업에도 제공하고 있는 일반적인 기술정보인 사내 메신저 파일설치를 위한 기술을 제공하였다.

③ ㈜마포는 자동차 공정에 사용되는 부품을 공급하는 회사로서 ㈜마포의 유의적인 거래는 주로 투자기업인 ㈜서울과 이루어지고 있다.

④ ㈜서울은 ㈜용산의 지분을 30% 보유하고 이사회에서 의결권을 행사할 수 있게 되었다.

19. ㈜삼일은 20X1년 1월 1일에 발행된 다음과 같은 조건의 채무증권을 최초 발행금액인 9,519,634원에 취득하였으며 해당 채무증권을 만기까지 보유할 의도와 능력을 보유하고 있다. 이 채무증권에 대하여 ㈜삼일이 만기까지 인식할 총 이자수익은 얼마인가?

액면금액 : 10,000,000원	만 기 일 : 20X3년 12월 31일
이자지급조건 : 매년말 후급	표시이자율 : 연 10%
유효이자율 : 연 12%	

① 3,480,366원　　② 3,000,000원　　③ 2,519,634원　　④ 2,480,366원

20. ㈜삼일은 20X1년 12월 1일 투자목적으로 ㈜사일의 주식 100주를 주당 10,000원에 취득하고 이를 매도가능증권으로 분류하였다. 20X2년 중 손상에 대한 사유가 발생하였으며, 회수가능액은 주당 4,000원으로 예상된다. 20X3년 중 손상에 대한 사유가 해소되었으며, 회수가능액은 주당 6,000원으로 예상된다. ㈜삼일이 20X3년 손상차손 환입으로 당기손익에 반영할 금액은 얼마인가?

① 200,000원　　② 300,000원　　③ 400,000원　　④ 600,000원

21. ㈜서울은 사용 중이던 건물을 ㈜부산의 기계장치와 교환하였다. 이 교환거래와 관련하여 ㈜서울은 공정가치의 차액 500,000원을 현금으로 지급하였다. 이 교환거래에서 ㈜서울이 인식해야 할 유형자산처분손실은 얼마인가?

	건 물	기계장치
취득원가	3,000,000원	5,000,000원
감가상각누계액	1,000,000원	4,200,000원
공정가치	1,500,000원	2,000,000원

① 500,000원　　② 1,500,000원　　③ 1,000,000원　　④ 1,700,000원

22. 다음 중 유형자산의 감가상각에 관한 설명으로 가장 올바르지 않은 것은?

① 토지의 원가에 해체, 제거 및 복구원가가 포함된 경우에는 그러한 원가는 감가상각하지 않는다.
② 유형자산의 잔존가치가 유의적인 경우 매 보고기간 말에 재검토한다.
③ 내용연수 도중 사용을 중단하고, 처분 또는 폐기할 예정인 유형자산은 사용을 중단한 시점의 장부금액으로 표시한다.
④ 유형자산의 감가상각은 자산이 사용가능한 때부터 시작한다.

23. 다음은 ㈜삼일이 20X1년에 지출한 연구 및 개발 활동 내역이다. ㈜삼일이 20X1년에 비용으로 인식할 총금액은 얼마인가(단, 개발단계에 속하는 활동으로 분류되는 항목에 대해서는 지출금액의 50%가 자산인식요건을 충족했다고 가정한다)?

> ㄱ. 새로운 지식을 얻고자 하는 활동 : 10,000원
> ㄴ. 생산이나 사용 전의 시작품과 모형을 제작하는 활동 : 20,000원
> ㄷ. 상업적 생산 목적이 아닌 소규모의 시험공장을 건설하는 활동 : 40,000원
> ㄹ. 연구결과나 기타 지식을 탐색, 평가, 응용하는 활동 : 20,000원
> ㅁ. 재료, 장치, 제품, 공정, 시스템이나 용역에 대한 여러 가지 대체안을 평가하는 활동 : 10,000원

① 40,000원　　　② 50,000원　　　③ 60,000원　　　④ 70,000원

24. 다음 중 장기금전대차거래에서 발생한 장기채무는 어떠한 금액으로 재무상태표에 공시해야 하는가?

① 미래 지급할 명목상의 금액
② 미래 지급할 명목상의 금액을 현재가치로 할인한 금액
③ 실제 현금으로 수취한 금액
④ 평가시점의 재평가액

25. 다음 중 유동부채에 관한 설명으로 가장 올바르지 않은 것은?

① 유동부채란 보고기간종료일로부터 1년 이내에 상환되어야 하는 단기차입금 등의 부채를 말한다.
② 미착상품의 경우 아직 운송 중에 있다 하더라도 계약조건에 따라 입고 이전시점에 매입채무를 인식할 수 있다.
③ 유동부채는 만기금액과 현재가치의 차이가 중요하기 때문에 반드시 현재가치로 평가하여야 한다.
④ 장기차입금 중 보고기간종료일로부터 1년 내에 상환될 예정인 부분은 기말결산시 유동부채로 분류하여야 한다.

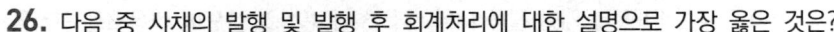

26. 다음 중 사채의 발행 및 발행 후 회계처리에 대한 설명으로 가장 옳은 것은?

① 사채발행비가 발생한다면 액면발행, 할인발행, 할증발행 등 모든 상황에서 유효이자율은 사채발행비가 발생하지 않는 경우보다 낮다.

② 사채를 할증발행한 경우 사채이자비용은 현금이자지급액에 사채할증발행차금 상각액을 가산하여 인식한다.

③ 사채의 할증발행시 유효이자율법에 의해 상각하는 경우 기간 경과에 따라 매기 인식하는 할증발행차금의 상각액은 감소한다.

④ 사채의 할인발행시 유효이자율법에 의해 상각하는 경우 기간 경과에 따라 매기 인식하는 할인발행차금의 상각액은 증가한다.

27. ㈜삼일은 20X1년 1월 1일 유효이자율 연 9%, 액면금액 100,000원, 만기 3년인 사채를 92,406원에 할인발행하였다. 사채는 매년 말 이자를 지급하며, 20X1년 12월 31일의 장부금액이 94,723원이라면 사채의 액면이자율은 몇 %인가(단, 소수점 이하 첫째자리에서 반올림한다)?

① 4% 　　　　② 6% 　　　　③ 9% 　　　　④ 10%

28. 다음 중 충당부채와 우발부채에 대한 설명으로 가장 올바르지 않은 것은?

① 충당부채로 인식하기 위해서는 현재 의무가 존재하여야 할 뿐만 아니라 당해 의무를 이행하기 위해 자원이 유출될 가능성이 매우 높아야 한다.

② 의무를 이행하기 위하여 자원이 유출될 가능성이 아주 낮은 경우에는 주석으로 공시하여야 한다.

③ 충당부채의 명목금액과 현재가치의 차이가 중요한 경우에는 의무를 이행하기 위하여 예상되는 지출액의 현재가치로 평가한다.

④ 충당부채를 발생시킨 사건과 밀접하게 관련된 자산의 처분차익이 예상되는 경우에도 당해 처분차익은 충당부채 금액을 측정할 때 고려하지 아니한다.

29. 다음은 ㈜삼일의 퇴직급여와 관련된 회계정보이다. 20X2년에 ㈜삼일이 손익계산서에 계상한 퇴직급여는 얼마인가?

	20X1년	20X2년
12월 31일 퇴직급여충당부채 잔액	30,000원	50,000원
퇴직금 지급액	5,000원	10,000원

① 10,000원 　　② 20,000원 　　③ 30,000원 　　④ 40,000원

30. 다음 중 이연법인세회계에 관한 설명으로 가장 옳은 것은?

① 일시적차이는 자산·부채의 회계상 장부금액과 세무기준액에 차이가 존재하기 때문에 발생한다.

② 이월결손금은 미래 법인세부담을 감소시키게 되므로 실현가능성과 관계없이 이연법인세자산으로 계상한다.

③ 이연법인세자산·부채는 일시적차이와 영구적차이의 구별 없이 모든 세무조정에 대하여 인식한다.

④ 이연법인세자산·부채는 발생하는 시기에 인식하는 것이므로 항상 발생시기의 세율을 적용하여 측정한다.

31. 자본조정이란 자본거래에 해당하나 최종 납입된 자본으로 볼 수 없거나 자본의 가감 성격으로 자본금이나 자본잉여금으로 분류할 수 없는 항목을 의미한다. 다음 중 자본조정 항목으로 가장 올바르지 않은 것은?

① 매도가능증권평가이익   ② 미교부주식배당금

③ 신주청약증거금   ④ 배당건설이자

32. ㈜삼일의 제11기 자본항목과 관련된 주요사항이 다음과 같을 때, 20X2년 말 결산시 ㈜삼일의 자본에 관한 보고금액으로 올바르게 짝지어진 것은(단, 아래 자료 이외에 자본에 영향을 미치는 사건의 발생은 없다고 가정하고, 이연법인세효과는 고려하지 않는다)?

> ㄱ. ㈜삼일은 20X0년 초에 토지를 1,000백만원에 취득하였다. 이 토지는 20X1년 말에 1,020백만원으로 재평가되었고 20X2년 말에는 1,050백만원으로 재평가되었다.
>
> ㄴ. 20X2년 11월 11일 이사회결의를 통하여 ㈜삼일의 자기주식 3,000주를 한 주당 10,000원에 취득하였다.

자본변동표
제11기   20X2년 1월 1일부터 20X2년 12월 31일까지

㈜삼일 (단위 : 백만원)

구분	자본금	주식발행초과금	자기주식	재평가잉여금	이익잉여금	총계
20X2년 초 (보고금액) 자본의 변동	500	750	(100)	20	XXX	XXX
20X2년 말 (당기말)	(ㄱ)	(ㄴ)	(ㄷ)	(ㄹ)	XXX	XXX

	(ㄱ)	(ㄴ)	(ㄷ)	(ㄹ)
①	500	765	(130)	20
②	500	750	(130)	50
③	470	765	(100)	20
④	470	750	(100)	50

33. 다음은 유통업을 영위하는 ㈜삼일의 수익관련 자료이다. 다음 자료에 의하여 당기순이익을 구하면 얼마인가?

매출총이익	2,300,000원	유형자산처분손실	80,000원
주식할인발행차금상각	70,000원	법인세비용	90,000원
광고선전비	50,000원	외화환산이익	40,000원
접대비(기업 업무추진비)	350,000원	매도가능증권평가이익	150,000원

① 1,700,000원   ② 1,770,000원   ③ 1,860,000원   ④ 2,080,000원

34. 다음 중 손익계산서상 영업손익의 계산과정에서 차감되는 항목이 아닌 것은?

① 장기대여금 대손상각비　　　　　　② 본사임차료
③ 복리후생비　　　　　　　　　　　④ 접대비(기업 업무추진비)

35. ㈜삼일은 20X1년 중 교육센터와 관련한 건설공사를 수주하였다. 해당 공사와 관련된 내용은 다음과 같다. ㈜삼일의 20X1년 공사수익 계산시 적용한 진행률은 얼마인가?

> 가. 건설기간 : 20X1년 1월 1일~20X3년 12월 31일
> 나. 총도급금액 : 12,000,000원
> 다. 20X1년 공사수익 : 4,200,000원
> 라. 20X1년 공사원가 : 3,000,000원

① 20%　　　　　② 25%　　　　　③ 30%　　　　　④ 35%

36. 다음 수익인식에 관한 사례들 중 가장 올바르지 않은 것은?

① 소프트웨어 개발회사인 ㈜부산소프트는 ㈜용산으로부터 급여처리시스템에 관한 소프트웨어 개발을 주문 받았다. ㈜부산소프트는 소프트웨어 개발대가로 수취하는 수수료를 진행기준에 따라 수익으로 인식한다.

② 커피프랜차이즈사업을 하는 ㈜서울커피는 가맹점 운영과 관련하여 계속적인 용역을 제공한다. ㈜서울커피는 운영지원용역에 관한 수수료를 가맹점으로부터 수령하는 시점에 수익으로 인식한다.

③ 의류광고회사인 ㈜울산은 ㈜광주와 지면광고계약을 맺고 광고수수료를 받았다. ㈜울산은 동 광고수수료를 신문에 광고가 게재되어 독자에게 전달될 때 수익으로 인식한다.

④ 영화를 제작하는 ㈜대구필름은 제작 완료한 영화 '회계탈출'을 20X2년 11월 배급사인 ㈜용산시네마에 1년간 상영할 수 있는 권리를 판매함과 동시에 수익을 인식했다. ㈜대구필름은 상영권 판매 후 동 권리의 판매와 관련하여 추가의무가 없고 ㈜용산시네마를 통제할 수 없으며 흥행수익으로부터 추가적인 수익을 수취하지 않는다.

37. 다음 자료를 참고하여 ㈜삼일의 기본주당이익을 계산하면 얼마인가?

> 가. 매출액 : 60,000,000원　　　　　나. 당기순이익 : 50,000,000원
> 다. 우선주배당금 : 2,000,000원　　　라. 가중평균유통보통주식수 : 40,000주

① 1,200원　　　　　② 1,250원　　　　　③ 1,450원　　　　　④ 1,500원

38. 다음은 ㈜삼일의 제11기(20X2년 1월 1일~20X2년 12월 31일) 당기순이익과 자본금 변동상황에 관한 자료이다. ㈜삼일의 20X2년도 가중평균유통보통주식수는 몇 주인가?

	보통주자본금	우선주자본금
ㄱ. 당기순이익 : 16,000,000원		
ㄴ. 자본금 변동사항(액면금액 1,000원)		
기초	5,000주 5,000,000원	2,000주 2,000,000원
6. 1. 무상증자(20%)	1,000주 1,000,000원	400주 400,000원
ㄷ. 20X2년 11월 1일에 자기주식 600주를 400,000원에 취득하였다.		
ㄹ. 무상신주의 배당기산일은 원구주에 따르며, 유통보통주식수는월할로 계산한다.		

① 4,900주　　　② 5,200주　　　③ 5,500주　　　④ 5,900주

39. 다음 중 현금흐름표에서 확인할 수 있는 현금흐름이 아닌 것은?

① 영업활동현금흐름　　　　　② 투자활동현금흐름
③ 개발활동현금흐름　　　　　④ 재무활동현금흐름

40. 현금의 유입과 유출이 없더라도 중요한 거래는 현금흐름표에 관련된 주석사항에 별도로 표시하여야 한다. 다음 중 현금의 유입과 유출이 없는 거래로 가장 올바르지 않은 것은?

① 현물출자로 인한 유형자산의 취득　　　② 전환사채의 전환
③ 유형자산의 연불구입　　　　　　　　　④ 유상증자

세무회계

41. 다음 중 조세의 분류에 관한 대화로 가장 올바르지 않은 것은?

> 박부장 : 조세는 누가 부과하느냐에 따라 국세와 지방세로 구분할 수 있습니다.
> 이과장 : 조세의 사용용도가 특정하게 일반되었는지에 따라 목적세와 보통세로 구분할 수 있습니다.
> 김대리 : 조세를 부담하는 자와 납부하는 자가 동일한지 여부에 따라 직접세와 간접세로 구분할 수 있습니다.
> 최사원 : 독립된 세원이 있는지 여부에 따라 인세와 물세로 구분할 수 있습니다.

① 박부장   ② 이과장   ③ 김대리   ④ 최사원

42. 다음 중 신고납부제도를 채택하고 있는 조세를 모두 고르면?

> ㄱ. 법인세   ㄴ. 소득세   ㄷ. 부가가치세   ㄹ. 상속세   ㅁ. 증여세

① ㄱ, ㄴ   ② ㄱ, ㄴ, ㄷ   ③ ㄷ, ㄹ, ㅁ   ④ ㄱ, ㄹ, ㅁ

43. 다음 중 아래 신문기사와 관계가 깊은 법인세법의 내용으로 가장 옳은 것은?

> 첨단을 걷는 '역외탈세' 추징액만 4,100억…실제 매출규모는 조단위!
> 이번 역외탈세 조사결과에서 가장 눈에 띄는 업체는 A 사다. 외국법인으로 위장해 국제 선박임대와 국제 해운, 선박 리베이트 등을 통해 벌어들인 소득을 모두 탈루했기 때문이다. 추징액 규모만 4,100억원이 넘는다. 추징액이 4,000억원대면 매출규모는 조 단위가 넘는다는 게 국세청의 설명이다.
> (후략)

① 외국법인과 내국법인은 본점이나 주사무소 또는 영업의 형식적 지배관리장소에 의해 구분된다.
② 외국영리법인은 국내원천소득에 한하여 법인세 납세의무를 진다.
③ 외국영리법인은 청산소득에 대한 납세의무가 있다.
④ 토지 등을 양도함으로써 발생하는 소득에 대해서는 한시적으로 토지 등 양도소득에 대한 법인세를 과세하지 않는다.

44. 다음 중 법인세법상 손익의 귀속사업연도에 관한 설명으로 가장 올바르지 않은 것은?

① 장기할부판매손익은 실제 현금이 회수되는 기간에 인식하는 것이 원칙이다.

② 법인세법에서는 기업회계와의 조화를 위하여 발생주의도 인정하고 있다.

③ 법인세법의 손익인식기준은 권리·의무 확정주의를 원칙으로 한다.

④ 상품판매와 관련된 손익의 귀속사업연도는 인도일이 속하는 사업연도이다.

45. 다음 중 법인세법상 익금항목이 아닌 것을 모두 고르면?

ㄱ. 손금에 산입한 금액 중 환입된 금액	ㄴ. 감자차익
ㄷ. 주식의 평가차익	ㄹ. 간주임대료
ㅁ. 자산의 양도금액	

① ㄴ, ㄷ   ② ㄴ, ㄷ, ㄹ   ③ ㄱ, ㄹ   ④ ㄷ, ㅁ

46. 취득원가 5,000,000원, 결산일의 시가 4,000,000원인 재고자산에 대하여 법인이 다음과 같이 회계처리한 경우 필요한 세무조정으로 가장 옳은 것은(단, 법인은 저가법으로 재고자산평가방법을 신고하였다)?

(차) 재고자산평가손실 1,000,000원   (대) 재고자산 1,000,000원

① 세무조정 없음

② (손금불산입) 재고자산평가손실 1,000,000원(유보)

③ (손금산입) 재고자산평가손실 1,000,000원(△유보)

④ (손금불산입) 재고자산평가손실 1,000,000원(기타사외유출)

47. ㈜삼일의 제 7 기(20x1년 1월 1일~20x1년 12월 31일) 재고자산에 대한 내역이다. ㈜삼일의 제 7 기 사업연도 종료일 현재 재고자산의 세무상 평가액으로 가장 옳은 것은?

구분	장부상 평가액	총평균법	선입선출법
제품	2,500,000원	2,500,000원	2,000,000원
상품	1,300,000원	1,300,000원	1,500,000원

ㄱ. 제 7 기 10월 25일에 제품의 평가방법을 총평균법에서 선입선출법으로 변경신고하였으나, 회계감사시 정당한 회계변경으로 인정되지 아니하여 총평균법으로 평가하였다.
ㄴ. ㈜삼일이 신고한 상품의 평가방법은 총평균법이다.

① 3,300,000원   ② 3,500,000원   ③ 3,800,000원   ④ 4,000,000원

48. 다음 자료에 의할 경우 ㈜삼일의 제21기(20x1년 1월 1일~20x1년 12월 31일)에 감가상각방법으로 각각 정액법과 정률법을 적용할 때의 감가상각범위액은 각각 얼마인가?

> 제 20 기 취득가액 10,000,000원으로 기계장치를 구입하였으며, 이 기계장치에 대한 자료는 다음과 같다.
> 가. 제 20 기말 감가상각누계액 4,000,000원(상각부인액은 없음)
> 나. 내용연수 : 5년
> 다. 상각률 : 정액법 0.2, 정률법 0.451

	정액법	정률법		정액법	정률법
①	2,000,000원	4,510,000원	②	2,000,000원	2,706,000원
③	1,200,000원	4,510,000원	④	1,200,000원	2,706,000원

49. 다음은 기업 업무추진비와 기부금에 대한 대화이다. 다음 중 기업 업무추진비와 기부금에 대하여 가장 올바르지 않은 설명을 하는 사람은 누구인가?

> 김대리 : 기업업무추진비의 세무상 한도액은 수입금액의 크기에 영향을 받는 반면, 기부금의 세무상 한 도액은 소득금액의 크기에 영향을 받는다.
> 이과장 : 기업업무추진비와 기부금의 세무상 한도초과액은 다음 연도로 이월되지 않고 소멸한다.
> 송부장 : 법인이 광고선전목적으로 견본품, 달력, 수첩 등을 불특정 다수인에게 기증하기 위하여 지출한 비용은 기업업무추진비로 보지 않는다.
> 최사원 : 기업업무추진비 중 지출증빙이 없는 기업업무추진비는 손금불산입하고 대표자에 대한 상여로 소득처분한다.

① 김대리   ② 이과장   ③ 송부장   ④ 최사원

50. 다음 자료를 이용하여 법인의 기부금 세무조정을 한 것으로 가장 옳은 것은?

> • 일반기부금 지출액 : 2,000,000원 (손금산입 한도액 : 1,000,000원)
> • 비지정기부금 지출액 : 500,000원

① (손금불산입) 기부금 한도초과액 1,500,000원 (기타사외유출)

② (손금불산입) 기부금 한도초과액 1,000,000원 (기타사외유출)

③ (손금불산입) 비지정기부금 500,000원 (상여)

④ 세무조정 없음

51. 다음은 ㈜삼일의 대손충당금 관련 자료이다. 이를 기초로 당기에 필요한 세무조정으로 가장 옳은 것은?

(1) 당기 대손충당금 내역
   : 기초 대손충당금 잔액 25,000,000원
   : 당기 대손충당금 추가설정액 5,000,000원
   : 기말 대손충당금 잔액 30,000,000원
(2) 대손충당금 설정대상 채권가액 : 1,000,000,000원
(3) 대손실적률 : 1.5%

① 5,000,000원(손금산입, △유보) ② 15,000,000원(손금불산입, 유보)
③ 10,000,000원(손금산입, △유보) ④ 20,000,000원(손금불산입, 유보)

52. ㈜삼일은 당기에 건물 공사를 위한 자금을 차입하고, 해당 차입금에서 발생한 이자 10,000,000원을 다음과 같이 회계처리 하였다. 당기에 필요한 세무조정으로 가장 옳은 것은(단, 해당 차입금은 건물공사를 위한 특정차입금에 해당하고, 당기 말 현재 해당 건물은 건설 중이다)?

(차) 이자비용   10,000,000원   (대) 현금   10,000,000원

① (손금산입) 이자비용 10,000,000원 (기타)
② (손금불산입) 이자비용 10,000,000원 (상여)
③ (손금불산입) 이자비용 10,000,000원 (유보)
④ 세무조정 없음

53. 다음 중 법인세법상 부당행위계산부인이 적용되지 않는 경우는?

① 대표이사에게 업무와 관련없이 1억원을 무이자 조건으로 대여한 경우
② 법인의 대표이사로부터 시가 12억원인 건물을 20억원에 매입한 경우
③ 특수관계기업인 거래처에 시가가 10,000,000원인 상품을 6,000,000원에 판매한 경우
④ 직원(해당직원은 지배주주의 특수관계인이 아님)에게 무상으로 사택을 제공한 경우

54. 다음 중 법인세 과세표준의 계산과 관련한 설명으로 가장 올바르지 않은 것은?

① 법인세 과세표준은 각사업연도소득에서 이월결손금(법규정 내 금액), 비과세소득, 소득공제를 차감하여 계산한다.
② 비과세소득이란 법인의 소득 중 법인세를 과세하지 아니하는 소득으로서 법인세법상으로는 공익신탁의 신탁재산에서 생기는 소득 등이 있다.
③ 이월결손금이란 법인의 이전 사업연도에 발생되어 해당 사업연도로 이월된 결손금을 말한다.
④ 모든 법인의 이월결손금은 당해 사업연도 소득금액 범위 내에서 전액 공제받을 수 있다.

55. 다음 중 괄호 안에 들어갈 내용으로 가장 옳은 것은?

> 현행 세법은 여러 가지 사회·경제적 정책목적상 개별세법과 조세특례제한법에서 각종 준비금의 손금산입, 소득공제, 비과세, 세액공제 및 세액감면 등을 해주고 있으며, 이에 따라 세금을 전혀 납부하지 않는 사업자도 발생할 수 있다. 하지만 이는 세부담의 형평성에 어긋나는 것이므로, 세법에서는 법인세를 감면받는 법인도 최소한 세법이 규정한 일정한도의 세금은 납부하도록 하는 (   )규정을 두고 있다.

① 과세표준 ② 차감납부할세액 ③ 최저한세 ④ 공제감면세액

56. 다음 중 (㉠)와 (㉡)에 들어갈 항목으로 가장 옳은 것은?

> 법인세는 법인세 신고기한 내에 납부하여야 한다. 다만, 납부할 법인세액이 (㉠)원을 초과하는 때에는 납부기한이 경과한 날로부터 1개월(중소기업은 ㉡) 이내에 법인세를 분납할 수 있다.

	㉠	㉡		㉠	㉡
①	1천만	2개월	②	2천만	3개월
③	3천만	5개월	④	5천만	6개월

57. 다음 중 소득세법상 비거주자에 관한 설명으로 가장 올바르지 않은 것은?

① 비거주자는 거주자가 아닌 개인을 말하며, 국내외 모든 소득에 대해 과세한다.

② 계속하여 183일 이상 국내에 거주할 것을 통상 필요로 하는 직업을 가지게 된 때 그 사유발생일에 소득세법 상 비거주자는 거주자가 된다.

③ 국내에 거소를 둔 기간이 183일이 되는 날에 소득세법 상 비거주자는 거주자가 된다.

④ 국내에 주소를 둔 날에 소득세법 상 비거주자는 거주자가 된다.

58. 다음 중 소득세의 과세대상소득에 관한 설명으로 가장 올바르지 않은 것은?

① 소득세법에서 열거하고 있는 과세대상소득(이자소득 및 배당소득은 제외)의 범주에 해당하지 않는 경우 비록 개인의 경제적 부를 증가시키는 소득이라 할지라도 과세하지 아니한다.

② 소득세는 종합소득, 퇴직소득, 양도소득으로 나누어서 과세한다.

③ 종합소득은 이자소득, 배당소득, 부동산임대소득, 사업소득, 근로소득, 연금소득, 기타소득으로 구성되어 있다.

④ 소득세법상 소득은 개인이 1년 동안 벌어들인 수익(총수입금액)에서 그 수익을 얻기 위해 소요된 비용(필요경비)를 차감한 금액이다.

59. 다음 중 소득세의 종합과세, 분류과세 및 분리과세에 관한 설명으로 가장 올바르지 않은 것은?

① 종합과세는 1년 동안 개인이 벌어들인 모든 소득을 합산하여 과세하는 방법이다.

② 퇴직소득과 양도소득은 장기간에 걸쳐 형성된 소득이 일정 시점에 실현되는 것으로, 분리과세를 적용한다.

③ 기타소득금액 합계액이 300만원 이하인 경우에는 거주자가 분리과세와 종합과세 중 과세방법을 선택할 수 있다.

④ 분류과세는 각각의 소득을 합산하지 않고, 원천에 따른 소득의 종류별로 별도의 세율로 과세하는 방법이다.

60. 다음 중 이자소득에 대한 설명으로 가장 올바르지 않은 것은?

① 보통예금에 대한 이자소득의 수입시기는 원칙적으로 실제 이자를 지급받는 날이 된다.

② 비영업대금에 대한 이자소득의 수입시기는 약정에 의한 지급일이므로, 총수입금액은 해당 과세기간에 실제 수입하였거나 수입할 금액으로 한다.

③ 해약으로 인하여 이자를 지급받는 경우에는 해약일에 이자를 수입한 것으로 본다.

④ 무기명 채권이자에 대한 이자소득의 수입시기는 약정에 의한 지급일로 한다.

61. 다음 중 소득세법상 사업소득금액과 법인세법상 각사업연도소득금액의 차이에 관한 설명으로 가장 올바르지 않은 것은?

① 원칙적으로 개인의 과세소득은 소득원천설에 의해 소득의 범위를 정하고 있는데 반해, 법인의 과세소득은 순자산증가설에 의하여 과세소득을 계산한다.

② 사업상의 운영자금을 일시 예금하여 발생한 이자는 법인세법상 각사업연도 소득금액에 포함되지만, 소득세법상 사업소득금액에는 포함되지 않는다.

③ 법인세법에서는 법인의 대표자를 포함한 모든 임직원에 대하여 퇴직급여충당금을 설정할 수 있으나, 소득세법에 따르면 개인사업의 대표자는 퇴직급여충당금의 설정대상이 아니다.

④ 법인의 대표자에게 지급하는 급여는 법인의 손금에 산입하며, 마찬가지로 개인사업 대표자의 급여도 사업소득금액 계산시 필요경비에 산입한다.

62. 다음 중 소득세법상 비과세 근로소득을 설명한 내용으로 가장 올바르지 않은 것은?

① 천재 · 지변 · 기타 재해로 인하여 받는 급여

② 6세 이하 자녀의 보육과 관련하여 지급하는 월 20만원/인 이내의 금액

③ 광산근로자가 받는 입갱수당 및 발파수당

④ 자가운전보조금 중 월 30만원 이내의 금액

63. 다음 중 소득세법상 기타소득에 관한 설명으로 가장 올바르지 않은 것은?

① 복권 등 추첨권에 의하여 받는 당첨금품은 기타소득으로 과세된다.

② 복권당첨소득은 분리과세와 종합과세 중 과세방법을 선택할 수 있다.

③ 광업권 등의 자산 또는 권리를 대여하는 경우에는 기타소득으로 과세된다.

④ 광업권의 대여에 대해서는 총수입금액의 60%와 실제 필요경비 중 큰 금액을 필요경비로 인정한다.

64. 거주자 김삼일씨와 함께 살고 있는 다음 부양가족 중 소득세법상 기본공제대상자로 가장 올바르지 않은 사람은?

① 근로소득금액이 500만원 있는 33세의 아내

② 소득금액이 전혀 없는 57세의 장애인인 부친

③ 이자소득금액이 60만원 있는 7세의 아들

④ 소득금액이 전혀 없는 61세의 장모님

65. 다음의 소득공제와 세액공제 중 개인과 법인 모두에게 적용될 수 있는 것은?

① 외국납부세액공제

② 배당세액공제

③ 신용카드세액공제

④ 기장세액공제

66. 당해 연도의 종합소득금액이 있는 거주자는 각 소득의 과세표준을 해당 과세기간의 다음 연도 5월 1일부터 5월 31일까지 신고해야 한다. 다음 중 가장 올바르지 않은 설명을 하고 있는 사람은 누구인가?

① 김철수 : 저는 근로소득만 있어서 연말정산으로 납세의무가 종결될 것 같아요.

② 이영희 : 저의 근로소득은 연말정산으로 납세의무가 종결되고 이자소득 1,000만원은 분리과세가 되었으니 확정신고를 할 필요는 없습니다.

③ 김영호 : 저는 근로소득과 퇴직소득이 있어 확정신고를 해야 합니다.

④ 김영수 : 저는 올해 퇴직했기 때문에 근로소득은 연말정산으로, 퇴직소득은 원천징수로써 납세의무가 종결되었습니다.

67. 다음 중 예납적원천징수와 완납적원천징수에 관한 설명으로 가장 올바르지 않은 것은?

구분	예납적원천징수	완납적원천징수
① 대상소득	분리과세 소득	분리과세 이외의 소득
② 납세의무종결	원천징수 종결 안됨	원천징수로 종결됨
③ 확정신고의무	확정신고 의무 있음	확정신고 의무 없음
④ 조세부담	확정신고시 세액을 선출하고 원천징수세액을 공제함	원천징수세액

68. 다음 중 내국법인의 법인세 원천징수대상소득으로 가장 올바르지 않은 것은?

① 이자소득금액   ② 내국법인으로부터 받는 현금배당

③ 비영업대금의 이익   ④ 투자수익분배금

69. 다음 중 부가가치세법에 관한 설명으로 가장 옳은 것은?

① 우리나라의 부가가치세 과세방법은 전단계거래액공제법에 의하고 있다.

② 부가가치세는 납세의무자와 담세자가 동일하므로 직접세에 해당한다.

③ 현행 부가가치세는 소비지국 과세원칙을 채택하고 있으므로 수출하는 재화에 대하여 영세율이 적용된다.

④ 부가가치세는 납세의무자의 인적사정을 고려하는 인세이다.

70. 다음 중 사업자에 관한 설명으로 가장 올바르지 않은 것은?

① 부가가치세법상 사업자는 크게 면세사업자와 간이과세자로 나뉜다.

② 과세사업자라 하더라도 면세대상 재화 또는 용역을 공급하는 경우에는 부가가치세가 면제된다.

③ 과세사업자는 거래규모와 업종에 따라 일반과세자와 간이과세자로 구분된다.

④ 면세사업자는 사업자등록, 세금계산서 발급, 과세표준 신고 등의 부가가치세법상 제반 의무가 없다.

71. 다음 중 부가가치세 과세대상이 아닌 경우는?

① 상가건물을 공장과 교환한 경우

② 부동산 임대회사가 유상으로 상가건물을 임대하는 경우

③ 자동차 점검서비스를 무상으로 제공한 경우

④ 컴퓨터를 현금으로 판매한 경우

72. 다음 중 영세율과 면세에 대한 설명으로 가장 옳은 것은?

① 영세율 적용 사업자는 10% 대신 0% 의 세율이 적용되기 때문에 부가가치세법상 납세의무가 없다.

② 영세율의 목적은 기초 생필품 또는 국민후생용역과 관련한 최종소비자의 세부담 완화에 있다.

③ 면세가 적용되는 경우 매입세액이 공제되지 아니하므로 재화의 공급가액에 포함되어 최종소비자에게 전가된다.

④ 영세율은 부분면세제도이나, 면세는 완전면세제도이다.

73. 다음 중 부가가치세법상 면세대상으로 가장 올바르지 않은 것은?

① 토지의 공급   ② 주택의 공급(국민주택 아님)

③ 주택임대용역의 공급   ④ 미가공 식료품의 공급

74. 다음은 자동차부품 제조업(과세)을 영위하는 ㈜삼일의 20x1년 1월 1일~3월 31일 까지의 공급과 관련한 거래내역이다. ㈜삼일의 20x1년 제1기 예정신고기간의 부가가치세 과세표준을 계산하면 얼마인가 (단, 모든 금액은 부가가치세가 포함되지 않은 금액이다)?

> (1) 거래처에 단기할부판매조건으로 재화를 공급하였다. 총공급가액은 10,000,000원이며, 동 예정신고 기간동안에 받기로 한 금액은 4,000,000원이다.
>
> (2) 거래처에 재화(시가 5,000,000원)를 공급하고 대가로 ㈜삼일의 원재료로 사용되는 원재료(시가 6,000,000원)를 공급받았다.
>
> (3) 외상매출금의 회수지연에 대하여 거래처로부터 연체이자 2,000,000원을 수령하였다.
>
> (4) 제 3 국으로부터 재화를 수입하였다. 수입한 재화의 관세의 과세가격은 3,000,000원이고, 이와 별도로 관세 500,000원, 개별소비세 300,000원 및 교육세 200,000원이 발생하였다.

① 13,000,000원   ② 19,000,000원   ③ 20,000,000원   ④ 22,000,000원

75. 다음 중 일반과세자가 공제받을 수 있는 매입세액으로 가장 옳은 것은?

① 사업과 직접 관련이 없는 지출에 대한 매입세액

② 면세사업 관련 매입세액

③ 현금영수증상의 매입세액

④ 기업 업무추진비 및 이와 유사한 비용 관련 매입세액

76. 다음 중 부가가치세법상 대손세액공제대상 사유로 가장 올바르지 않은 것은?

① 파산   ② 사망

③ 상법상의 소멸시효 완성   ④ 사업부진

77. 다음 중 부가가치세법상 환급에 관한 설명으로 가장 옳지 않은 것은?

① 일반환급의 경우 예정신고시에 환급세액이 발생하면 확정신고시 납부할 세액에서 우선 차감하며, 차감 후에도 환급세액이 발생하는 경우에 환급한다.

② 일반환급과 조기환급이 있다.

③ 일반환급은 각 과세기간 단위로 확정신고기한 경과 후 30일 이내에 환급한다.

④ 조기환급 종료일로부터 25일 이내에 조기환급신고를 신청하는 사업자는 누구나 조기환급을 받을 수 있다.

78. 회계관리 1급 자격시험을 준비하고 있는 김삼일씨는 인터넷을 검색하던 중 다음과 같은 기사를 읽게 되었다. 다음 중 부가가치세 가산세에 관한 설명으로 가장 올바르지 않은 것은?

부가가치세 알아야 덜 낸다.

XX 일보 7월 12일자 기사 중

(전략) … (ㄱ) 제출한 매입처별세금계산서합계표의 기재사항 중 공급가액을 사실과 다르게 과다 기재하여 신고한 경우 매입처별세금계산서합계표 제출불성실가산세가 적용된다. 그리고, (ㄴ) 매출처별세금계산서합계표를 제출하지 아니하거나 부실 기재한 경우에는 매출처별세금계산서합계표 제출불성실가산세가 적용된다.

…(중략)…

(ㄷ) 발급한 세금계산서의 필요적 기재사항의 전부 또는 일부가 착오 또는 과실로 적혀있지 아니하거나 사실과 다른 때에는 세금계산서불성실가산세가 적용된다. 또한, (ㄹ) 매입처별세금계산서합계표를 지연제출하게 되면 매입처별세금계산서합계표 지연제출가산세가 부과되므로 주의하여야 한다. … (후략)

---

① ㄱ   ② ㄴ   ③ ㄷ   ④ ㄹ

79. 다음 중 세금계산서에 대한 설명으로 가장 옳은 것은?

① 필요적 기재사항이 잘못 기재되거나 누락된 세금계산서를 발급받은 사업자는 가산세를 물어야 한다.

② 세금계산서는 원칙적으로 재화 또는 용역의 공급대가를 수령하는 때에 발급하여야 한다.

③ 법인사업자는 전자세금계산서를 발급하고 발급일의 다음 날까지 전자세금계산서 발급명세를 국세청에 전송해야 한다.

④ 과세거래를 면세거래로 잘못 보아 세금계산서를 발급하지 않고 계산서를 발급한 경우에는 수정세금계산서를 발급할 수 있다.

80. 다음 중 전자세금계산서에 대한 설명으로 가장 올바르지 않은 것은?

① 전자세금계산서를 작성하는 경우에도 필요적 기재사항은 모두 기재하여야 한다.

② 전자세금계산서를 발행하는 경우에는 해당 세금계산서에 대한 보관의무가 면제된다.

③ 전자세금계산서의 발급명세를 국세청장에게 전송한 경우에도 세금계산서합계표 명세를 제출하여야 한다.

④ 전자세금계산서제도는 발급의무사업자가 대통령령이 정하는 전자적 방법으로 세금계산서를 발급하고 발급일의 다음 날까지 전자세금계산서 발급명세를 국세청장에게 전송하는 제도이다.

94회 답안 및 해설

	재무회계								
1	2	3	4	5	6	7	8	9	10
③	②	③	④	④	①	③	③	①	④
11	12	13	14	15	16	17	18	19	20
④	②	①	②	③	③	④	②	①	①
21	22	23	24	25	26	27	28	29	30
①	①	④	②	③	④	②	②	③	①
31	32	33	34	35	36	37	38	39	40
①	②	②	①	④	②	①	④	③	④

01. 관리회계는 **법적강제력이 없다.**

02. 진행기준은 **목적적합성이 제고되나, 신뢰성은 저하**된다.

03. (ㄱ) 대여금 (ㄴ) 토지 (ㄷ) 매도가능증권 → 투자활동

04. **재무상태표는 당해 중간보고기간말(당기 9월말)과 직전 연차기간보고말(전기 12월말)을 비교**한다.

		당기(20x1년도)	전기(20x0년도)
정태적 보고서	재무상태표	**20x1.9.30**	**20x0.12.31.**
동태적 보고서	포괄손익계산서	**20x1. 7.1.~9.30.** **20x1. 1.1.~9.30.**	**20x0. 7.1.~9.30.** **20x0. 1.1~9.30**
	자본변동표, 현금흐름표	20x1. 1.1.~9.30.	20x0. 1.1.~9.30

05. ① 현금성자산 ② 당좌자산 ③ 당좌자산 ④ 투자자산

06. 자산 = 상품(300,000) + 매출채권(80,000) + 현금성자산(500,000) + 차량운반구(180,000)
　　　 + 선급금(40,000) = 1,100,000원

　　부채 = 단기차입금(300,000) + 매입채무(150,000) = 450,000원

　　자본 = 자산(1,100,000) − 부채(450,000) = 650,000원

　　보통주자본금 = 자본(650,000) − 이익잉여금(350,000) = 300,000원

07. 당좌자산 = 단기대여금(40,000) + 매출채권(300,000) + 선급비용(600,000) = 940,000원

08. **외상매출금에 대한 권리와 의무가 실질적으로 금융기관에 이전되므로 매각거래(매출채권처분손실)**로
　　처리한다.

09. 기말대손충당금 = 기말매출채권(20,000,000) × 설정율(1%) = 200,000원

대손충당금

대손	50,000	기초	200,000
기말	200,000	*대손상각비(설정?)*	*50,000*
계	250,000	계	250,000

11. **할부판매상품은 인도시점에 수익으로 인식**하고 재고자산에서 제외시킨다.

12. **실지재고조사법과 계속기록법을 병행하여야** 도난 등의 부족원인을 파악할 수 있다.

13. 판매수량 = 2,500개 + 3,500개 = 6,000개

재고자산(총평균법)

기초	3,000개	@ 2,000	6,000,000	매출원가	6,000개		
구입	2,000개	@ 2,500	5,000,000				
구입	2,000개	@ 2,800	5,600,000				
구입	1,000개	@ 3,000	3,000,000	*기말*	*2,000개*	*@2,450*	*4,900,000*
계	8,000개	*@2,450*	19,600,000	계			19,600,000

14. 단가하락 = 취득가액(200) - 시가(180) = 20원

재고자산평가손실 = 단가하락(20원) × 실제 수량(450개) = 9,000원

15.

구입순서	수량	단가	*금액*	선입선출법(10.05→11.20)
구입(10.05)	100	150	15,000	원재료 재고액 = 50개 × 200 = 10,000원
구입(11.20)	200	200	40,000	재료비 = 55,000 - 재고(10,000) = 45,000원

16. 만기까지 보유할 의도와 능력이 있는 채무증권은 만기보유증권이고,

피투자회사에 유의적인 영향력을 행사할 주식은 지분법적용투자주식으로 분류한다.

17. 매도가능증권평가손익은 **평가시 공정가액과 취득단가를 비교해서 평가손익**을 구하면 된다.

	수량	취득단가	20x0.공정가치	20x0 평가손익
20x0년 취득	100주	8,000	10,500	*250,000원*

	수량	취득단가	20x1.공정가치	20x1 평가손익
20x0년 취득	100주	8,000	9,500	150,000원
20x1년 취득	200주	8,500		200,000원
계	300주	-	-	*350,000원*

	수량	취득단가	20x2.공정가치	20x2 평가손익
20x0년 취득	100주	8,000	11,000	300,000원
20x1년 취득	200주	8,500		500,000원
계	300주	-	-	*800,000원*

18. 피투자기업에게 **필수적인 기술정보를 투자기업이 당해 피투자기업에게 제공**하는 경우 유의적인 영향력이 있다고 본다.

19. 총 이자수익 = 액면이자(10,000,000 × 10%) × 3년
　　　　　　　+ 발행금액과 액면가액의 차이(10,000,000 - 9,519,634) = 3,480,366원

20. 손상차손(x2) = [회수가능액(4,000) - 취득가액(10,000)] × 100주 = △600,000원(손상차손)
　　　손상차손(x3) = [회수가능액(6,000) - 취득가액(10,000)] × 100주 = △400,000원(손상차손)
　　　손상차손 환입 = x3 손상차손(△400,000) - x2 손상차손(△600,000) = +200,000원(환입)

21. 처분손익 = **처분가액(제공한 자산의 공정가치**, 1,500,000) - 장부가액(3,000,000 - 1,000,000)
　　　　　= △500,000원(손실)

22. **토지의 원가에 해체, 제거 및 복구원가가 포함된 경우에는 그러한 원가를 관련 경제적효익이 유입되는 기간에 감가상각**한다. 경우에 따라서는 토지의 내용연수가 한정될 수 있다. 이 경우에는 관련 경제적 효익이 유입되는 형태를 반영하는 방법으로 토지를 감가상각한다.(한국채택국제회계기준)

23. 개발활동 = 시작품(20,000) + 시험공장(40,000) = 60,000원
　　　연구비 = 새로운 지식을 얻고자 하는 활동(10,000) + 지식을 탐색하는 활동(20,000)
　　　　　　+ 대체안을 탐색(10,000) + 개발활동(60,000) × 50% = 70,000원

25. 유동부채는 **1년 이내 상환하여야 하므로 명목가치와 현재가치 차이가 중요하지 않기 때문에** 현재가치로 평가하지 않는다.

26. ① 사채발행비가 발생되면 발행가액이 낮아지므로 유효이자율은 높게 된다.
　　② 할증발행 시 이자비용은 할증차금상각액을 차감하여 인식한다.
　　③ **할인발행이건 할증발행이건 상각액은 매기 증가**한다.

27.

사채할인발행차금 상각표(유효이자율법)

연도	유효이자(A) (BV×9%)	액면이자(B) (액면가액×??%)	할인차금상각 (A-B)	장부금액 (BV)
20x1. 1. 1				92,406
20x1.12.31	8,317	6,000	2,317	94,723

액면이자율 = 액면이자(6,000) ÷ 액면금액(100,000) = 6%

28. **유출가능성이 낮은 경우에는 공시하지 않는다.**

29.

퇴직급여충당부채(20x2)

퇴사	10,000	기초	30,000
기말	50,000	*설정(퇴직급여)*	*30,000*
계	60,000	계	60,000

30. ② **미래과세소득의 발생가능성이 높은 경우 세무상 결손금**에 대하여 이연법인세 자산을 인식한다.
　　③ 일시적 차이에 대해서만 인식한다.
　　④ 소멸되는 회계기간의 평균세율을 적용한다.

31. 매도가능증권평가손익은 기타포괄손익누계액에 해당한다.

32. 자본금과 주식발행초과금은 변동이 없다.

ㄱ. (차) 토지 30,000,000 (대) 재평가잉여금 30,000,000

ㄴ. (차) 자기주식 30,000,000 (대) 현금 등 30,000,000

자기주식 = 기초(100,000,000) + 취득(30,000,000) = 130,000,000원(자본의 차감)

재평가잉여금 = 기초(20,000,000) + 재평가(30,000,000) = 50,000,000원

33. 판관비 = 광고선전비(50,000) + 접대비(350,000) = 400,000원

당기순이익 = 매출총이익(2,300,000) – 판관비(400,000) – 유형자산처분손실(80,000)

　　　　　 – 법인세비용(90,000) + 외화환산이익(40,000) = 1,770,000원

34. 장기대여금의 대손상각비는 영업외비용(기타의 대손상각비)으로 처리한다.

35. 작업진행률에 따라 수익을 인식하였으므로,

작업진행률(x1년) = x1년 공사수익(4,200,000) ÷ 총도급금액(12,000,000) = 35%이다.

36. **용역매출은 진행기준으로 수익을 인식**한다.

37. 보통주배당금 = 당기순이익(50,000,000) – 우선주배당금(2,000,000) = 48,000,000원

가중평균유통주식수 = 보통주배당금(48,000,000) ÷ 주식수(40,000) = 1,200원/주

37.

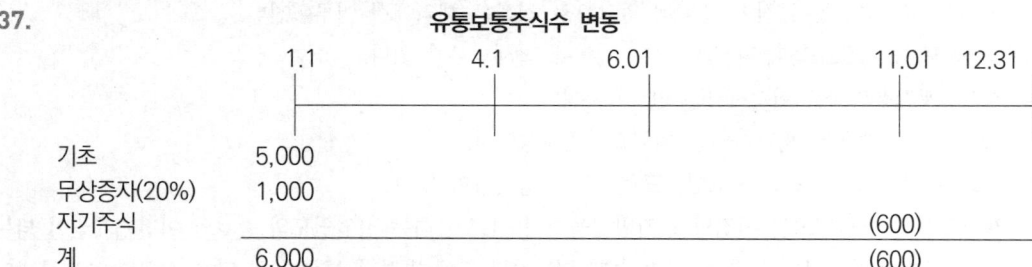

유통보통주식수 변동

∴ 유통보통주식수(월할계산) = 6,000주 × 12/12 – 600주 × 2/12 = 5,900주

40. 유상증자는 재무활동 현금흐름이다.

세무회계									
41	42	43	44	45	46	47	48	49	50
④	②	②	①	①	①	③	②	②	①
51	52	53	54	55	56	57	58	59	60
②	③	④	④	③	①	①	③	②	④
61	62	63	64	65	66	67	68	69	70
④	④	②	①	①	③	①	②	③	①
71	72	73	74	75	76	77	78	79	80
③	③	②	②	③	④	④	④	④	③

41. 납세의무자의 인적사항고려 여부에 따라 인세와 물세로 구분한다.

42. **상속세와 증여세는 정부부과조세**이다.

43. ① **본점은 실질적 지배관리장소로 판단**한다.

   ③ 외국영리법인은 본점이 해외에 있으므로 청산은 해외에서 이루어진다.

   ④ 토지 등 양도소득에 대해서 모든 법인에 납세의무가 있다.

44. **장기할부제품의 손익귀속시기는 인도기준**이다.

45. 감자차익과 주식의 평가차익은 익금불산입사항이다.

46. 재고자산은 저가법으로 신고했으므로 세무조정사항이 없다.

47. 재고자산의 변경신고는 변경할 평가방법을 적용하고자 하는 **사업연도의 종료일 이전 3개월이 되는 날(9.30)까지 신고**하여야 한다. 따라서 제품은 기한 후에 변경신고했으므로 당초 신고한 총평균법이 세무상평가액이 된다.

   세무상평가액 = 제품 총평균법(2,500,000) + 상품 총평균법(1,300,000) = 3,800,000원

48. 상각범위액(정액법) = 취득가액(10,000,000) × 상각률(0.2) = 2,000,000원

   상각범위액(정률법) = [취득가액(10,000,000) - 감가상각누계액(4,000,000)] × 상각률(0.451)

   = 2,706,000원

49. 기부금한도초과액은 일정기간 이월하여 손금산입한다.

50. 기부금한도 = 지출액(2,000,000) - 한도(1,000,000) = 1,000,000원(기타사외유출)

   비지정기부금 500,000원도 손금불산입 기타사외유출로 소득처분한다.

51. 대손설정률 = MAX[① 1%, ② 대손실적률(1.5%)] = 1.5%

   한도 = 채권금액(10억) × 설정률(1.5%) = 15,000,000원

   대손충당금 설정금액은 총액법을 적용하므로 기말잔액이 설정금액(30,000,000)이 된다.

   한도 초과 = 설정(30,000,000) - 한도(15,000,000) = 15,000,000원(손금불산입, 유보)

52. 건설자금이자는 손금불산입하고 유보처분한다.

53. **종업원에게 무상으로 사택을 제공하는 경우 부당행위 계산부인 대상에서 제외**한다.

54. 이월결손금은 일반기업의 경우 **각사업연도 소득의 80%(중소기업 100%) 범위 내에서 공제**한다.

57. 비거주자는 **제한 납세의무(국내 원천소득)**를 진다.

58. 부동산임대는 사업소득에 포함된다.

59. 퇴직소득과 양도소득은 분류과세한다.

60. **무기명채권의 수입시기는 실제로 받은 날**이다.

61. 개인사업의 대표자 급여는 필요경비 불산입한다.

62. **자가운전보조금은 월 20만원이내의 금액이 비과세**이다.

63. 복권당첨소득은 무조건 분리과세소득이다.

64. **총급여액이 5백만원 이하인 경우 기본공제대상 요건**이 된다.

65. 배당세액공제와 기장세액공제는 소득세법상 세액공제이고, 신용카드 세액공제는 부가가치세법상 세액공제로서 개인만 대상이다.

66. 근로소득은 연말정산으로 퇴직소득은 퇴직시 원천징수하면 종합소득 확정신고를 할 필요가 없다.

67. 분리과세소득은 완납적 원천징수대상이다.

68. 법인세법상 원천징수대상소득은 이자소득과 배당소득 중 집합투자기구로 부터의 이익(투자수익분배금 포함)만 대상이다. 따라서 **내국법인에게 지급하는 현금배당은 원천징수대상이 아니다.**

69. ① 전단계세액공제법을 적용한다.

② 부가가치세는 간접세이다.

④ 부가가치세는 물세에 해당한다.

70. 과세사업자는 **공급대가의 규모에 따라 일반과세자와 간이과세자로 구분**한다.

71. 용역의 무상공급은 원칙적으로 과세대상에서 제외된다.

72. ① 납세의무가 있어 신고 등 부가가치세법상 의무를 이행하여야 한다.

② 면세에 대한 설명이다.

④ 영세율은 완전면세, 면세는 불완전면세제도이다.

73. **주택은 국민주택에 한해서 면세**이다.

74. 과세표준 = 단기할부판매(10,000,000) + 교환(자기가 공급한 재화의 시가, 5,000,000)

+ 재화의 수입(3,000,000 + 500,000 + 300,000 + 200,000) = 19,000,000원

(4)는 재화의 수입인데 이것을 바로 공급(수입과 동시 공급)하였다고 보아 풀어야 답이 나온다.

77. 일정한 사유(영세율, 투자 등)에 해당하는 경우 조기환급신고할 수 있다.

78. 매입처별 세금계산서 합계표를 지연제출 해도 가산세가 없다.

79. ① 매입자는 매입세액 공제를 받을 수 없다.

② 공급시기에 발급하는 것이 원칙이다.

④ **면세거래로 보아 계산서를 발급 시 수정세금계산서 발급사유**가 아니다.

80. **전자세금계산서 발급 전송 시 세금계산서 합계표 제출의무가 면제**된다.

92회 회계관리 1급

재무회계

01. 다음 김대리와 박대리의 대화내용을 읽고, 마지막 문장의 빈칸에 들어갈 회계정보의 질적특성으로 가장 옳은 것은?

> 김대리 : 오늘 신문에 '영업활동 현금흐름 산출기준 제각각인 한국채택국제회계기준(K–IFRS) 재무제표 바로보기'라는 기사가 있던데 혹시 알아?
> 박대리 : 응. A전자는 이번 1분기 K–IFRS 재무제표의 현금흐름표에 이자비용을 영업활동 현금흐름으로 분류한 반면에 B전자는 재무활동 현금흐름으로 분류해 포함시켰더군.
> 김대리 : 산출기준의 차이를 모르는 정보이용자들에게는 혼란을 줄 가능성도 있겠는걸.
> 박대리 : 그렇다면 이러한 영업활동 현금흐름 산출기준의 차이는 정보의 기업실체간 (   )을 훼손하는 것 아닌가?

① 비교가능성　　　　② 중요성　　　　③ 중립성　　　　④ 목적적합성

02. 다음 내용은 경제신문에 실린 기사의 일부분이다. B회계법인과 C회계법인 사이에서 벌어지고 있는 논쟁은 재무제표의 기본가정과 관련되어 있다. 다음의 재무제표에 대한 기본가정 중 C회계법인이 회계감사 시 설정한 기본가정과 자산의 측정속성을 가장 올바르게 짝지은 것은 무엇인가?

> B회계법인은 자금난으로 인하여 부도 처리된 Y사의 자산, 부채를 실사한 결과 순자산 장부금액 중 총 7조원이 과대계상되었다고 발표하였다. 이에 대하여 Y사의 회계감사를 담당하였던 C회계법인은 자산, 부채의 실사 결과에 대하여 항의하였다.
> B회계법인이 실사 시에 전제한 가정은 자신들이 회계감사 시에 전제한 가정과는 다른 것이므로 이를 회계이론적인 입장에서 인정할 수 없다는 것이다.
> 예를 들어 무형자산으로 계상되어 있는 개발비의 장부금액 200억원에 대해서도 B회계법인은 자산, 부채의 실사 시에 이를 전혀 자산으로 인정하지 않았다는 것이다.

① 청산기업가정, 현행원가　　　　② 계속기업가정, 역사적원가
③ 계속기업가정, 현행원가　　　　④ 청산기업가정, 역사적원가

03. 다음 중 재무제표의 기본요소에 대한 설명으로 가장 올바르지 않은 것은?

① 재무제표를 구성하는 기본요소를 구분하여 표시하는 것은 정보이용자의 경제적 의사결정에 더욱 유용한 정보를 제공하기 위한 것이다.

② 자산은 재화 및 용역의 생산에 이용되거나 다른 자산과의 교환 또는 부채의 상환에 사용되며 소유주에 대한 분배에 이용될 수 있다.

③ 일반적으로 현금유출과 자산의 취득은 밀접하게 관련되어 있으나 양자가 반드시 일치하는 것은 아니다.

④ 미래의 일정시점에서 기업이 자산을 취득한다는 결정이나 단순한 약정도 미래 경제적 효익의 희생이 수반될 수 있으므로 부채로 인식할 수 있는 현재의무에 해당한다.

04. 다음 중 중간재무제표 작성에 관한 설명으로 가장 올바르지 않은 것은?

① 재무상태표는 중간보고기간 말과 직전 연차보고기간 말을 비교하는 형식으로 작성한다.

② 손익계산서는 중간기간과 누적중간기간을 직전 회계연도의 동일기간과 비교하는 형식으로 작성한다.

③ 현금흐름표 및 자본변동표는 누적중간기간을 직전 회계연도의 동일기간과 비교하는 형식으로 작성한다.

④ 중간재무제표의 작성을 위한 측정은 누적중간기간을 기준으로 함으로 연차재무제표의 결과는 중간재무제표의 작성빈도에 따라 달라질 수 있다.

05. 다음 중 재무제표의 작성기준에 관한 설명으로 가장 올바르지 않은 것은?

① 자산과 부채는 원칙적으로 상계하여 표시하지 않는다. 다만, 채권과 채무를 동시에 결제할 의도가 있다면 상계하여 표시한다.

② 자산은 1년을 기준으로 유동자산과 비유동자산으로 분류한다. 다만, 정상적인 영업주기 내에 판매되거나 사용되는 재고자산과 회수되는 매출채권 등은 보고기간종료일로부터 1년 이내에 실현되지 않더라도 유동자산으로 분류한다.

③ 가지급금 또는 가수금 등의 미결산항목은 그 내용을 나타내는 적절한 과목으로 표시하여야 하나, 구분이 어려울 경우 사용 가능하다.

④ 자본잉여금은 주식발행초과금과 기타자본잉여금으로 구분하여 표시하고, 이익잉여금은 법정적립금, 임의적립금 및 미처분이익잉여금(또는 미처리결손금)으로 구분하여 표시한다.

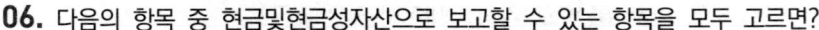

06. 다음의 항목 중 현금및현금성자산으로 보고할 수 있는 항목을 모두 고르면?

> ㄱ. 타인발행당좌수표
> ㄴ. 만기도래한 공채이자표
> ㄷ. 보고기간종료일 현재 만기가 1개월 남은 채권 (취득당시 만기는 4개월임)
> ㄹ. 취득당시 상환일까지의 기간이 6개월인 상환우선주
> ㅁ. 3개월 이내 환매조건의 환매채

① ㄱ, ㄴ, ㄷ   ② ㄱ, ㄴ, ㄹ   ③ ㄱ, ㄴ, ㅁ   ④ ㄱ, ㄷ, ㅁ

07. 다음은 ㈜삼일의 20X1년 12월 31일 현재 은행계정조정표를 작성하기 위한 자료이다. 은행 예금잔액증명서상의 잔액이 30,000원일 경우, ㈜삼일의 20X1년 12월 31일 현재 수정전 당좌예금계정 잔액은 얼마인가?

> ㄱ. 20X1년 12월 중 발행되었으나, 기말 현재 은행에서 미인출된 수표 :   12,000원
> ㄴ. 20X1년 12월 31일 현재 은행의 예금잔액증명서에 반영된 부도수표 :   8,000원
>   (㈜삼일의 당좌예금계정에는 반영되지 않음)
> ㄷ. ㈜삼일이 20X1년 12월 31일 입금했으나, 은행에서 미기입한 금액 :   5,000원
> ㄹ. 20X1년 12월 말까지 ㈜삼일에 통보되지 않은 매출채권 추심액 :   9,500원

① 21,500원   ② 23,000원   ③ 24,500원   ④ 35,000원

08. 다음은 ㈜삼일의 매출채권 및 대손충당금에 관한 자료이다. 당기 중 대손충당금환입이 발생하지 않은 것으로 가정할 경우, ㈜삼일의 당기 매출채권에 대한 대손발생액은 얼마인가?

> 당기 말 매출채권 잔액   10,000,000원
> 전기 말 대손충당금 잔액   220,000원
> 당기 말 대손충당금 잔액   170,000원
> ㈜삼일은 당기 손익계산서에 310,000원의 대손상각비를 계상하고 있다.

① 200,000원   ② 260,000원   ③ 360,000원   ④ 400,000원

09. ㈜삼일은 보유하고 있던 업무용 컴퓨터를 200,000원에 처분하고, 처분대금은 나중에 받기로 하였다. 컴퓨터의 취득원가는 800,000원이고 처분일까지의 감가상각누계액은 700,000원이었다. ㈜삼일의 처분일에 필요한 회계처리로 가장 옳은 것은?

① (차) 외상매출금　　　　　　200,000원　　(대) 비 품　　　　　　　　100,000원
　　　　　　　　　　　　　　　　　　　　　　　　유형자산처분이익　　　100,000원

② (차) 외상매출금　　　　　　200,000원　　(대) 비 품　　　　　　　　800,000원
　　　　감가상각누계액　　　700,000원　　　　유형자산처분이익　　　100,000원

③ (차) 미수금　　　　　　　　200,000원　　(대) 비 품　　　　　　　　100,000원
　　　　　　　　　　　　　　　　　　　　　　　　유형자산처분이익　　　100,000원

④ (차) 미수금　　　　　　　　200,000원　　(대) 비 품　　　　　　　　800,000원
　　　　감가상각누계액　　　700,000원　　　　유형자산처분이익　　　100,000원

10. 다음 중 재고자산에 관한 설명으로 가장 올바르지 않은 것은?

① 공정가치가 상승한 경우 평가이익을 인식할 수 있다.
② 도착지 인도기준의 상품을 판매한 경우 선적한 시점에는 판매자의 재고자산에 포함된다.
③ 재고자산의 매입원가는 매입금액에 매입운임, 하역료 및 보험료 등 취득과정에서 정상적으로 발생한 부대비용을 가산한 금액이다.
④ 건설회사에서 판매목적으로 보유하고 있는 미분양아파트는 재고자산에 포함된다.

11. 다음 중 재고자산의 수량결정에 관한 설명으로 가장 올바르지 않은 것은?

① 재고자산의 금액은 재고자산의 수량에 재고자산의 단위당 원가를 곱하여 결정된다.
② 계속기록법은 재고자산을 종류별로 나누어 입고 출고시마다 계속 기록함으로써 잔액이 산출되도록 하는 방법이다.
③ 실지재고조사법을 사용하면 도난, 분실 등에 의한 감소량이 당기의 출고량에 포함되어 재고부족의 원인을 파악하기 힘들다.
④ 계속기록법과 실지재고조사법을 병행할 수 없다.

12. 다음 중 물가가 상승하는 경우에 순이익을 가장 크게 표시하고 가장 큰 법인세비용을 계상하게 하는 재고자산의 평가방법으로 옳은 것은(단, 기말재고수량이 기초재고수량보다 크다고 가정한다)?

① 개별법　　　　　② 선입선출법　　　　③ 이동평균법　　　　④ 총평균법

13. 다음은 ㈜삼일의 상품과 관련된 20X1년 말 자료이다. ㈜삼일의 20X1년 말 재무상태표상 재고자산의 장부금액은 얼마인가?

장부수량	실제수량	단위당 원가	단위당 순실현가능가치
220개	200개	1,100원	1,000원

① 200,000원 ② 210,000원 ③ 220,000원 ④ 230,000원

14. ㈜삼일의 20X3년 1월 1일 기초재고자산은 450,000원이며, 당기 매입액은 3,500,000원, 당기 매출액은 3,240,000원이다. 20X3년 12월에 ㈜삼일의 재고창고에 화재가 발생하였다. ㈜삼일의 20X3년 매출총이익률은 25%로 일정하였으며, 20X3년 말 실사에 의하여 확인된 소실되지 않은 기말재고자산 금액은 516,000원이다. 이 경우 화재로 인하여 소실된 재고자산의 추정액은 얼마인가?

① 554,000원 ② 842,000원 ③ 1,004,000원 ④ 1,454,000원

15. ㈜삼일은 20X1년 7월 1일에 단기매매 목적으로 ㈜용산의 주식 100주를 주당 8,000원에 취득하고 단기매매증권으로 분류하였다. ㈜삼일은 20X1년 10월 1일에 이 중 60주를 주당 9,000원에 처분하였으며, 20X1년 말 현재 남아있는 주식의 주당 공정가치는 7,000원이다. ㈜용산의 주식과 관련한 회계처리가 ㈜삼일의 20X1년 손익계산서의 이익에 미치는 영향은 얼마인가?

① 10,000원 이익   ② 20,000원 이익
③ 30,000원 이익   ④ 60,000원 이익

16. 다음 중 유가증권에 관한 설명으로 가장 올바르지 않은 것은?

① 단기매매증권이나 지분법적용투자주식으로 분류되지 아니하는 지분증권은 모두 매도가능증권으로 분류한다.
② 지분증권 분류의 적정성은 보고기간종료일마다 재검토해야 한다.
③ 채무증권을 장기투자목적으로 취득하였으나, 만기까지 보유할 의도가 없다면 매도가능증권으로 분류해야 한다.
④ 단기매매증권이 시장성을 상실하게 되면 만기보유증권으로 분류한다.

17. ㈜삼일은 20X1년 1월 1일 장기투자목적으로 ㈜서울의 주식 100주(지분율 10%)를 600,000원에 취득하여 매도가능증권으로 분류하였다. 20X1년 12월 31일 ㈜서울 주식의 공정가치는 주당 5,700원이었고, 20X2년 8월 5일에 보유 주식 중 80주를 500,000원에 처분하였다. ㈜삼일이 20X2년에 인식할 매도가능증권처분손익은 얼마인가?

① 처분손실 20,000원

② 처분이익 20,000원

③ 처분손실 70,000원

④ 처분이익 70,000원

18. 컴퓨터 판매 사업을 영위하는 ㈜삼일이 보유한 단기매매증권과 매도가능증권의 기말 공정가치법에 따른 평가손익은 재무제표에 각각 어떠한 항목으로 공시해야 하는가?

	단기매매증권평가손익	매도가능증권평가손익
①	영업외손익	기타포괄손익누계액
②	영업외손익	영업외손익
③	기타포괄손익누계액	영업외손익
④	기타포괄손익누계액	기타포괄손익누계액

19. 다음 중 채무증권의 재분류에 관한 설명으로 가장 올바르지 않은 것은?

① 채무증권은 보고기간 종료일마다 분류의 적정성을 재검토해야 한다.

② 단기매매증권은 다른 범주로 재분류할 수 없으나 다른 범주의 유가증권은 단기매매증권으로 재분류할 수 있다.

③ 매도가능증권은 만기보유증권으로 재분류 할 수 있다.

④ 만기보유증권은 매도가능증권으로 재분류 할 수 있다.

20. ㈜삼일은 사용중이던 건물을 ㈜용산의 기계장치와 교환하였다. 이 교환거래와 관련하여 ㈜삼일은 공정가치의 차액 100,000원을 현금으로 지급하였다. 이 교환거래에서 ㈜삼일이 취득하는 기계장치의 취득원가는 얼마인가?

	건 물	기계장치
취득원가	2,000,000원	4,000,000원
감가상각누계액	(800,000원)	(3,120,000원)
공정가치	1,000,000원	1,100,000원

① 900,000원

② 1,000,000원

③ 1,100,000원

④ 1,200,000원

21. ㈜삼일은 자동차부품을 제조하여 판매하고 있다. 부품생산에 사용하고 있는 기계장치의 장부금액은 9,000,000원이다. 그러나 자동차모형의 변경으로 부품에 대한 수요가 급감하여 생산규모의 대폭적인 감소가 예상된다. 수요 감소로 인하여 기계장치의 순공정가치는 4,000,000원, 사용가치는 4,500,000원으로 감소하였다. ㈜삼일이 기계장치에 대한 손상차손으로 계상할 금액은 얼마인가?

① 4,500,000원 　　　 ② 5,000,000원 　　　 ③ 5,500,000원 　　　 ④ 6,000,000원

22. 다음 중 무형자산의 회계처리에 대한 설명으로 가장 올바르지 않은 것은?

① 무형자산이란 재화의 생산이나 용역의 제공, 타인에 대한 임대 또는 관리에 사용할 목적으로 기업이 보유하고 있으며, 물리적 형체가 없지만 식별가능하고, 기업이 통제하고 있으며, 미래 경제적 효익이 있는 비화폐성자산을 말한다.

② 내부적으로 창출된 브랜드, 고객목록 및 이와 유사한 항목에 대한 지출은 무형자산으로 인식하지 않는다.

③ 무형자산을 최초로 인식할 때에는 취득원가로 측정한다.

④ 프로젝트 연구단계에서는 미래 경제적 효익을 창출할 무형자산이 존재한다는 것을 입증할 수 있기 때문에 연구단계에서 발생한 지출은 무형자산으로 인식한다.

23. 상품매매업을 영위하는 ㈜삼일은 보유중인 차량운반구를 20X1년 1월 1일에 3년 연불조건으로 판매하고 매년 말 4,000원씩 3회를 받기로 하였다. 위 거래와 관련한 유효이자율은 10%이며, 3년 10%의 연금현가계수는 2.4868이다. 20X1년 이자수익으로 인식할 금액은 얼마인가(단, 소수점 이하 첫째 자리에서 반올림한다)?

① 0원 　　　 ② 364원 　　　 ③ 694원 　　　 ④ 995원

24. ㈜삼일은 보고기간 말로부터 6개월 후에 만기가 도래하는 용산은행으로부터의 차입금이 있다. ㈜삼일은 동 차입금을 새로 발행하는 5년 만기 차입금으로 차환할 계획을 세우고 아래의 두 가지 방안 중 하나를 선택할 예정이다. ㈜삼일이 1안 또는 2안을 선택하였을 때, 각각 기존 차입금의 유동성 분류를 올바르게 짝지은 것은?

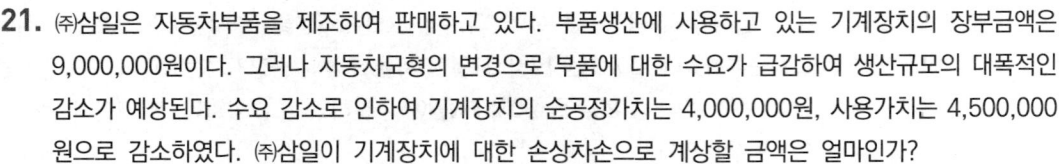

1 안) 기존 차입처인 용산은행에서 새로운 차입금을 조달하여 기존 차입금을 차환
2 안) 새로운 차입처인 이촌은행에서 차입금을 조달하여 기존 차입금을 차환

	1안	2안		1안	2안
①	유동부채	유동부채	②	비유동부채	유동부채
③	유동부채	비유동부채	④	비유동부채	비유동부채

25. ㈜서울은 보유하고 있는 본사 건물의 일부를 ㈜부산에게 임대하였고, 임대조건이 다음과 같을 경우 ㈜서울이 20X1년에 인식할 임대료수익은 얼마인가?

> 임대기간 : 20X1년 9월 1일~20X2년 8월 31일(1년)
> 임 대 료 : 180,000,000원(월 임대료 : 15,000,000원)
> 지급조건 : 임대기간 개시일(20X2년 9월 1일)에 1년 분 임대료를 일시에 수취하는 조건

① 15,000,000원   ② 45,000,000원

③ 60,000,000원   ④ 180,000,000원

26. ㈜삼일이 사채를 발행일 현재의 공정가치로 발행했다면 20X1년 초 사채의 발행가액은 얼마인가?

> ㄱ. 사채발행일 : 20X1년 1월 1일
> ㄴ. 액면금액 : 1,500,000원
> ㄷ. 표시이자율 : 연 12%(매년 말 지급)
> ㄹ. 만기 : 20X3년 12월 31일(3년 만기)
> ㅁ. 시장이자율(20X1년 1월 1일) : 14%
> ㅂ. 시장이자율 14%에 대한 3년 현가계수는 0.6749이고, 연금현가계수는 2.3216이다.
>   모든 금액은 소수점 이하 첫째자리에서 반올림한다.

① 1,430,238원   ② 1,444,674원   ③ 1,499,874원   ④ 1,536,666원

27. 다음 자료를 이용하여 ㈜삼일의 20X1년 손익계산서에 계상될 사채상환손익을 계산하면 얼마인가(단, 소수 첫째 자리에서 반올림 한다)?

> ㄱ. 액면금액 : 1,000,000원
> ㄴ. 발행금액 : 950,244원(20X1년 1월 1일 발행)
> ㄷ. 만 기 : 20X3년 12월 31일
> ㄹ. 액면이자율 : 연 8%(매년 말 지급)
> ㅁ. 유효이자율 : 연 10%
> ㅂ. 사채발행자인 ㈜삼일은 동 사채를 20X1년 12월 31일에 액면이자 지급 후 1,000,000원에 상환하였다. ㈜삼일은 사채의 액면금액과 발행금액의 차이를 유효이자율법으로 상각하고 있다.

① 상환손실 34,732원   ② 상환손실 29,756원

③ 상환이익 29,756원   ④ 상환이익 34,732원

28. ㈜삼일은 제품 구입 후 12개월 이내에 발생하는 제조상의 결함이나 다른 명백한 결함에 따른 하자에 대하여 제품보증을 실시하고 있다. 만약 20X1년도에 판매된 100개 제품에 대한 결함 발생 확률과 예상 수리비가 아래와 같다면 보고기간 말 인식해야 하는 제품보증충당부채 금액은 얼마인가?

구분	결함발생 확률	예상 수리비(개당)
결함없음	75%	–
경미한 결함	20%	0.1억원
중요한 결함	5%	0.5억원

① 2.4억원　　　② 3억원　　　③ 4.5억원　　　④ 9.5억원

29. 다음은 서비스업을 영위하는 ㈜삼일의 20X1년 퇴직급여와 관련된 자료이다. 20X1년에 ㈜삼일이 손익계산서에 인식할 퇴직급여는 얼마인가?

구분	20X0년	20X1년
12월 말 퇴직급여충당부채 잔액	200,000원	400,000원
현금으로 지급된 퇴직금	0원	100,000원

① 100,000원　　　② 200,000원　　　③ 300,000원　　　④ 600,000원

30. 다음은 ㈜삼일의 법인세 관련 내역이다. 20X1년 손익계산서에 계상될 ㈜삼일의 법인세비용은 얼마인가(단, 중소기업회계처리특례는 고려하지 않는다)?

- 20X1년 당기법인세(법인세법상 당기에 납부할 법인세) 1,000,000원
- 20X0년 말 이연법인세부채 잔액 0원
- 20X1년 말 이연법인세부채 잔액 400,000원

① 800,000원　　　② 1,000,000원　　　③ 1,200,000원　　　④ 1,400,000원

31. 다음은 ㈜삼일의 유상증자와 관련된 자료이다. 유상증자 시 재무상태표에 계상될 자본금은 얼마인가(단, 기초 주식발행초과금은 없다)?

- 1 주당 액면금액 500원　　　· 1 주당 발행금액 1,500원　　　· 발행주식수 100,000주

① 50,000,000원　　　　　　② 75,000,000원
③ 100,000,000원　　　　　 ④ 150,000,000원

32. 다음 중 자본항목에 관한 설명으로 가장 올바르지 않은 것은?

① 사채권자와 주주는 이익발생 여부와 관계없이 각각 확정적인 이자와 배당금을 지급받는다.

② 자본은 소유주지분으로 순자산이라고 하여 자산에서 부채를 차감한 부분을 의미한다.

③ 사채는 만기가 되면 상환되나, 자본금은 감자 등의 법적절차를 밟지 않는 한 감소되지 않는다.

④ 자본조정에는 주식할인발행차금, 미교부주식배당금, 자기주식 등이 있다.

33. 다음 자료에 의하여 법인세비용차감전순이익을 구하면 얼마인가?

영업이익	800,000원	유형자산처분손실	20,000원
법인세비용	80,000원	기부금	50,000원
광고선전비	200,000원	외화환산이익	60,000원
유형자산감가상각비	150,000원	배당금지급액	200,000원

① 240,000원   ② 640,000원   ③ 790,000원   ④ 840,000원

34. 다음 중 손익계산서상 영업손익의 계산과정에서 차감되는 항목이 아닌 것은?

① 본사임차료

② 장기대여금 대손상각비

③ 복리후생비

④ 접대비(기업 업무추진비)

35. 다음 중 수익인식기준에 관한 설명으로 가장 옳은 것은?

① 위탁매출은 수탁자에게 상품을 발송한 시점에 수익을 인식한다.

② 제품공급자로부터 받은 제품을 인터넷 상에서 중개판매 하거나 경매하고 수수료만을 수취하는 전자쇼핑몰 운영회사는 관련 수수료만을 수익으로 인식한다.

③ 상품권판매는 상품권을 판매한 시점에 수익을 인식한다.

④ 반품조건부판매는 반품 예상액을 합리적으로 추정할 수 있는 경우 제품의 인도시점에서 판매금액 전액을 수익으로 인식한다.

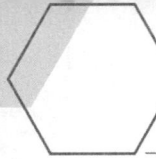

36. ㈜삼일은 20X1년 1월 1일에 ㈜용산과 3년간의 공장건설계약을 맺었다. 건설공사에 대한 다음의 자료를 바탕으로 ㈜삼일이 20X1년에 인식한 공사원가는 얼마인가?

> ㄱ. 총도급액 12,000,000원
> ㄴ. 20X1년 공사이익 800,000원
> ㄷ. 20X1년 말 현재 공사진행률* 40%
> * 공사진행률은 총공사예정원가에 대한 실제공사원가 발생액의 비율로 산정한다.

① 4,000,000원　　② 4,800,000원　　③ 5,000,000원　　④ 6,400,000원

37. 다음은 ㈜삼일의 20X1년도 매출 및 매출채권과 관련된 자료이다. 20X1년 손익계산서에 계상된 매출액은 얼마인가(단, 모든 거래는 외상으로 이루어지며, 매출에누리와 매출할인 및 매출환입은 없는 것으로 가정한다)?

ㄱ. 20X1년 1월 1일 매출채권 잔액	35,000,000원
ㄴ. 20X1년 중 현금회수액	75,000,000원
ㄷ. 20X1년 12월 31일 매출채권 잔액	15,000,000원

① 35,000,000원　　② 55,000,000원　　③ 75,000,000원　　④ 95,000,000원

38. 당기 장부마감전 발견된 다음 오류사항 중 당기순이익에 영향을 미치는 것은?
① 전기 주식할인발행차금 미상각
② 당기 재고자산에 대한 평가손실 미계상
③ 매도가능증권에 대한 평가손실 미계상
④ 당기 재해손실을 일반관리비로 계상

39. 다음 중 현금흐름표에 관한 설명으로 가장 올바르지 않은 것은?
① 투자활동현금흐름은 유형자산이나 투자자산 등의 취득과 처분과 관련하여 발생된 현금의 유출입을 표시한다.
② 영업활동현금흐름은 기업의 주요 수익창출활동 등에서 발생한 현금흐름을 표시한다.
③ 재무활동현금흐름은 자금의 차입과 상환 등과 관련하여 발생된 현금의 유출입을 표시한다.
④ 현금흐름표는 기업의 모든 활동을 영업활동, 투자활동, 재무활동, 재고관리활동, 생산활동의 5 가지로 구분하고 각 활동별로 현금의 유출입을 표시한다.

40. 다음 중 영업활동현금흐름 항목으로 가장 올바르지 않은 것은?

① 재화의 판매에 따른 현금유입
② 원재료 구매로 인한 현금유출
③ 법인세의 납부 또는 환급(단, 토지 등 양도소득세 관련된 것은 제외)
④ 유상증자에 따른 현금유입

세무회계

41. 다음 중 조세에 관한 설명으로 가장 옳은 것은?

① 조세를 부과·징수하는 주체인 국가는 필요에 따라 법의 규정에 근거하지 않고 세금을 부과·징수할 수 있다.
② 물세란 납세의무자의 인적사항을 고려하지 않고 수익 혹은 재산 그 자체에 대하여 부과하는 조세를 말하며, 법인세 및 소득세가 이에 해당된다.
③ 국가는 국세를 납세자가 관리하는 장부내용에 근거하여 객관적으로 부과·징수하여야 한다.
④ 신고납세제도란 국가 또는 지방자치단체의 결정에 따라 과세표준과 세액이 확정되는 것을 말한다.

42. 다음 자료에서 기타사외유출로 소득처분되어야 할 금액은 얼마인가?

• 업무무관자산 등 관련이자	100,000원
• 임원상여금한도초과액	150,000원 (해당 임원은 주주임)
• 법인세비용	250,000원
• 감가상각부인액	150,000원
• 기업업무추진비 한도초과액	100,000원

① 300,000원　　② 450,000원　　③ 600,000원　　④ 750,000원

43. 다음 중 법인세법상 손익의 귀속시기에 관한 설명으로 가장 올바르지 않은 것은?

① 법인세법상 손익인식 기준은 권리·의무확정주의를 원칙으로 한다.

② 외상판매의 경우 그 상품 등을 인도한 날이 속하는 사업연도의 손익으로 한다.

③ 법인이 결산을 확정함에 있어서 이미 경과한 기간에 대응하는 이자 및 할인액을 해당 사업연도의 손금으로 계상한 경우에는 그 계상한 사업연도의 손금으로 한다.

④ 자산의 위탁판매의 경우 수탁자에게 자산을 위탁하는 날이 속하는 사업연도의 손익으로 한다.

44. 다음 중 법인세법상 익금항목이 아닌 것을 모두 고르면?

ㄱ. 손금에 산입한 금액 중 환입된 금액	ㄴ. 감자차익
ㄷ. 주식의 평가차익	ㄹ. 간주임대료
ㅁ. 자산의 양도금액	

① ㄴ, ㄷ   ② ㄴ, ㄷ, ㄹ   ③ ㄱ, ㄹ   ④ ㄷ, ㅁ

45. 다음 중 법인세법상 인건비에 관한 설명으로 가장 올바르지 않은 것은?

① 법인이 임직원에게 지급하는 인건비는 원칙적으로 손금으로 인정된다.

② 임원이 아닌 종업원에게 지급하는 상여금은 일정한도 금액까지만 손금으로 인정된다.

③ 임원이 아닌 종업원에게 지급하는 퇴직금은 전액 손금으로 인정된다.

④ 비상근임원에게 지급하는 보수 중 일반적으로 인정되는 범위를 초과하여 과다하게 지급하는 금액은 손금으로 인정되지 않는다.

46. 다음 중 법인세법상 손금불산입 항목에 해당하지 아니하는 것은?

① 주식할인발행차금   ② 채권자불분명 사채이자

③ 각종 세금과 공과금   ④ 업무무관경비

47. ㈜삼일이 결산 시 단기매매증권과 관련하여 공정가치로 평가를 한 경우 다음의 자료를 이용하여 제 4 기에 필요한 세무조정으로 가장 옳은 것은?

> 〈 제 4 기 〉
>
> 20x1년 12월 1일 단기매매증권 취득 – 취득원가 : 2,000,000원
> 20x1년 12월 31일 단기매매증권 평가 – 공정가치 : 2,800,000원

① (익금산입)　　　　　단기매매증권　 800,000원(유보)
② (익금불산입)　　　　단기매매증권　 800,000원(△유보)
③ (익금산입)　　　　　단기매매증권　2,800,000원(유보)
④ (익금불산입)　　　　단기매매증권　2,800,000원(△유보)

48. 다음 자료를 보고 법인세법상 가장 올바른 세무조정을 한 것은?

> (1) 회사 계상 당기 감가상각비 : 200,000원
> (2) 세법상 당기 감가상각범위액 : 400,000원
> (3) 전기 상각부인액 : 500,000원

① (손금불산입)　　　　200,000원 (기타사외유출)
② (손금불산입)　　　　200,000원 (유보)
③ (손금산입)　　　　　200,000원 (△유보)
④ (손금산입)　　　　　200,000원 (기타)

49. 다음 중 법인세법상 기부금과 기업 업무추진비의 처리에 관한 설명으로 가장 올바르지 않은 것은?

① 손금으로 인정되지 않는 기업업무추진비 한도초과액은 기타사외유출로 처분하고 기부금의 한도초과액은 대표자상여로 처리한다.
② 기업업무추진비의 귀속시기는 발생주의를 기준으로 하나, 기부금의 귀속시기는 현금주의를 기준으로 한다.
③ 현물로 제공한 기업업무추진비는 시가(시가가 장부가액보다 낮은 경우는 장부가액)로 평가한다.
④ 기업업무추진비와 기부금은 모두 일정한 한도 내에서만 손금으로 인정하고 이를 초과하는 금액은 손금으로 인정하지 않는다.

50. 다음 중 법인세법상 대손충당금에 관한 설명으로 가장 올바르지 않은 것은?

① 대손충당금 기말잔액과 한도액을 비교하여 한도초과액은 손금불산입(유보)로 처리한다.

② 법인세법상 대손충당금 설정률은 '1%'와 '법인의 대손실적률' 중 큰 비율을 적용한다.

③ 법인세법상 대손충당금 설정대상 채권은 매출채권으로 한정된다.

④ 대손충당금 기말잔액과 한도액을 비교하여 한도미달액은 별도의 세무조정을 하지 않는다.

51. 다음 중 법인세법상 건설자금이자 손금불산입에 대한 소득처분으로 가장 옳은 것은?

① 기타사외유출　　② 대표자상여　　③ 배당　　④ 유보

52. ㈜삼일은 특수관계법인인 ㈜용산에게 연초에 자금을 대여하고 연말에 500,000원의 이자를 수령하고 손익계산서상 수익으로 인식하였다. 이와 관련된 추가자료가 다음과 같은 경우 ㈜삼일이 수행해야 할 세무조정은?

> ㄱ. 가지급금적수 : 3,650,000,000원
> ㄴ. 부당행위계산부인에 해당될 경우 적용이자율 : 8.5%

① (익금산입) 가지급금인정이자 350,000원 (기타사외유출)

② (손금산입) 가지급금인정이자 400,000원 (기타)

③ (익금산입) 가지급금인정이자 800,000원 (기타사외유출)

④ 세무조정 없음

53. 다음은 ㈜삼일의 제11기(20x1년 1월 1일~20x1년 12월 31일) 법인세 신고를 위한 자료이다. 다음 자료에 의하여 올바른 세무조정을 수행한 경우에 각사업연도소득금액을 계산하면 얼마인가(단, 위 자료 이외에 각사업연도소득금액 계산에 영향을 미치는 항목은 없다)?

> ㄱ. 법인세비용차감전순이익 : 350,000,000원
> ㄴ. ㈜삼일은 자본금을 감자하면서 액면가액 5,000,000원인 주식에 대하여 주주에게 3,000,000원만 지급하고, 차액 2,000,000원을 영업외수익으로 처리하였다.
> ㄷ. ㈜삼일은 임원으로 재직한 이전무에게 퇴직금으로 800,000,000원을 지급하였다(단, ㈜삼일의 퇴직금지급기준에 의한 퇴직금은 600,000,000원이다).

① 348,000,000원　　　　　　② 350,000,000원

③ 548,000,000원　　　　　　④ 550,000,000원

54. 다음은 법인세의 계산구조이다. (ㄱ)~(ㄹ)에 관한 설명으로 가장 올바르지 않은 것은?

```
                    각사업연도소득금액
        ( - )  이월결손금          … (ㄱ)
        ( - )  비과세소득
        ( - )  소득공제           … (ㄴ)
                    과세표준
        ( × )  세율
                    산출세액
        ( - )  세액공제           … (ㄷ)
        ( - )  세액감면
        ( + )  가산세
        ( + )  감면분추가납부세액
                    총부담세액
        ( - )  기납부세액          … (ㄹ)
                    차감납부할 세액
```

① (ㄱ) : 법인세 과세표준 계산시 차감되는 이월결손금은 발생한 사업연도에 관계없이 차감된다.

② (ㄴ) : 법인세법 등에서 규정한 요건에 해당하는 경우 법인의 소득금액에서 일정액을 공제하여 주는 제도를 말한다.

③ (ㄷ) : 법인세 총부담세액 계산시 일정금액을 공제하도록 규정한 제도로서 대표적인 세액공제로는 외국납부세액공제, 재해손실세액공제 등이 있다.

④ (ㄹ) : 법인이 사업연도 중에 미리 납부한 법인세액으로 중간예납세액, 원천징수세액 및 수시부과세액 등이 있다.

55. 다음 중 법인세법상 가산세를 부과하지 않는 경우로 가장 옳은 것은?

① 거래처 임직원 경조사비로 100,000원을 지출한 경우

② 원천징수의무자인 법인이 원천징수한 세액을 납부기한이 경과한 후에 납부하는 경우

③ 영리내국법인이 장부의 비치·기장의무를 이행하지 아니한 경우

④ 법인이 법정 신고기한까지 법인세의 과세표준신고를 하지 않은 경우

56. 납부할 법인세액이 1천만원을 초과하는 때에는 납부기한이 경과한 날로부터 1개월 이내에 법인세를 분납할 수 있으며, 중소기업의 경우에는 납부기한이 경과한 날부터 (   ) 이내에 법인세를 분납할 수 있다. (   )에 알맞은 것은?

① 1개월   ② 2개월   ③ 3개월   ④ 5개월

57. 다음 중 우리나라 소득세법의 특징으로 가장 올바르지 않은 것은?

① 개인단위 과세제도   ② 포괄적 소득개념의 순자산증가설 적용
③ 신고납세제도   ④ 누진세율적용

58. 다음 중 소득세법상 거주자에 관한 설명으로 가장 옳은 것은?

① 외국 영주권을 가진 자로서 국내에 계속하여 183일 이상 거소를 둔 경우에는 거주자에 해당한다.
② 우리나라 사람이지만 외국에 근무하는 공무원은 비거주자로 본다.
③ 국내회사의 임직원이 해외에 파견된 경우에 이들은 비거주자로 본다.
④ 거주자는 국내에서 벌어들인 소득에 대해서만 납세의무를 진다.

59. 다음 중 소득세의 납세지에 관한 설명으로 가장 올바르지 않은 것은?

① 납세지는 개인이 소득세를 납부하는 장소를 말한다.
② 사업소득이 있는 거주자가 사업상 소재지를 납세지로 신청한 때에 국세청장 또는 관할지방국세청장은 납세지를 따로 지정할 수 있다.
③ 비거주자의 경우 소득세의 납세지는 주된 국내사업장 소재지로 하며, 국내사업장이 없을 때에는 국내원천소득이 발생하는 장소로 한다.
④ 거주자의 경우 소득세의 납세지는 원천소득이 발생하는 장소로 하며, 원천소득이 발생하는 장소가 불분명한 경우에는 주소지로 한다.

60. 다음 중 소득세의 종합과세, 분류과세 및 분리과세에 관한 설명으로 가장 올바르지 않은 것은?

① 종합과세는 1년 동안 개인이 벌어들인 모든 소득을 합산하여 과세하는 방법이다.

② 퇴직소득과 양도소득은 장기간에 걸쳐 형성된 소득이 일정 시점에 실현되는 것으로, 분리과세를 적용한다.

③ 기타소득금액 합계액이 300만원 이하인 경우에는 거주자가 분리과세와 종합과세 중 과세방법을 선택할 수 있다.

④ 분류과세는 각각의 소득을 합산하지 않고, 원천에 따른 소득의 종류별로 별도의 세율로 과세하는 방법이다.

61. 다음 중 소득세법상 금융소득(이자소득과 배당소득)에 관한 설명으로 가장 올바르지 않은 것은?

① 영업적으로 자금을 대여하고 수령하는 이자는 이자소득으로 구분된다.

② 이자소득과 배당소득에 대해서는 필요경비를 인정하지 않는다.

③ 배당소득 총수입금액에 Gross-up 금액을 더하면 배당소득금액이 된다.

④ 금융소득의 종합과세 여부를 결정하는 금융소득 종합과세기준금액은 2천만 원이다.

62. 다음 중 소득세법상 사업소득금액과 법인세법상 각사업연도소득금액의 차이에 관한 설명으로 가장 올바르지 않은 것은?

① 원칙적으로 개인의 과세소득은 소득원천설에 의해 소득의 범위를 정하고 있는데 반해, 법인의 과세소득은 순자산증가설에 의하여 과세소득을 계산한다.

② 사업상의 운영자금을 일시 예금하여 발생한 이자는 법인세법상 각사업연도소득금액에 포함되지만, 소득세법상 사업소득금액에는 포함되지 않는다.

③ 법인세법에서는 법인의 대표자를 포함한 모든 임직원에 대하여 퇴직급여충당금을 설정할 수 있으나, 소득세법에 따르면 개인사업의 대표자는 퇴직급여충당금의 설정대상이 아니다.

④ 법인의 대표자에게 지급하는 급여는 법인의 손금에 산입하며, 마찬가지로 개인사업 대표자의 급여도 사업소득금액 계산시 필요경비에 산입한다.

63. 근로소득자인 김삼일씨의 20x1년 수령내역이 다음과 같을 때 소득세법상 총급여액을 계산하면 얼마인가? (단, 김삼일씨는 당해 1년 동안 계속 근무하였다)

• 급여	매월 2,500,000원
• 이사회 결의에 의해 지급받은 상여	연간 5,000,000원
• 미사용 연차수당	연간 1,200,000원
• 사내근로복지기금으로부터 받는 본인학자금	연간 5,000,000원
• 실비변상 성격의 자가운전보조금	매월 200,000원

① 31,200,000원　　② 36,200,000원　　③ 40,000,000원　　④ 41,200,000원

64. 거주자 김삼일씨의 기타소득 관련 자료가 다음과 같은 경우 기타소득금액은 얼마인가(단, 세부담 최소화를 가정한다)?

(1) 일시적으로 인적용역을 제공하고 받은 대가	12,000,000원
(2) 적정한 증빙자료에 의해 확인된 필요경비(실제필요경비)	3,500,000원
(3) 법정필요경비율	60%

① 3,500,000원　　② 4,800,000원　　③ 8,500,000원　　④ 12,000,000원

65. 다음의 소득공제와 세액공제 중 개인과 법인 모두에게 적용될 수 있는 것은?

① 외국납부세액공제　　　　　　② 배당세액공제
③ 신용카드세액공제　　　　　　④ 기장세액공제

66. 다음 중 소득세의 신고 · 납부에 관한 설명으로 가장 올바르지 않은 것은?

① 중간예납세액은 직전 과세기간의 과세실적을 기준으로 계산하는 방법과 중간예납기간의 종합소득을 기준으로 중간예납세액을 추산하여 계산하는 방법이 있다.
② 정당한 사유없이 휴 · 폐업신고를 하지 않고 장기간 휴업 또는 폐업상태에 있는 등 조세포탈의 우려가 있다고 인정되는 경우에는 수시부과할 수 있다.
③ 6,000만원의 국내 배당소득이 있는 거주자는 배당소득 수령시에 원천징수세액을 부담하고, 종합소득확정신고시 다른 소득과 합하여 종합소득신고를 하여야 한다.
④ 종합소득과세표준 확정신고는 당해연도의 과세표준이 없거나 결손금이 있으면 하지 않아도 된다.

67. 다음 중 예납적원천징수와 완납적원천징수를 구분 지을 수 있는 기준으로 가장 올바르지 않은 것은?

① 원천징수로 납세의무가 종결되는지 여부

② 확정신고 의무가 있는지 여부

③ 원천징수의무자가 누가 되는지의 여부

④ 해당 원천징수세액이 최종 부담세액이 되는지 여부

68. 다음 중 일반적으로 원천징수를 하지 않는 소득으로 가장 옳은 것은?

① 은행으로부터 지급받은 이자소득

② 개인이 상장회사 주식을 보유함에 따른 배당소득

③ 건물 임대에 따른 사업소득

④ 회사 근무에 따른 근로소득

69. 다음 중 사업자등록에 관한 설명으로 가장 올바르지 않은 것은?

① 신규로 사업을 개시하는 사람은 원칙적으로 사업장마다 사업개시일로부터 20일 이내에 사업자등록을 하여야 한다.

② 공동으로 사업을 하는 경우에는 공동사업자 중 1명을 대표자로 하여 대표자 명의로 사업자등록신청을 하여야 한다.

③ 겸영사업자는 부가가치세법에 의한 사업자등록을 하여야 한다.

④ 제조업의 경우 사업개시일은 재화의 판매를 개시하는 날이다.

70. 다음 중 부가가치세의 과세대상으로 가장 올바르지 않은 것은?

① 부동산 임대업자가 유상으로 오피스텔을 임대하는 경우

② 과세대상 재화를 외상 판매한 경우

③ 근로자가 고용계약에 따른 근로를 제공한 경우

④ 과세대상 재화간 상호 교환 계약한 경우

71. ㈜삼일은 할부판매를 실시하고 있으며, 20x1년 7월 10일 상품을 할부로 판매하였다. 동 매출의 회수약 정금액(부가가치세 제외)이 다음과 같을 때 원칙적으로 20x1년 제2기 예정신고기간(20x1년 7월 1일~ 20x1년 9월 30일)의 과세표준금액은 얼마인가?

일자	회수약정액
20x1년 7월 20일	200,000원
20x1년 9월 10일	300,000원
20x2년 3월 10일	100,000원
20x2년 8월 20일	400,000원
총 약정(회수)합계	1,000,000원

① 200,000원　　　② 500,000원　　　③ 600,000원　　　④ 1,000,000원

72. 다음 중 부가가치세법에 따른 세금계산서 발급의무가 면제되는 경우로 가장 올바르지 않은 것은?

① 사업상 증여와 면세사업에 전용되는 자가공급
② 재화를 직접 수출하는 경우
③ 항공기에 의해 외국항행용역을 제공하는 경우
④ 내국신용장에 의해 수출업자에게 재화를 공급하는 경우

73. 다음은 ㈜삼일의 20x1년 제1기 예정신고기간의 공급내역이다. 20x1년 제1기 예정신고기간의 부가가치 세 과세표준 및 매출세액 신고금액으로 가장 옳은 것은?

공급일자	공급가액(부가가치세 미포함)	내역
1월 17일	10,000,000원	세금계산서 발행 매출액
1월 28일	20,000,000원	내국신용장에 의한 매출액
2월 15일	30,000,000원	신용카드매출전표 발행 매출액
3월 29일	30,000,000원	해외직수출 매출액

① 과세표준 60,000,000원, 매출세액 6,000,000원
② 과세표준 60,000,000원, 매출세액 4,000,000원
③ 과세표준 90,000,000원, 매출세액 8,000,000원
④ 과세표준 90,000,000원, 매출세액 4,000,000원

74. 다음 중 부가가치세 매입세액공제에 관한 설명으로 가장 올바르지 않은 것은?

① 세금계산서를 미수령한 경우에는 매입세액공제를 받을 수 없다.

② 사업과 직접 관련이 없는 지출에 대한 매입세액은 매입세액공제를 받을 수 없다.

③ 토지를 임차하고 부담한 임차료에 대한 매입세액은 매입세액공제를 받을 수 없다.

④ 비영업용 소형승용차의 구입과 임차 및 유지에 관한 매입세액은 매입세액공제를 받을 수 없다.

75. 다음 중 부가가치세법상 대손세액공제에 대한 설명으로 가장 옳은 것은?

① 대손세액은 대손이 확정된 날이 속하는 과세기간의 매출세액에서 차감한다.

② 대손세액공제를 받고 나중에 이를 회수하게 되면 매입세금에서 차감해야 한다.

③ 대손세액은 대손금액(부가가치세를 포함한 금액)의 100분의 10으로 한다.

④ 대손세액을 공제받기 위하여는 수표 또는 어음의 부도발생일로부터 1년이 경과해야 한다.

76. ㈜삼일의 신입사원인 홍강남씨는 경리부서에 처음으로 배치되었다. 경리부장은 홍강남씨에게 부가가치세 신고업무를 맡겼다. 홍강남씨는 부가가치세에 대한 공부를 하였으나 실제로 다음과 같은 원재료 매입이 일어나자 언제 매입세액공제를 받아야 할지 망설이고 있다. 다음 중 ㈜삼일이 매입세액공제를 받아야 하는 시기는 언제인가?

• 매입 2월 11일	• 매입대금 지급 4월 10일
• 매입물품의 매출 7월 20일	• 매출대금의 회수 10월 10일

① 제1기 예정신고   ② 제1기 확정신고

③ 제2기 예정신고   ④ 제2기 확정신고

77. 다음은 컴퓨터 제조업을 영위하는 ㈜삼일의 20x1년 제2기 예정신고(20x1년 7월 1일~20x1년 9월 30일)를 위한 매입 관련 자료이다. ㈜삼일의 20x1년 제2기 부가가치세 예정신고서상 금액란의 (ㄱ), (ㄴ), (ㄷ)에 들어갈 금액으로 올바르게 짝지어진 것은?

신 고 내 용						
구 분				금 액	세율	세 액
매입세액	세금계산서 수 취 분	일 반 매 입	(10)	(ㄱ)		
		수출기업 수입분 납부유예	(10-1)			
		고정자산 매입	(11)	(ㄴ)		
	예정 신고 누락분		(12)			
	매입자발행 세금계산서		(13)			
	그 밖의 공제매입세액		(14)			
	합계 ((10)+(11)+(12)+(13)+(14))		(15)			
	공제받지 못할 매입세액		(16)	(ㄷ)		
	차감계 (15)-(16)		(17)			

구 분	내 역	금 액
원재료 매입	세금계산서 수령분(VAT 미포함)	400,000,000원
	신용카드매출전표 발행분(VAT 미포함)	200,000,000원
기업업무추진비 지출	세금계산서 수령분(VAT 미포함)	30,000,000원
기계 구입	세금계산서 수령분(VAT 미포함)	600,000,000원

	(ㄱ)	(ㄴ)	(ㄷ)
①	400,000,000원	-	-
②	400,000,000원	600,000,000원	-
③	430,000,000원	600,000,000원	30,000,000원
④	430,000,000원	-	30,000,000원

78. ㈜삼일은 20x1년 제2기 부가가치세 예정신고시 다음의 내역을 신고누락하였다. 이를 20x1년 제2기 확정신고 시에 신고하는 경우 적용될 가산세에 해당하지 않는 것은?

구분	공급가액	부가가치세액
국내제품 매출	20,000,000원	2,000,000원
원재료 매입	12,000,000원	1,200,000원

① 매출처별세금계산서합계표 제출불성실가산세
② 매입처별세금계산서합계표 제출불성실가산세
③ 납부불성실가산세
④ 신고불성실가산세

79. 다음 중 부가가치세법상 수정세금계산서에 관한 설명으로 가장 올바르지 않은 것은?

① 사업자는 기존에 발행한 세금계산서 사항에 대해 정정사유가 발생한 경우 수정세금계산서를 발행할 수 있다.
② 수정세금계산서는 부가가치세법상 경정처분을 받기 전까지 수정하여 발급할 수 있다.
③ 수정세금계산서는 세금계산서 명칭 앞에 "수정"이라고 표기하며, 기재사항의 변경이 있는 경우 당초 발급한 세금계산서는 붉은 글씨로, 수정하는 세금계산서는 검은 글씨로 각각 작성한다.
④ 과세를 면세로 잘못 알고 계산서를 발급한 경우 수정세금계산서를 발행할 수 있다.

80. 다음 중 세금계산서의 필요적 기재사항으로 가장 올바르지 않은 것은?

① 공급자의 등록번호
② 작성연월일
③ 공급받는 자의 성명 또는 명칭
④ 공급가액과 부가가치세액

92회 답안 및 해설

재무회계

1	2	3	4	5	6	7	8	9	10
①	②	④	④	③	③	①	③	④	①
11	12	13	14	15	16	17	18	19	20
④	②	①	③	②	④	②	①	②	③
21	22	23	24	25	26	27	28	29	30
①	④	④	③	③	①	①	③	③	④
31	32	33	34	35	36	37	38	39	40
①	①	③	②	②	①	②	②	④	④

01. 비교가능성은 정보이용자가 **항목간의 유사점과 차이점을 식별하고 이해할 수 있게 하는 특성**이다.

02. 재무제표를 작성시 계속기업으로서의 존속가능성을 평가하여야 한다. 이러한 **계속기업의 가능성(가정)은 역사적 원가주의의 근간**이 된다.

03. **미래의 일정 시점에서 자산을 취득한다는 결정이나 단순한 약정은 현재의 의무**가 아니므로 부채로 인식할 수 없다.

04. 중간재무제표의 작성을 위한 측정은 누적중간기간을 기준으로 한다. 따라서 **연차재무제표의 결과는 중간재무제표의 작성빈도에 따라 달라지지 않는다.** 예를 들면, **손익 항목의 각 중간기간별 금액의 합계는 연간금액과 일치**해야 한다.

05. 미결산항목은 공시되는 재무제표에 나타나서는 안된다.

06. **취득 당시 만기가 3개월 이내** 경우 현금성자산에 해당한다.

07.

은행계정조정표

구분	은행측 잔액	회사측 잔액
1. 수정 전 잔액	30,000	*21,500*
① 기발행 미인출 수표	(12,000)	
② 부도수표		(8,000)
③ 미기입예금	5,000 ①	②
④ 매출채권 추심액		9,500
2. 수정 후 잔액	23,000	23,000

08.

대손충당금

대손	*360,000*	기초	220,000
기말	170,000	대손상각비(설정)	310,000
계	530,000	계	530,000

10. 재고자산은 저가법으로 평가한다.

11. **병행·사용하여야 감모를 파악**할 수 있다.

12. 이러한 문제의 답은 언제나 선입선출법 또는 후입선출법 중 하나가 답이 된다.

물가상승시(2개 판매시)		선입선출법		평균법		후입선출법
구입순서 **1.10원** **2.20원** **3.30원**	매출액	100원		100원		100원
	매출원가	30원	<	40원	<	50원
	매출이익 **(당기순이익)** **(법인세)**	**70원**	>	60원	>	50원
	기말재고	30원	>	20원	>	10원

13. 재고자산의 장부금액 = 실제 수량(200)×순실현가능가치(1,000) = 200,000원

14. 매출원가 = 매출액(3,240,000)×[1 - 매출총이익률(25%)] = 2,430,000원

재고자산

기초재고	450,000	매출원가	2,430,000
매입액	3,500,000	기말재고	1,520,000
계	3,950,000	계	3,950,000

소실된 재고자산 = 실사금액(516,000) - 장부상재고(1,520,000) = △1,004,000원

15. 단기매매증권처분손익 = [처분가액(9,000) - 장부가액(8,000)]×60주 = 60,000원(이익)

단기매매증권평가손익 = [공정가액(7,000) - 장부가액(8,000)]×40주 = △40,000원(손실)

처분이익(60,000) - 평가손실(40,000) = 20,000원(이익)

16. **단기매매증권이 시장성을 상실하면 매도가능증권으로 분류**한다.

17. **처분손익(매도가능증권) = 처분가액(500,000) - 취득가액(@60,000×80주) = 20,000원(이익)**

19. **단기매매증권이 매도가능증권 또는 만기보유증권 재분류가 가능하나, 매도가능증권이나 만기보유증권**
은 단기매매증권으로 재분류(손익조작 방지 차원)하지 못한다.

20. 취득원가(이종자산) = 제공한 자산의 공정가치(1,000,000) + 현금지급(100,000) = 1,100,000원

21. 회수가능액 = Max[순공정가치(4,000,000), 사용가치(4,500,000)] = 4,500,000원

손상차손 = 회수가능액(4,500,000) - 장부가액(9,000,000) = △4,500,000원(손상차손)

22. 연구단계에서 지출한 금액은 비용처리한다.

23. 매출의 현재가치 = 연불금(4,000) × 연금현가계수(2.4868) = 9,947원

〈현재가치할인차금 상각표〉

연도	유효이자(A)	할부금 회수(B)	원금회수액(C=B−A)	장부금액(BV)
20x1. 1. 1				9,947
20x1.12.31	*995*	4,000	3,005	6,942

이자수익 = 장부금액(9,947) × 유효이자율(10%) = 995원

24. **차환이란 새로 차입하여 기존 차입금을 갚는 것**을 말한다.

기존차입금	차환방법	기존차입금의 유동성분류
용산은행(유동부채)	용산은행(5년 장기차입)	**비유동부채로 분류변경**
	이촌은행(5년 장기차입)	**유동부채로 분류하고,** 신규차입금은 장기차입금으로 분류

25. 임대료수익(당기) = 월 임대료(15,000,000) × 4개월(9.1~12.31) = 60,000,000원

26. 사채의 발행가액 = 액면가액의 현재가치(1,500,000 × 0.6749)
    + 액면이자의 현재가치(1,500,000 × 12% × 2.3216) = 1,430,238원

27.

〈상각표〉

연도	유효이자(A) (BV×10%)	액면이자(B) (액면가액×8%)	할인차금상각 (A−B)	장부금액 (BV)
20x1. 1. 1				950,244
20x1.12.31	95,024	80,000	15,024	965,268

상환손익(부채) = 상환가액(1,000,000) − 장부금액(965,268) = 34,732원(손실)

28. 제품보증충당부채 = 100개 × 20% × 0.1억 + 200개 × 5% × 0.5억 = 4.5억원

29.

퇴직급여충당부채(20x1)

퇴사	100,000	기초	200,000
기말	400,000	*설정(퇴직급여)*	*300,000*
계	500,000	계	500,000

30. 법인세비용 = 미지급법인세(1,000,000) + 이연법인세부채 증가(400,000) = 1,400,000원

31. 자본금 = 주식수(100,000) × 액면금액(500) = 50,000,000원

32. 사채권자만 확정적인 이자와 배당금을 지급받는다.

33. 법인세비용차감전순이익 = 영업이익(800,000) − 유형자산처분손실(20,000) − 기부금(50,000)
    + 외화환산이익(60,000) = 790,000원

34. 장기대여금의 대손상각비는 **영업외비용(기타의대손상각비)으로 처리**한다.

35. ① 위탁매출은 수탁자가 판매시 수익으로 인식한다.
    ③ 상품권으로 재화 등을 교환시 수익으로 인식한다.
    ④ 반품가능판매의 경우 **반품률을 합리적으로 추정가능시 반품예상액을 제외한 금액을 수익**으로 인식한다.

36. 공사수익(x1년) = 총공사계약금액(12,000,000) × 작업진행률(40%) = 4,800,000원

공사원가(x1년) = 공사수익(4,800,000) - 공사이익(800,000) = 4,000,000원

37.

매출채권

기초잔액	35,000,000	회수액	75,000,000
외상매출액	**_55,000,000_**	기말잔액	15,000,000
계	90,000,000	계	90,000,000

38. ① 자본거래 ② 자본거래 ③ 영업외비용을 판관비 처리로 당기순이익은 불변

39. **현금흐름은 영업, 투자, 재무활동 현금흐름으로** 구분한다.

40. **유상증자에 따른 현금유입은 재무활동 현금흐름에** 해당한다.

세무회계

41	42	43	44	45	46	47	48	49	50
③	②	④	①	②	③	②	③	①	③
51	52	53	54	55	56	57	58	59	60
④	①	③	①	①	②	②	①	④	②
61	62	63	64	65	66	67	68	69	70
①	④	②	②	①	④	③	③	④	③
71	72	73	74	75	76	77	78	79	80
②	④	④	③	①	①	③	②	④	③

41. ① 조세법률주의에 따라 부과·징수한다.

② 법인세와 소득세는 인세에 해당한다.

④ 정부부과조세에 대한 설명이다.

42. 기타사외유출 = 업무무관자산 이자(100,000) + 법인세비용(250,000)

+ 기업업무추진비 한도 초과(100,000) = 450,000원

43. 위탁판매의 경우 수탁자가 해당 재화를 판매시 손익의 귀속시기가 된다.

44. 익금불산입·감자차익, 주식의 평가차익

45. **종업원에게 지급하는 상여금은 한도가 없다.**

47. 주식은 원가법으로 평가하므로 평가익에 대해서 익금불산입하고 △유보처분한다.

48. 상각범위액(400,000) - 감가상각비(200,000) = △ 200,000원(시인액)

따라서 전기 상각부인액(500,000) 중 200,000원 손금추인한다.

49. **기부금한도초과액은 기타사외유출로 처분한다.**

50. **대손충당금 설정대상 채권은 매출채권에 한정하지 않는다.**

52. 익금산입액 = 가지급금적수(36.5억) × 인정이자율(8.5%) ÷ 365일 – 실제수령이자(500,000)

= 350,000원(익금산입, 기타사외유출)

53. 각사업연도소득금액 = 법인세비용차감전순이익(3.5억) – 감자차익(2,000,000)

+ 임원퇴직금한도초과(2억) = 548,000,000원

☞ 감자차익(자본잉여금)을 영업외수익으로 회계처리했으므로 익금불산입한다.

54. **이월결손금(2020년 이후)은 15년간 이월하여 공제**가 가능하다.

55. 거래처 임직원 경조사비는 기업업무추진비로 한도이내에 손금산입한다.

57. 소득세는 **열거주의가 원칙이나 일부 소득(금융소득 등)에 대해서는 유형별 포괄주의를 채택**하고 있다.

58. ② **외국에 근무하는 한국 공무원은 거주자**로 본다.

③ **해외에 파견된 국내회사 임직원은 거주자**로 본다.

④ 거주자는 **무제한 납세의무로 국내외 원천소득**에 대해서 소득세납세의무가 있다.

59. **거주자의 납세지는 주소지**로 한다. 다만, 주소지가 없는 경우에는 그 거소지로 한다.

60. 양도소득과 퇴직소득은 분류과세한다.

61. **영업적으로 자금을 대여하는 경우 사업소득**에 해당한다.

62. 개인사업 대표자의 급여는 필요경비 불산입사항이다.

63. 총급여액 = 매월 급여(2,500,000) × 12개월 + 상여(5,000,000) + 연차수당(1,200,000)

= 36,200,000원

자가운전보조금은 20만원/월까지 비과세이고, 사내근로복지기금으로부터 받은 학자금은 소득세가 비과세된다.

64. 기타소득금액 = 인적용역(12,000,000) × [1 – 필요경비(60%)] = 4,800,000원

실제필요경비가 큰 경우 실제필요경비를 공제한다.

65. 소득세법상 **배당세액공제, 기장세액공제는 개인만 적용되고,** 부가가치세법상 신용카드세액공제는 개인사업자만 대상이다.

66. **과세표준이 없거나 결손금이 있더라도 종합소득과세표준 확정신고**를 해야 한다.

69. 제조업의 사업개시일은 **제조장별로 재화의 제조를 개시하는 날**을 의미한다.

70. 근로제공은 부가가치세 과세대상에서 제외된다.

71. **장기할부판매는 대가의 각부분을 받기로 한 때**이므로 20x1년 2기 예정신고(7~9월) 과세표준은 500,000원(20x1. 7.20, 9.10)이 된다.

72. 내국신용장에 의한 **수출재화는 영세율 세금계산서를 발급**하여야 한다.

73. 과세표준 = 10,000,000 + 20,000,000 + 30,000,000 + 30,000,000 = 90,000,000원

매출세액 = 국내과세분(10,000,000 + 30,000,000) × 10% = 4,000,000원

74. 토지의 취득 및 조성 등에 관련한 매입세액만 불공제이고 **토지의 임차일 경우 매입세액공제를 받을 수 있다.**

75. ② 매출세액에 가산한다.

③ 110분의 10으로 한다.

④ **부도발생일로부터 6개월이 경과**하여야 한다.

76. 매입세액은 구입시점에 공제 받는다.

77. ㈎ 세금계산서 수취분(일반) = 원재료(400,000,000) + 기업업무추진비(30,000,000)

$\qquad$ = 430,000,000원

$\quad$ ㈏ 세금계산서 수취분(고정자산) = 기계구입(600,000,000)

$\quad$ ㈐ 공제받지못할 매입세액 = 기업업무추진비(30,000,000)

78. 매입처별 세금계산서 합계표를 지연제출(예정신고누락분을 확정신고시 제출)하여도 가산세는 없다.

79. **계산서를 발급시 수정세금계산서 발급대상이 아니다.**

저 자 약 력

■ **김영철 세무사**
- 고려대학교 공과대학 산업공학과
- 한국방송통신대학 경영대학원 회계세무전공
- (전)POSCO 광양제철소 생산관리부
- (전)삼성 SDI 천안(사) 경리/관리과장
- (전)강원랜드 회계팀장
- (전)코스닥상장법인CFO(ERP · ISO추진팀장)
- (전)농업진흥청/농어촌공사/소상공인지원센타 세법 · 회계강사

로그인 회계관리 1급 기출문제집

3 판 발 행 : 2026년 1월 20일
저　　　자 : 김 영 철
발 행 인 : 허 병 관
발 행 처 : 도서출판 어울림
주　　　소 : 서울시 영등포구 양산로 57 – 5, 1301호 (양평동3가)
전　　　화 : 02 – 2232 – 8607, 8602
팩　　　스 : 02 – 2232 – 8608
등　　　록 : 제2 – 4071호
홈 페 이 지 : http://www.aubook.co.kr

저자와의
협의하에
인지생략

ISBN　978 – 89 – 6239 – 999 – 8　13320　　　　　　**정가** 20,000원